Klaus Pflieger

Die Rote Armee Fraktion
– RAF –

14.5.1970 bis 20.4.1998

3. erweiterte und aktualisierte Auflage

Die Deutsche Nationalbibliothek verzeichnet diese Publikation in der Deutschen Nationalbibliografie; detaillierte bibliografische Daten sind im Internet über http://dnb.d-nb.de abrufbar.

ISBN 978-3-8329-5582-3

3. erweiterte und aktualisierte Auflage 2011
© Nomos Verlagsgesellschaft, Baden-Baden 2011. Printed in Germany. Alle Rechte, auch die des Nachdrucks von Auszügen, der fotomechanischen Wiedergabe und der Übersetzung, vorbehalten. Gedruckt auf alterungsbeständigem Papier.

Die
Rote Armee Fraktion
– RAF –
14. 5. 1970 bis 20. 4. 1998

3. erweiterte und aktualisierte Auflage

»Die Klassenkämpfe entfalten
Das Proletariat organisieren
Mit dem bewaffneten Widerstand beginnen
Die Rote Armee aufbauen!«

(RAF-Erklärung zur Befreiung von Andreas Baader am 14. Mai 1970)

»Vor fast 28 Jahren am 14. Mai 1970 entstand in einer Befreiungsaktion die RAF. Heute beenden wir dieses Projekt. Die Stadtguerilla in Form der RAF ist nun Geschichte.«

(Erklärung zur Auflösung der RAF vom 20. April 1998)

Vorwort

Die „Rote Armee Fraktion (RAF)" war die gefährlichste terroristische Vereinigung im Deutschland der Nachkriegszeit. Sie trat 1970 an mit dem Ziel, Staat und Gesellschaft der Bundesrepublik Deutschland durch Morde und andere Gewalttaten im sozialistischen Sinne zu verändern. Ihre Mitglieder waren in dem von ihnen erklärten Krieg gegen unseren Staat und unsere Gesellschaft zu allem entschlossen; sie arbeiteten mit großer krimineller Energie und mit gewissenloser Brutalität.

Die RAF hat in drei Generationen bis 1993 allein 35 Menschen ermordet und mehr als 100 Personen als Geiseln genommen oder gefangen gehalten. Sie war als bundesweit und darüber hinaus operierende terroristische Vereinigung fast drei Jahrzehnte lang eine erhebliche Gefahr für die innere Sicherheit und Ordnung in unserem Staat. Dies gilt vor allem für das Jahr 1977 mit den terroristischen Gewalttaten im sog. „Deutschen Herbst". Der Staat hat auf die Herausforderung durch den Terrorismus der RAF – auch im Jahr 1977 – entschlossen und wirksam, aber stets mit Augenmaß und der jeweiligen Gefährdungssituation angepasst reagiert. Auf den von der RAF erklärten Krieg hat sich der Staat nicht eingelassen. Er hat durch neue Gesetze die Möglichkeiten der Bekämpfung des Terrorismus jedweder Couleur verbessert. Dabei hat eine „Demontage des Rechtsstaates" nicht stattgefunden.

Die RAF wurde zerschlagen. Sie hat ihr Ziel, Staat und Gesellschaft zu ändern oder den Bestand des Staates zu erschüttern, nicht erreicht. Das haben die Mitglieder der Gruppe 1998 selbst erkannt und kapituliert. Der mit Morden und Geiselnahmen operierende Terrorismus der RAF existiert nicht mehr. Er ist zu einer Episode in der Nachkriegsgeschichte Deutschlands geworden.

Von dieser Episode zeichnet Klaus Pflieger,[1] der während seiner Zugehörigkeit zur Bundesanwaltschaft schon in meiner Amtszeit auch mit der Verfolgung von Straftaten der RAF befasst war, in seiner Schrift mit hervorragender Sachkunde ein umfassendes Bild. In einer lückenlosen Chronik der RAF zeigt er auf, wann, wie und mit welchen Personen diese terroristische Vereinigung entstand und was ihre strategischen und politischen Ziele waren. Dabei wird – auch durch Mitteilung von Tatbekenntnissen – die menschenverachtende Ideologie der RAF klargestellt. Besonders informativ ist die detaillierte Aufzählung aller Straftaten der RAF, der dabei festgestellten Täter, der Opfer, der verhängten Strafen, der erkennenden Gerichte, der jeweiligen Dauer der Strafverbüßung und erfolgter Begnadigungen. Bedrückend ist die Namensliste der von der RAF Getöteten, eindrucksvoll auch die Liste der zu Tode gekommenen Terroristen. Pfliegers Darstellung macht auch deutlich, vor welch schwere Entscheidungen die Bundesregierung, die Justiz und Sicherheitsbehörden bei der Bekämpfung der RAF gestellt waren, insbesondere im Falle der Entführung von Dr. Schleyer und der Lufthansamaschine Landshut im Herbst 1977.

Die Schrift von Klaus Pflieger ist für jeden, der sich über den deutschen Linksterrorismus der Nachkriegszeit orientieren will, ein wichtiges Hilfsmittel – für Politiker, Juristen und Angehörige von Sicherheitsbehörden, aber auch für jeden historisch Interessierten.

Im Herbst 2003

Prof. Dr. Kurt Rebmann
Generalbundesanwalt a.D.
vom 1.6.1977 bis 31.5.1990
gest. am 21.4.2005

---

1 Klaus Pflieger war von 1980 bis 1985 als wissenschaftlicher Mitarbeiter und von 1987 bis 1995 als Planbeamter bei der Bundesanwaltschaft tätig. Zu seinen Zuständigkeiten zählten:
 – die Aufklärung des Bombenattentats auf das Münchner Oktoberfest am 26.9.1980, der Polizistenmorde an der Startbahn 18 West des Frankfurter Flughafens am 2.11.1987 und der Brandanschläge von Mölln am 23.11.1992,
 – die Verhaftung der RAF-Mitglieder Brigitte Mohnhaupt, Adelheid Schulz und Christian Klar im November 1982,
 – die Vernehmung des RAF-Kronzeugen Werner Lotze 1990 und von Peter-Jürgen Boock bei dessen „Lebensbeichte" 1992,
 – die Koordinierung der Anklagen gegen die Täter von Frankfurt und Mölln sowie gegen die RAF-Angehörigen Boock, Lotze, Eva Haule, Mohnhaupt und Klar,
 – die Anklagevertretung im Startbahn- und Mölln-Prozess sowie in den RAF-Prozessen gegen Boock, Lotze, Haule, Sigrid Sternebeck und Ralf Baptist Friedrich.

Inhaltsverzeichnis

A. Vorbemerkung — 13

B. Die Entstehung der RAF und ihre erste Generation — 15
   I. Der Anfang — 17
      1. Die Brandanschläge vom 2. April 1968 — 17
      2. Der Mordversuch an Rudi Dutschke — 19
      3. Der Brandstifterprozess und der Weg in den Untergrund — 19
   II. Die RAF — 21
      1. Die Befreiung Baaders — 21
      2. Die Gründung der RAF — 23
      3. Das »Sozialistische Patientenkollektiv (SPK)« — 27
      4. Die ersten Toten — 28
      5. Unbeteiligte Dritte kommen zu Tode — 33
   III. Die Sprengstoffanschläge 1972 — 34
      1. Der Anschlag auf das US-Hauptquartier in Frankfurt/Main — 34
      2. Die Anschläge in Augsburg und München — 35
      3. Der Anschlag auf Ermittlungsrichter Buddenberg — 36
      4. Der Anschlag auf das Verlagshaus Springer — 37
      5. Der Anschlag auf das US-Hauptquartier in Heidelberg — 38
   IV. Festnahmen und das Ende der ersten Generation — 42

C. Die zweite Generation der RAF — 47
   I. Die Kooperation zwischen Inhaftierten und Illegalen — 47
      1. Die "Isolationsfolter" — 47
      2. Die Hungerstreiks — 49
      3. Das Info-System — 50
      4. Das neue Ziel: Die Freipressung der Häftlinge — 53
      4. Die Festnahmen vom 4. Februar 1974 — 54
      5. Der Tod des Holger Meins — 55
   II. Die »Bewegung 2. Juni« — 57
      1. Der Mord an Günter von Drenkmann — 58
      2. Die Entführung von Peter Lorenz — 59

III.	Die Botschaftsbesetzung in Stockholm	64
IV.	Die Haag-Mayer-Bande und der Stammheim-Prozess	68
	1. Der Stammheim-Prozess und die neuen Gesetze	70
	2. Die Kontakte zur PFLP	73
	3. Weitere Tote	74
	4. Der Selbstmord von Ulrike Meinhof	75
	5. Die »Revolutionären Zellen (RZ)«	76
	6. Das Rechtsanwaltsbüro Croissant-Newerla-Müller	79
	7. Die Festnahme von Haag und Mayer	83
	8. Weitere Gesetze und die Abhöraktionen in Stammheim	85
	9. Die Schießerei bei Riehen	87
V.	Die »Offensive 77«	88
	1. Das Schmuggeln von Waffen und Sprengstoff	89
	2. Der Mord an Siegfried Buback und seinen Begleitern	90
	3. Das Stammheim-Urteil	93
	4. Die Schießerei bei Singen	94
	5. Der Mord an Jürgen Ponto	96
	6. Der versuchte Raketenwerferanschlag	101
VI.	Die Aktion »Spindy«	105
	1. Die Entführung Hanns-Martin Schleyers	106
	2. Die Gefangenschaft Schleyers	119
	3. Die Entführung der Lufthansa-Maschine »Landshut«	171
	4. Die Selbstmorde in Stammheim	195
	5. Der Mord an Hanns-Martin Schleyer	198
	6. Die Täter	201
	7. Die Ermittlungen zu den Todesfällen in Stammheim	203
	8. Die Totenmasken	204
VII.	Das Ende der zweiten Generation	205
	1. Schießereien und Mitgliederverluste 1978/1979	205
	2. Der Anschlag auf General Haig	214
	3. Der Banküberfall in Zürich	217
	4. Weitere Mitgliederverluste und der Anschluss der »Bewegung 2. Juni«	220
	5. Die Aktionen des Jahres 1981	225
	6. »Guerilla, Widerstand und antiimperialistische Front«	231
	7. Viett und Henning Beer steigen aus	233
	8. Die Erddepots und die Festnahme der Anführer	233

D. Die dritte Generation der RAF 239
    I. Die RAF ein „Phantom"? 239
    II. Die neue Gruppe und die »Action Directe (AD)« 239
        1. Die Festnahmen im Juni/Juli 1984 240
        2. Die Vorbereitung der »Offensive« 243
    III. Die »Offensive 84/85« 244
        1. Der versuchte Sprengstoffanschlag in Oberammergau . . . 245
        2. Tote bei Aktionen der »Kämpfenden Einheiten« 247
        3. Der AD-Mord an General Audran 248
        4. Der Mord an Ernst Zimmermann 249
        5. Der Esbella-Raubüberfall in Kirchentellinsfurt 250
        6. Der Sprengstoffanschlag auf die Rhein-Main-Airbase . . . 251
    IV. Die »Offensive 86« 255
        1. Der Mord an Karl-Heinz Beckurts und Eckhard Groppler 256
        2. »Kämpfende Einheiten« und die Festnahmen am 2.8.1986 258
        3. Der Mord an Gerold von Braunmühl 260
        4. Der Mord an George Besse und das Ende der AD 262
    V. Die Anschläge zwischen 1988 und 1991 263
        1. Der Anschlagsversuch in Rota/Spanien 263
        2. Der versuchte Mord an Hans Tietmeyer 264
        3. Der Mord an Alfred Herrhausen 266
        4. Der versuchte Bombenanschlag von Eschborn 268
        5. Der versuchte Mord an Hans Neusel 268
        6. Die Schüsse auf die US-Botschaft 270
        7. Der Mord an Detlev Karsten Rohwedder 272
        8. Der Anschlag in Budapest 273

E. Das Ende der RAF 275
    I. Die Kronzeugenregelung 275
    II. Die Aussteiger sagen aus 276
        1. Die Verhaftungen in der DDR 276
        2. Mohnhaupt an „Rima" 279
        3. Die »Lebensbeichte« des Peter-Jürgen Boock 280
    III. Das Ende des »bewaffneten Kampfes« 281
        1. Die Kinkel-Initiative 281
        2. Das »April-Papier« 1992 284
        3. Haftentlassungen 285
    IV. Weitere Ereignisse und das Ende der RAF 285
        1. Der Sprengstoffanschlag von Weiterstadt 285

	2.	Die Schießerei in Bad Kleinen	287
	3.	Der »Bruch in der RAF«	289
	4.	Weitere Haftentlassungen	292
	5.	Das Auflösungsschreiben der RAF	292
	6.	Erneute Haftentlassungen	294
	7.	Gibt es die RAF doch noch?	294
	8.	Letzte Haftentlassungen	296
	9.	Haftentlassung und weitere Verurteilung	299
	10.	Noch mit Haftbefehl Gesuchte	301
IV.	Mord verjährt nicht!		302
	1.	Neue Angaben von Peter-Jürgen Boock	303
	2.	Aktivitäten von Michael Buback	303
	3.	Fehlurteile in RAF-Prozessen?	304
	4.	Der neue Prozess gegen Verena Becker	305
	5.	Die „Omertà" der RAF	306
	6.	Von Strafverfolgung absehen?	308

F. Ein Fazit — 311

G. Lehren für den Umgang mit dem aktuellen Terrorismus? — 315

Chronik der RAF — 319

Stichwort- und Namensverzeichnis — 335

A. Vorbemerkung

Nicht viele Dinge haben die deutsche Nachkriegsgeschichte so geprägt wie das Phänomen der terroristischen Vereinigung »Rote Armee Fraktion«, die über nahezu drei Jahrzehnte hinweg durch ihre Existenz und ihre verbrecherischen Attentate in der Bevölkerung Angst und Schrecken verbreitet hat.

Heute steht zwar außer Zweifel, dass die RAF – wie sie allgemein genannt wurde – seit Frühjahr 1998 nicht mehr existiert. Gleichwohl sind Begriffe wie »Der Deutsche Herbst 77«, »Die Schleyer-Entführung«, »Die Baader-Meinhof-Bande« oder »Die Befreiung in Mogadischu« fester Bestandteil unserer Sprache geworden – selbst bei jungen Leuten, die diese schlimme Zeit nicht persönlich erlebt haben. Und für diejenigen, die sich gedanklich in das Jahr 1977 zurückversetzen, ist es kaum vorstellbar, dass dieser terroristische Spuk in Deutschland inzwischen ein Ende gefunden haben soll.

Gerade in einer Phase, die weltweit durch neue Terrorakte – etwa die Anschläge der Al-Qaida seit dem 11. September 2001 – geprägt und in der auch Deutschland von islamistischen Attentaten bedroht ist, erscheint es wichtig, sich zu vergegenwärtigen, dass eine solche Serie von menschenverachtender Gewalt auch wieder eine Ende finden kann, wenn den Tätern bewusst (gemacht) wird, dass sie mit ihren kriminellen Aktionen die Welt nicht verändern können.

In solchen Zeiten sollte man aber auch immer wieder daran erinnern, welche Terrorspur die RAF in der Zeit ab 1970 hinterlassen hat, wie viele Menschenleben dieser »bewaffnete Kampf« gekostet und welch immensen Schaden – gerade auch psychischer Art – er verursacht hat. Deshalb erscheint es lohnenswert, sich in einem Gesamtüberblick über die RAF noch einmal vor Augen zu führen,

– wie es zur Entstehung dieser Terrororganisation gekommen ist,
– welche Personen ihr angehört haben,
– welche Attentate und kriminellen Aktionen von ihr verübt worden sind,
– wer für welche Verbrechen der RAF verantwortlich ist und
– welche Strafen gegen Mitglieder und Unterstützer der RAF verhängt worden sind.

In diesem Überblick über die Geschichte der RAF ist der »Deutsche Herbst« mit den Entführungen von Hanns-Martin Schleyer und der Lufthansa-Maschine »Landshut« natürlich ein Schwerpunkt, der eingehend und mit zahlreichen Fotos und Skizzen sowie Originalschreiben Schleyers und der Entführer dargestellt wird.

Außerdem wird erläutert, welche Bezüge zu anderen terroristischen Vereinigungen – etwa zu der »Bewegung 2. Juni«, zu den »Revolutionären Zellen« oder zu ausländischen Organisationen wie der französischen »Action Directe« oder den italienischen »Brigate Rosse« – bestanden haben.

Vor allem wird dargestellt, wie unser Staat auf die »Kriegserklärung« der Terroristen reagiert hat, etwa durch neue Gesetze oder durch die Urteile unserer Strafgerichte.

Anmerkung zu dieser 3. Auflage:

Nach den Haftentlassungen von Brigitte Mohnhaupt, Christian Klar und Eva Haule in den Jahren 2007 und 2008 sowie - ganz aktuell - von Birgit Hogefeld befindet sich zum ersten Mal seit 1970 kein einziges (früheres) RAF-Mitglied mehr im Gefängnis. Dies sowie der Umstand, dass mit der Hauptverhandlung gegen Verena Becker der bisher letzte RAF-Prozess stattfindet, sind ein Anlass, die bisherigen Erkenntnisse zu aktualisieren und gut 40 Jahre nach Beginn der terroristischen Aktivitäten der RAF ein Fazit zu ziehen.

Dabei soll insbesondere erläutert werden, weshalb von den RAF-Mitgliedern, die im Laufe der Jahre festgenommen wurden, alle wieder auf freiem Fuß sind und selbst jene, die zu lebenslanger Freiheitsstrafe verurteilt wurden, per Gnadenakt oder Gerichtsbeschluss aus der Haft entlassen worden sind. Vor allem kommt es mir auch auf die Darstellung der Zusammenarbeit zwischen staatlichen Einrichtungen der DDR und der RAF an. Ferner habe ich die Empfehlung umgesetzt, meine persönlichen Erlebnisse im Zusammenhang mit der RAF-Geschichte – etwa bei Verhaftungen, Vernehmungen, Anklageverfassungen oder Prozessen – an den entsprechenden Stellen des Buches zu erwähnen. Diskutieren will ich auch die „Omertà" der RAF und dass man diese Mauer des Schweigens durchbrechen sollte. Schließlich scheint es mir im Hinblick auf die aktuelle Gefährdung durch den islamistischen Terrorismus angezeigt darzustellen, was wir aus dem Umgang mit der RAF gelernt haben, um auch neuen Terrorgefahren erfolgreich begegnen zu können.

Im Sommer 2011 *Klaus Pflieger*

B. Die Entstehung der RAF und ihre erste Generation

Seit 1968 besteht in der Bundesrepublik Deutschland eine terroristische Vereinigung, die von den Ermittlungsbehörden zunächst als »Baader-Meinhof-Bande« bezeichnet wird. Später gibt sich die Gruppe selbst den Namen »Rote Armee Fraktion« – kurz: RAF.

Ihr Ziel ist es, die staatliche Ordnung und die gesellschaftlichen und wirtschaftlichen Verhältnisse in der Bundesrepublik Deutschland sowie die Nordatlantische Verteidigungsgemeinschaft (NATO) durch Gewalttaten wie Mord- und Sprengstoffanschläge zu bekämpfen.  Hintergrund dieser aggressiven Einstellung und Ausgangspunkt für die gewaltsamen Aktionen sind verschiedene Erfahrungen in den 60-er Jahren, die von den Bandenmitgliedern als nicht hinnehmbar empfunden werden, etwa

- die Napalm-Bombardierung ganzer Landstriche Südvietnams durch die U.S.A.,
- die westliche Überflussgesellschaft (als Folge des Kapitalismus) im Vergleich zur Armut in der Dritten Welt,
- das gewaltsame Vorgehen des Staates gegen Demonstranten, aber auch
- das Schweigen der eigenen Eltern über das Dritte Reich, insbesondere den Holocaust.

Schlüsselerlebnis für viele ist der *Tod des Benno Ohnesorg,* der 26 Jahre alt ist, Romanistik studiert und aktives Mitglied der evangelischen Studentengemeinschaft ist. Er gilt allgemein als Pazifist und nimmt am 2. Juni 1967 zum ersten Mal an einer Demonstration teil. 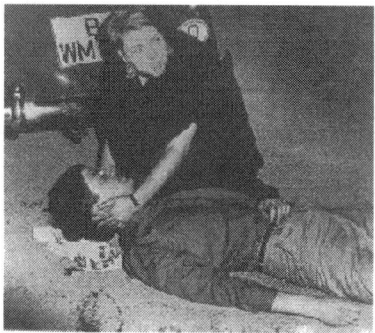 Im Verlauf der Protestaktion in Berlin, die sich gegen den Besuch des persischen Schah richtet, wird Ohnesorg von einem Polizeibeamten, dem Kriminalobermeister Karl-Heinz Kurras, erschossen.

Gudrun Ensslin[2] sagt an diesem Tag das, was viele denken:

»Dieser faschistische Staat ist darauf aus, uns alle zu töten. Das ist die Generation von Auschwitz! Wir müssen Widerstand organisieren. Gewalt kann nur mit Gewalt beantwortet werden.«

Karl-Heinz Kurras wird in Bezug auf den tödlichen Schuss, den er auf Benno Ohnesorg abgegeben hat, zwar wegen fahrlässiger Tötung angeklagt. Das Gericht kann aber seine Einlassung nicht widerlegen, er habe sich von Demonstranten mit einem Messer angegriffen gefühlt, und geht deshalb zu seinen Gunsten von einer schuldausschließenden „Putativnotwehr"[3] aus. Kurras wird deshalb letztlich freigesprochen. Nicht nur sein Todesschuss, sondern auch sein Freispruch tragen wesentlich zur Radikalisierung der Studentenbewegung bei. [4]

> „In dieser Zeit gehen mehr als die Hälfte aller bundesdeutschen Studenten auf die Straße und demonstrieren, insbesondere gegen den Vietnam-Krieg. Auch ich nehme kurz nach Beginn meines Studiums in Tübingen an solchen Demonstrationen teil. Angesichts der Erfolglosigkeit unserer Bemühungen wird diskutiert, ob man zu „Gewalt gegen Sachen" oder gar zu „Gewalt gegen Personen" übergehen müsse. Mit der weit überwiegenden Mehrheit der Studenten bin ich der Ansicht, dass Unrecht nicht mit Unrecht beantwortet werden darf."

Baader   Ensslin

2 Gudrun Ensslin, geb. 15.6.40, ist Tochter eines schwäbischen Pfarrers, hat in Tübingen Pädagogik, Germanistik und Anglistik studiert und ist seit 1964 an der Technischen Universität Berlin eingetragen. 1967 schreibt sie an ihrer Doktorarbeit. Am 13.5.1967 bringt sie einen Sohn zur Welt.
3 Putativnotwehr liegt vor, wenn ein Täter irrig die tatsächlichen Voraussetzungen einer Notwehrsituation annimmt. also beispielsweise zu Unrecht glaubt, dass ein Angriff auf ihn gegeben sei; dann handelt er ohne Verschulden und kann strafrechtlich nicht verurteilt werden.
4 Im Jahr 2009 wird bekannt, dass Karl-Heinz Kurras zum Zeitpunkt seines Schusses auf Benno Ohnesorg Inoffizieller Mitarbeiter (IM) des Ministeriums für Sicherheit (MfS) der DDR war. Spekulationen darüber, ob die Geschichte der RAF anders verlaufen wäre, wenn dieser Umstand bereits im Jahr 1967 bekannt gewesen wäre, sind müßig.

Im Sommer 1967 begegnet Gudrun Ensslin das erste Mal *Andreas Baader*.[5] Gemeinsam mit anderen Personen der Berliner Protestszene sind sie sich einig, dass der Kapitalismus ein Werkzeug zur Ausbeutung und Unterdrückung der Schwachen und damit ein Grundübel der Menschheit sei. Sie nehmen deshalb regelmäßig an Protestkundgebungen teil, die nach Ohnesorgs Tod vermehrt stattfinden, und machen sich Gedanken, wie man diesen verhassten Kapitalismus am besten angreifen könnte. Mehr und mehr denken sie an terroristische Aktivitäten.

I. Der Anfang

Makabres Vorbild für die Überlegungen von Ensslin und Baader, Gewalttaten zu verüben, ist der Brand in einem Brüsseler Kaufhaus, der am 22. Mai 1967 mehr als 300 Menschen das Leben gekostet hat. Daraufhin erscheinen in der Berliner Protestszene verschiedene Flugblätter,[6] in welchen es u.a. heißt:

> »NEU! UNKONVENTIONELL! ...
> Mit einem neuen gag in der vielseitigen Geschichte amerikanischer Werbemethoden wurde jetzt in Brüssel eine amerikanische Woche eröffnet...:
> Ein brennendes Kaufhaus mit brennenden Menschen vermittelte zum erstenmal in einer europäischen Großstadt jenes knisternde Vietnamgefühl (dabeizusein und mitzubrennen), das wir in Berlin bislang noch missen müssen...
> Wann brennen die Berliner Kaufhäuser? ...
> Wenn es irgendwo brennt in der nächsten Zeit ..., seid bitte nicht überrascht. ...
> Burn ware-house, burn!«

Im März 1968 erklären Gudrun Ensslin und Andreas Baader, dass sie »demnächst ein wenig in westdeutschen Kaufhäusern zündeln« werden. Dies ist das Startsignal für die terroristischen Aktivitäten der Personen um Ensslin und Baader, die mit der Nacht vom 2. auf den 3. April 1968 beginnen.

1. Die Brandanschläge vom 2. April 1968

Ende März/Anfang April fahren Ensslin und Baader gemeinsam mit Thorwald Proll, der ebenfalls der Berliner Protestszene angehört, nach Westdeutschland.

---

5 Andreas Baader, der am 6.5.43 geboren wurde, ist ohne Schulabschluss und kommt 1967 von München, wo er in der Schickimicki-Szene gelebt hat, nach Berlin.
6 Die wegen Verbreitung solcher Flugblätter angeklagten Fritz Teufel und Rainer Langhans aus der Berliner Kommune I werden am 22.3.1968 mit der Begründung freigesprochen, es sei nicht nachzuweisen, dass sie tatsächlich zu solchen Brandlegungen anstiften wollten.

Ihr Ziel ist *Frankfurt/Main,* wo sie – wie angekündigt – »in Kaufhäusern zündeln« wollen. Als vierter beteiligt sich Horst Söhnlein, ein guter Bekannter Baaders aus seinen Münchner Zeiten. Die Brände wollen die vier mit selbstgebastelten Brandsätzen legen, die jeweils über einen Reisewecker gezündet werden sollen.

Am Nachmittag des 2. April begeben sie sich paarweise auf die Suche nach geeigneten Tatorten im Frankfurter Zentrum. Ensslin und Baader entscheiden sich für das an der Zeil gelegene Kaufhaus »*Schneider*«. Gegen 18.30 Uhr, kurz vor Feierabend, verstecken sie in der Möbelabteilung und in der Abteilung für Damenoberbekleidung je einen der Brandsätze, die sie in einer Tasche versteckt mitgebracht haben. Die Wecker für die Zündung stellen sie auf Mitternacht ein. Dann verlassen sie das Kaufhaus. In gleicher Weise gehen Söhnlein und Proll im Kaufhaus »*Kaufhof*« vor.

Wie von den Tätern geplant, zünden die vier Brandsätze in der folgenden Nacht gegen 24 Uhr. Kurz nach Ausbruch des Feuers werden die Brände sowohl im »Kaufhof« als auch bei »Schneider« bemerkt. Etwa zur selben Zeit ruft eine Frau bei dpa in Frankfurt/Main an und erklärt:

> »Gleich brennt's bei Schneider und im Kaufhof. Es ist ein politischer Racheakt.«

In beiden Fällen kann die alarmierte Feuerwehr den Brand alsbald löschen. Der Schaden – vor allem durch Löschwasser verursacht – ist gleichwohl erheblich; bei »Schneider« beläuft er sich auf ca. 282.000 DM und im »Kaufhof« auf ca. 390.000 DM.

Bereits am 4. April 1968 werden die vier Brandstifter in Frankfurt/Main verhaftet. Sie bestreiten zwar, an den Brandanschlägen beteiligt gewesen zu sein; in ihrem Auto werden jedoch Gegenstände gefunden, die zu den bei den Anschlägen benutzten Brandflaschen passen.

2. Der Mordversuch an Rudi Dutschke

Am 11. April 1968 wird der damals 28-jährige Chef-Ideologe des Sozialistischen Studentenbundes (SDS), Rudi Dutschke, in Berlin-Charlottenburg von dem 23-jährigen Arbeiter Josef Bachmann[7] vom Fahrrad gestoßen und durch drei Kopfschüsse aus einem Trommelrevolver lebensgefährlich verletzt. Dutschkes Auftreten insbesondere gegen die Springer-Presse,[8] der linksorientierte Studentenkreise die Schuld am Tod von Benno Ohnesorg gaben, hatte die Öffentlichkeit polarisiert. So waren am 21. Februar 1968 bei einer „Pro-Amerika-Demonstration" Plakate mit der Aufschrift „Volksfeind Nr. 1: Rudi Dutschke" gezeigt worden.

Bei dem Attentat vom 11. April 1968 erleidet Dutschke schwere Gehirnverletzungen und überlebt eine mehrstündige Operation nur knapp.[9]

3. Der Brandstifterprozess und der Weg in den Untergrund

Am 14. Oktober 1968 beginnt vor dem Landgericht Frankfurt/Main der Brandstifterprozess gegen Ensslin, Baader, Proll und Söhnlein. Die vier versuchen, die Verhandlung zu einem »happening« umzufunktionieren; Bilder von lachenden und rauchenden Angeklagten gehen durch die Medien.

Unter den neun Verteidigern befindet sich Rechtsanwalt *Horst Mahler,* der Andreas Baader verteidigt und auf dem Weg ist, selbst Mitglied der terroristischen Gruppierung um seinen Mandanten zu werden.

---

7 Bachmann wird wegen versuchten Mordes zu einer Freiheitsstrafe von 7 Jahren verurteilt. Am 24.2.1970 begeht er in der Haft Selbstmord.
8 Axel Caesar Springer war unter anderem Herausgeber der „Bild-Zeitung".
9 Am 24.12.1979 ertrinkt Dutschke in seiner Badewanne infolge eines epileptischen Anfalls, einer Spätfolge des Attentats vom 11.4.1968.

Vor Gericht geben Ensslin und Baader zu, den Brandanschlag auf das Kaufhaus »Schneider« verübt zu haben; sie bestreiten aber, die Gefährdung von Personen gewollt oder in Kauf genommen zu haben. Gudrun Ensslin erklärt die Tat damit, dass sie gegen die Gleichgültigkeit, mit der die Menschen dem Völkermord in Vietnam zusehen, protestieren wollten. Ein Sachverständiger sagt über Ensslins Gründe für die Tatbegehung:

> »Sie leidet unter dem Ungenügen unserer Existenz. Sie wollte nicht mehr warten. Sie wollte in die Tat umsetzen, was sie im Pfarrhaus gelernt hatte. Sie wollte den Nächsten en gros erfassen – gegen seinen Willen. Die Brandstiftung ist ein Versuch gewesen, ein paar Treppen auf den Stufen zu überspringen. Sie denkt einen Gedanken unbeirrt bis zum Ende, bis vor die Wand.«

Während des Prozesses kommt es zum ersten Kontakt zwischen Ensslin und der Journalistin Ulrike Meinhof.[10] Nach der Begegnung, bei der sie offensichtlich von Ensslins Bereitschaft, notfalls illegal zu handeln, beeindruckt ist, veröffentlicht Meinhof in der Zeitschrift »konkret« einen teils kritischen, teils bewundernden Artikel, in welchem es u.a. heißt:

> »Gegen Warenhausbrandstiftung ... spricht, dass dieser Angriff auf die kapitalistische Konsumwelt ... eben diese Konsumwelt nicht aus den Angeln hebt. Den Schaden zahlt die Versicherung ... So gesehen ist Warenhausbrandstiftung keine antikapitalistische Aktion, eher systemerhaltend, konterrevolutionär. Das progressive Moment einer Warenhausbrandstiftung liegt nicht in der Vernichtung der Waren, es liegt in der Kriminalität der Tat, im Gesetzesbruch.«

10 Meinhof wurde am 7.10.34 in Oldenburg geboren; sie war bis Anfang 1968 mit dem früheren Chefredakteur von »konkret« verheiratet und hat zwei Kinder, die 1962 als Zwillinge geboren wurden. Seit 1957 ist sie vor allem als engagierte Atomwaffengegnerin und seit 1960 als Chefredakteurin von »konkret« bekannt.

Am 31. Oktober 1968 werden Ensslin, Baader, Proll und Söhnlein wegen menschengefährdender Brandstiftung zu Zuchthausstrafen von jeweils drei Jahren verurteilt. Ihre Verteidiger legen gegen das Urteil Revision ein.

Am *13. Juni 1969* werden die vier aus dem Gefängnis entlassen, als ihre Haftbefehle unter der Auflage, sich regelmäßig bei der Polizei zu melden, außer Vollzug gesetzt werden. Allen ist klar, dass sie wieder inhaftiert werden, falls das Urteil des Landgerichts Berlin vom 31. Oktober 1968 rechtskräftig werden sollte.

Als der Bundesgerichtshof im November 1969 das landgerichtliche Brandstifterurteil bestätigt, tauchen Ensslin und Baader sofort unter und flüchten ins Ausland. Ein Gnadengesuch, mit dem eine erneute Inhaftierung der Verurteilten verhindert werden soll, lehnt der zuständige hessische Justizminister im Februar 1970 ab. Während Proll und Söhnlein ihre Haftstrafe freiwillig antreten, bleiben Ensslin und Baader verschwunden.

Entsprechend einem Vorschlag von *Horst Mahler,* zurückzukommen und sich einer im Aufbau befindlichen militanten Gruppe anzuschließen, kehren sie im Frühjahr 1970 nach Berlin zurück. Dort finden sie vorübergehend bei Ulrike Meinhof Unterschlupf; Meinhof, die auch das Gnadengesuch zugunsten der Brandstifter unterschrieben hatte und bereits im April 1969 bei »konkret« ausgeschieden war, hat große Sympathien für die Gesuchten, vor allem für Ensslin, bei der sie besonders bewundert, dass sie ihren Sohn für den militanten Kampf verlassen hat.

In den folgenden Wochen haben Ensslin und Baader Kontakt zu Horst Mahler, der dabei ist, die von ihm gebildete Gruppe für den Kampf im Untergrund vorzubereiten. Ihr sollen auch Ensslin und Baader angehören. Dann aber wird Andreas Baader am *4. April 1970* erneut verhaftet.

II. Die RAF

1. Die Befreiung Baaders

Gudrun Ensslin, Horst Mahler und Ulrike Meinhof setzen nach Baaders Verhaftung alles daran, ihn alsbald wieder frei zu bekommen. Ihr Plan ist folgender:

Mahler soll dem zuständigen Gefängnisleiter vorspielen, Baader und Meinhof würden an einem gemeinsamen Buchprojekt arbeiten und Baader müsse zur Sichtung der erforderlichen Literatur unbedingt in das Zentralinstitut für Sozialfragen ausgeführt werden. Nur dort sei die erforderliche Literatur vorhanden und wegen der speziellen Materie – das Buch befasse sich mit »rückständigen Jugendlichen« – könne nur Baader die erforderliche Auswahl treffen. Obwohl der zuständige Leiter der Justizvollzugsanstalt Berlin-Tegel, in der Baader inhaftiert ist, Bedenken hat, genehmigt er schließlich den beantragten Ausgang und legt auch den Termin fest: Donnerstag, den *14. Mai 1970,* 9 Uhr. Daraufhin trifft die Gruppe um Ensslin, Mahler und Meinhof die erforderlichen Vorbereitungen für die geplante Befreiung.

Am Vormittag des 14. Mai ist es soweit: Als sich Andreas Baader im Rahmen der genehmigten Ausführung im Lesesaal des Zentralinstituts für Sozialfragen in Berlin-Dahlem aufhält, überfallen mehrere Gruppenmitglieder – unter ihnen Ulrike Meinhof, Gudrun Ensslin, Irene Goergens und Ingrid Schubert – seine Bewacher und geben mehrere Schüsse ab. Dabei wird der 62-jährige Institutsbedienstete Georg Linke durch einen Lebersteckschuss lebensgefährlich verletzt. Baader und seine Befreier[11] flüchten und leben ab sofort im Untergrund. Ulrike Meinhof ist sich bewusst, dass sie sich mit diesem Schritt in die Illegalität - wie dies bereits bei Gudrun Ensslin bezüglich ihres Sohnes der Fall war - dauerhaft von ihren Kindern trennen wird.

Meinhof　　　　Ensslin　　　　Goergens　　　　Schubert

11　Mahler, Goergens und Schubert werden am 18.10.1970 in Berlin verhaftet. Wegen ihrer Beteiligung an der Baader-Befreiung werden verurteilt: Irene Goergens zu 4 Jahren Jugendstrafe sowie Ingrid Schubert zu 13 Jahren, Horst Mahler zu 14 Jahren und Ulrike Meinhof zu 8 Jahren Freiheitsstrafe.

Die Frauen in der RAF

Der Umstand, dass an der Baader-Befreiung vier Frauen beteiligt sind, sticht ins Auge, ist aber nicht untypisch für die RAF. Auch in den folgenden Jahren ist der Anteil weiblicher RAF-Mitglieder im Vergleich zum generellen Kriminalitätsanteil von Frauen ausgesprochen hoch: Auf dem Fahndungsplakat des Jahres 1972 befinden sich unter den 19 Gesuchten acht Frauen. An der „Offensive 77" wirken mehr weibliche als männliche RAF-Angehörige mit; so sind nach dem „Deutschen Herbst" unter 18 Gesuchten sogar 13 Frauen. Auch bei der dritten RAF-Generation suchen die Ermittlungsbehörden in der Regel nach mehr Frauen als Männern. Auffallend ist auch, dass Frauen - z.B. Gudrun Ensslin, Ulrike Meinhof und später Brigitte Mohnhaupt - oftmals Führungspositionen in der RAF inne haben.

Manche sehen in diesem hohen Frauenanteil ein sichtbares Zeichen der Emanzipation und der Gleichberechtigung in Deutschland, einen Akt der weiblichen Selbstverwirklichung oder gar „einen Exzeß der Befreiung der Frau". Trotz solcher Interpretationsversuche ist das Phänomen „Frauen in der RAF" nicht eindeutig zu erklären.[12] Ins Auge sticht jedenfalls, mit welcher Intensität sich die weiblichen Mitglieder für den gemeinsamen Kampf der RAF engagieren und dabei teilweise - wie etwa Gudrun Ensslin und Ulrike Meinhof - die dauerhafte Trennung von ihren Kindern in Kauf nehmen.

2. Die Gründung der RAF

Ab der Baader-Befreiung wird die Gruppe allgemein – vor allem auf Fahndungsplakaten – nach dem Befreiten und seiner bekanntesten Befreierin die »Baader-Meinhof-Bande« genannt. Intern sind sich die Mitglieder der terroristischen Vereinigung aber einig, dass die Befreiung vom 14. Mai 1970 die Geburtsstunde der Gruppierung ist, die sie selbst als »Rote Armee Fraktion (RAF)« bezeichnen. Die RAF besteht in dieser Zeit u.a. aus folgenden Mitgliedern: Andreas Baader, Gudrun Ensslin, Manfred Grashof, Wolfgang Grundmann, Ulrike Meinhof, Astrid Proll, Bernhard Braun und Horst Mahler.

In den nächsten Wochen schließen sich den im Untergrund lebenden RAF-Angehörigen weitere Mitglieder an, unter ihnen Jan-Carl Raspe, Holger Meins und Brigitte Mohnhaupt. Bereits im Juni 1970 besteht die Gruppe aus etwa 20 Personen.

---

12 Vgl. Gisela Diewald-Kerkmann, „Frauen, Terrorismus und Justiz - Prozesse gegen weibliche Mitglieder der RAF und der Bewegung 2. Juni", S. 3 ff.

Ihre Ziele

Die RAF selbst versteht sich ab sofort als politisch-militärische Organisation. In der Bundesrepublik Deutschland und in West-Berlin sieht sie eine »Metropole des Imperialismus«, den sie für den »Todfeind der Menschheit« hält. Mit ihrem Kampf will die RAF die Befreiungskriege der Völker der Dritten Welt – insbesondere des vietnamesischen Volkes und der Bevölkerung Südamerikas – unterstützen. Wegen der Schwäche der revolutionären Kräfte in Deutschland sollen durch bewaffnete, gewaltsame Aktionen (durch eine »Propaganda der Tat«) Fanale gesetzt werden, um den potentiellen revolutionären Teil in der Bevölkerung (das Proletariat) zu weiteren revolutionären Aktionen und letztlich zum Beginn des »Volkskrieges« zu veranlassen.

Ihre Struktur

Leitfaden für den Aufbau, die Ausstattung und die Aktionen der illegalen Organisation ist das »Mini-Handbuch der Stadtguerilla« des brasilianischen Guerillaführers Carlos Marighella; seine »revolutionäre Logistik« übernehmen die RAF-Mitglieder nahezu vollständig. Kennzeichnend für die RAF ist dementsprechend, dass die Gruppenangehörigen
- falsche Ausweispapiere besitzen,
- im Untergrund leben,
- sich das für die Illegalität benötigte Geld durch Banküberfälle beschaffen,
- schwer bewaffnet sind,
- konspirative Wohnungen als Unterschlupf, aber auch als Basis für ihre Straftaten benutzen,
- stets schussbereite, großkalibrige Faustfeuerwaffen mit sich führen,
- ihre Waffen oftmals mit Hohlspitzmunition, die beim Auftreffen auf den menschlichen Körper »aufpilzt« und deshalb erheblich größere Wunden und Verletzungen verursacht, bestücken und
- sich bei drohender Festnahme den Fluchtweg ohne Rücksicht auf Menschenleben freischießen.

Zum *Schusswaffengebrauch* äußert sich Ulrike Meinhof bereits im Juni 1970 gegenüber der französischen Journalistin Michele Ray. In dem auf Tonband aufgenommenen Interview, das am 15. Juni 1970 im Wochenmagazin »Der Spiegel« veröffentlicht wird, heißt es u.a.:

»Wir sagen natürlich, die Bullen sind Schweine, wir sagen, der Typ in Uniform ist ein Schwein, das ist kein Mensch, und so haben wir uns mit ihm auseinanderzusetzen. D.h., wir haben nicht mit ihm zu reden, und es ist falsch, überhaupt mit diesen Leuten zu reden, und natürlich kann geschossen werden!«

Kennzeichnend für die RAF ist auch, dass sich ihre Mitglieder regelmäßig in Lagern der Palästinensischen Widerstandsgruppen im Nahen Osten für den »antiimperialistischen Kampf« ausbilden lassen. Die RAF-Mitglieder sind sich einig, dass es ihnen für den beabsichtigten revolutionären Kampf an dem hierfür erforderlichen *militärischen Training* mangelt. Sie beschließen deshalb bereits im Sommer 1970, dass alle Gruppenangehörigen alsbald auf diesem Gebiet ausgebildet werden sollen, und zwar in einem palästinensischen Militärlager in der Nähe von Amman. In den folgenden Wochen fliegen alle illegalen RAF-Mitglieder nach Jordanien und werden dort – wie auch die Angehörigen späterer RAF-Generationen – von Palästinensern militärisch ausgebildet.

Ihre kollektive Beschlussfassung

Der Zusammenhalt der RAF gründet sich auf die unbedingte Unterordnung jedes einzelnen Mitglieds unter den Gesamtwillen der Gruppe. Entscheidungen werden nicht von Einzelpersonen oder einem Führungskader getroffen. An den Diskussionen über das Ob und Wie eines geplanten Anschlags nehmen vielmehr alle RAF-Angehörigen teil, die diese Aktion ausführen wollen und sollen. Nach eingehender Diskussion wird schließlich ein einstimmiger Beschluss über die Tatausführung gefasst, der dann planmäßig ausgeführt wird. Hierbei übernimmt jedes Mitglied in voller Kenntnis aller Tatbeiträge seiner Mittäter freiwillig die ihm zukommenden Aufgaben. Die auf diese Weise zustande gekommene Kollektiventscheidung ist für alle Angehörigen dieses Täterteams verbindlich.

Diese – von den RAF-Angehörigen so bezeichnete – *Kollektivität* in der Entscheidungsfindung bedeutet aber nicht, dass sämtliche Gruppenmitglieder in jeden Anschlag vorher eingeweiht oder daran in irgendeiner Form beteiligt wären. Dies gilt jeweils nur für den engen Kreis der eigentlichen Täter. Jedes Mitglied der eigentlichen Tätergruppe kennt das Anschlagsziel und erbringt seinen Tatbeitrag zur Erreichung dieses Ziels.

Über Einzelheiten der jeweiligen Tatausführung wird von jenen RAF-Mitgliedern entschieden, die mit der Planung, Vorbereitung und Durchführung der Aktion betraut sind. Insoweit gilt die – von der RAF so bezeichnete – »*need-to-know-Regel*«; sie besagt, dass Einzelheiten der Tatausführung möglichst nur den Mitgliedern des Tatkommandos bekannt sein sollen. Damit soll dem Risiko begegnet werden, dass bei Verhaftungen Einzelheiten einer geplanten oder bereits verübten Tat bekannt werden.

»Das Konzept Stadtguerilla«

Im *April 1971* veröffentlicht die Gruppe ihr »*Konzept Stadtguerilla*« und legt ihre Ideen, Positionen und Ziele nun auch schriftlich dar. In dieser 16-seitigen Schrift, in der sich die Gruppe erstmals als »Rote Armee Fraktion« und in der Kurzform als »RAF« bezeichnet, heißt es auszugsweise:

»Wir behaupten, dass die Organisierung von bewaffneten Widerstandsgruppen zu diesem Zeitpunkt in der Bundesrepublik und Westberlin richtig ist, möglich ist, gerechtfertigt ist. Dass es richtig, möglich und gerechtfertigt ist, hier und jetzt Stadtguerilla zu machen. Dass der bewaffnete Kampf als ‚die höchste Form des Marxismus-Leninismus' (Mao) jetzt begonnen werden kann und muss, dass es ohne das keinen antiimperialistischen Kampf in den Metropolen gibt. ...

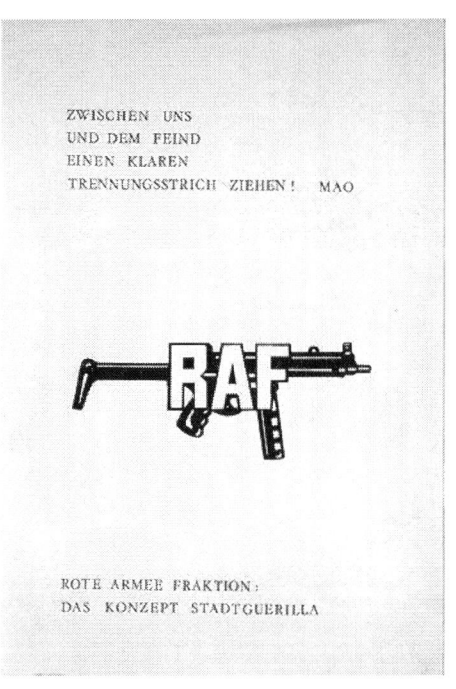

Wir bezweifeln, ob es unter den gegenwärtigen Bedingungen in der Bundesrepublik und Westberlin überhaupt schon möglich ist, eine die Arbeiterklasse vereinigende Strategie zu entwickeln, eine Organisation zu schaffen, die gleichzeitig Ausdruck und Initiator des notwendigen Vereinheitlichungsprozesses sein kann. ...

Wir behaupten, dass ohne revolutionäre Initiative, ohne die praktische revolutionäre Intervention der Avantgarde, der sozialistischen Arbeiter und Intellektuellen, ohne den konkreten antiimperialistischen Kampf es keinen Vereinheitlichungsprozess gibt, dass das Bündnis nur in gemeinsamen Kämpfen hergestellt wird oder nicht, in denen der bewusste Teil der Arbeiter und Intellektuellen nicht Regie zu führen, sondern voranzugehen hat. ...

Die Rote Armee Fraktion redet vom Primat der Praxis. Ob es richtig ist, den bewaffneten Widerstand jetzt zu organisieren, hängt davon ab, ob es möglich ist; ob es möglich ist, ist nur praktisch zu ermitteln.
...
Stadtguerilla ist bewaffneter Kampf, insofern es die Polizei ist, die rücksichtslos von der Schusswaffe Gebrauch macht, und die Klassenjustiz, die Kurras[13] freispricht und die

---

13 Der Polizist Karl-Heinz Kurras, der am 2.6.1968 den Studenten Benno Ohnesorg erschossen hat, wurde vom Vorwurf eines Tötungsdelikts freigesprochen.

Genossen lebendig begräbt, wenn wir sie nicht daran hindern. Stadtguerilla heißt, sich von der Gewalt des Systems nicht demoralisieren zu lassen. Stadtguerilla zielt darauf, den staatlichen Herrschaftsapparat an einzelnen Punkten zu destruieren, stellenweise außer Kraft zu setzen, den Mythos von der Allgegenwart des Systems und seiner Unverletzbarkeit zu zerstören. Stadtguerilla setzt die Organisierung eines illegalen Apparats voraus, das sind Wohnungen, Waffen, Munition, Autos, Papiere. ...

Stadtguerilla machen heißt, den antiimperialistischen Kampf offensiv führen. ... Stadtguerilla heißt, trotz der Schwäche der revolutionären Kräfte in der Bundesrepublik und Westberlin hier und jetzt intervenieren! ...

DEN BEWAFFNETEN KAMPF UNTERSTÜTZEN!
SIEG IM VOLKSKRIEG!«

In dem mehrseitigen Papier »Das Konzept Stadtguerilla« führt die Gruppe auch ihr künftiges »Zeichen« (fünfzackiger Stern mit dem Schriftzug »RAF« sowie einer Maschinenpistole Heckler & Koch MP 5) ein:

3. Das »Sozialistische Patientenkollektiv (SPK)«

Seit Beginn des Jahres 1970 gibt es in Heidelberg eine Gruppierung, die von ihren Gründern als »Sozialistisches Patientenkollektiv – SPK« bezeichnet wird und sich in der Folgezeit unter der Parole »**Aus der Krankheit eine Waffe machen**« mehr und mehr zu einer kriminellen Vereinigung entwickelt hat. In ihrem »Patienten-Info Nr. 1« heißt es:

»Genossen!
Es darf keine therapeutische Tat geben, die nicht zuvor klar und eindeutig als revolutionäre Tat ausgewiesen worden ist. ... Krankheit ist kein Vorgang im einzelnen Menschen, krank ist unsere Gesellschaft. ... Im Sinne der Kranken kann es nur eine zweckmäßige bzw. kausale Bekämpfung ihrer Krankheit geben, nämlich die Abschaffung der krankmachenden privatwirtschaftlich-patriarchalischen Gesellschaft. ... Das System hat uns krank gemacht, geben wir dem kranken System den Todesstoß!«

Dementsprechend strebt das SPK langfristig eine Revolution an und beginnt, sich entsprechend militärisch auszurüsten. Im Frühjahr 1971 kommt es zu ersten Kontakten zwischen Angehörigen der RAF und des SPK.

Eine entscheidende Weichenstellung ergibt sich aufgrund eines Vorfalls am *24. Juni 1971*: Gegen 3 Uhr morgens geraten SPK-Angehörige in Wiesenbach bei Heidelberg in eine Verkehrskontrolle, der sie sich durch Flucht entziehen. Auf der anschließenden Verfolgungsjagd schießen sie auf die Polizei und treffen einen Beamten in die Schulter. Am nächsten Tag werden mehrere Mitglieder des SPK – unter ihnen Siegfried Hausner[14] – verhaftet. Damit ist das »Sozialistische Patientenkollektiv« zerschlagen.

Daraufhin entscheiden sich die militanten Mitglieder des SPK, in den Untergrund zu gehen und sich der RAF anzuschließen; zu ihnen zählen: Margrit Schiller, Klaus Jünschke, Lutz Taufer, Bernhard Rössner, Hanna Krabbe und Friederike Krabbe sowie Sieglinde Hofmann, später auch Elisabeth von Dyck und Ralf Baptist Friedrich.

4. Die ersten Toten

Im »Konzept Stadtguerilla« wird zum Schusswaffengebrauch gegenüber Polizeibeamten folgendes ausgeführt:

> »Der Bulle, der sich in dem Widerspruch zwischen sich als ‚kleinem Mann' und als Kapitalistenknecht, als kleinem Gehaltsempfänger und Vollzugsbeamten des Monopolkapitals befindet, befindet sich nicht im Befehlsnotstand. Wir schießen, wenn auf uns geschossen wird. Den Bullen, der uns laufen lässt, lassen wir auch laufen.«

Umgekehrt formuliert ergibt dies das »Konzept«, dass auf den Polizeibeamten geschossen wird, der ein RAF-Mitglied nicht »laufen lässt«, sondern festnehmen will. Wer gegen dieses »Konzept« verstößt und sich von der Polizei festnehmen läßt, ohne von seiner Schusswaffe Gebrauch zu machen, muss sich gegenüber der Gruppe in einer sogenannten Selbstkritik rechtfertigen. Entsprechend diesem Grundsatz, dass bei drohenden Festnahmen zu schießen ist, gibt es schon bald darauf die ersten Toten:

---

14 Am 19.12.1972 wird Siegfried Hausner im ersten SPK-Prozess vom Landgericht (LG) Heidelberg zu einer Jugendstrafe von 3 Jahren verurteilt. Im Sommer 1974 wird Hausner entlassen, taucht sofort unter und wird Mitglied der RAF.

- Am *15. Juli 1971* sind die RAF-Angehörigen Petra Schelm und Werner Hoppe mit einem blauen BMW 2002 unterwegs, als sie kurz nach 14.15 Uhr in Hamburg-Bahrenfeld an eine Polizeisperre geraten. Schelm, die das Fahrzeug steuert, durchbricht die Sperre. Bei der anschließenden Verfolgungsjagd gelingt es der Polizei schließlich, das Auto anzuhalten, woraufhin die beiden Insassen zu Fuß  flüchten. Werner Hoppe versteckt sich in einer Baustelle und wird dort, ohne dass er Widerstand leistet, festgenommen.[15] *Petra Schelm* zieht ihre Pistole und schießt auf die beiden Polizeibeamten, die sie verfolgen. Einer der Polizisten schießt zurück und trifft die 20-jährige Petra Schelm in den Kopf; sie verstirbt alsbald.[16]

- Am *22. Oktober 1971* ist Polizeimeister Norbert Schmidt mit einem Kollegen in Hamburg-Poppenbüttel mit einem zivilen Ford 17 M auf Streife. Gegen 01.30 Uhr versuchen die beiden, eine ihnen unbekannte Frau zu kontrollieren. Die Frau – später stellt sich heraus, dass es sich um Margrit Schiller handelt – flüchtet jedoch, weshalb sie von Polizeimeister Schmidt zu Fuß verfolgt wird. Den beiden  folgt ein junges Pärchen. Als Schmidt die Frau gerade eingeholt hat, wird von Seiten des Pärchens vier Mal auf ihn geschossen. Norbert Schmidt bricht sofort zusammen und verstirbt kurz darauf. Sein Kollege wird am Fuß getroffen. Er schießt zurück, trifft aber nicht. Die drei entkommen. Noch am selben Tag wird Margrit Schiller in Hamburg festgenommen.[17]

- Am *4. Dezember 1971* sind Georg von Rauch und Michael »Bommi« Baumann mit zwei gestohlenen Fahrzeugen in Berlin unterwegs, als sie von der Polizei angehalten werden. Bommi Baumann gelingt die Flucht. Von Rauch zieht seine Waffe und schießt, um sich der drohenden Festnahme zu entziehen. Die Polizei schießt zurück. *Georg von Rauch* wird im Gesicht getroffen und stirbt.[18]

---

15 Hoppe wird wegen dieses Vorfalls zu einer Freiheitsstrafe von 10 Jahren verurteilt.
16 Ein Ermittlungsverfahren gegen den Schützen wird von der Staatsanwaltschaft Hamburg mit der Begründung eingestellt, der Polizeibeamte habe in Notwehr gehandelt.
17 Margrit Schiller wird am 5.2.1973 zu einer Freiheitsstrafe von 2 Jahren und 3 Monaten verurteilt. Sie beschuldigt später den RAF-Angehörigen Gerhard Müller, am 22.10.1971 in Hamburg geschossen zu haben, nachdem dieser im »Stammheim-Prozess« die Angeklagten belastet hatte; das gegen ihn gerichtete Verfahren wird gleichwohl mangels hinreichendem Tatverdacht eingestellt.
18 Das Ermittlungsverfahren wegen des tödlichen Schusses wird mit der Begründung eingestellt, der Polizeibeamte habe in Notwehr gehandelt.

- Am *22. Dezember 1971,* kurz nach 8 Uhr, überfallen fünf schwer bewaffnete RAF-Angehörige die Filiale der Bayerischen Hypothen- und Wechselbank in Kaiserslautern. Ein sechster Täter wartet vor der Bank in einem roten VW-Bus, mit dem die Bankräuber nach dem Überfall fliehen wollen; er hat das Fahrzeug unmittelbar gegenüber der Bank in einem Halteverbot abgestellt.

Während des Überfalls nähert sich zufällig Polizeiobermeister *Herbert Schoner* zu Fuß der Bank. Er hat den Auftrag, einen Geldtransport dorthin zu begleiten. Als Schoner den verkehrswidrig vor der Bank abgestellten roten VW-Bus sieht, geht er auf das Fahrzeug zu. Er erkennt nicht, dass die Bank in diesem Moment überfallen wird und der VW-Bus den Tätern zur Flucht dienen soll. Als er von der Beifahrerseite an das Auto herantritt, schießt der Fahrer mit seiner Pistole durch die Scheibe auf ihn. Dieser erste Schuss trifft den Polizeibeamten jedoch nicht, sondern verursacht bei ihm durch die umherfliegenden Glassplitter nur kleinere Schnittwunden im Gesicht. Herbert Schoner gibt hierauf aus seiner Dienstwaffe drei Schüsse ab, die aber nur das Fahrzeug treffen. Dann schießt der RAF-Fahrer ein zweites Mal durch die teilweise zerstörte Scheibe der Beifahrertür. Die Kugel trifft Polizeiobermeister Schoner in die rechte Brustseite und durchschlägt das Zwerchfell sowie die Leber.

Aufgrund dieser Schussverletzung sackt Herbert Schoner stark blutend in sich zusammen, rafft sich dann jedoch wieder auf und geht schwankend und nach vorne zusammengekrümmt auf den Eingang der Bank zu. Durch den schweren Blutverlust ist er so geschwächt, dass er den Kundenraum der Bank nur noch torkelnd erreicht. In diesem Moment gibt einer der Bankräuber vom Tresen aus mit seinem Revolver einen Schuss auf den Polizeibeamten ab; das Geschoss trifft ihn in Höhe des 5. Brustwirbels, zerfetzt den Rückenmarkstrang und durchschlägt die Lunge. Diese Verletzung führt zu einer sofortigen Lähmung, weshalb Herbert Schoner auf der Stelle zu Boden fällt. Er verstirbt noch am Tatort.

Nach dem letzten Schuss brechen die RAF-Täter den Bankraub ab, lassen die bereits zusammengeraffte Beute in Höhe von ca. 133.000 DM liegen und flüchten mit dem roten VW-Bus.[19]

---

19 U.a. wegen Beteiligung an diesem Bankraub werden Klaus Jünschke (als Mittäter) und Manfred Grashof (als Gehilfe) durch Urteil des LG Kaiserslautern vom 2.6.1977 zu lebenslangen Freiheitsstrafen verurteilt.

- Ende Februar 1972 erhält die Augsburger Polizei einen Hinweis auf ein verdächtiges Pärchen, das seit kurzem in Augsburg lebt. Hierauf observiert die Polizei die Wohnung und greift schließlich am *2. März 1972* gegen 12.30 Uhr zu. Während die Frau, bei der es sich um Carmen Roll handelt, festgenommen werden kann, zieht ihr Begleiter seine Pistole. Hierauf schießt die Polizei und trifft ihn tödlich.[20] Bei der Überprüfung des Toten stellt sich heraus, dass es sich um den RAF-Angehörigen *Thomas Weißbecker* handelt.
- Am Nachmittag des *2. März 1972* erhält die Hamburger Polizei einen Hinweis auf eine verdächtige Wohnung im Stadtteil Harvestehude. Eine erste Überprüfung ergibt, dass es sich wahrscheinlich um eine Werkstatt der RAF handelt. Daraufhin besetzt eine Spezialeinheit der Polizei gegen 16 Uhr das Objekt, um auf das Auftauchen der Wohnungsinhaber zu warten. Ab 20 Uhr sind Kriminalhauptkommissar Hans Eckhardt, der den Einsatz leitet, sowie vier weitere Kriminalbeamte vor Ort. Einer von ihnen erhält den Auftrag, das Gebäude von einem – ca. 50 m entfernt geparkten – Pkw aus zu beobachten; insbesondere soll er seine Kollegen in der Wohnung warnen, sobald verdächtige Personen auftauchen. Gegen 22.45 Uhr meldet er, dass zwei Männer im Begriff seien, das Haus zu betreten – es handelt sich um die RAF-Angehörigen *Manfred Grashof* und *Wolfgang Grundmann*.

Grashof　　　　　Grundmann

Entsprechend dem zuvor besprochenen Plan bezieht einer der Kriminalbeamten versteckt im Treppenhaus Position, um den Verdächtigen den Fluchtweg versperren zu können. Die übrigen Beamten des Einsatzkommandos bleiben in dem Objekt. Kurz darauf betreten die beiden RAF-Mitglieder den Flur der Wohnung. Von dort öffnet Grundmann die Tür zum Wohnzimmer, in welchem sich die Polizeibeamten befinden. Als er den ersten Schritt in diesen Raum macht, ruft ihm Kriminalhauptkommissar Eckhardt laut zu: »Hände hoch! Polizei!«; gleichzeitig droht er an, von seiner Schusswaffe

---

20 Der Todesschütze wird mit der Begründung freigesprochen, er habe in Notwehr gehandelt.

Gebrauch zu machen, falls Widerstand geleistet werde. Grundmann bleibt sofort stehen, nimmt – wie verlangt – beide Hände hoch und ruft: »Nicht schießen! Ich bin nicht bewaffnet!« Hierauf geht der Polizeibeamte Eckhardt langsam und mit gezogener Waffe auf Grundmann zu.

Diese Situation nützt Manfred Grashof – der sich direkt hinter Grundmann befindet – dazu, seinen Revolver Colt Detective Special zu ziehen und zwei Mal auf Hans Eckhardt zu schießen. Je ein Geschoss trifft den Polizeibeamten in die Brust und in den Unterleib, weshalb er vor Schmerz aufschreit. In diesem Augenblick schießt einer der anderen Kriminalbeamten mit seiner Dienstwaffe  sechs Mal auf Grashof. Grashof, der noch einen Schuss abgibt, wankt getroffen aus der Wohnung ins Treppenhaus. Dort gibt ein weiterer Polizeibeamter aus seiner Maschinenpistole einen Feuerstoß mit drei Schüssen ab, um Grashof aufzuhalten. Er trifft den RAF-Terroristen aber nicht. Gleichwohl geht Grashof aufgrund der zuvor erlittenen Schussverletzungen schwer verletzt zu Boden und wird festgenommen. Grundmann leistet bei seiner Verhaftung keinen Widerstand; bei seiner Überprüfung stellt die Polizei fest, dass er – entgegen seiner Behauptung – schwer bewaffnet ist: in seinem Hosenbund steckt eine durchgeladene und entsicherte Pistole Walther PP 38.

Hans Eckhardt und Manfred Grashof, die beide schwere Schussverletzungen erlitten haben, werden sofort in die Unfallklinik in Eppendorf gebracht und in der selben Nacht operiert. Während sich Grashof alsbald von den Verletzungen erholt, ringt Kriminalhauptkommissar *Hans Eckhardt* mehrere Wochen mit dem Tod. Das Hohlspitzgeschoss, das ihn im Unterleib traf, hat den Dünndarm an drei Stellen durchschlagen, was trotz intensiver Behandlung zu einer Darmlähmung, einem Nierenversagen und einer Harnsperre führt. Schließlich stirbt Hans Eckhardt in der Nacht zum 22. März 1972 an einer Bauchfell- und Lungenentzündung.[21]

In den folgenden Jahren werden in vergleichbaren Situationen weitere sechs Polizisten ermordet, nämlich

- Polizeimeister Fritz Sippel am 7. Mai 1976,
- der holländische Polizeibeamte Arie Kranenburg am 22. September 1977,
- Polizeimeister Hans-Wilhelm Hansen am 24. September 1978,

---

21 Grashof und Grundmann werden durch Urteil des LG Kaiserslautern vom 2.6.1977 verurteilt: Grashof zu einer lebenslangen Freiheitsstrafe und Grundmann – bei dem das Gericht in Bezug auf den Mord an Kriminalhauptkommissar Eckhardt keine Tatbeteiligung annimmt – zu einer Freiheitsstrafe von 4 Jahren.

- die holländischen Zollbeamten Dionysius de Jong und Johannes Goemans am 1. November 1978 sowie
- der GSG-9-Beamte Michael Newrzella am 27. Juni 1993.

Getötet werden auch weitere fünf Mitglieder der RAF, und zwar
- Willy-Peter Stoll am 6. September 1978,
- Michael Knoll am 24. September 1978,
- Elisabeth von Dyck am 4. Mai 1979,
- Wolfgang Grams am 27. Juni 1993 und
- Horst Ludwig Meyer am 15. September 1999.

Im Ergebnis führt Meinhofs Schießbefehl dazu, dass in Festnahmesituationen insgesamt 9 Polizeibeamte und 8 RAF-Angehörige zu Tode kommen. Außerdem stirbt am 19. November 1979 die unbeteiligte Passantin Kletzhändler, als es nach einem Banküberfall in Zürich zu einer Schießerei zwischen RAF-Tätern und der Polizei kommt.

5. Unbeteiligte Dritte kommen zu Tode

In dieser durch RAF-Aktivitäten aufgewühlten Zeit ereignen sich weitere Vorkommnisse, die letztlich im Zusammenhang mit Meinhofs Schießbefehl stehen, weil Polizeibeamte in gefährlichen Situationen verstärkt von ihren Schußwaffen Gebrauch machen. Dabei kommen 1972 in Baden-Württemberg auch zwei so genannte unbeteiligte Dritte zu Tode:[22]
- So hält die Besatzung eines Polizeifahrzeugs einen Pkw-Fahrer für ein RAF-Mitglied, der am Abend des 1. Februar 1972 in der Innenstadt Tübingens auffällt, weil er die Fahrbahn schneidet, das Fahrzeugrücklicht nicht brennt und er sich der polizeilichen Kontrolle durch rücksichtslose Flucht entziehen will. Nachdem der flüchtige Fahrer zwei Polizeisperren durchbrochen und mehrere Polizisten in Lebensgefahr gebracht hat, gibt schließlich ein Beamter aus einem Streifenwagen mit seiner Maschinenpistole 13 Schüsse auf das vorausfahrende Fluchtauto ab. Dabei erleidet dessen Fahrer 7 Schussverletzungen, an denen er alsbald verstirbt. Als man die Personalien des Toten überprüft, stellt sich heraus, dass es sich um den 17-jährigen Lehrling Richard Epple handelt, der keinen Führerschein besaß und unter

---

[22] Nach Darstellung der Bundesregierung sind insgesamt 5 sog. unbeteiligte Dritte durch einen solchen polizeilichen Schusswaffengebrauch getötet worden (Bundestagsdrucksache 16/6892). Die Opfer waren (außer Richard Epple und Ian James Torquil Mac Leod): Günter Jendrian, Helmut Schlaudraff und Manfred Perder, die in den Jahren 1974, 1977 und 1980 zu Tode kamen (vgl. Michael Sontheimer, "Natürlich kann geschossen werden", S. 191).

erheblichem Alkoholeinfluss stand. Nach ihm wird später in Tübingen das „Richard-Epple-Haus" benannt[23]
- Ähnlich verhält es sich, als die Polizei am Morgen des 25. Juni 1972 im Rahmen der Fahndung nach RAF-Mitgliedern eine verdächtige Wohnung im Asemwald in Stuttgart stürmt. Da der Wohnungsinhaber seine Schlafzimmertür nur kurz öffnet und sofort wieder schließt, fühlen sich die Beamten bedroht. Einer von ihnen[24] gibt mit seiner Maschinenpistole zwei Schüsse durch die geschlossene Schlafzimmertür ab. Einer dieser Schüsse trifft den Wohnungsinhaber, der unbewaffnet und völlig nackt ist, in den Rücken; er ist sofort tot. Später stellt sich heraus, dass es sich bei dem Toten um den 34-jährigen Schotten Ian James Torquil Mac Leod handelt, der seit Jahren in Deutschland gelebt und der bei einem Umzug lediglich vergessen hatte, das Türschild an seiner alten Wohnung zu entfernen.

III. Die Sprengstoffanschläge 1972

In der Zeit vom 11. bis 24. Mai 1972 verübt die RAF insgesamt sechs Sprengstoffanschläge. Mit diesen Aktionen will die Vereinigung zum einen ihre Einsatzfähigkeit und -bereitschaft demonstrieren, zum anderen im Hinblick auf ihre künftigen Pläne – etwa hinsichtlich der durch Geiselnahme angestrebten Freilassung von inhaftierten RAF-Mitgliedern – Druck ausüben. Dementsprechend werden die Angriffsziele nach dem Feindbild der RAF ausgewählt: Polizei und Justiz (als die Strafverfolgungsorgane des verhassten Staates), US-Militäreinrichtungen (als Symbol des bekämpften Imperialismus) sowie der Springerkonzern (als Verantwortlicher für die angeblich amerikafreundliche Medienpolitik in Deutschland).

1. Der Anschlag auf das US-Hauptquartier in Frankfurt/Main

Spätestens ab März 1972 planen die RAF-Mitglieder um Baader und Ensslin, mit einer Autobombe ein Attentat auf das sogenannte IG-Farben-Hochhaus in

---

23 Das Ermittlungsverfahren gegen den Polizeibeamten, der die tödlichen Schüsse abgegeben hatte, wird eingestellt, weil sein Verhalten nicht rechtswidrig gewesen sei. Dieser Polizeibeamte begeht später Selbstmord.
24 Gegen den Polizeibeamten, der den tödlichen Schuss abgegeben hatte, erhebt die Staatsanwaltschaft Stuttgart Anklage wegen fahrlässiger Tötung. Die zuständige Strafkammer lehnt jedoch die Eröffnung des Verfahrens ab, weil der Beamte in vermeintlicher Notwehr gehandelt habe.

Frankfurt/Main zu verüben. Ziel des Anschlags soll das Hauptquartier des 5. US-Corps sein, das in diesem Gebäudekomplex untergebracht ist.

Für die Tat stehlen die Täter einen blauen VW 1300. Das Fahrzeug verändern sie zu einer sogenannten Doublette, indem sie die Originalkennzeichen abschrauben und an dem Auto falsche Kennzeichen anbringen, die für einen Pkw des gleichen Typs und mit der selben Farbe ausgegeben sind. In dem VW 1300 deponieren sie insgesamt drei Sprengkörper, nämlich eine große Rohrbombe, eine Doppelrohrbombe und eine Gasflasche. Dann fahren sie am *11. Mai 1972* zum IG-Farben-Hochhaus, wo sie die beiden Rohrbomben im Eingangsbereich des Hauptquartiers und die Gasflasche in der Nähe des Offizierskasinos abstellen und die Zündung der Sprengkörper auf 19 Uhr einstellen. Dann verlassen sie das Hochhaus; den VW 1300 lassen sie stehen.

Am Abend dieses 11. Mai 1972, gegen 19 Uhr, detonieren die drei Bomben – wie von den Attentätern beabsichtigt – innerhalb weniger Sekunden. Zu diesem Zeitpunkt herrscht im Hauptquartier reges Leben. Im Kasino sind mehrere Personen beim Abendessen. Durch die Explosion der drei Sprengsätze wird ein riesiger Personen- und Sachschaden angerichtet: Neun Personen werden von Bombensplittern getroffen und zum Teil erheblich verletzt. Unter ihnen befinden sich Oberstleutnant Bloomquist und Oberleutnant Glyer. Als die Bombe in der Nähe des Casinos detoniert, sind beide ca. 20 m von der Sprengstelle entfernt. *Paul A. Bloomquist* wird u.a. von einem Splitter am Hals getroffen – er verstirbt alsbald. Glyer, der in Rücken und Kopf getroffen wird, wird ebenfalls schwer verletzt und überlebt nur durch viel Glück.

Mit einem Brief vom 14. Mai 1972 meldet sich die RAF bei der dpa in München und bekennt sich zu dem Sprengstoffanschlag auf das US-Hauptquartier in Frankfurt/Main. In dem Schreiben, das mit »Kommando Petra Schelm« unterzeichnet ist, wird ausgeführt, man habe das Attentat an »dem Tag, an dem die Bombenblockade der US-Imperialisten gegen Nord-Vietnam begann«, verübt.

2. Die Anschläge in Augsburg und München

Bereits am Tag nach dem Attentat in Frankfurt/Main – also am *12. Mai 1972* – verübt die RAF zwei weitere Sprengstoffanschläge: zum einen auf die Polizeidirektion in Augsburg und zum anderen auf das Landeskriminalamt in München.

Am Vormittag dieses Tages deponieren Gruppenmitglieder der RAF im Gebäude der *Polizeidirektion Augsburg* drei Sprengkörper, und zwar im Flur des

3. Stockes eine Pressluftflasche sowie im 4. Stock eine große Rohrbombe und eine sogenannte Feldflaschenbombe. Gegen 12.15 Uhr explodieren die Pressluftflasche und die Feldflaschenbombe innerhalb weniger Minuten; die Rohrbombe detoniert aus unbekannten Gründen nicht. Durch die Explosionen werden sieben Bedienstete der Polizeidirektion verletzt – bei einem Polizeibeamten besteht Todesgefahr. Außerdem wird das Gebäude erheblich beschädigt.

Kurz darauf kommt es um 14.20 zu einer Explosion auf dem Parkplatz des Bayerischen Landeskriminalamts in München. Dort zündet eine 33 kg-Gasflasche. Sie war in einem blauen Ford versteckt, den RAF-Mitglieder in der Nacht zum 28. April 1972 in Neu-Ulm entwendet und mit einem Doubletten-Kennzeichen versehen hatten. Durch das Attentat geraten zahlreiche Personen in Gefahr, zehn werden verletzt; eine Frau, die sich in der Nähe des Bombenautos befindet, entgeht nur knapp dem Tod. Außerdem werden auf dem Parkplatz fast 100 Fahrzeuge beschädigt bzw. zerstört. An den Autos, am Gebäude des Landeskriminalamts und an den umliegenden Häusern entsteht ein Sachschaden in Höhe von insgesamt 588.000 DM.

Am 16. Mai 1972 teilt die RAF in einem Brief an die dpa Hamburg mit, das »Kommando Thomas Weißbecker« habe die Anschläge in Augsburg und München verübt, weil die bayerische Polizei – vor allem die Polizeidirektion Augsburg – für den Tod Weißbeckers verantwortlich sei.

3. Der Anschlag auf Ermittlungsrichter Buddenberg

Am *15. Mai 1972* bringen RAF-Angehörige am Privatfahrzeug des Bundesrichters Wolfgang Buddenberg – einem VW 1300 – einen Sprengsatz an. Wieder benutzen sie eine sogenannte Feldflaschenbombe, die sie in Höhe des Beifahrersitzes mit Magnetfüßen an der Bodenplatte des Fahrzeugs befestigen. Von der Bombe führen sie Zünddrähte zum Anlasser, um die Explosion des Sprengsatzes durch das Starten des Fahrzeugs herbeizuführen. Ziel des Anschlags ist Ermittlungsrichter Buddenberg, der in seiner beruflichen Funktion u.a. für Haftentscheidungen bei RAF-Inhaftierten verantwortlich ist. Bei ihren Ausspähungen haben die Täter registriert, dass Wolfgang Buddenberg in der Regel um die Mittagszeit mit seiner Ehefrau nach Hause fährt, und zwar als Beifahrer.

Am 15. Mai 1972 ist dies jedoch nicht der Fall: Frau Gerda Buddenberg fährt an diesem Tag alleine. Als sie um 12.35 Uhr in Karlsruhe in das Fahrzeug steigt und den Motor startet, wird der an den Batteriestrom des Wagens angeschlossene Sprengkörper gezündet. Durch die Detonation wird das Auto schwer beschädigt; der Beifahrersitz wird zerfetzt und durch das Schiebedach etwa 9 m weit weggeschleudert; der Beifahrer wäre – wie von den Attentätern beabsichtigt – aller Voraussicht nach getötet worden. Frau Buddenberg wird von Splittern der Bombe erheblich verletzt, kann das Fahrzeug aber aus eigener Kraft verlassen.

Bezüglich dieses Sprengstoffanschlags gelangt zwar keine Tatbekennung an die Medien; in einer Reisetasche wird aber kurze Zeit nach dem Attentat eine Erklärung mit dem Datum 20. Mai 1972 gefunden, in welcher sich die RAF mit einem »Kommando Manfred Grashof« zu dem Sprengstoffanschlag bekennt. Darin ist ausgeführt, man sei »gegen BGH-Richter Buddenberg« vorgegangen, weil er der »zuständige Haft- und Ermittlungsrichter« sei, der Grashof trotz seines gesundheitlichen Zustands »vom Krankenhaus in die Zelle« habe verlegen lassen.

4. Der Anschlag auf das Verlagshaus Springer

Am Nachmittag des *19. Mai 1972* deponieren RAF-Angehörige insgesamt 5 Sprengkörper im Verlagshaus Springer in Hamburg. Bei dem Gebäude handelt es sich um ein 12-stöckiges Hochhaus, in dem etwa 2500 Personen arbeiten.

Die Sprengkörper bestehen jeweils aus einem Rohr mit einer Länge von ca. 20 cm und einem Durchmesser von 15,9 cm, das mit einem Sprengstoffgemisch gefüllt ist und etwa 4 kg wiegt. Die Ladungen sollen jeweils durch eine Zeitzünder-Uhr in Form eines Kurzzeitweckers zur Explosion gebracht werden. Zwei der Bomben verstecken die Täter im 12. Stockwerk des Springer-Hochhauses, in dem die Geschäftsleitung des Springer-Verlags untergebracht ist, sowie je einen Sprengsatz in der 2., 3. und 6. Etage. Dann stellen sie die Kurzzeitwecker auf 60 Minuten und verlassen das Gebäude.

Gegen 15.35 Uhr ruft einer der Attentäter in der Telefonzentrale des Springer-Verlags an und fordert mit dem Hinweis »gleich geht eine Bombe los« dazu auf, das Haus zu räumen. Für eine Räumung ist es aber bereits zu spät: Um 15.40 Uhr detoniert der Sprengkörper im 3. Stockwerk und richtet dort eine große Verwüstung an. Ein Mitarbeiter erleidet durch die Druckwelle und Bombensplitter einen Kieferbruch und erhebliche Verletzungen an der Hand und im gesamten Gesicht, was letztlich zu einer Erwerbsminderung von 30 % führt. Sein Kollege erleidet ebenfalls Kopfverletzungen und einen Milzschaden, der stationär behandelt werden muss.

Nach dieser ersten Detonation ruft erneut einer der Attentäter bei der Telefonzentrale des Verlages an und verkündet, es werde gleich nochmals knallen, es solle endlich geräumt werden. Unmittelbar darauf kommt es tatsächlich zur zweiten Explosion, und zwar im Vorraum der Damentoilette der 6. Etage. In diesem Stockwerk ist die Verlagsleitung der »Bild-Zeitung« untergebracht. Auch hier werden mehrere Verlagsangestellte – zum Teil erheblich – verletzt. Sie erleiden Platz- und Schnittwunden; zum Teil werden sie am Kopf getroffen und brechen zusammen.

Die anderen drei Sprengkörper – zwei im 12. und einer im 2. Stockwerk – detonieren nicht; der Grund hierfür liegt jeweils an kleinen unbeabsichtigten Fehlern der Täter. Die Bomben werden im Laufe der folgenden Nacht und am nächsten Tag entdeckt und entschärft. Auch diese Sprengsätze hätten bei einer Explosion erhebliche Personen- und Sachschäden verursacht.

Der Sachschaden, den die beiden Detonationen anrichten, beläuft sich auf 336.000 DM. Insgesamt werden 36 Personen verletzt; 23 von ihnen – die sich zum Tatzeitpunkt in unmittelbarer Nähe der explodierenden Sprengkörper aufhielten – standen in der Gefahr, getötet zu werden.

Zu dem Anschlag auf das Springer-Hochhaus bekennt sich die RAF bereits in der Nacht nach dem Attentat in einem Schreiben, das mit »Kommando 2. Juni« unterzeichnet ist.

5. Der Anschlag auf das US-Hauptquartier in Heidelberg

Der letzte Anschlag in dieser Serie von Sprengstoff-Attentaten im Mai 1972 hat das Hauptquartier der 7. US-Armee und der US-Landstreitkräfte in Europa (USAREUR) in Heidelberg zum Ziel.

Die Absicht der RAF-Angehörigen ist es, die Gebäude des Hauptquartiers und die darin arbeitenden Personen mit Autobomben »anzugreifen«. Zu diesem Zweck entwenden Bandenmitglieder Anfang Mai 1972 zwei Fahrzeuge – einen weißen Ford 17M und einen grünen VW 1302. Gleichzeitig stehlen sie die US-Kennzeichen von zwei Fahrzeugen in Neu-Ulm. Mit diesen US-Kennzeichen verwandeln sie die beiden durch Diebstahl beschafften Fahrzeuge in »Dobletten«, um unkontrolliert auf das Gelände des Hauptquartiers einfahren zu können. Als Sprengkörper benützen die Täter insgesamt drei Propangasflaschen, nämlich eine Flasche mit einem Volumen von 33 kg und zwei Flaschen mit 11 kg. Diese Behältnisse füllen sie mit Sprengstoff und deponieren sie in den beiden gestohlenen Autos.

Am späten Nachmittag des *24. Mai 1972* fahren die Attentäter – ohne kontrolliert zu werden – die so vorbereiteten Bombenautos auf das Gelände des Hauptquartiers. Den weißen Ford 17M, der mit der 33 kg-Flasche versehen ist, parken sie vor dem Gebäude Nr. 2, in welchem u.a. der Secret Service untergebracht ist. Unweit davon stellen sie das zweite Bombenauto – den grünen VW 1302 – auf einem Parkplatz ab. Bevor die Täter das Armee-Gelände wieder verlassen, stellen sie die Wecker, mit welchen die Sprengsätze gezündet werden sollen, so ein, dass die Bomben möglichst zeitgleich explodieren.

Gegen 18.10 Uhr detonieren die Sprengkörper in den beiden Bombenautos innerhalb weniger Sekunden. An der ersten Sprengstelle wird der Ford 17M völlig zerrissen. In der Nähe geparkte Fahrzeuge werden weggeschleudert. Teile des Bombenautos werden bis zu 120 m weit gestreut. Das angrenzende Gebäude Nr. 28 wird schwer beschädigt. Vor allem aber entsteht schrecklicher Personenschaden:

– Captain *Clyde R. Bonner*, der sich zum Zeitpunkt der Explosion zufällig in der Nähe des Ford 17M befindet, ist sofort tot. Sein Rumpf wird zerrissen, der Oberkörper weggeschleudert. Weitere Teile seiner Leiche werden in einem größeren Umkreis zerstreut und zum Teil auf einem Baum gefunden.
– Auch der Soldat *Ronald A. Woodward* hält sich in der Nähe des Bombenautos auf, als es zur Detonation kommt. Er wird von zahlreichen Bombensplittern getroffen und weggeschleudert. Seine Lunge und die Leber sind durchschlagen und zahlreiche Rippen zertrümmert. Als man Woodward findet, lebt er noch. Einem Sanitäter beißt er vor lauter Schmerzen in die Hand, dann verstirbt er.
– Der Soldat *Charles L. Peck* hält sich zum Zeitpunkt der Explosion im Flur des Gebäudes 28 auf. Er wird von einer schweren Gittertür getroffen und unter den Gebäudetrümmern begraben. Dabei wird sein Schädel völlig zertrümmert; außerdem zerreißt seine Leber. Als man ihn findet, ist Peck tot.

Auch an der zweiten Sprengstelle wird das Tatfahrzeug – der VW 1302 – völlig zerrissen. Große Teile der Bombe und der in der Nähe geparkten Fahrzeuge, die ebenfalls weggeschleudert werden, fliegen bis zu 60 m weit und verursachen erhebliche Personen- und Sachschäden. Mehrere US-Angehörige erleiden Splitterverletzungen oder werden durch die Druckwelle zu Boden geworfen. An dieser Sprengstelle wird zwar niemand getötet, insgesamt 6 Personen hätten aber zu Tode kommen können.

In einem Brief, der am 26. Mai 1972 bei der »Frankfurter Rundschau« eingeht, schreibt die RAF, ein »Kommando 15. Juli« habe den Anschlag auf das Hauptquartier in Heidelberg ausgeführt, »nachdem General Daniel James, Abteilungsleiter im Pentagon, am Mittwoch in Washington erklärt hatte: ‚Für die US-Luftwaffe bleibt bei Bombenangriffen in Vietnam künftig kein Ziel nördlich und südlich des 17. Breitengrades ausgenommen'.« Gefordert wird in dem Bekennerschreiben »die Einstellung der Bombenangriffe auf Vietnam«. Diesem RAF-Brief ist folgender Satz angefügt: »Der Brief in der FR vom 25. Mai 1972 – angeblich von der RAF – ist eine Fälschung«. Damit ist die sogenannte »Stuttgarter Bombendrohung« gemeint, in der eine »Rote Armee Fraktion Baden Württemberg« angekündigt hatte, am 2. Juni 1972 würden im Stuttgarter Stadtgebiet mehrere Bomben in Kraftfahrzeugen detonieren.

Die Sprengstoffanschläge im Mai 1972 finden auch in sympathisierenden Kreisen keine ungeteilte Zustimmung. Hierauf veröffentlicht die RAF eine Tonbanderklärung, in der Ulrike Meinhof diese Taten als »unsere Aktionen gegen die Ausrottungsstrategen von Vietnam« und »unsere Aktionen zum Schutz des Lebens und der Gesundheit der Gefangenen und der freien Genossen der RAF« rechtfertigt.[25] In der Folgezeit wird nach den Mitgliedern der Gruppe bundesweit gefahndet:

---

25 Wegen Beteiligung an den Sprengstoffanschlägen im Mai 1972 werden Andreas Baader, Gudrun Ensslin und Jan-Carl Raspe durch – nicht rechtskräftiges – Urteil des Oberlandesgerichts (OLG) Stuttgart vom 28.4.1977 zu lebenslangen Freiheitsstrafen verurteilt. Irmgard Möller wird wegen Beteiligung an dem Anschlag vom 24.5.1972 durch Urteil des LG Heidelberg vom 31.5.1979 ebenfalls zu einer lebenslangen Freiheitsstrafe verurteilt.

IV. Festnahmen und das Ende der ersten Generation

Die Fahndung nach den RAF-Mitgliedern ist überaus intensiv. Vor allem junge Leute werden bei Straßenkontrollen von der Polizei mit vorgehaltener Maschinenpistole überprüft. Viele haben den Eindruck, die Bundesrepublik sei auf dem Weg zum Polizeistaat.

Aber die Arbeit der Sicherheitsbehörden hat alsbald Erfolg. Im Juni 1972 kommt es zu einer ganzen Serie von Festnahmen:

Die Festnahme von Raspe, Baader und Meins

Bereits Ende Mai 1972 führen Fahndungshinweise zu einer verdächtigen Garage im Hofeckerweg 2–4 in Frankfurt/Main. Die Garage wird hierauf von der Polizei observiert. Am *1. Juni 1972* gegen 5.50 Uhr fahren die RAF-Mitglieder Baader, Meins und Raspe mit einem auberginefarbenen Porsche Targa, den sie gestohlen und mit falschen Kennzeichen versehen haben, in den Hofeckerweg und stellen das Fahrzeug vor dem Gebäude Nr. 2–4 ab.

Raspe Baader Meins

Baader und Meins begeben sich sofort in die verdächtige Garage und schließen die Türen hinter sich zu.

Derweil bleibt Raspe als Sicherungsposten auf der Straße zurück. In dieser Situation gehen zwei Polizeibeamte auf Raspe zu und fordern ihn durch Zuruf auf, stehen zu bleiben. Daraufhin versucht Raspe zu flüchten, begegnet im Hofeckerweg aber zwei weiteren Polizeibeamten, die ihm zurufen: »Halt! Polizei! Hände hoch!«. In diesem Moment schießt Raspe mit seinem Revolver Smith & Wesson aus einer Entfernung von ca. 15 bis 20 m mindestens dreimal auf die Beamten. Die Schüsse treffen aber nicht, da es den beiden Polizeibeamten gelingt, in Deckung zu gehen. Anschließend flüchtet *Jan-Carl Raspe* in die Francstraße, wo er zunächst seinen Revolver im lockeren Erdreich eines Vorgartens vergräbt und sich dann unter einem Busch versteckt; dort wird er alsbald – ohne weiteren Widerstand zu leisten – festgenommen.

Als Baader und Meins die von Raspe abgegebenen Schüsse hören, öffnen sie einen Türflügel, um sich umzuschauen. Zu diesem Zeitpunkt hat sich einer der Polizeibeamten mit seiner Maschinenpistole im Anschlag bis auf knapp 20 m der Garage genähert; entsprechend seiner Aufforderung treten die RAF-Männer in die Garage zurück und machen den geöffneten Türflügel wieder zu. Diese Situation nützen die Polizeibeamten dazu, eines der Polizeifahrzeuge vor das Garagentor zu schieben, um eventuelle Ausbruchsversuche zu verhindern und um Verstärkung abzuwarten. In diesem Augenblick wird aus dem Garageninnern durch die geschlossene Tür einmal auf die Polizeibeamten geschossen, die nur durch Zufall nicht getroffen werden. Im weiteren Verlauf setzt die Polizei von der Rückseite der Garage aus Tränengas ein, um die RAF-Männer zur Aufgabe zu bewegen. Außerdem werden sie über Lautsprecher aufgefordert, ihre Waffen auf den Hof zu werfen, ihre Oberbekleidung auszuziehen und mit erhobenen Händen die Garage zu verlassen. Gegen 7 Uhr wird das vor dem Garagentor stehende Polizeiauto mit einem Seil weggezogen, um den Eingeschlossenen die Möglichkeit zur Aufgabe zu geben. Meins und Baader denken aber nicht daran, aufzugeben. Mit ihren Pistolen in den Händen öffnen sie eine Garagentüre und zielen auf die Polizeibeamten, die sich sofort in Deckung begeben. Auf einen von ihnen gibt Baader einen gezielten Schuss ab, ohne allerdings zu treffen. Etwa um 7.45 Uhr setzt die Polizei ein gepanzertes Fahrzeug ein. Als dieser Wagen vor die Garage fährt, versucht Meins zu flüchten. Sofort geben die dort postierten Polizeibeamten Schüsse ab, worauf Meins sein Vorhaben aufgibt und in die Garage zurück läuft. Kurz darauf ist Baader an der Garagentür zu sehen. Diesen Moment nutzt einer der Polizeibeamten, um *Andreas Baader* durch einen Schuss kampfunfähig zu machen. Von der Kugel in den linken Oberschenkel getroffen, stürzt Andreas Baader zu Boden und bleibt laut schreiend im Vorderteil der Garage liegen. Hierauf entscheidet sich *Holger Meins* dazu, seine Waffe und ein gefülltes Magazin aus der Garage zu werfen. Anschließend werden die beiden RAF-Mitglieder ohne weiteren Widerstand festgenommen. In der Garage finden die Polizeibeamten u.a. 9 kg Sprengstoff, weitere Materialen zum Bau von Bomben sowie einen angebrannten gefälschten Personalausweis, den die beiden RAF-Männer noch vernichten wollten.

Die Festnahme von Gudrun Ensslin

Am *7. Juni 1972* betritt Gudrun Ensslin gegen 13 Uhr eine Mode-Boutique am Jungfernstieg in Hamburg. Um einen Pullover anzuprobieren, legt sie ihre Wildlederjacke ab. Als die Geschäftsführerin des Ladens die Jacke wegräumen will, bemerkt sie zufällig, dass sich in einer der Jackentaschen eine Schusswaffe befindet. Sie alarmiert umgehend per Telefon die Polizei, die sich auch sofort zu der Boutique aufmacht. Inzwischen hat sich Ensslin zum Kauf entschlossen und wieder ihre Jacke angezogen. Dem Verkaufspersonal gelingt es, die Frau durch Verzögerungen an der Kasse hinzuhalten, bis gegen 13.30 Uhr der erste Polizeibeamte das Geschäft betritt und auf *Gudrun Ensslin* zugeht. Als er noch etwa 2,5 m von ihr entfernt ist, bemerkt Ensslin die drohende Gefahr einer Festnahme. Sofort versucht sie, mit ihrer rechten Hand in die rechte Außentasche ihrer Jacke zu greifen, um ihre Schusswaffe – einen mit Hohlspitzmunition geladenen Revolver Smith & Wesson – zu ziehen und sich den Weg freizuschießen. Der Polizeibeamte registriert dies, weshalb er sofort zugreift und so den Griff nach der Waffe verhindert. Gemeinsam mit einem hinzukommenden Kollegen gelingt es ihm, die sich heftig wehrende Ensslin festzunehmen. In ihrer Umhängetasche finden sie nicht nur gefälschte und mit dem Lichtbild Ensslins versehene Ausweispapiere, sondern auch eine zweite Waffe, nämlich eine durchgeladene Pistole FN.

In einem Kassiber (= heimliche schriftliche Mitteilung Gefangener untereinander oder an Dritte außerhalb des Gefängnisses) erklärt Gudrun Ensslin kurz darauf, weshalb sie bei ihrer Festnahme nicht von ihrer Schusswaffe Gebrauch gemacht hat. In dieser Selbstkritik heißt es u.a.:

> »Dann i.d. Laden hab ich nur noch Scheiße im Hirn gehabt, erregt, verschwitzt etc. Sonst hätte ich ticken müssen, ich hab aber gepennt; ging auch irre schnell; mögl. weiter ne Kripovotze sofort hinter mir i. Laden; ich gepennt, sonst wäre jetzt eine Verkäuferin tot (Geisel), ich und vielleicht zwei Bullen...«

Dieser »Ensslin-Kassiber« wird bei Ulrike Meinhof gefunden, als sie am 15. Juni 1972 festgenommen wird.

Weitere Festnahmen

In den Vormittagsstunden des *9. Juni 1972* – also nur zwei Tage nach Ensslins Festnahme – werden *Brigitte Mohnhaupt* und *Bernhard Braun* in Berlin-Tiergarten in der Nähe des U-Bahnhofs Hansaplatz verhaftet.[26] Beide führen jeweils eine durchgeladene und entsicherte Faustfeuerwaffe bei sich. Die Festnahme vollzieht sich für die beiden RAF-Angehörigen aber so überraschend, dass sie keine Möglichkeit mehr haben, von ihren Schusswaffen Gebrauch zu machen.

Eine knappe Woche später, am *15. Juni 1972*, werden *Ulrike Meinhof* und *Gerhard Müller*[27] in einer Wohnung in Hannover-Langenhagen inhaftiert.

Schließlich werden *Klaus Jünschke* und *Irmgard Möller* am *9. Juli 1972* in Hamburg festgenommen.[28] Während Jünschke keine Chance zu einer Widerstandshandlung hat, wehrt sich Irmgard Möller – letztlich vergeblich – gegen ihre Verhaftung.

Damit finden die terroristischen Aktivitäten der RAF ein vorläufiges Ende.

---

26 Mohnhaupt wird vom LG Berlin zu einer Gesamtfreiheitsstrafe von 4 Jahren und 8 Monaten verurteilt und Bernhard Braun durch Urteil des LG Heidelberg vom 31.5.1979 zu einer Freiheitsstrafe von 12 Jahren.
27 Gerhard Müller wird zu einer Freiheitsstrafe von 10 Jahren verurteilt.
28 Irmgard Möller wird wegen Beteiligung am Sprengstoffanschlag vom 24.5.1972 durch Urteil des LG Heidelberg vom 31.5.1979 zu lebenslanger Freiheitsstrafe verurteilt und Jünschke durch Urteil des LG Kaiserslautern vom 2.6.1977 ebenfalls zu einer lebenslangen Freiheitsstrafe.

C. Die zweite Generation der RAF

Die Festnahmen im Sommer bedeuten aber nicht das Ende der RAF. Vielmehr bilden sich ab 1973 in der Bundesrepublik mehrere regionale Gruppierungen, die sich als Teile der RAF fühlen oder deren Politik unterstützen. Außerdem bilden die inhaftierten Mitglieder der RAF nach wie vor einen einheitlichen Verband, dessen Tätigkeit weiterhin darauf gerichtet ist, den bewaffneten Kampf in der Bundesrepublik und West-Berlin fortzusetzen. Die inhaftierten RAF-Mitglieder setzen auch den Kontakt zu den »*Illegalen*« – wie innerhalb der RAF jene Gruppenmitglieder genannt werden, die illegal im Untergrund leben – fort.

I. Die Kooperation zwischen Inhaftierten und Illegalen

Die RAF-Gefangenen betrachten sich als »gefangenen Teil der Guerillaorganisation RAF«. Es ist ihr fester Entschluss, den bewaffneten Kampf aus der Haft heraus zu mobilisieren. Ihr vorrangiges Ziel ist es, entweder durch eine gewaltsame Befreiung oder eine erzwungene Freilassung wieder auf freien Fuß zu kommen, um dann ihren Kampf gegen die freiheitlich demokratische Grundordnung in Deutschland weiterzuführen.

1. Die "Isolationsfolter"

Auch im Gefängnis wollen die Häftlinge den Kampf gegen den gehassten Staat mit »ihren Waffen« fortsetzen. Dazu gehört neben dem Agitationsthema »Isolationsfolter« vor allem das Mittel der Nahrungsverweigerung. Die Folgezeit ist deshalb vor allem durch Aktionen der Gefangenen geprägt.

Immer wieder – vor allem im Zusammenhang mit Hungerstreiks – behaupten sie, bei den Haftbedingungen, denen sie unterworfen sind, handele es sich um *Isolationsfolter*, die nach Art. 3 der Menschenrechtskonvention (»*Niemand darf der Folter oder unmenschlicher oder erniedrigender Strafe oder Behandlung unterworfen werden*«) verboten sei. Horst Mahler, der sich bereits im Jahr 1974 von der RAF trennt, sagt zu dieser Folter-Behauptung:

> »Eine Propagandalüge, darauf berechnet, die Linke der BRD moralisch zu erpressen und Faschismus vorzutäuschen, um die brutalisierten Kampagnen der RAF zu legitimieren.«

Ulrike Meinhof beschreibt die Auswirkungen dieser angeblichen Isolationshaft wie folgt:

> »Das Gefühl, es explodiert einem der Kopf. Das Gefühl, die Schädeldecke müsste eigentlich zerreisen, abplatzen. Das Gefühl, es würde einem das Rückenmark ins Gehirn gepresst. Das Gefühl, die Zelle fährt. Man wacht auf, macht die Augen auf: die Zelle fährt, nachmittags, wenn die Sonne reinscheint, bleibt sie plötzlich stehen. Man kann das Gefühl des Fahrens nicht absetzen. Rasende Aggressivität, für die es kein Ventil gibt. Das ist das Schlimmste. Klares Bewusstsein, dass man keine Überlebenschance hat. Völliges Scheitern, das zu vermitteln. Besuche hinterlassen nichts. Eine halbe Stunde danach kann man nur noch mechanisch rekonstruieren, ob der Besuch heute oder vorige Woche war.«

Die Europäische Menschenrechtskommission befasst sich später aufgrund der Beschwerden von RAF-Häftlingen in zwei Entscheidungen mit der Frage, ob es sich bei ihnen um »politische Gefangene« und bei ihren Haftbedingungen um »Isolationsfolter« handelt. In ihrer Entscheidung vom 30. Mai 1975 verwirft die Kommission die Beschwerden als offensichtlich unbegründet und stellt fest, die Beschuldigten seien nicht wegen ihrer politischen Überzeugung, sondern wegen Verdachts gemeingefährlicher Straftaten in Haft und die Überprüfung ihrer Haftbedingungen hätten nicht den Anschein einer Verletzung der Menschenrechtskonvention erkennen lassen. In der zweiten Entscheidung der Kommission vom 8. Juli 1978 heißt es u.a.:

> »Der Sondervollzug gegen Ensslin, Baader und Raspe hat nicht den Charakter einer unmenschlichen Behandlung...
>
> Die Beschwerdeführer waren zweifellos außergewöhnlichen Haftbedingungen unterworfen, die in ihrem Ausschluß aus der Anstaltsgemeinschaft und ihrer Unterbringung in einem gesicherten Flügel bestanden. .. Die Kommission ist davon überzeugt, dass im vorliegenden Fall zwingende Gründe dafür vorhanden waren, die Beschwerdeführer einem Vollzug zu unterwerfen, der sich in erster Linie an Sicherheitserfordernissen ausrichtete.
>
> Bei Einreichung ihrer Beschwerden befanden sich Baader, Ensslin und Raspe mehr als anderthalb Jahre in der Vollzugsanstalt Stuttgart-Stammheim... Nichts lässt darauf schließen, dass sie dort einer Sinnesisolation unterworfen waren...
>
> Die Beschwerdeführer waren außerdem keiner ‚geheimen' und ständigen Überwachung ausgesetzt...
>
> Hingegen waren die Beschwerdeführer einer verhältnismäßigen sozialen Isolierung unterworfen...Man kann jedoch bei ihnen nicht von einer tatsächlichen Zellenisolierung sprechen. Abgesehen von kurzen Zeitabschnitten konnten sie zahlreiche Besuche ihrer Verteidiger und Familienangehörigen empfangen..
>
> Daraus folgt, dass die Individualbeschwerden ...offensichtlich unbegründet sind.«

Gleichwohl gelingt es den RAF-Häftlingen, ihren Verteidigern und Personen aus dem Bereich der Unterstützer, mit ihrer fortwährenden Behauptung, die Inhaftierten würden durch Isolation gefoltert, Stimmung zu machen. So gewinnen sie den französischen Schriftsteller *Jean-Paul Sartre* für eine Propagandaveranstaltung zugunsten der RAF-Gefangenen; am 4. Dezember 1974 kommt Sartre nach Stuttgart-Stammheim, redet mit Andreas Baader und behauptet (ohne die Haftraume gesehen zu haben), die RAF-Gefangenen würden aufgrund ihrer isolierten Haftsituation gefoltert.

"Als ich im August 1975 meine erste berufliche Stelle als Haftrichter in der Vollzugsanstalt Stammheim antrete, wird mir alsbald klar, dass die dort inhaftierten RAF-Gefangenen nicht per Isolation gefoltert werden, sondern – wie dies der Sicherheitsbeauftragte der Anstalt, Horst Bubeck, später beschreibt[29] – geradezu unvorstellbare Privilegien genießen (etwa dass männliche und weibliche Gefangene gemeinsam inhaftiert sind und per 'Umschluss' regelmäßig Kontakt haben)."

2. Die Hungerstreiks

Dem selben Propagandazweck wie die Folterbehauptung dienen die *kollektiven Hungerstreiks* der RAF-Gefangenen. Die erste Nahrungsverweigerung dieser Art dauert vom 17. Januar bis 16. Februar 1973. In einem Zellen-Zirkular der RAF vom März 1973 heißt es:

> "wir brauchen eine leiche, das hört sich fies an, aber es ist so ... einer ist zu wenig, da weiß man nicht, ob der auch tatsächlich verreckt, zu unsicher ... also fünf freiwillige vor, die's bis zum verrecken machen, bei einem wird es bestimmt klappen ... eine leiche und wir haben was in der hand."

Der zweite kollektive Hungerstreik folgt in der Zeit vom 8. Mai bis 29. Juni 1973; dabei werden die Häftlinge erstmals – gegen ihren Willen – zwangsernährt. Gegen diese Zwangsernährung protestieren die Häftlinge und ihre Verteidiger und bezeichnen sie als »bewusste Quälerei« bzw. als »sadistische Folter«.

---

29 Kurt Oesterle, "Stammheim – Die Geschichte des Vollzugsbeamten Horst Bubeck", S. 8, 86 ff.

In einem Papier beschreibt das RAF-Mitglied Holger Meins den Ablauf der Zwangsernährung wie folgt:

> »Festschnallen, zwei Handschellen um die Fußgelenke, ein 30 Zentimeter breiter Riemen um die Hüfte, linker Arm mit vier Riemen vom Handgelenk bis zum Ellenbogen ... von rechts der Arzt auf'n Hocker mit 'nem kleinen ‚Brecheisen'. Damit geht es zwischen die Lippen, die gleichzeitig mit den Fingern auseinandergezogen werden, und dann zwischen die Zähne und hebelt die auseinander. Sowie die Kiefer weit genug auseinander sind, klemmt, schiebt, drückt der Sani von links die Maulsperre zwischen die Zähne ... Verwendet wird ein roter Magenschlauch, mittelfingerdick.«

Die Hungerstreiks der RAF-Häftlinge werden regelmäßig von Aktionen von Unterstützern und Sympathisanten begleitet. So wird während der zweiten kollektiven Nahrungsverweigerung ein Haus in der Ekhofstraße in Hamburg besetzt; als die Polizei das Gebäude am 23. Mai 1973 räumt, werden mehrere Personen registriert, die sich später den Illegalen der RAF anschließen werden: Susanne Albrecht, Karl-Heinz Dellwo, Bernhard Rössner, Christine Dümlein, Christa Eckes und Wolfgang Beer.

3. Das Info-System

Grundvoraussetzung für das Fortbestehen der RAF als Guerillaeinheit in den Gefängnissen ist – darüber besteht unter den Häftlingen Einvernehmen – eine organisatorische Einheit, die einen Kontakt und einen Informationsaustausch ermöglicht. Da die RAF-Gefangenen in verschiedenen Haftanstalten untergebracht sind, ist ihr Bemühen darauf gerichtet, ein gut funktionierendes Informationssystem zu schaffen. Dieses von ihnen sogenannte »*Info-System*« soll

– zum einen den *Zusammenhalt der RAF* als Organisation auch in der Haft sichern,
– zum anderen eine *gezielte Schulung* aller RAF-Mitglieder ermöglichen,
– vor allem aber auch die *Fortsetzung des bewaffneten Kampfes* fördern.

Es ist Andreas Baader, der am 9. März 1973 in einem Papier mit dem Titel »zu den anwälten organisieren« von den *Verteidigern der RAF-Gefangenen* den Aufbau eines solchen Info-Systems verlangt. Dabei geht es ihm nicht um eine Verbesserung der Vorbereitung der anstehenden Prozesse gegen die RAF-Häftlinge oder um eine Koordinierung der Verteidigung; ausschließliches Ziel des Info-Systems ist es, eine unkontrollierte ständige Kommunikation zwischen den inhaftierten RAF-Mitgliedern herzustellen. Aus der Sicht der RAF sollen die Rechtsanwälte letztlich eine bloße »Postbotenfunktion« erhalten. Dabei soll den Verteidigern ein Handeln – das Schmuggeln von Kassibern – abverlangt werden, das mit der Wahrnehmung der Aufgaben eines Verteidigers im Sinne der Strafprozessordnung unvereinbar ist. Die meisten RAF-Verteidiger halten ein solches Verhalten zumindest für standeswidrig und sind nicht bereit, sich an einem solchen Info-System zu beteiligen.

Andere Verteidiger – nämlich die Rechtsanwälte Kurt Groenewold aus Hamburg, Eberhard Becker aus Heidelberg, Hans-Christian Ströbele aus Berlin und Klaus Croissant aus Stuttgart – sind hingegen bereit, an einem solchen Info-System mitzuwirken. Die Diskussion über den Inhalt und das Organisieren des Informationssystems wird ab Mitte 1973 von den Rechtsanwälten Groenewold und Ströbele koordiniert. So schreibt Ströbele am 16. Juni 1973 in einem Rundbrief an alle RAF-Gefangenen, dass sein Mandant Baader, der in der Justizvollzugsanstalt Schwalmstadt inhaftiert ist, große Pläne für eine Info-Zentrale in Hamburg entwickelt habe. In dem Brief schreibt Ströbele u.a.:

> »Großes neues Projekt, das Arbeit für alle für Monate und Jahre bringt: Info-Zentrale in HH und Erstellung von Analysen und konkrete Gruppenschulung. Nach einer ganzen Reihe gleichlautender Anregungen Plan mit Einzelheiten aus Schwalmstadt. Dort soll noch genaueres Schema erstellt werden.«

Ab Juli 1973 wird die »Info-Zentrale in HH« im Büro des Rechtsanwalts Groenewold eingerichtet. Klar ist, dass das Info-Material per Verteidigerpost zu den Inhaftierten gelangen soll. Da nicht alle inhaftierten Gesinnungsgenossen über alles informiert sein sollen, wird das Info-Material in drei *Kategorien* mit den Ziffern I, II und III eingeteilt:

– Die Kategorie I befasst sich mit allen Fragen des Fortbestands der RAF und mit der Fortsetzung ihrer kriminellen Tätigkeiten. Nur wer RAF-Mitglied ist – sich also bedingungslos den Zielen der Gruppe unterwirft – wird in diese Verteilerkategorie I aufgenommen.
– Die Kategorie II umfasst Informationen über Haftbedingungen und Verteidigerrundbriefe.
– Die Kategorie III enthält vor allem Materialien zur politischen und militärischen Schulung.

Die Frage, wer welches Info-Material erhalten darf, wird von der Führungsgruppe der RAF um Baader und Ensslin getroffen. Wer aus der Kategorie I ausgeschlossen ist, kann aber Material der Kategorie III erhalten. Die Zulassung zur Kategorie I wird deshalb als Auszeichnung eingesetzt und verstanden, umgekehrt der Ausschluss aus dieser Kategorie als Bestrafung. Das Info-System ist also auch ein Instrument zur Disziplinierung der RAF-Angehörigen. So heißt es in einem Kassiber vom 16. Juli 1973:

> »um die zirkulation und die zwei schuhe zu systematisieren folgendes:
> I ist RAF – also alles, was die Guerilla betrifft ....
> II ist knast – also alles, was die politischen gefangenen und die politisierung der gefängnisse betrifft ..die verbreiterung der revolutionären basis draußen.«

Ab sofort werden insgesamt 33 Häftlinge – darunter nicht allein RAF-Angehörige, sondern auch Mitglieder des »SPK« und der »Bewegung 2. Juni« – von den vier Rechtsanwälten, die das Info-System steuern, versorgt. Im Einzelnen sind verantwortlich:

– Rechtsanwalt Groenewold für 9 Gefangene (darunter Ensslin, Raspe, Schubert, Grashof),
– Rechtsanwalt Ströbele für 13 Gefangene (unter ihnen Meins, Mohnhaupt, Viett und Verena Becker),
– Rechtsanwalt Becker für 8 Gefangene (darunter Baader, Möller und Meinhof) und
– Rechtsanwalt Croissant für 2 Gefangene (nämlich Braun und Roll).

Die Rechtsanwälte Groenewold, Ströbele und Croissant werden deshalb später wegen Unterstützung der RAF verurteilt.[30]

> *"Der Strafprozess gegen Rechtsanwalt Klaus Croissant (siehe die folgende Gerichtszeichnung) findet von 9. März 1978 bis 16.2.1979 an 73 Verhandlungstagen im Gerichtsgebäude in Stuttgart-Stammheim statt; er ist der erste von insgesamt 5 Prozessen gegen Mitglieder oder Unterstützer der RAF,[31] an denen ich als Sitzungsvertreter der Staatsanwaltschaft bzw. der Bundesanwaltschaft beteiligt bin."*

30 Groenewold am 10.7.1978 vom Hanseatischen OLG Hamburg zu 2 Jahren mit Bewährung, Ströbele am 24.3.1982 vom LG Berlin zu 10 Monaten mit Bewährung und Croissant am 16.2.1979 vom LG Stuttgart zu einer Freiheitsstrafe von 2 Jahren und 6 Monaten sowie zu einem Berufsverbot von 4 Jahren. Eberhard Becker taucht ab und wird am 4.2.1974 verhaftet.
31 Die weiteren Prozesse betreffen die Verfahren gegen die RAF-Mitglieder Peter Jürgen Boock, Werner Lotze, Eva Haule sowie gegen Ralf Baptist Friedrich und Sigrid Sternebeck.

4. Das neue Ziel: Die Freipressung der Häftlinge

Ab der zweiten Jahreshälfte *1973* steuert Andreas Baader – dem mehr und mehr die Führungsrolle innerhalb der RAF zukommt – die Neuorganisation der RAF, und zwar auch außerhalb der Haftanstalten. Vorrangiges Ziel der im Untergrund lebenden Illegalen der RAF soll ab sofort die Befreiung der inhaftierten Gesinnungsgenossen sein.

Für die Durchführung dieser neuen Aktionen sollen die Personen zuständig sein, die jetzt die »RAF draußen« darstellen. Zu diesen neuen Illegalen der RAF zählen vor allem Ilse Stachowiak, Helmut Pohl, Margrit Schiller und Wolfgang Beer.

Der Kontakt zu dieser neu gebildeten RAF-Gruppe erfolgt vor allem per Kassiber, die über Rechtsanwälte und andere Unterstützer der RAF zwischen den inhaftierten und den im Untergrund lebenden RAF-Mitgliedern vermittelt werden. In drei Kassibern, die später bei Festnahmen sichergestellt werden, wendet sich Andreas Baader Ende des Jahres 1973 mit neuen Anschlagsüberlegungen an die Illegalen:

– In einem Papier, das mit den Worten »sprengstoffbunker in steinbrüchen« beginnt, gibt Baader Ratschläge für die Beschaffung von Sprengstoff aus Tresoren in Steinbrüchen und für das Mischen von Sprengstoff. Er drängt auf eine Verstärkung der Gruppe durch den Zusammenschluss mit weiteren Personen, die zum bewaffneten Kampf entschlossen sind. Außerdem fordert er die Wiederaufnahme des »bewaffneten Kampfes«, insbesondere mit dem Ziel, die inhaftierten RAF-Angehörigen frei zu bekommen. So schreibt er:

> »im zusammenhang knast heißt das die gefangenen rausholen, heißt das für euch solang ihr so schwach seid und weil ihr so schwach seid, alle kräfte auf diesen job zu konzentrieren.«

– In einem weiteren Kassiber (»eure Sache«) verlangt Baader von den in Freiheit befindlichen Terroristen erneut die Durchführung von Aktionen. Wiederum fordert er die Befreiung der Gefangenen. Dies hält er mit minimalen Kräften für durchführbar. Um die Befreiung durchzusetzen, schlägt er vor, Landtags- oder Bundestagsabgeordnete als Geiseln zu nehmen. U.a. schreibt er:

> »ich denke ... irgendein austausch, ist einfacher zu organisieren, euer risiko ist kleiner ,mit minimalen kräften'.
> bundestagsabgeordnete – wo sie sich außerhalb bonns in ihren kreisen treffen – aber die richtige fraktion innerhalb der spd – aus ihren häusern. landtagsabgeordnete (mindestens 2) wie die mdb aus den richtigen ausschüssen. nur als beispiel: typen die gruppen repräsentieren auf deren loyalität die regierung angewiesen ist – möglicherweise auch richter – wobei gar nicht mal so wichtig ist, dass sie mit unseren verfahren befasst sind, solange ihr mehrere schnappen könnt. nach der vereinbarung der innenministerkonfe-

renz hat das leben der geisel vorrang – na ja, was das schon heißt – vor strafrechtlicher verfolgung.«
- Im dritten Kassiber (»hör ma...«) drängt Baader nochmals auf Aktionen. Um einen Gefangenenaustausch herbeizuführen, schlägt er gezielte Angriffe der RAF auf bundesdeutsche Spitzenpolitiker vor:

»die offensive mit der ihr die kontinuität darstellt sollt ihr auf der linie freiheit für die gefangenen revolutionäre in der brd bestimmen (unterzeichnet natürlich kommando e.t.c. raf) ...
das beste zuerst die aktion die den gefangenen/austausch bringt ...
angreifen: soweit oben wie möglich – an der spitze ...
es müssen rechte schweine sein. ...
der anfang eurer aktionen soll nicht mit dem anfang des hungerstreiks zusammenfallen ...
spitze: biedenkopf, genscher, maihöfer, weyer
nur: nehmt euch nicht zu komplizierte aktionen vor, die scheitern einfach leichter, fressen zeit. ...
den prozeß gegen das ‚führungskollektiv'[32] machen sie doch nicht nächstes jahr, sondern im mai in stuttgart – müsst euch wirklich beeilen.«

4. Die Festnahmen vom 4. Februar 1974

In dieser Situation, in der zwischen den inhaftierten Köpfen der RAF und den im Untergrund lebenden Illegalen schon konkrete Überlegungen für eine Befreiungsaktion angestellt werden, kommt es am *4. Februar 1974* zu einer einschneidenden Festnahmeaktion:

Stachowiak   Schiller   Pohl   Eckes

An diesem Tag werden in zwei konspirativen Wohnungen der RAF in der Eleonore-Sterling-Straße 56 in Frankfurt/Main sowie in der Bartholomäusstraße 20 in Hamburg mehrere Personen verhaftet und Informationsmaterialien – darunter die drei Kassiber Baaders zum Thema »Befreiung der Häftlinge« – sichergestellt. Unter den Festgenommenen befinden sich: Ilse Stachowiak, Helmut Pohl, Margrit Schiller, Rechtsanwalt Eberhard Becker, Christa Eckes und

---

32 Gemeint ist der sog. Stammheim-Prozess gegen Baader, Meinhof, Ensslin, Raspe und Meins vor dem OLG Stuttgart.

Wolfgang Beer.³³ Diese Personengruppe stellt einen ganz wesentlichen Teil der RAF dar. In den Wohnungen werden nicht nur zahlreiche gefälschte Ausweise und umfangreiches Fälschungsmaterial gefunden, sondern auch ein ganzes Waffenarsenal – nämlich zwei Maschinenpistolen, 6 Handgranaten und 8 Handfeuerwaffen – sowie 1 kg Sprengstoff samt Sprengkapseln sowie Uhren, die zu Zeitzündern umgebaut sind.

Mit dieser Verhaftungsaktion ist die erhoffte Befreiung der RAF-Häftlinge in weite Ferne gerückt. Dementsprechend depressiv ist die Verfassung der Gefangenen nach diesen Festnahmen vom 4. Februar 1974; so schreibt der RAF-Gefangene Manfred Grashof in einem Kassiber an Baader (»wie s aussieht«) u.a.:

> »es ist zum kotzen, aber sei mal sicher: mit dem, was am 4.2. hoch ging: truppen, material, know how hätten wir 3x lange raussein können.«

5. Der Tod des Holger Meins

Am 13. September 1974 beginnen die RAF-Gefangenen ihren dritten Hungerstreik, der erst nach 145 Tagen am 5. Februar 1975 beendet wird.

Auch diese Nahrungsverweigerung wird wieder von zahlreichen Aktionen von Sympathisanten und Unterstützern der RAF begleitet. So wird am 30. Oktober 1974 das Büro von Amnesty International in Hamburg besetzt. Unter den Besetzern befinden sich zahlreiche Personen, die später als Mitglieder der RAF in den illegalen Untergrund gehen werden, nämlich:

Christian Klar, Günter Sonnenberg, Adelheid Schulz, Knut Folkerts, Lutz Taufer, Stefan Wisniewski, Roland Mayer, Monika Helbing, Ralf Baptist Friedrich, Willy-Peter Stoll und Wolfgang Grams.

Bei diesem dritten Hungerstreik der RAF sind von vornherein Tote eingeplant; so schreibt Andreas Baader in dem Kassiber »eure Sache«:

> »ich denke, wir werden den Hungerstreik diesmal nicht abbrechen. das heißt, es werden Typen dabei kaputtgehen.«

Die in Stammheim Inhaftierten - etwa Baader und Ensslin - verweigern zwar die Anstaltsnahrung, lassen sich aber von ihren Rechtsanwälten verpflegen; die Anstaltsbediensteten müssen - wie es der Sicherheitsbeauftragte Bubeck später

---

33 Helmut Pohl, Christa Eckes und Wolfgang Beer werden durch Urteil des LG Hamburg vom 28.9.1977 u.a. wegen Beteiligung an einer kriminellen Vereinigung zu Freiheitsstrafen von 5 Jahren (Pohl) und 7 Jahren (Eckes) bzw. zu einer Jugendstrafe von 4 Jahren und 6 Monaten (Beer) verurteilt. Rechtsanwalt Becker erhält eine Freiheitsstrafe von 4 Jahren.

beschreibt[34] - nach entsprechenden Verteidigergesprächen die Knochen von Brathähnchen wegräumen. Demgegenüber hungert sich *Holger Meins* zu Tode. Er stirbt trotz Zwangsernährungsmaßnahmen am *9. November 1974* gegen 17 Uhr – bei einer Körpergröße von 1,86 m auf 39 kg abgemagert – im Alter von 33 Jahren in der Justizvollzugsanstalt Wittlich/Eifel. In seinem letzten Brief heißt es u.a.:

> »Menschen, die sich weigern, den Kampf zu beenden – sie gewinnen entweder oder sie sterben, anstatt zu verlieren und zu sterben.«

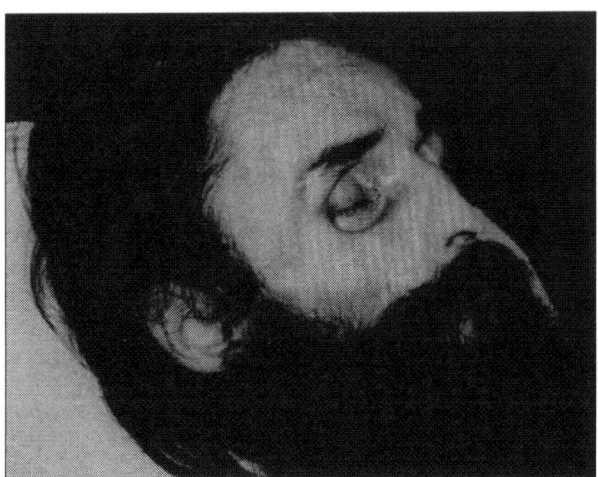

Auf den Tod von Meins folgt umgehend eine Aktion der terroristischen Vereinigung »Bewegung 2. Juni«, und zwar bereits am 10. November 1974. Sie richtet sich gegen den Berliner Kammergerichtspräsidenten Günter von Drenkmann.

---

34 Kurt Oesterle aaO S. 108 ff.

II. Die »Bewegung 2. Juni«

Seit 1969 existiert in West-Berlin eine terroristische Gruppierung, welche – wie die RAF – die staatliche Ordnung in der Bundesrepublik Deutschland erschüttern und die Bevölkerung für eine »Revolution« mobilisieren will. Mit ihrer Bezeichnung als »Bewegung 2. Juni« soll an den Tod des Studenten Benno Ohnesorg anlässlich des Schah-Besuchs am 2. Juni 1967 in Berlin erinnert werden.

Mitglieder dieser Vereinigung, zu denen auch Inge Viett[35] und Verena Becker[36] gehören, haben bereits mehrere Straftaten verübt, darunter

- einen versuchten Sprengstoffanschlag auf den britischen Yachtclub in Berlin-Gatow am 2. Februar 1972, bei dem der Bootsbauer Erwin Belitz getötet wurde;
- einen Raubüberfall auf die Filiale der Berliner Diskontbank in Berlin-Britz am 4. April 1972;
- einen versuchten Sprengstoffanschlag auf das türkische Generalkonsulat in Berlin-Charlottenburg am 4./5. Mai 1972;
- die Vorbereitung eines Sprengstoffanschlags auf ein Botschafts- und Konsulatsgebäude in Bonn am 7. Mai 1972.

Nachdem die ursprüngliche Gruppierung im August 1973 zerschlagen wurde, bauen mehrere im Untergrund lebende Personen ab Ende 1973/1974 eine neue Stadtguerilla-Gruppe auf, die sich ebenfalls »Bewegung 2. Juni« nennt. Zu ihren Mitgliedern zählen im Jahr 1974 u.a. Inge Viett, Ralf Reinders, Till Meyer, Andreas Vogel, Fritz Teufel, Ronald Fritzsch, Gerald Klöpper und Juliane Plambeck. Sie begehen bei der Verfolgung ihres Ziels, »Widerstand gegen den herrschenden kapitalistischen Terror« zu leisten, zahlreiche Brand- und Sprengstoffanschläge sowie Raubüberfälle zur Beschaffung von Geld und Waffen.

Ein Mitglied der »Bewegung 2. Juni« – *Ulrich Schmücker* – wird am 4. Juni 1974 im Berliner Grunewald von einem »Kommando Schwarzer Juni« erschos--

---

35 Inge Viett wird am 7.5.1972 zusammen mit Ulrich Schmücker verhaftet; ihr gelingt es zwei Mal, aus dem Gefängnis auszubrechen; deshalb kommt es bei ihr zunächst zu keiner Verurteilung.
36 Verena Becker wird am 21.7.1972 verhaftet und durch Urteil des LG Berlin vom 21.12.1974 zu einer Jugendstrafe von 6 Jahren verurteilt.

sen. Schmücker war kurz vor dem Fememord[37] von der Gruppe als V-Mann des Verfassungsschutzes enttarnt worden.

1. Der Mord an Günter von Drenkmann

Als am Abend des 9. November 1974 in den Medien über den Hungertod von Holger Meins berichtet wird, entschließen sich Mitglieder der »Bewegung 2. Juni« spontan, auf diesen »Justizmord« mit der Entführung des Präsidenten des Berliner Kammergerichts, Günter von Drenkmann, zu reagieren. Sie wollen diese Tat bereits am nächsten Tag verüben.

Am *10. November 1974* fahren mindestens sieben Mitglieder der »Bewegung 2. Juni« mit zwei Personenwagen zur Wohnung des Kammergerichtspräsidenten, die in der Hochparterre des Gebäudes Bayernallee 10–11 liegt. Gegen 20.40 Uhr stellen sie ihre Fahrzeuge gegenüber dem Hauseingang ab. Während mindestens zwei der Täter in den Fahrzeugen sitzen bleiben, gehen die anderen fünf zur Haustür und klingeln bei von Drenkmann. Frau von Drenkmann öffnet die Haustür per Knopfdruck, als ihr gesagt wird, es sollen Blumen von Fleurop abgegeben werden; ihr Ehemann hatte nämlich am Vortag seinen 64. Geburtstag gefeiert. Kurz darauf stehen die fünf Täter vor der Wohnungstür. Durch den Türspion erkennt das Ehepaar von Drenkmann, das sich alleine in der Wohnung aufhält, einen jungen Mann, der einen Nelkenstrauß in der Hand hat. Daraufhin öffnen die Eheleute die Tür, soweit dies die Sicherheitsverriegelung zulässt. Dies nützt einer der Täter dazu, durch den Türspalt zu greifen und die Verriegelung zu lösen. Dann stürmen drei der Täter in die Wohnung und versuchen, Günter von Drenkmann mit den Worten »Verfluchter Kerl, komm' mit!« aus der Wohnung zu ziehen. Wegen der heftigen Gegenwehr der Eheleute von Drenkmann gelingt es den Tätern nicht, ihren Entführungsplan zu verwirklichen.

Daraufhin drängen sie ihr Opfer neben der Wohnungstür mit dem Rücken gegen die Wand. Dann gibt einer der Täter mit seiner Waffe – einem Revolver Smith & Wesson – aus nächster Nähe zwei Schüsse auf von Drenkmann ab. Die beiden Hohlspitzgeschosse treffen ihn in die Brust: das eine durch-

---

37 Weiteres Opfer eines solchen Mordes durch die eigene Gruppe wird Gert Albartus (vgl. Randnummer 50). Der Mord an Ulrich Schmücker kann von der Justiz trotz einer Verfahrensdauer von 591 Sitzungstagen über mehrere Instanzen hinweg letztlich nicht geklärt werden; im Januar 1991 endet das »Schmücker-Verfahren« mit einer Verfahrenseinstellung.

schlägt das Brustbein, verletzt das Herz und tritt im Rücken wieder aus; das andere durchschlägt die Leber und den Magen und bleibt im Rücken unter der Haut stecken. *Günter von Drenkmann* bricht sofort zusammen und verstirbt innerhalb von Minuten.

Unmittelbar nach den Schüssen flüchten die Täter mit ihren beiden Fahrzeugen vom Tatort. Noch in der folgenden Nacht verfassen Angehörige der »Bewegung 2. Juni« eine schriftliche Tatbekennung, die sie am nächsten Tag an drei Berliner Presseorgane schicken. Darin heißt es u.a.:

> »gestern ist der revolutionär holger meins dem justizmord zum opfer gefallen. er war mit 42 anderen häftlingen im hungerstreik. sie kämpfen für die aufhebung der folter durch isolation und für die aufhebung der sonderbehandlung an politischen gefangenen. nach 58 tagen ist holger meins verhungert, da ihm nicht genug künstliche nährmittel zugeführt wurden. holger meins hat für das volk gekämpft, auch wenn es heute noch nicht alle begreifen.
>
> als der hungerstreik der gefangenen begann, haben wir gesagt: wenn die vernichtungsstrategie des systems erneut das leben eines revolutionärs kostet, werden die verantwortlichen selber mit ihrem leben bezahlen. günter von drenkmann war der oberste richter in berlin. er gehörte somit zum ‚harten kern' der verantwortlichen. unsere forderungen auf erfüllung der von den gefangenen gestellten bedingungen wollte er nicht hören. Damit war klar, dass er in kauf nahm, dass noch weitere revolutionäre in deutschen gefängnissen sterben.
>
> w e r   g e w a l t   s ä t ,   w i r d   g e w a l t   e r n t e n !!«

Welche Mitglieder der »Bewegung 2. Juni« an der Ermordung von Drenkmanns beteiligt waren, kann das Kammergericht Berlin später nicht feststellen.

2. Die Entführung von Peter Lorenz

Spätestens ab Sommer 1974 erwägen die Mitglieder der »Bewegung 2. Juni« die Entführung einer prominenten Berliner Person, um inhaftierte Gesinnungsgenossen freizupressen.

Die Tatvorbereitungen

Um ihr Opfer nach ihren Vorstellungen gefangen halten zu können, mietet die Gruppenangehörige Gabriele Rollnik im August 1974 eine Ladenwohnung in der *Schenkendorfstraße 7 in Berlin-Kreuzberg*. Zu der Wohnung gehören auch zwei Kellerräume, die vom Verkaufsraum durch eine Fußbodenluke erreichbar sind. Einen der Kellerräume richtet die Gruppe in den folgenden Monaten als »Zelle« her, in der sie ihr Entführungsopfer verwahren will.

Spätestens im Februar 1975 sind sich die Gruppenmitglieder einig, die Tat unmittelbar vor der am 2. März 1975 stattfindenden Wahl zum Berliner Abgeordnetenhaus zu verüben. Opfer der Entführung soll *Peter Lorenz* – der CDU-Spitzenkandidat – sein. Bereits zuvor haben sie bei Ausspähungen festgestellt, dass Lorenz täglich mit seinem Dienstwagen zur Ar-  beit gefahren wird und welchen Weg er üblicherweise dabei benutzt. Auf dieser Strecke wollen sie den Dienstwagen zum Anhalten zwingen und sich dann ihres Opfers bemächtigen. Für die Tat beschafft sich die »Bewegung 2. Juni« insgesamt drei Fahrzeuge: zwei Autos – ein roter Ford Consul und ein roter Fiat 124 S – werden gestohlen und mit gefälschten Kennzeichen versehen; einen Lkw mietet Till Meyer am 26. Februar 1975. Schließlich legen sie als Tatzeitpunkt den *27. Februar 1975* fest.

Die Entführung

An diesem 27. Februar 1975, gegen 7.30 Uhr, fahren mindestens fünf bewaffnete Mitglieder der »Bewegung 2. Juni« mit den drei zuvor beschafften Fahrzeugen zu der als Tatort vorgesehenen Stelle im Quermatenweg in Berlin. Dort stellen sie die Fahrzeuge ab und warten auf ihr Entführungsopfer.

Es ist etwa 8.50 Uhr, als Peter Lorenz von seinem Kraftfahrer Sowa mit einem Dienstwagen der Marke Daimler-Benz abgeholt wird. Lorenz nimmt auf dem vorderen Beifahrersitz Platz. Dann fährt Sowa zum Quermatenweg, wobei ihm – was er nicht bemerkt – der gestohlene rote Fiat 124 S folgt. Als sich der Dienstwagen auf seiner Fahrt durch den Quermatenweg dem Ithweg nähert, stößt dort plötzlich von rechts der von den Tätern gemietete Lkw auf die Straße und versperrt den Weg, so dass Sowa anhalten muss. Dann fahren zwei der Täter mit ihrem Fiat 124 S auf den Dienstwagen auf. Deshalb steigt Sowa aus, um sich den Schaden an seinem Fahrzeug anzuschauen. Diese Situation nützt einer der Täter, um Sowa von hinten mit einem harten Gegenstand niederzuschlagen. Sowa erleidet eine Platzwunde über dem linken Ohr und fällt benommen zu Boden.

Anschließend dringen die Täter in den Dienstwagen ein, fesseln und knebeln Peter Lorenz und stülpen ihm eine Kapuze über den Kopf. Dann flüchten die Entführer samt ihrem Opfer in dem Dienstwagen und dem gestohlenen Ford

Consul. Die anderen beiden Fahrzeuge lassen sie am Tatort zurück. Unterwegs werfen sie »Krähenfüße« (sogenannte Reifentöter) auf die Fahrbahn, um eventuelle Verfolger abzuschütteln. Während der Fahrt geben sie Lorenz eine Spritze, so dass er zeitweise benommen ist. In einer Tiefgarage in der Trendelenburgstraße zwingen sie Lorenz, in ein anderes Fahrzeug umzusteigen; den Dienstwagen und den Ford Consul lassen sie dort stehen.

Nach einer weiteren Fahrt von ca. 20 Minuten muss Lorenz erneut in ein anderes Fahrzeug und dort in eine Truhe steigen. Dann fahren die Täter mit ihrem Opfer zu dem vorgesehenen Versteck in der Schenkendorfstraße 7 in Kreuzberg. In der Truhe wird Lorenz in das Ladenlokal gebracht, wo er dann zu Fuß in die für ihn vorgesehene »Zelle« im Keller hinabsteigen muss. Dort nehmen ihm seine Entführer die Kapuze und die Fesseln ab. Noch am 27. Februar 1975 machen sie dieses Foto:

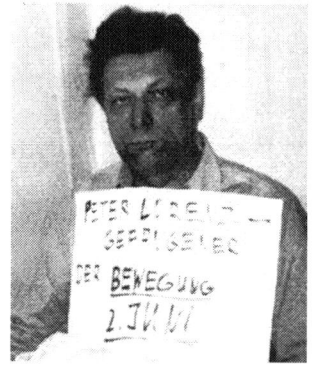

Die Forderungen der Entführer

Dieses Foto ist Teil eines Briefes, den die Entführer am 28. Februar 1975 u.a. an das dpa-Büro in Berlin senden. In dieser ersten Mitteilung heißt es einleitend:

> »heute morgen haben bewaffnete frauen und männer der bewegung 2. juni den parteivorsitzenden der berliner cdu, deren spitzenkandidaten für die abgeordnetenhauswahlen am 2. märz, Peter Lorenz, gefangen genommen.«

In dem Schreiben bringen die Täter vor allem ihre Forderungen zum Ausdruck:

> »sofortige freilassung, dh. annulierung der urteile, der gefangenen, die bei demonstrationen anlässlich der ermordung des revolutionärs holger meins in berlin verhaftet und verurteilt sind. *diese forderung ist innerhalb von 24 stunden zu erfüllen.*
>
> sofortige freilassung von
> VERENA BECKER
> GABRIELE KRÖCHER-TIEDEMANN
> HORST MAHLER
> ROLF POHLE
> INA SIEPMANN
> ROLF HEISSLER
>
> die in westdeutschland gefangen gehaltenen genossen KRÖCHER, POHLE und HEISSLER sind binnen 48 Stunden nach west-berlin einzufliegen. eine BOEING 707 hat in west-berlin vollgetankt und mit vier mann besatzung bereitzustehen. die oben genannten genossen werden bis zu ihrem reiseziel von einer person des öffentlichen lebens begleitet, die person ist der pfarrer und bürgermeister a.d. h e i n r i c h a l b e r t z. außerdem

sind den 6 genossen jeweils 20.000,– DM auszuhändigen. diese forderungen sind binnen 72 stunden zu erfüllen. ...
bei nichterfüllung oder auch nur dem versuch der täuschung ist die unversehrtheit des gefangenen bedroht!«

Abschließend drohen die Entführer damit, dass im Falle der Nichterfüllung ihrer Forderungen »*eine konsequenz wie im falle des obersten richters G.v.Drenkmann unvermeidbar*« sei.

Bei Mahler und Heißler handelt es sich um RAF-Mitglieder, bei den übrigen um Angehörige der »Bewegung 2. Juni«. *Horst Mahler* lehnt seine Freilassung ab; bereits im September 1974 hat die RAF bekannt gegeben, dass Horst Mahler »nicht mehr Teil der RAF ist«. Die übrigen Häftlinge, die alle zu langjährigen Freiheitsstrafen verurteilt sind,[38] wollen frei kommen.

In drei weiteren Mitteilungen betonen die Entführer die Ernsthaftigkeit ihrer Forderungen. Außerdem zwingen sie Peter Lorenz dazu, in Schreiben an seine Ehefrau und politisch Verantwortliche zum Ausdruck zu bringen, dass er die Drohung seiner Entführer ernst nehme und dass alles für sein Leben und seine Unversehrtheit unternommen werden solle.

Die staatlichen Reaktionen

Noch am 28. Februar 1975 tritt in Berlin ein Krisenstab um den Regierenden Bürgermeister Klaus Schütz zusammen. Man geht davon aus, dass Peter Lorenz wohl nicht innerhalb der zunächst gesetzten Frist von 48 Stunden befreit werden kann. Deshalb ordnet der Berliner Senator für Justiz an, dass – wie von den Entführern gefordert – zwei Untersuchungsgefangene freizulassen sind, die sich im Zusammenhang mit den Demonstrationen nach dem Tod von Holger Meins in Haft befinden. Die beiden werden am 1. März 1975 um 10 Uhr aus der Haft entlassen.

Ebenfalls am 1. März 1975 erklärt Pfarrer *Heinrich Albertz* über Funk und Fernsehen, er sei bereit, die Gefangenen – deren Freilassung die Täter verlangen – auf ihrem Flug zu begleiten. Nach einem Hinweis der Polizei, dass das Flugzeug entgegen der Forderung der Entführer nicht von Berlin, sondern nur von Westdeutschland abfliegen könne, fordern die Entführer, dass alle Gefangenen umgehend nach Frankfurt/

---

38 Verena Becker zu 6 Jahren, Gabriele Kröcher-Tiedemann zu 8 Jahren, Rolf Pohle zu 6 Jahren und 5 Monaten, Ingrid Siepmann zu 12 Jahren und Rolf Heißler zu 8 Jahren. Heißler war wegen Beteiligung an einem am 13.4.1971 verübten Banküberfall am 5.6.1971 verhaftet und verurteilt worden.

Main gebracht werden sollen und die Maschine spätestens am *3. März 1975 um 9 Uhr* starten soll. Dementsprechend werden Rolf Heißler und Rolf Pohle (die in bayerischen Gefängnissen einsitzen), Verena Becker und Ingrid Siepmann (die in Berlin inhaftiert sind) und Gabriele Kröcher-Tiedemann (aus Nordrhein-Westfalen) nach Frankfurt/Main überstellt. Schließlich verlängern die Entführer ihr Ultimatum ein letztes Mal um eine Stunde – auf 3. März 1975, *10 Uhr.*

Da auch der politische Krisenstab um Bundeskanzler Helmut Schmidt keine Möglichkeit sieht, das Leben von Peter Lorenz auf andere Weise zu retten, geben die für die inhaftierten Terroristen zuständigen Justizminister von Bayern, Berlin und Nordrhein-Westfalen schließlich der Forderung der Entführer nach und ordnen die Freilassung der Häftlinge an. Gleichzeitig wird auf dem Frankfurter Flughafen eine Boeing 707 der Lufthansa mit vier Mann Besatzung bereitgestellt. Schließlich werden den 5 Gefangenen Pässe für die Ausreise sowie insgesamt 120.000 DM ausgehändigt.

Am *3. März 1975, 9.55 Uhr,* hebt die Boeing 707 – wie von den Entführern verlangt – mit den freigepressten Terroristen und mit Pfarrer Albertz an Bord ab. Auf Anweisung von Ingrid Siepmann fliegt die Maschine über Rom, Tripolis, Addis Abeba nach Aden. Dort erklärt sich die südjemenitische Regierung nach langem Hin und Her schließlich bereit, den fünf Terroristen politisches Asyl zu gewähren. Hierauf erklären Becker, Siepmann, Heißler, Pohle und Kröcher-Tiedemann schriftlich, dass sie sich im Jemen unbegrenzt und völlig frei aufhalten könnten und somit die Voraussetzungen für die Freilassung von Peter Lorenz erfüllt seien.

Vier der Freigepressten werden im Laufe der nächsten Jahre wieder festgenommen, nämlich

– Rolf Pohle am 2. September 1976 in Athen,
– Verena Becker am 3. Mai 1977 bei Singen,
– Gabriele Kröcher-Tiedemann am 20. Dezember 1977 an der französisch-schweizerischen Grenze und
– Rolf Heißler am 9. Juni 1979 in Frankfurt/Main.

Ingrid Siepmann kommt nach Darstellung von früheren Angehörigen der »Bewegung 2. Juni« im Jahr 1982 im Libanon bei einem Luftangriff Israels zu Tode.

Gabriele Kröcher-Tiedemann wird in Bezug auf die Schießerei anlässlich ihrer Festnahme am 20. Dezember 1977 in Puntrut/Schweiz wegen Mordversuchs an zwei Zollbeamten zu einer Freiheitsstrafe von 15 Jahren verurteilt. Später wird sie an die Bundesrepublik zur Verbüßung ihrer Reststrafe überstellt. Am 22. Mai 1990 wird sie vom Landgericht Köln vom Vorwurf, am 21. Dezember 1975 an dem OPEC-Überfall in Wien beteiligt gewesen zu sein, freigesprochen. Am 7. Oktober 1995 stirbt Gabriele Kröcher-Tiedemann an einem Krebsleiden und Rolf Pohle am 8. Februar 2004.

Die Freilassung von Lorenz

Nach seiner Rückkehr nach Deutschland verliest Pfarrer Albertz die schriftliche Erklärung der Terroristen am *4. März 1975* im Fernsehen. Dabei benützt er die Worte »So ein Tag, so wunderschön wie heute!«. Dies ist für die Lorenz-Entführer das Signal, ihr Opfer freizulassen. In der »Zelle« in Berlin-Kreuzberg verkleben sie Peter Lorenz mit braunem Tesa-Packband die Augen und fahren ihn kurz vor Mitternacht zum Volkspark in Wilmersdorf, wo sie ihn auf eine Bank setzen; dann verschwinden sie. Entsprechend ihrem Befehl wartet Lorenz noch fünf Minuten; dann reißt er das Klebeband von seinen Augen, geht zur nächsten Telefonzelle und ruft seine Ehefrau an. Er ist wieder frei.[39]

Noch 1975 werden mehrere Angehörige der »Bewegung 2. Juni« verhaftet: Gerald Klöpper und Ronald Fritzsch am 28. April, Till Meyer am 6. Juni sowie Inge Viett, Ralf Reinders und Juliane Plambeck am 9. September 1975.[40]

III. Die Botschaftsbesetzung in Stockholm

Den für die Täter erfolgreichen Ausgang der Lorenz-Entführung sehen die RAF-Angehörigen als ermutigendes Zeichen für ihr eigenes Befreiungsvorhaben an. Unmittelbar nach dem Tod von Holger Meins hat sich eine neue RAF-Gruppe gebildet, die es als ihre dringendste Aufgabe ansieht, die inhaftierten Gesinnungsgenossen gewaltsam zu befreien. Dieser Gruppe gehören vor allem folgende Personen an: Lutz Taufer, Hanna Krabbe, Ulrich Wessel, Bernhard Rössner, Stefan Wisniewski, Siegfried Hausner und Karl-Heinz Dellwo.

---

39 Wegen Beteiligung an der Lorenz-Entführung (teilweise wegen weiterer Taten) werden durch Urteil des Kammergerichts Berlin vom 13.10.1980 zu Freiheitsstrafen verurteilt: Ralf Reinders zu 15 Jahren, Ronald Fritzsch zu 13 Jahren und 3 Monaten, Gerald Klöpper zu 11 Jahren und 2 Monaten, Till Meyer zu 15 Jahren und Andreas Vogel zu 10 Jahren Jugendstrafe (Fritz Teufel wird im selben Urteil wegen Mitgliedschaft in der »Bewegung 2. Juni« zu einer Freiheitsstrafe von 5 Jahren verurteilt).
40 In der Nacht zum 7.7.1976 gelingt es Viett und Plambeck, gemeinsam mit Gabriele Rollnick und Monika Berberich aus dem Gefängnis auszubrechen. Am 27.5.1978 wird Till Meyer aus der Haft befreit. Er, Rollnick und zwei weitere Gruppenmitglieder werden am 21.6.1978 in Bulgarien wieder verhaftet und an die Bundesrepublik ausgeliefert.

Das Attentat

Innerhalb der Gruppe einigt man sich darauf, eine deutsche Botschaft zu überfallen, dort Geiseln zu nehmen und diese Zug um Zug gegen die Befreiung der Häftlinge wieder frei zu lassen. Diskutiert werden mehrere Objekte in Europa, etwa in Wien, London, Den Haag und Bern, die Entscheidung aber fällt auf die Botschaft in Stockholm. In der Folgezeit werden die für den geplanten Überfall für erforderlich gehaltenen Waffen beschafft, außerdem Sprengstoff, der die Drohung untermauern soll, man werde das Botschaftsgebäude in die Luft jagen. Letztlich ist die Gruppe im Besitz folgender Tatwerkzeuge:
- 1 Maschinenpistole Suomi,
- 1 Schrotgewehr High Standard,
- 4 Faustfeuerwaffen,
- mehrere Eierhandgranaten und Messer sowie
- 15 kg TNT-Sprengstoff samt Sprengmitteln.

So bewaffnet betreten Lutz Taufer, Karl-Heinz Dellwo, Bernhard Rössner, Hanna Krabbe, Siegfried Hausner und Ulrich Wessel – jeweils getrennt in Zweiergruppen – am Vormittag des *24. April 1975* die deutsche Botschaft in Stockholm.

Hanna Krabbe   K-H Dellwo   Rössner   Hausner   Taufer

Sie täuschen vor, in der Rechts- und Konsularabteilung Angelegenheiten besprechen zu wollen, und erlangen so Zutritt in das Gebäude. Es ist gegen 11.30 Uhr, als sie ernst machen. Mit gezogenen Waffen überwältigen sie im ersten, zweiten und dritten Stockwerk tätige Beschäftigte und Besucher der Botschaft. Dann treiben sie ihre Opfer in die dritte Etage und dort in das Zimmer des Botschafters, wo sich die Geiseln kreisförmig, mit dem Kopf zur Mitte und mit den Händen hinter dem Kopf bäuchlings auf den Boden legen müssen.

 Anschließend verbarrikadieren die Täter dieses 3. Stockwerk, um ein Vordringen polizeilicher Kräfte zu verhindern. Als sie bemerken, dass die schwedische Polizei bereits in die Botschaft eingedrungen ist, fordert einer der Geiselnehmer per Telefon die Polizei dazu auf, das Gebäude innerhalb einer halben Stunde zu räumen, andernfalls werde der Militärattaché *Andreas von Mirbach* erschossen. Diese Aufforderung wiederholen die Täter noch zweimal, wobei das zeitliche Ultimatum auf $^1/_4$ Stunde und beim letzten Mal auf 2 Minuten bemessen wird. Um ihrer Drohung zusätzlichen Nachdruck zu verleihen, zwingen sie den 44-jährigen Militärattaché, die letzten zwei Ultimaten selbst per Zuruf bekannt zu geben. Als auch die zuletzt gesetzte Frist ergebnislos verstreicht, gibt einer der RAF-Täter fünf Pistolenschüsse auf Andreas von Mirbach ab, der von einer Kugel am Kopf getroffen wird, die seinen Schädel von der linken Schläfe bis zum rechten Schädelbein durchschlägt und zu schwersten Hirnverletzungen führt. Dann stoßen sie den schwerverletzten Militärattaché die Treppe zum 2. Stockwerk hinunter, wo er schwer blutend liegen bleibt. Erst nach einer $^3/_4$ Stunde gestatten sie seinen Abtransport, nachdem die Polizei zugesichert hat, sie werde sich aus dem Gebäude zurückziehen. Trotz einer sofort durchgeführten Notoperation stirbt Andreas von Mirbach gegen 16 Uhr.

Nach den Schüssen auf den Militärattaché diktiert einer der Täter einer Sekretärin der Botschaft folgende Erklärung in die Maschine:

»An die regierungen der bundesrepublik und des königreichs schweden.
am 24.4.1975 um 11.50 uhr haben wir die botschaft der bundesrepublik deutschland in stockholm besetzt und 12 botschaftsangehörige darunter botschafter dieter stoecker, militärattaché andreas von mirbach, wirtschaftreferent heinz hillegaart und kulturreferent anno elfgen gefangengenommen, um 26 politische gefangene in der bundesrepublik zu befreien. es sind: gudrun ensslin, stuttgart; andreas baader, stuttgart; ulrike meinhof, stuttgart; jan raspe, stuttgart; carmen roll, stuttgart; werner hoppe, hamburg; helmut pohl, hamburg; wolfgang beer, hamburg; eberhard becker, hamburg; manfred grashof, zweibrücken; klaus jünschke, zweibrücken; wolfgang quante, bremen; ronald augustin, bückeburg; ali jansen, berlin; brigitte mohnhaupt, berlin; bernhard braun, berlin; ingrid schubert, berlin; annerose reiche, berlin; ilse stachowiak, hamburg; irmgard möller, hamburg; sigurd debus, hamburg; christa eckes, hamburg; wolfgang stahl, hamburg; margit schiller, lübeck; monika berberich, berlin; johannes weinrich, karlsruhe. ...
innerhalb von 6 stunden ... werden die gefangenen genossen auf dem rhein-main-flughafen frankfurt zusammengebracht ...
innerhalb von 10 stunden ...
- werden die gefangenen aus der brd ausgeflogen
- überlässt die bundesregierung jedem der gefangenen 20.000 dollar. ....
versucht die bundesregierung die freilassung der gefangenen zu verzoegern, werden wir zu jeder vollen stunde, die das 1. u oder 2. ultimatum überschritten wird, einen beamten des auswärtigen amtes der brd erschiessen. der versuch, die botschaft zu stürmen, be-

deutet den tod aller im haus. bei einem angriff werden wir in den räumen der botschaft 15 kg tnt zu explosion bringen.... kommando holger meins.«

Um diese Erklärung zu überbringen, lassen die Attentäter eine Sekretärin der Botschaft frei. Anschließend bereiten sie die angedrohte Sprengung des Gebäudes vor.

Gegen 21 Uhr teilt der schwedische Justizminister den Tätern telefonisch mit, die Bundesregierung habe beschlossen, keine Häftlinge aus deutschen Gefängnissen freizulassen. Hierauf entscheiden die Geiselnehmer, nach Ablauf der von ihnen gesetzten Frist den Wirtschaftsreferenten *Dr. Heinz Hillegaart* zu erschießen. Gegen 22.20 Uhr rufen sie Dr. Hillegaart zu sich und zwingen ihn, ein Fenster zu öffnen und eine Mitteilung der Täter bekannt zu geben. Wegen anderer Geräusche ist er aber nicht zu verstehen. In diesem Moment werden von den RAF-Tätern mehrere Schüsse auf den 64-jährigen Hillegaart abgegeben. Ein Geschoss trifft ihn am Kopf und verletzt lebenswichtige Gehirnteile. Dr. Hillegaart bricht auf der Stelle bewusstlos zusammen. Bei einem anschließenden Telefonat teilt ein RAF-Mitglied mit, man habe »soeben den Botschaftsangehörigen Dr. Hillegaart erschossen«.

Um die Bundesregierung doch noch zum Nachgeben zu zwingen, diktiert einer der Täter gegen 23 Uhr einer Sekretärin eine weitere Erklärung, in der es u.a. heißt:

> »Olof Palme und der schwedische Justizminister haben uns im Auftrag der Bundesregierung mitgeteilt, dass sie keine politischen Gefangenen im Austausch gegen Botschaftsangehörige freilaesst. Unser Ultimatum besteht nach wie vor. Wir werden zu jeder vollen Stunde nach unserem Ultimatum einen Botschaftsangehörigen erschiessen. Sollte die Botschaft gestuermt werden, werden wir das Gebäude sprengen. Sieg oder Tod«.

Dann lassen die Täter drei Sekretärinnen frei, die diese Erklärung der schwedischen Polizei übergeben. Anschließend beraten sie, welche Geisel als nächstes erschossen werden soll. Sie entscheiden sich für den Kulturreferenten Dr. Elfgen, was dieser auch erkennt. Dann jedoch verläuft die Aktion anders als von der RAF geplant:

Die Explosion

Um 23.46 Uhr explodieren plötzlich die von den Tätern vorbereiteten Sprengladungen. Die genaue Ursache der Explosion kann nicht geklärt werden. Denkbar ist ein technischer Defekt, wahrscheinlicher ist aber, dass die Sprengladungen durch die Unachtsamkeit eines Täters gezündet wurden.

Durch den Druck der Detonation wird im Zentrum der Explosion der Stahlbetonfußboden durchbrochen; im Bereich des Botschafterzimmers werden die Außenwände des Gebäudes nach außen gedrückt und die Innenwände zerstört bzw. verschoben. Gleichzeitig bricht im Zimmer des Botschafters ein Feuer aus, das sich schnell auf die angrenzenden Räume ausbreitet und die von den Tätern mitgebrachten Handgranaten und ihre Munition zur Explosion bringt. Das dritte Stockwerk der Botschaft brennt etwa zur Hälfte aus.

Die restlichen 6 Geiseln, die sich zum Zeitpunkt der Detonation noch in der Botschaft aufhalten, werden zum Teil erheblich verletzt. Der Pressesachbearbeiter erleidet schwere Brand- und Splitterverletzungen sowie Trommelfellschäden. Gleichwohl gelingt es allen Geiseln, sich aus dem brennenden Gebäude zu retten.

Auch die Attentäter werden durch die Explosion und den anschließenden Brand zum Teil schwer verletzt. Die schlimmsten Verletzungen erleiden Wessel und Hausner. *Ulrich Wessel* stirbt noch in der Botschaft. *Siegfried Hausner* erleidet schwere Brandverletzungen; er wird sofort ärztlich behandelt und alsbald in die Justizvollzugsanstalt Stuttgart-Stammheim verlegt, wo er allerdings am 4. Mai 1975 verstirbt.

Am Morgen des 25. April 1975 wird in dem ausgebrannten dritten Stockwerk der Botschaft die stark verbrannte Leiche des Wirtschaftsreferenten *Dr. Heinz Hillegaart* unter den Trümmern einer zusammengestürzten Wand gefunden; ob er bereits aufgrund des Kopfschusses gestorben ist oder ob sein Tod erst durch die Explosion und den anschließenden Brand eingetreten ist, lässt sich nicht klären.

Die überlebenden Attentäter – die RAF-Mitglieder Lutz *Taufer*, Karl-Heinz *Dellwo*, Bernhard *Rössner* und Hanna *Krabbe* – werden von der schwedischen Polizei verhaftet und nach Deutschland ausgeliefert.[41]

IV. Die Haag-Mayer-Bande und der Stammheim-Prozess

Nach dem Desaster von Stockholm beginnen die restlichen RAF-Mitglieder, sich neu zu organisieren. Die einzelnen regionalen Gruppierungen[42] schliessen sich zusammen und bemühen sich um neue Mitglieder. Im Laufe des Jahres

---

41 Alle vier werden durch Urteil des OLG Düsseldorf vom 20.7.1977 jeweils zu lebenslanger Freiheitsstrafe verurteilt.
42 Bei den einzelnen Gruppierungen handelt es sich um die "Karlsruher Förster-Gruppe" mit Sonnenberg, Klar, Folkerts und Adelheid Schulz, um die "Heidelberger Gruppe" um Haag, Wisniewski und Sieglinde Hofmann sowie um die "Frankfurter Gruppe" mit Wagner sowie Waltraud und Peter-Jürgen Boock.

1975 gelingt es der Terrorgruppe langsam, ihre einstige Bedeutung wieder zu erlangen. Chef der neu formierten RAF wird Rechtsanwalt Siegfried Haag. Nach ihm und seinem Begleiter Roland Mayer wird die Gruppe, die sich weiterhin als RAF empfindet, die »Haag-Mayer-Bande« genannt.

Siegfried Haag, der ehemalige Verteidiger von Holger Meins, steht schon unmittelbar nach dem Stockholm-Attentat im Verdacht, die beteiligten RAF-Täter bei der Vorbereitung des Anschlags mit Tatmitteln versorgt zu haben, die bei dem Überfall am 24. April 1975 zum Einsatz kamen.[43] Er wird deshalb am 9. Mai 1975 verhaftet, vom zuständigen Ermittlungsrichter aber mangels Haftgrund wieder auf freien Fuß gesetzt. Hierauf geht *Siegfried Haag* in den terroristischen Untergrund. Als Grund hierfür gibt er in einer schriftlichen Erklärung vom 11. Mai 1975 u.a. folgendes an:

»In einem Staat, der die Vernichtung von Revolutionären durch Gleichschaltung von Gesetzgebung, Verwaltung und Justiz zu seinem Programm erhoben hat, der politische Gefangene durch systematische Langzeitisolation foltert und der Gehirnwäsche in toten Gefängnistrakten unterzieht, in einem Staat, dessen Funktionsträger Holger Meins und Siegfried Hausner hingerichtet haben, in einem Staat, der Verteidiger mit dem gesamten Arsenal der psychologischen Kriegsführung durch die Massenmedien in Hetzkampagnen diffamiert, ausschließt, kriminalisiert und schließlich zu verhaften sucht, werde ich meine Freiheit nicht bedrohen lassen, meinen Beruf als Rechtsanwalt nicht länger ausüben. Es ist an der Zeit, im Kampf gegen den Imperialismus wichtigere Aufgaben in Angriff zu nehmen.«

Tatsächlich arbeitet die RAF ab sofort an vier großen »Aufgaben«, die sie mit

»margarine«,
«big money«,
»rache« und
»big raushole«

bezeichnet, wobei klar ist, dass es sich bei »big money« um eine große Geldbeschaffungsaktion handelt und bei »big raushole« um die seit längerem geplante große Gefangenenbefreiung. Mit »margarine« ist ein Mordanschlag auf Generalbundesanwalt Siegfried Buback gemeint (seine Initialen »SB« sind identisch mit einer allseits bekannten Margarine-Marke). Bei »rache« dreht es sich um Bestrafungsaktionen gegen die Strafverfolgungsbehörden – insbesondere gegen die Bundesanwaltschaft.

---

43 Siegfried Haag wird wegen Beihilfe zum Stockholm-Attentat durch Urteil des OLG Stuttgart vom 19.12.1977 zu einer Freiheitsstrafe von 15 Jahren verurteilt.

Der Haag-Mayer-Bande gehören neben Siegfried Haag und Roland Mayer vor allem noch folgende Mitglieder an: Peter-Jürgen Boock, Waltraud Boock, Rolf Klemens Wagner, Stefan Wisniewski, Knut Folkerts, Günter Sonnenberg, Friederike Krabbe, Sieglinde Hofmann und Christian Klar.

1. *Der Stammheim-Prozess und die neuen Gesetze*

Der Prozess gegen Baader, Meinhof, Ensslin und Raspe vor dem Oberlandesgericht Stuttgart – von den Medien auch *Baader-Meinhof-Prozess* genannt – beginnt am *21. Mai 1975* in dem extra dafür errichteten Gerichtsgebäude in Stuttgart-Stammheim, das unmittelbar an die Justizvollzugsanstalt angrenzt. Gegenstand der Anklage sind vor allem die Sprengstoffanschläge der RAF im Mai 1972.[44]

---

44 Wegen des schwerstwiegenden Attentats - dem Sprengstoffanschlag auf das US-Hauptquartier in Heidelberg am 24.5.1972 - ist das für Terrorstraftaten in Baden-Württemberg zuständige OLG Stuttgart Adressat der Anklage.

Der »Kampf gegen die Klassenjustiz«

Der aufsehenerregende »Stammheim-Prozess« ist geprägt durch den Hass, mit dem sich die RAF gegen die Justiz wendet.[45] In einem Papier beschreibt die RAF die Aufgaben von Gericht und Staatsanwaltschaft aus ihrer Sicht wie folgt:

> »Im Rahmen der Counterstrategie der imperialistischen BRD gegen die Guerilla ist die Justiz kriegsführendes Instrument – in der Verfolgung der aus der Illegalität operierenden Guerilla und in der Vollstreckung der Vernichtung der Kriegsgefangenen.«

Dementsprechend wird in Bezug auf die Strafverfahren gegen Mitglieder der RAF zum »dauernden Angriff« und zur »permanenten Offensive gegen das Gericht aus Feindschaft« aufgerufen. Das klar definierte Ziel ist: »Destruktion des normalen Strafverfahrens«. Gleichzeitig kommt es der RAF darauf an, die beteiligten Richter und Staatsanwälte durch Anschläge anzugreifen und zu verunsichern; so heißt es in einem RAF-Papier:

> »Wir werden so oft und so lange Sprengstoffanschläge gegen Richter und Staatsanwälte durchführen, bis sie aufgehört haben, gegen die politischen Gefangenen Rechtsbrüche zu begehen ... Kampf der Klassenjustiz!«

---

45 Die Hauptverhandlung des Baader-Meinhof-Prozesses wird im Einvernehmen aller Beteiligten zu Protokollierungszwecken vorläufig auf Tonband aufgenommen. Ende Juli 2007 wird bekannt, dass 21 Bänder dieser Mitschnitte nicht gelöscht worden sind und noch existieren. Sie enthalten Mitschnitte mit einer Gesamtdauer von rund 12 Stunden mit zahlreichen Prozesserklärungen - auch der Angeklagten - in der Zeit zwischen Oktober 1975 und Mai 1976. Die Tonbänder befinden sich jetzt im Staatsarchiv in Ludwigsburg.

Die neuen Gesetze

Nicht zuletzt im Hinblick auf diese Vorgehensweise von RAF-Inhaftierten und ihren Verteidigern sind bereits am 18. Dezember 1974 vom Bundestag mehrere Gesetze verabschiedet worden, die sich auf den Baader-Meinhof-Prozess auswirken:

– So ist die – früher unbeschränkte – Anzahl der Wahlverteidiger dahingehend geändert, dass ein Beschuldigter maximal *drei gewählte Verteidiger* haben darf (§ 137 Abs. 1 Satz 2 Strafprozessordnung – StPO). Damit soll verhindert werden, dass das Verfahren durch die Mitwirkung einer Vielzahl von Verteidigern verschleppt oder vereitelt wird.

– Eingeführt ist auch die *Ausschließung des Verteidigers* von der Mitwirkung im Prozess, wenn dringende Verdachtsmomente vorliegen, dass er entweder an der Tat seines Mandanten beteiligt ist oder diesbezüglich Begünstigung, Strafvereitelung oder Hehlerei begangen hat (§ 138 a StPO). Dementsprechend werden die Rechtsanwälte Groenewold, Croissant und Ströbele vom Baader-Meinhof-Prozess ausgeschlossen.

– Das Gesetz enthält vor allem auch das *Verbot der Mehrfachverteidigung*. Während früher ein Verteidiger mehrere Beschuldigte im selben Verfahren im Sinne einer Gemeinschaftsverteidigung vertreten konnte, schreibt das Gesetz jetzt vor, dass ein Verteidiger im selben Verfahren nicht mehrere Beschuldigte vertreten darf und dass er auch nicht verschiedene Beschuldigte in getrennten Verfahren vertreten darf, wenn ihnen der selbe Vorwurf – etwa die Mitgliedschaft in der RAF – gemacht wird (§ 146 StPO).

– Im Hinblick auf die Hungerstreiks von RAF-Inhaftierten enthält die Strafprozessordnung jetzt eine Vorschrift *»Herbeigeführte Verhandlungsunfähigkeit«*, wonach ein Prozess auch in Abwesenheit eines Angeklagten durchgeführt werden kann, wenn sich dieser »schuldhaft in einen seine Verhandlungsfähigkeit ausschließenden Zustand versetzt und dadurch wissentlich die Durchführung oder Fortsetzung der Hauptverhandlung« verhindert (§ 231 a StPO).

Alle diese Gesetze werden jeweils auf entsprechende Beschwerden vom Bundesverfassungsgericht überprüft und für verfassungsgemäß erachtet.[46]

---

46 Diese Gesetze gelten bis heute.

2. Die Kontakte zur PFLP

Im Südjemen unterhält die "Popular Front for the Liberation of Palestine (PFLP)[47] in der Nähe von Aden ein "Camp", das der Ausbildung ihrer eigenen Mitglieder, aber auch von RAF-Angehörigen dient. Im Laufe des Jahres 1975 begeben sich Rolf Heißler und Verena Becker,[48] die im Rahmen der Lorenz-Entführung freigepresst und in den Südjemen ausgeflogen worden waren, in dieses Ausbildungslager. Ende 1975 kommen weitere RAF-Mitglieder hinzu - darunter Brigitte Schulz, Thomas Reuter und Monika Haas, die ihren Sohn Frank in der Bundesrepublik zurücklässt. Später halten sich dort auch Siegfried Haag (der von den P's so genannte "leader"), Günter Sonnenberg, Stefan Wisniewski, Peter-Jürgen und Waldtraud Boock, Sieglinde Hofmann, Friederike Krabbe und Rolf Klemens Wagner auf. Gemeinsam entscheiden sie, die in der Bundesrepublik verstreuten Einzelgruppen zu einer neuen Gesamtgruppe RAF zusammenzuführen.

PFLP und RAF vereinbaren in dieser Zeit, sich bei künftigen Aktionen gegenseitig zu unterstützen. Dementsprechend sollen sich die RAF-Mitglieder Brigitte Schulz und Thomas Reuter an dem geplanten Abschuss einer zivilen Passagiermaschine der israelischen Fluggesellschaft EL AL beim Landeanflug auf den Flughafen in Nairobi/Kenia beteiligen. Sie werden jedoch - wie ihre drei palästinensischen Kommandomitglieder - Ende Januar 1976 in Nairobi festgenommen, nach Israel ausgeliefert und dort zu langjährigen Freiheitsstrafen verurteilt. Auch Monika Haas wird kurze Zeit später in Nairobi verhaftet; sie wird aber bereits nach 3 Tagen aus kenianischer Haft entlassen und kann nach Aden zurückkehren. In Kreisen von PFLP und RAF wird deshalb die Ansicht vertreten, Haas habe sich ihre Freiheit durch Verrat erkauft und arbeite mit dem israelischen Geheimdienst "Mossad" zusammen.

---

47 "Volksfront für die Befreiung Palästinas".
48 Verena Becker und Rolf Heißler, die früher der "Bewegung 2. Juni" angehört hatten, schließen sich spätestens jetzt der RAF an.

3. Weitere Tote

Der Tod der Katharina Hammerschmidt

Am *29. Juni 1975* stirbt in Berlin die RAF-Angehörige *Katharina Hammerschmidt*. Nachdem längere Zeit nach ihr gefahndet worden war, hatte sie sich der Polizei gestellt. In der Justizvollzugsanstalt entwickelte sich bei ihr ein Brustkrebs, dessen Bösartigkeit nicht rechtzeitig erkannt wurde.

Der Tod von Polizeimeister Fritz Sippel

Am *7. Mai 1976* erhält die Polizei im hessischen Sprendlingen einen Hinweis auf einen Exhibitionisten, der in einem am Stadtrand gelegenen Naherholungsgebiet sein Unwesen treiben soll. Zwei Polizeibeamte – einer von ihnen ist Polizeimeister Fritz Sippel – machen sich mit ihrem Streifenwagen auf die Suche nach diesem Exhibitionisten.

Zufällig treffen die beiden Polizeibeamten auf eine Gruppe von RAF-Angehörigen, die in dem Park bei Sprendlingen gerade dabei sind, ihre Reise nach Aden/Südjemen vorzubereiten, wo sie in einem palästinensischen Camp militärisch ausgebildet werden sollen. Unter ihnen befinden sich auch Rolf Klemens Wagner und Peter-Jürgen Boock; beide sind erst vor Kurzem zu den Illegalen der RAF gestoßen und hatten zuvor der sog. Dorff-Tauras-Bande angehört, die in Hessen vor allem durch Banküberfälle aufgefallen war.

Als sich die Polizeibeamten nach dem gesuchten Exhibitionisten erkundigen, fällt ihnen unter den jungen Leuten ein Mann auf, der unter seiner Jacke erkennbar einen Gegenstand verbirgt – tatsächlich hat der RAF-Angehörige dort seine Waffe versteckt. Da sich der Mann weigert, vor den Augen aller »einen Striptease« hinzulegen, fordern ihn die Beamten auf, zur Überprüfung seiner Personalien zum Polizeifahrzeug mitzukommen.

Dort fordern sie ihn erneut auf, ihnen zu zeigen, was er unter seiner Jacke trägt. Hierauf öffnet der Mann seine Jacke und richtet seine Pistole auf die Polizeibeamten. Diese ziehen ebenfalls ihre Dienstwaffen, worauf es zu einer Schießerei kommt, in deren Verlauf Polizeimeister Sippel in den Kopf getroffen wird. *Fritz Sippel* geht aufgrund dieser schweren Verletzung sofort zu Boden und verstirbt alsbald. Mit welcher Waffe seine Kopfverletzung verursacht wurde, lässt sich bei den späteren Ermittlungen nicht eindeutig feststellen.

Bei dem Schusswechsel wird auch Rolf Klemens Wagner durch einen Schuss in das Gesäß verletzt. Gleichwohl gelingt es ihm, gemeinsam mit seinem Freund Boock vom Tatort zu fliehen. Auf ihrer Flucht vor der Polizei rauben sie ein Fahrzeug, mit dem sie zunächst unerkannt entkommen.

4. *Der Selbstmord von Ulrike Meinhof*

Ulrike Meinhof erlebt den Ausgang des »Stammheim-Prozesses« nicht. Zwischen ihr und den anderen – gemeinsam im 7. Stock der Justizvollzugsanstalt Stammheim inhaftierten – Führungskadern der RAF kommt es im Lauf der Zeit zu erheblichen Differenzen. Ulrike Meinhof leidet vor allem unter der scharfen Kritik, mit der sie von Baader, aber auch von Gudrun Ensslin behandelt wird. Eine wesentliche Rolle spielt dabei der von der RAF im Rahmen des Info-Systems überaus intensiv gepflegte *»Prozess von Kritik und Selbstkritik«*. Dieser aus der marxistischen Literatur übernommene Prozess soll dazu dienen, »aus früheren Fehlern zu lernen, um künftige zu vermeiden«.

Als Meinhof es versäumt, von der RAF benötigte Papiere rechtzeitig auszuarbeiten, nimmt Ensslin dies zum Anlass, sich in einem Info-Beitrag mit der Persönlichkeit von Ulrike Meinhof auseinanderzusetzen; sie wirft ihr vor, sie gehöre immer noch ihrer bürgerlichen Klasse an und begehe aus diesem Grund Verrat an der RAF; u.a. führt sie in ihrer *Kritik* aus, dass es nur die Alternative »raf oder tot« gebe:

> »diese kapitulationsmeldung da (‚schon seit nem halben jahr im kopf herum') hat mir die augen geöffnet für den wahren namen dieses moments (verrat) und seine bedingungen (die nicht mit stumpf und stiel ausgerissene falsche klasse). ...
> hier – ins feuer der raf mit dem wahren sachverhalt: statt ulrike meinhof, die deklassierte gedemütigte gefangene kolumnistin (mutter, ehefrau, votze)...
> sieg oder tod ....raf oder tot«.

Hierauf antwortet Ulrike Meinhof mit einer *Selbstkritik*, in der sie einräumt, gegen die RAF Verrat und Verbrechen begangen zu haben. U.a. schreibt sie:

> »tatsache ist: ich hatte mich fürchterlich weit von euch entfernt – fehler, verrat. dazu, dass ich mir dessen in dem maß, in der tiefe des verrats, der desertion, der flucht nicht bewusst war...
> ich war einfach eine elitäre sau – ich wollte alles besser und aus mir selbst wissen, eine blöde, intellektuelle schnalle....
> sich politisieren heißt kämpfen, heißt dem eigenen bullen das kreuz brechen. raf sein heißt an sich arbeiten.
> raf oder tod.«^

 Nach dieser Selbstkritik gibt es für *Ulrike Meinhof* – wie bereits von Ensslin betont – nur die Alternative »RAF oder Tod«. Am 41. Verhandlungstag des Baader-Meinhof-Prozesses gibt Ulrike Meinhof eine Erklärung des Inhalts ab, die Haftbedingungen würden einen Zwang zur Gruppensolidarität bewirken; wörtlich sagt sie ein halbes Jahr vor ihrem Tod:

"Wie kann ein isolierter Gefangener den Justizbehörden zu erkennen geben, angenommen, dass er es wollte, dass er sein Verhalten geändert hat? Wie? Wie kann er das in einer Situation, in der bereits jede, absolut jede Lebensäußerung unterbunden ist? Dem Gefangenen in der Isolation bleibt, um zu signalisieren, dass sich sein Verhalten geändert hat, überhaupt nur eine Möglichkeit und das ist Verrat."[49]

In der Nacht zum *9. Mai 1976* fertigt die 41-Jährige aus Stoffstreifen einen Strick und erhängt sich damit am Fenstergitter ihrer Gefängniszelle. Die amtliche Obduktion und eine privat veranlasste Sektion lassen keinen Zweifel, dass Ulrike Meinhof Selbstmord durch Erhängen begangen hat.

Meinhofs Leichnam wird am 15. Mai 1976 in Berlin-Mariendorf bestattet. Im Jahr 2002 wird bekannt, dass das bei der Obuktion entnommene Gehirn nicht beigesetzt, sondern in Formalin aufbewahrt und in den 90er-Jahren einer Klinik in Madgeburg zu wissenschaftlichen Untersuchungen zur Verfügung gestellt worden war; es wird im Dezember 2002 eingeäschert und dem Grab Ulrike Meinhofs beigegeben.

5. Die »Revolutionären Zellen (RZ)«

Ab Mitte der 70er-Jahre machen Angehörige der »Revolutionären Zellen« durch ihre Beteiligung an Aktionen auf sich aufmerksam, mit der auch RAF-Häftlinge freigepresst werden sollen.

Bei den *»Revolutionären Zellen (RZ)«* handelt es sich um eine terroristische Vereinigung, deren Mitglieder seit 1975 als sog. Freizeitterroristen agieren, die anders als die RAF und die »Bewegung 2. Juni« dezentral organisiert sind und nicht im Untergrund leben.

---

49 Diese Prozesserklärung ist auf einem der 21 Tonbänder zu hören, die 2007 wieder entdeckt wurden. Manche sehen rückblickend in dieser Erklärung einen Hilferuf Meinhofs an die Behörden.

Sie verüben bis 1995 knapp 200 Sprengstoff-, Brand-, Strommast- und sonstige Anschläge – darunter am 11. Mai 1981 den Mord am hessischen Wirtschaftsminister Heinz Karry. Das Ziel der RZ ist es, »durch klandestin operierende, autonom und dezentral organisierte Gruppen Basisinitiativen zu stärken – als erster Schritt eines langwierigen Angriffs auf die Macht«. Zu den Hauptverantwortlichen der RZ gehörten ursprünglich Hans-Joachim Klein, Johannes Weinrich, Wilfried Böse, Brigitte Kuhlmann und Gert Albartus.

Im Jahr 1975 trennen sich die RZ-Angehörigen Hans-Joachim *Klein*, Johannes *Weinrich* und Gert *Albartus* von der Gruppe und schliessen sich der terroristischen Vereinigung um den Palästinenser Illich Ramirez Sanchez (auch »Carlos« genannt) an.[50]

Der OPEC-Überfall in Wien

Am *21. Dezember 1975* überfällt die Gruppe um »Carlos« mit einem sechsköpfigen Terrorkommando die Konferenz der erdölexportierenden Länder (OPEC) in Wien: Bei einem Schusswechsel zu Beginn der Aktion werden ein libyscher Delegierter, ein österreichischer Polizeibeamter und ein irakischer Sicherheitsbeamter erschossen. Hans-Joachim Klein erleidet einen lebensgefährlichen Bauchschuss. Die Terroristen nehmen 70 Personen, darunter 11 Ölminister, als Geiseln und erzwingen, dass eine israelfeindliche Erklärung im Rundfunk verlesen wird. Am nächsten Tag lassen die Attentäter die österreichischen Geiseln frei und fliegen mit den restlichen Geiseln nach Algier, wo Hans-Joachim Klein in einem Krankenhaus behandelt wird.[51] Die restlichen Terroristen dürfen ungehindert nach Libyen weiterreisen.

---

50   Gert Albartus wird – nach Darstellung der RZ – im Dezember 1987 in Damaskus wegen angeblichen Verrats »erschossen, nachdem er von einer Gruppierung, die sich dem palästinensischen Widerstand zurechnet und für die er gearbeitet hat, vor ein Tribunal gestellt und zum Tod verurteilt worden war«. Weinrich wird am 1.6.1995 in Aden verhaftet und am 17.1.2000 vom LG Berlin wegen des Sprengstoffanschlags auf das "Maison de France" in Berlin, bei dem am 25.8.1983 eine Person getötet und 23 zum Teil schwer verletzt wurden, zu lebenslanger Freiheitsstrafe verurteilt.
51   Kurz darauf steigt Hans-Joachim Klein aus dem Terrorismus aus. Er wird am 8.9.1998 in der Normandie verhaftet, am 20.5.1999 an die Bundesrepublik ausgeliefert und am 15.2.2001 vom LG Frankfurt/Main – unter Anwendung der Kronzeugenregelung – zu einer Freiheitsstrafe von 9 Jahren verurteilt. Im Jahr 2003 wird er auf Bewährung aus der Haft entlassen.

Die Flugzeugentführung nach Entebbe

Am *27. Juni 1976* wird ein Airbus der Air-France, der sich auf dem Flug von Tel Aviv nach Paris befindet, entführt. Am nächsten Tag landet die Maschine auf dem ca. 50 km von der ugandischen Hauptstadt Kampala entfernt gelegenen Flughafen von Entebbe. An Bord der Maschine befinden sich 257 Passagiere – darunter 83 Israelis.

Bei den sieben Tätern handelt es sich um fünf palästinensische Terroristen sowie die Deutschen *Wilfried Böse* und *Brigitte Kuhlmann*. Kuhlmanns palästinensischer Kampfname ist »Halimeh«, der von Böse »Mahmoud«.[52]

Trotz aller ideologischen Unterschiede besteht zwischen allen bundesdeutschen Terrororganisationen eine »Basissolidarität«, dass die Befreiung inhaftierter Terroristen gemeinsame Sache ist. Dementsprechend fordern die Attentäter neben einem Lösegeld von 5 Millionen US-Dollar die Freilassung von insgesamt 53 inhaftierten Gesinnungsgenossen, unter ihnen auch sechs deutsche Terroristen, die teils der RAF und teils der »Bewegung 2. Juni« angehören, nämlich

– Jan-Carl Raspe,
– Ingrid Schubert,
– Werner Hoppe,
– Inge Viett,
– Fritz Teufel und
– Ralf Reinders.

Als die Luftpiraten die nichtjüdischen Passagiere, die sie freilassen, von den jüdischen selektieren, entscheidet sich die Regierung Israels für eine militärische Aktion: Am *4. Juli 1976* landet ein israelisches Kommando mit vier Herkulesmaschinen in Entebbe, schaltet die ugandischen Sicherheitskräfte, die mit den Entführern gemeinsame Sache gemacht haben, aus und beendet die Entführung. Dabei werden ca. 45 ugandische Soldaten, drei Geiseln, die sieben Entführer und ein israelischer Angreifer getötet.

---

52 Diese beiden Kampfnamen werden im Rahmen der Entführung des Lufthansamaschine "Landshut" im Oktober 1977 noch eine Rolle spielen.

6. Das Rechtsanwaltsbüro Croissant-Newerla-Müller

Zur Aufrechterhaltung ihrer Verbindungen nach draußen und zu anderen inhaftierten Genossen bedienen sich die in Stammheim einsitzenden Rädelsführer der RAF insbesondere der Unterstützung durch das »Stuttgarter Büro« der Rechtsanwälte *Klaus Croissant*, Armin Newerla und Arndt Müller.

Neben den Anwälten ist dort eine ganze Reihe von *»freien Mitarbeitern«* tätig, bei welchen es sich um Sympathisanten und Unterstützer der RAF handelt. Sie befassen sich zunächst vor allem mit der Koordinierung des Nachrichtenaustausches der Häftlinge untereinander, aber auch mit sogenannter »Öffentlichkeitsarbeit«, das heißt mit politischer Agitation und Werbung zugunsten der RAF. Im Laufe der Zeit übernehmen die »freien Mitarbeiter« verstärkt andere Unterstützungsfunktionen für die RAF: sie sorgen dafür, dass verbotene Gegenstände zu den Inhaftierten geschmuggelt werden und – als sogenannte Kuriere – dass der Informationsaustausch zwischen den inhaftierten und den in Freiheit befindlichen RAF-Mitgliedern funktioniert. Zu diesen »freien Mitarbeitern« zählen: Volker Speitel und Angelika Speitel, Ralf-Baptist Friedrich, Willy-Peter Stoll, Silke Maier-Witt, Susanne Albrecht, Gert Schneider, Hans-Joachim Dellwo (der Bruder des Stockholm-Attentäters Karl-Heinz Dellwo), Christof Wackernagel und Elisabeth von Dyck. Viele dieser »freien Mitarbeiter« des Büros Croissant wechseln im Laufe der Zeit zu den Illegalen in den Untergrund – etwa Schneider, Wackernagel, Albrecht, Stoll, Maier-Witt und Angelika Speitel.

Nachrichtenaustausch

Im Einzelnen läuft der Informationsaustausch zwischen den inhaftierten und den illegalen RAF-Mitgliedern wie folgt ab: Es werden regelmäßig Zettel aus dünnem Durchschlagpapier verwendet, die mit Informationen versehen und dann zusammengeknüllt und – um ein unbefugtes Öffnen zu verhindern – mit Tesafilm verklebt werden. In der Regel sind die Zettel mit verschlüsselten Informationen versehen. Die für die Illegalen bestimmten Kassiber übergeben die Häftlinge an Anwälte des Büros Croissant, die solche Post problemlos aus dem Gefängnis transportieren, da eine Ausgangskontrolle nicht stattfindet. Im Anwaltsbüro wird der Kassiber einem Kurier übergeben, der ihn umgehend zu den Illegalen bringt. Die Übergabe erfolgt bei sogenannten »Treffs«, bei denen sich Illegale und Kuriere in vorher vereinbarten Städten treffen. Zu den Pflichten der Kuriere gehört es, beim Verlassen des Büros und am vereinbarten Treffpunkt durch sogenanntes »Schütteln« dafür zu sorgen, dass eventuelle Observationskräfte abgehängt werden. Bei dem »Treff« wird der Kassiber an eines der im Untergrund lebenden RAF-Mitglieder übergeben und in der Regel sofort ein Antwortschreiben in Empfang genommen, das – in Verteidigungsunterlagen versteckt – auf dem umgekehrten Weg in die Haftanstalt in Stammheim geschmuggelt wird.[53]

Das Schmuggeln von Gegenständen

Im Laufe der Zeit gelingt es den Führungskadern der RAF, die *Rechtsanwälte Müller und Newerla* so weit zu bringen, dass sie nicht nur Kassiber, sondern auch andere Gegenstände schmuggeln.

Im Spätsommer/Herbst 1976 transportiert Rechtsanwalt Arndt Müller einen Kassiber von Gudrun Ensslin, in dem sie mitteilt, dass die Häftlinge eine *Minox-Kamera* zur Verfügung haben wollen. Mit ihr wollen Baader, Ensslin und Raspe zu Propagandazwecken Fotos von sich selbst sowie von ihren vergitterten Zellenfenstern machen. Gleichzeitig soll dabei getestet werden, ob es auf diesem Weg auch gelingen könnte, Waffen und Sprengmittel in das Gefängnis zu schmuggeln. Rechtsanwalt Müller ist derjenige, der nach dem Willen der Häftlinge den Minox-Transport durchführen soll. Gudrun Ensslin und Volker Spei-

---

53 Wegen Unterstützung der RAF werden Volker Speitel und Hans-Joachim Dellwo durch Urteil des OLG Stuttgart vom 14.12.1978 zu Freiheitsstrafen von 3 Jahren und 2 Monaten bzw. 2 Jahren verurteilt.

tel überreden Müller dazu, diese Aufgabe zu übernehmen. Bei der anschließenden Diskussion über Einzelheiten des Transports kommen Ensslin, Speitel und Müller überein, die Minox-Kamera *über das Prozessgebäude* in Stammheim zu den Häftlingen zu schmuggeln. Hierfür sprechen aus ihrer Sicht folgende Argumente:

– Bei der Überprüfung von Verteidigerunterlagen wird dort großer Wert darauf gelegt, dass jeder Anschein vermieden wird, man nehme vom Akteninhalt Kenntnis.
– Die eingesetzten Polizeibeamten rechnen nicht ernsthaft mit der Möglichkeit, dass sich Verteidiger zum Schmuggeln von gefährlichen Gegenständen hergeben.
– Die Angeklagten sind im Besitz von identischen Prozessakten, so dass während der Hauptverhandlung ein Austausch von Ordnern problemlos erscheint.
– Die Angeklagten werden auf dem Rücktransport vom Prozessgebäude in das angrenzende Gefängnis nicht erneut kontrolliert, so dass ein Austausch von Prozessordnern nicht auffallen würde.

Volker Speitel schlägt deshalb vor, in einen gehefteten Aktenband einen Hohlraum für die Minox-Kamera zu schneiden, die Kamera dort zu platzieren und die Seiten dann wieder so zu verkleben, dass die Manipulation bei einem oberflächlichen Durchblättern nicht auffällt. Rechtsanwalt Müller wird klar gemacht, dass er das Prozessgebäude unter einem Vorwand – etwa dem Hinweis, er lasse seine Verteidigerakten nicht kontrollieren – sofort wieder verlassen soll, falls es wider Erwarten bei der Kontrolle zu Schwierigkeiten kommen sollte. Damit sind alle Beteiligten einverstanden. Hierauf beschafft Speitel die Kamera nebst Film, schneidet in das Innere eines Handaktenbandes nahe der Heftstelle ein Loch, das gerade groß genug ist, um die Kamera aufzunehmen, bestreicht dann die Schnittkanten mit Klebstoff, legt die Kamera in den Hohlraum und verklebt diesen. Die so präparierte Akte übergibt er Rechtsanwalt Müller, der sie durch die Kontrolle im Prozessgebäude schmuggelt und sie dort in der Besucherzelle seiner Mandantin Ensslin aushändigt. Vom Prozessgebäude gelangt die Kamera – wie geplant – in den 7. Stock des Stammheimer Gefängnisses zu den dort konzentrierten RAF-Gefangenen. In der Folgezeit machen die Häftlinge eine Vielzahl der geplanten Bilder und verstecken die Kamera.

Nach diesem erfolgreichen Test findet in der Folgezeit ein reger illegaler Transport von *Gegenständen verschiedenster Art* vom Anwaltsbüro zu den RAF-Häftlingen in Stammheim und umgekehrt statt. So werden die belichteten Filme von Arndt Müller herausgeschmuggelt und die entwickelten Bilder zu den Häftlingen gebracht. Außerdem bringen Newerla und Müller[54] zahlreiche Materialien zu den Häftlingen, die sich daraus Gebrauchsgegenstände – etwa ein elektrisches Kochgerät – basteln. Auf diesem Weg gelangen auch kleine Werberadios sowie ein leistungsstärkeres Transistorradio in den 7. Stock.

Nicht immer benutzen die Rechtsanwälte die zu Containern umgebauten Aktenbände, sondern transportieren kleinere Gegenstände, indem sie diese in der Unterwäsche im Genitalbereich verstecken. Zwar wird beim Betreten des Prozessgebäudes ab und an eine Metallsonde eingesetzt; spricht diese an, so verweigern die Anwälte mit dem Hinweis, dass dies am Reißverschluss des Hosenladens liege, eine nähere Untersuchung.

Offen ist noch der seit langem gehegte Wunsch der RAF-Häftlinge, sich zu bewaffnen. Baader, Ensslin und Raspe fordern deshalb in einem Kassiber an Volker Speitel, ihnen nunmehr über Rechtsanwalt Müller eine »Knarre« zukommen zu lassen. Hierauf beschafft Speitel illegal eine Selbstladepistole Fegyver nebst Munition. Für den Transport der Waffe entfernt er die Griffschalen und baut die *Pistole* auf die gleiche Weise wie die Minox-Kamera in eine Handakte ein. Dann übergibt er die Akte an Rechtsanwalt Arndt Müller, den er aber nicht über den wahren Inhalt der Akte informiert, sondern behauptet, diese enthalte eine Kochplatte. Wie die Minox-Kamera gelangt die Pistole Fegyver

---

54 Durch Urteil des OLG Stuttgart vom 31.1.1980 werden die beiden Rechtsanwälte wegen Unterstützung der RAF verurteilt, und zwar Arndt Müller zu einer Freiheitsstrafe von 4 Jahren und 8 Monaten und Armin Newerla zu einer Freiheitsstrafe von 3 Jahren und 6 Monaten; gegen beide wird außerdem ein Berufsverbot von 5 Jahren verhängt.

auf dem Weg über das Prozessgebäude zu den inhaftierten RAF-Angehörigen im 7. Stock des Stammheimer Gefängnisses.

7. Die Festnahme von Haag und Mayer

Im Herbst 1976 sind die Illegalen der RAF um Rechtsanwalt Siegfried Haag von ihrem Campaufenthalt bei Aden zurück und wollen ihre Anschlagspläne – vor allem die große Aktion »big raushole«, die die Befreiung von inhaftierten Gesinnungsgenossen bringen soll – in die Tat umsetzen. Dazu findet noch ein Treffen aller Gruppenmitglieder im Harz statt. Dann aber werden Siegfried Haag und Roland Mayer am *30. November 1976* verhaftet.

An diesem Tag sind Haag und Mayer gegen 11 Uhr mit einem wenige Tage zuvor gestohlenen Opel-Admiral auf der Bundesautobahn A 5 von Kassel in Richtung Frankfurt/Main unterwegs, als sie von den Besatzungen eines Streifenwagens und eines Zivilfahrzeugs der Autobahnpolizei zum Anhalten aufgefordert werden. Die beiden RAF-Männer sind schwer bewaffnet: Haag trägt eine durchgeladene Pistole SIG, zu der er 39 Schuss Munition dabei hat. Auch Mayer hat eine schussbereite Pistole Colt's Combat Commander mit insgesamt 58 Schuss dazugehörender Munition am Mann. Außerdem haben die beiden eine Langwaffe Enforcer und insgesamt 188 Schuss Munition für diese Waffe im Fahrzeug. Mayer – der Fahrer – versucht noch, den vorausfahrenden Streifenwagen zu überholen, um der Kontrolle zu entgehen, scheitert damit aber. Nachdem alle drei Fahrzeuge angehalten haben, treten die vier Polizeibeamten mit gezogenen Pistolen an den Opel-Admiral heran, worauf sich Haag und Mayer widerstandslos festnehmen lassen.[55]

Bei den Festgenommenen finden die Ermittlungsbehörden nicht nur die erwähnten Waffen, sondern auch gefälschte und verfälschte Ausweispapiere, geraubtes Geld und zahlreiche Aufzeichnungen. Aus den schriftlichen Unterlagen ergibt sich, dass der Gruppe mindestens elf Mitglieder angehören, die unter den Tarnbezeichnungen Michael (= Roland Mayer), Egon (= Siegfried Haag), Inge (= Waltraud Boock), Bodo (= Günter Sonnenberg), Ede (= Christian Klar), Hans (= Stefan Wisniewski), Tim (= Peter-Jürgen Boock), Karl (= Rolf Heißler), Olga (= Sieglinde Hofmann), Paula (= Verena Becker) und Anton (= Rolf Klemens Wagner) geführt werden.[56]

```
I. Situation hier
   Aktionen - Beziehungen
   Kritik -

II. Margarine
    Planung - Personaldebatte
    Rückzug (Wer wohin?)

III: Verhältnis u. Weiterarbeit zu + mit
     Sympis
              ↑
              ↓
IV. Perspektive nach Margarine
    Big Money (Vorbereitung schon jetzt)
    Big Raushol - Rache!

V. Verhältnis u. Zusammenarbeit
   mit Bündnispartnern
   P's
   ML
   2.6.
```

Den Aufzeichnungen ist vor allem zu entnehmen, dass die Gruppe an Aktionen mit den erwähnten Tarnbezeichnungen »margarine«, »big money«, »rache« und »big raushole« arbeitet. So ist aus den gefundenen Papieren zu folgern, dass

---

55 Haag und Mayer werden durch Urteil des OLG Stuttgart vom 11.7.1979 u.a. wegen Beteiligung an einer terroristischen Vereinigung als Rädelsführer verurteilt – Haag zu einer Freiheitsstrafe von 14 Jahren und Roland Mayer zu einer Freiheitsstrafe von 12 Jahren. Durch ein weiteres Urteil des OLG Stuttgart vom 19.12.1979 wird Haag u.a. wegen seiner Beteiligung am Stockholm-Attentat zu einer Freiheitsstrafe von 15 Jahren verurteilt.
56 Vgl. Michael Sontheimer aaO, S. 81.

die RAF im Großbereich Nordschwarzwald eine Kommandoaktion mit der Tarnbezeichnung »margarine« plant und dieser Anschlag in den nächsten Tagen verübt werden soll. Aus den Unterlagen ergibt sich nämlich, dass der genaue Ablauf der Aktion am 3. Dezember 1976 festgelegt werden soll und die Gruppe sich nach der Aktion am 7. Dezember 1976 in einer bestimmten Gaststätte treffen will. Obwohl den Ermittlungsbehörden weder in Bezug auf »margarine« noch in Bezug auf die anderen Tarnbezeichnungen eine Zuordnung zu konkreten Anschlagszielen gelingt, hat die Festnahme von Haag und Mayer zur Folge, dass die geplanten Attentate vorläufig auf Eis gelegt werden.

8. Weitere Gesetze und die Abhöraktionen in Stammheim

Der ungehinderte *»Verkehr mit dem Verteidiger«* (§ 148 StPO) gehört zu den Grundregeln unserer Rechtsordnung. Deshalb darf weder der mündliche noch der schriftliche Kontakt zwischen dem Beschuldigten und seinem Verteidiger überwacht werden. Dementsprechend ist auch die Kontrolle von Verteidigungsunterlagen grundsätzlich verboten. Außerdem ist eine Telefonüberwachung bei solchen Verteidigergesprächen unzulässig.

Dies hat umgekehrt zu Folge, dass die Rechtspflege darauf vertrauen darf und muss, dass der Verteidiger die ihm eingeräumten Rechte nicht missbraucht. Im Laufe des Baader-Meinhof-Verfahrens wird deutlich, dass manche Verteidiger sich an diesen Ehrenkodex nicht halten – etwa indem sie das illegale Informationssystem der RAF betreiben und so die terroristische Vereinigung unterstützen; solche Verteidiger sind deshalb vom Prozess ausgeschlossen worden.

Weitere Gesetze

Außerdem hat der Gesetzgeber mit dem »Anti-Terror-Gesetz« zum *18. August 1976* nicht nur die neue Strafvorschrift des § 129 a Strafgesetzbuch (Bildung und/oder Mitgliedschaft in einer terroristischen Vereinigung) eingeführt, sondern auch eine Regelung (§ 148 a StPO), die vorschreibt, dass bei Terrorismus-Häftlingen die Verteidigerpost von einem *»Lese-Richter«* zu kontrollieren ist, der mit dem eigentlichen Strafverfahren nicht befasst ist. Damit soll verhindert werden, dass durch Verteidiger über die Anwaltspost Kassiber transportiert werden. Hierdurch wird aber nicht verhindert, dass Rechtsanwälte bei sogenannten Verteidigerbesuchen Gegenstände in das Gefängnis schmuggeln.

> **Der „Terror-Paragraf" 129 a StGB**
>
> Manche behaupten, mit dieser Vorschrift seien Unterstützer und Angehörige der RAF sowie anderer terroristischer Gruppierungen „kriminalisiert", ihr Verhalten also erstmals unter Strafe gestellt worden. Andere meinen, aufgrund dieser Gesetzesregelung seien die RAF-Mitglieder strafrechtlich für alle Straftaten der Vereinigung verantwortlich gemacht worden, die während der jeweiligen Gruppenzugehörigkeit von der RAF verübt worden waren.
>
> Beides trifft nicht zu. Zum einen war das Verhalten, das über § 129 a StGB unter Strafe gestellt ist, bereits zuvor gemäß § 129 StGB strafbar. Zum anderen wurde die strafrechtliche Verantwortlichkeit der RAF-Mitglieder für die einzelnen Attentate der Gruppe nicht im Sinne einer Kollektivschuld über § 129 a StGB, sondern ausschließlich nach den allgemein gültigen Regeln der Tatbeteiligung (§§ 25 ff. StGB) beurteilt. Richtig ist allein, dass durch die Neuregelung des § 129 a StGB der Strafrahmen erhöht wurde und gleichzeitig zusätzliche Ermittlungsmaßnahmen (z.B. Telefonüberwachungen) ermöglicht wurden.

Abhöraktionen in Stammheim

Am 17. März 1977 wird während des »Stammheim-Prozesses« bekannt, dass in der Justizvollzugsanstalt Stuttgart-Stammheim zwei Mal *Verteidigergespräche abgehört* wurden, und zwar vom 25. April 1975 bis 9. Mai 1975 (unmittelbar nach dem Überfall auf die deutsche Botschaft in Stockholm) und vom 6. Dezember 1976 bis 31. Januar 1977 (nach der Verhaftung von Siegfried Haag und Roland Mayer). Die zuständigen Minister von Baden-Württemberg – Innenminister Karl Schiess und Justizminister Traugott Bender – begründen beide Abhöraktionen damit, es habe jeweils ein dringender Verdacht bestanden, dass Geiselnahmen in einem Kindergarten und andere schwere Verbrechen von den in Stammheim inhaftierten RAF-Gefangenen geplant seien und alsbald in die Tat umgesetzt werden sollten. In Bezug auf beide Fälle berufen sich die Minister auf § 34 Strafgesetzbuch. Diese Regelung ist mit »Rechtfertigender Notstand« überschrieben und hat im Wesentlichen folgenden Wortlaut:

> »Wer in einer gegenwärtigen, nicht anders abwendbaren Gefahr für Leben, Leib ... oder ein anderes Rechtsgut eine Tat begeht, um die Gefahr von sich oder einem anderen abzuwenden, handelt nicht rechtswidrig, wenn bei Abwägung der widerstreitenden Interessen ... das geschützte Interesse das beeinträchtigte wesentlich übersteigt.«

Das Ermittlungsverfahren der Staatsanwaltschaft Stuttgart gegen die beiden Minister wird am 7.11.1977 eingestellt: [57]

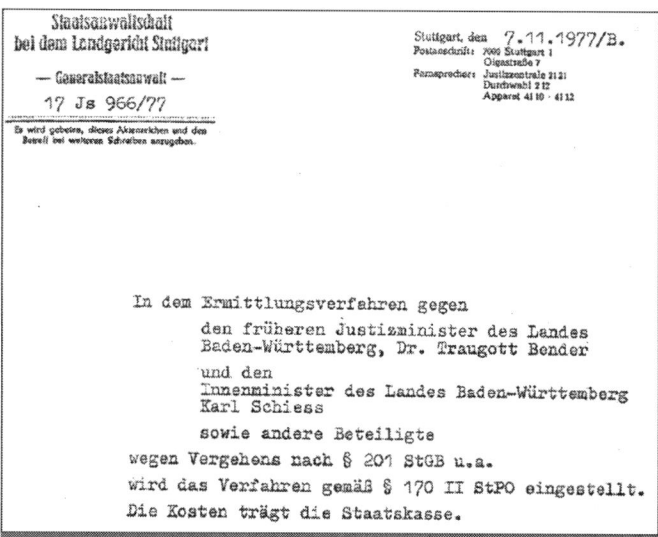

9. Die Schießerei bei Riehen

Am *5. Januar 1977* kommt es in der Nähe von Riehen in der Schweiz zu einer Schießerei. An diesem Tag überschreiten die RAF-Mitglieder *Christian Klar* und *Günter Sonnenberg* bei Dunkelheit von Weil am Rhein kommend heimlich die deutsch-schweizerische Grenze. Auf Schweizer Hoheitsgebiet werden die beiden in Riehen von dem schweizerischen Grenzbeamten Urs Bettschart gestellt. Bei der Kontrolle legen Klar und Sonnenberg gefälschte Ausweispapiere vor. Als der Grenzbeamte die beiden auffordert, wegen einer näheren Kontrolle zur nahegelegenen Zolldienststelle mitzukommen, zieht Klar seine Pistole Colt[58] und schießt mindestens fünf Mal auf Bettschart, um einer eventuellen Festnahme zu entgehen. Urs Bettschart wird drei Mal getroffen, aber nicht lebensgefährlich verletzt. Klar und Sonnenberg gelingt es, zu Fuß vom Tatort zu flüchten.[59]

---

57 Die hiergegen gerichteten Beschwerden werden durch Beschluss der Generalstaatsanwaltschaft Stuttgart vom 29.9.1978 als unbegründet zurückgewiesen und ein Klageerzwingungsantrag wird durch Beschluss des OLG Stuttgart vom 8.2.1979 verworfen.
58 Die Pistole wird am 21.1.1978 bei der Festnahme von Christine Kuby sichergestellt.
59 U.a. wegen dieser Tat wird Christian Klar durch Urteil des OLG Stuttgart vom 2.4.1985 zu einer lebenslangen Freiheitsstrafe verurteilt.

Dann startet die RAF die Vorbereitungen für die Anschlagsserie, die sie selbst als »Offensive 77« bezeichnet.

V. Die »Offensive 77«

Ende 1976 kommt es in einem kleinen Küstenort in den Niederlanden erneut zu einem Gesamttreffen aller im Untergrund lebenden RAF-Mitglieder. Man ist sich einig, dass die bei der Verhaftung von Siegfried Haag und Roland Mayer sichergestellten Unterlagen so gut verschlüsselt waren, dass die ins Auge gefassten Aktionen - insbesondere der Mordanschlag auf Generalbundesanwalt Buback - nicht gefährdet seien. Die geplanten Attentate sollen deshalb möglichst bald durchgeführt werden.

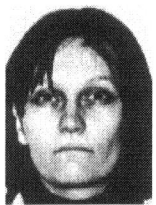

Anfang 1977 verbüßt die RAF-Angehörige *Brigitte Mohnhaupt* in der Justizvollzugsanstalt Stuttgart-Stammheim einen Teil der gegen sie verhängten Freiheitsstrafe.[60] Im 7. Stock des Stammheimer Gefängnisses hat sie seit 3. Juni 1976 täglich vier Stunden »Umschluss« ‾ das heißt: freien Kontakt – mit den dort einsitzenden Rädelsführern der RAF, nämlich Andreas Baader, Gudrun Ensslin und Jan-Carl Raspe.

Da klar ist, dass die *Haftentlassung Mohnhaupts* alsbald ansteht, wird sie von ihren inhaftierten Genossen systematisch auf die Aufgaben vorbereitet, die sie nach ihrer Freilassung übernehmen soll. Dabei geht es in erster Linie darum, den Kontakt zwischen den inhaftierten und den im Untergrund lebenden RAF-Mitgliedern zu verbessern; die Illegalen sollen vor allem dazu gebracht werden, die von der Haag-Mayer-Bande ins Auge gefassten Aktionen – insbesondere die »big raushole« – in die Tat umzusetzen.

Als Mohnhaupt am *8. Februar 1977* entlassen wird, begibt sie sich sofort in das Anwaltsbüro Croissant-Newerla-Müller, um das »Stuttgarter Büro« so zu organisieren, dass es als wirksame Verbindungsstelle zwischen den Häftlingen und den Illegalen tauglich ist.

---

60 Sie war am 9. Juni 1972 verhaftet und dann durch zwei Urteile des Landgerichts Berlin u.a. wegen Beteiligung an einer kriminellen Vereinigung, unerlaubtem Waffenbesitz und Körperverletzung zu einer Gesamtfreiheitsstrafe von 4 Jahren und 8 Monaten verurteilt worden.

1. Das Schmuggeln von Waffen und Sprengstoff

Zu ihren ersten Aufgaben zählt, den in der Vollzugsanstalt Stuttgart-Stammheim inhaftierten Mitgliedern – den »Stammheimern« – Waffen zu beschaffen. Sie vertraut dem Kurier Volker Speitel an, dass »zwei Knarren und Sprengstoff« in den 7. Stock nach Stammheim gebracht werden müssen; sie erklärt ihm, dass sie sich in der Illegalität um diese Angelegenheit kümmern und dafür sorgen werde, dass er »das Zeug« zum Weitertransport erhalte.

Im *März 1977* beschaffen RAF-Mitglieder, unter ihnen Brigitte Mohnhaupt und Peter-Jürgen Boock, zwei Faustfeuerwaffen samt Munition, die in das Gefängnis in Stammheim geschmuggelt werden sollen. Bei den beiden Waffen handelt es sich
– um eine Selbstladepistole Heckler & Koch HK 4 sowie
– um einen Revolver Colt Detective Special.

Volker Speitel macht bei der Pistole erneut die Griffschalen ab und baut beide Waffen nebst Zubehör – wie schon die Fegyver-Pistole – jeweils in eine Handakte ein. Dann übergibt er in zeitlichen Abständen je eine dieser Handakten an Rechtsanwalt Müller, der sie bei seinen zahlreichen Besuchen in das Prozessgebäude in Stammheim schmuggelt und an Gudrun Ensslin aushändigt. Von dort gelangen die Akten samt Waffen – wie gehabt – in den 7. Stock des nahegelegenen Gefängnisses, wo sie von den RAF-Häftlingen in ihren Zellen versteckt werden.

Anschließend lässt Volker Speitel durch Arndt Müller auch *Sprengstoff* zu den RAF-Gefangenen in Stammheim bringen. Es handelt sich um knetartige Sprengstoffstangen, die etwa 18-20 cm lang und 3 cm dick sind. Insgesamt gelangen 6 solcher Stangen in den 7. Stock, wo sie von den RAF-Häftlingen in den Zellen 721 und 723 hinter den Sockelleisten versteckt werden. Arndt Müller wird zwar im Einzelnen nicht über das jeweilige Schmuggelgut informiert; er hält es aber für möglich, dass er bei den Transportvorgängen Waffen bzw. Sprengstoff schmuggelt, und ist damit einverstanden.[61] Die »Stammheimer« sind somit ab Frühjahr 1977 nicht nur im Besitz von ca. 650 g Sprengstoff, sondern auch von drei Pistolen:
– *Raspe* hat die Selbstladepistole Heckler & Koch HK 4 und
– *Baader* die Selbstladepistole Fegyver;
– die dritte Waffe – den Revolver Colt Detective Special – verstecken sie in der Zelle 723, die zeitweise von Helmut *Pohl* belegt ist.

---

61 Die Waffen- und Sprengstofftransporte sind Gegenstand des Urteils des OLG Stuttgart vom 31.1.1980, durch welches Arndt Müller zu einer Freiheitsstrafe von 4 Jahren und 8 Monaten verurteilt wird.

Mit diesen Waffen wollen die Häftlinge – wie sie den Illegalen androhen – notfalls ihr Schicksal selbst in die Hand nehmen, falls von den Komplizen keine Hilfe im Sinne einer Befreiungsaktion kommen sollte. Für die Illegalen ist klar, dass mit dieser Drohung zweierlei gemeint ist:

Einerseits eine *Selbstbefreiung*; so gibt es bei den Inhaftierten Überlegungen, Generalbundesanwalt Buback während einer Zeugenvernehmung im Stammheimer Prozess zu kidnappen und so den Weg aus der Haft zu erzwingen. Andererseits eine *Selbsttötung*, falls die Aktion »big raushole« scheitern sollte.

Dann starten die Illegalen ihre »Offensive 77«. Zunächst verwirklichen sie ihren Aktionsplan *»margarine«*.

2. Der Mord an Siegfried Buback und seinen Begleitern

Am Morgen des *7. April 1977* verübt ein Täterkommando, dem mehrere RAF-Mitglieder – unter ihnen Knut Folkerts, Christian Klar und Brigitte Mohnhaupt – angehören, einen Mordanschlag auf den amtierenden Generalbundesanwalt *Siegfried Buback*. In Buback, dem Leiter der für die Verfolgung terroristischer Straftaten zuständigen Bundesanwaltschaft, sieht die RAF den Hauptverantwortlichen für die Inhaftierung ihrer Genossen und für deren Haftbedingungen, die sie propagandistisch als »Isolationsfolter« bezeichnet.

Das Attentat

Am Tattag, gegen 9 Uhr, lauern zwei Kommandomitglieder[62] an der Linkenheimer Landstraße in *Karlsruhe* dem Generalbundesanwalt auf, der diese Stelle üblicherweise mit seinem Dienstwagen auf der Fahrt von seiner Wohnung zum Dienstgebäude der Bundesanwaltschaft passiert. Die Täter sind als harmlose Motorradfahrer getarnt und benutzen ein von Günter Sonnenberg angemietetes Motorrad Suzuki GS 750, das sie mit falschen Kennzeichen versehen haben.

Kurz nach 9 Uhr nähert sich der von *Wolfgang Göbel* gesteuerte – ungepanzerte – Dienstwagen des Generalbundesanwalts auf der Linkenheimer Landstraße. *Siegfried Buback* sitzt auf dem Beifahrersitz, der ihn begleitende Leiter der Fahrbereitschaft der Bundesanwaltschaft, Erster Justizhauptwachtmeister *Georg Wurster*, hinten rechts. Als Göbel wegen Rotlichts an der Abzweigung

---

62 Wer die beiden Attentäter sind, ist bislang nicht bekannt. Zwar erklärt der RAF-Angehörige Peter-Jürgen Boock im Jahr 2007 (vgl. S. 302), dass nach seiner Einschätzung Günter Sonnenberg das Motorrad gesteuert habe und Stefan Wisniewski der Soziusfahrer gewesen sei, dass er dies aber nur als Zeuge vom Hörensagen wisse.

zur Moltkestraße anhalten muss, fahren die Kommandomitglieder mit ihrer Suzuki von hinten rechts neben das Dienstfahrzeug. In dem Moment, als die Ampel auf gelb springt, zieht der Soziusfahrer ein bis dahin verstecktes Selbstladegewehr Heckler & Koch 43 und gibt damit mindestens 15 Schüsse auf die Insassen des gerade anfahrenden Dienstwagens ab.

Nach den Schüssen überzeugen sich die Attentäter davon, dass ihr Anschlag gelungen ist: sie fahren mit ihrem Motorrad neben dem langsam ausrollenden Dienstwagen her, vergewissern sich durch einen Blick in das Fahrzeuginnere, dass alle Insassen getroffen sind, und flüchten dann vom Tatort. An der Autobahnbrücke Wolfahrtsweier verstecken sie das Tatfahrzeug und ihre Sturzhelme in der Kammer eines Brückenpfeilers und steigen in ein zusätzliches Fluchtfahrzeug – einen Pkw Alfa Romeo – um, der von einem weiteren Kommandomitglied gesteuert wird.

Die meisten der von den Attentätern abgegebenen Schüsse haben Generalbundesanwalt Buback getroffen; auch sein Fahrer Göbel ist von mehreren Geschossen verletzt worden, Georg Wurster von zwei Schüssen. Als die Sicherheitskräfte am Tatort eintreffen, sind Siegfried Buback (57 Jahre) und Wolfgang Göbel (30 Jahre) bereits tot. Georg Wurster (33 Jahre) erliegt seinen schweren Verletzungen am 13. April 1977.

Für den Anschlag auf Generalbundesanwalt Buback übernimmt die RAF am 13. April 1977 in einem Bekennerschreiben, das mit »Kommando Ulrike Meinhof« unterzeichnet ist, die Verantwortung. In dem vierseitigen Schreiben, dem als Beleg für die Täterschaft der RAF[63] eine Kopie des Mietvertrags für das Tatmotorrad beigefügt ist, wird das Attentat als »Hinrichtung des Generalbundesanwalts« bezeichnet, der für die »Ermordung von Ulrike Meinhof, Siegfried Hausner und Holger Meins direkt verantwortlich« sei. Die Zielsetzung des Buback-Attentats wird vor allem aus folgender Passage der Tatbekennung deutlich:

> »wir werden verhindern, dass die bundesanwaltschaft den vierten kollektiven hungerstreik der gefangenen um die minimalen menschenrechte benutzt, um andreas, gudrun und jan zu ermorden wie es die psychologische kriegsführung seit ulrikes tod offen propagiert.«

Der Mescalero-Artikel

Aufsehen erregt kurz darauf ein sogenannter Mescalero-Artikel, der unter der Überschrift »BUBACK – EIN NACHRUF« in der Göttinger Studentenzeitung publiziert wird. In diesem Papier, das mit »Ein Göttinger Mescalero« unter-

---

63 Wegen mittäterschaftlicher Beteiligung an dem Buback-Attentat werden Folkerts, Klar und Mohnhaupt jeweils zu lebenslanger Freiheitsstrafe verurteilt. Verena Becker steht momentan wegen des Verdachts, Mittäterin dieses Attentats gewesen zu sein, vor Gericht.

schrieben ist, erteilt der Verfasser zwar der Anwendung von Gewalt eine Absage, führt aber in Bezug auf den Mord an Siegfried Buback folgendes aus:

> »Meine unmittelbare Reaktion, meine ‚Betroffenheit' nach dem Abschuß von Buback ist schnell geschildert: ich konnte und wollte (und will) eine klammheimliche Freude nicht verhehlen... Ehrlich, ich bedauere es ein wenig, dass wir dieses Gesicht nun nicht mehr in das kleine rot-schwarze Verbrecheralbum aufnehmen können, das wir nach der Revolution herausgeben werden..«.

Nach den Tatverdächtigen des Buback-Attentats - den RAF-Mitgliedern Günter Sonnenberg, Christian Klar und Knut Folkerts - wird mit diesem Plakat gefahndet, das auch die bei dem Anschlag benutzten Fahrzeuge zeigt:

3. Das Stammheim-Urteil

Drei Wochen nach dem Buback-Attentat geht der aufsehenerregende »Stammheim-Prozess« gegen die inhaftierten Köpfe der RAF nach einer Verhandlungsdauer von knapp zwei Jahren und 142 Sitzungstagen zu Ende. Am *28. April 1977* verurteilt das Oberlandesgericht Stuttgart die Angeklagten Baader, Ensslin und Raspe wegen mehrfachen vollendeten und versuchten Mordes, Herbeiführens von Sprengstoffexplosionen und Beteiligung an einer kriminellen Vereinigung als Mitglied jeweils zu lebenslanger Freiheitsstrafe. Gegen das Urteil legen die Angeklagten Revision ein.

4. *Die Schießerei bei Singen*

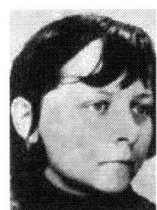

Am späten Abend des *2. Mai 1977* fahren die RAF-Angehörigen Verena Becker und Günter Sonnenberg mit dem Zug vom Hauptbahnhof Essen nach Singen am Hohentwiel, wo sie am 3. Mai früh morgens ankommen. Ihr Ziel ist es, etwa 10 km von Singen entfernt illegal die sogenannte Grüne Grenze in die Schweiz zu passieren. Beide werden mit Haftbefehl gesucht: Becker (die am 3. März 1975 mit weiteren vier Gefangenen im Rahmen der Lorenz-Entführung freigepresst und in den Süd-Jemen ausgeflogen wurde) zur weiteren Strafvollstreckung und Sonnenberg wegen Verdachts der Mitgliedschaft in der RAF.

Beide haben mehrere Waffen, größere Mengen Munition und falsche Ausweispapiere bei sich. So führt Sonnenberg neben seiner persönlichen Waffe – einer Pistole Smith & Wesson – in einem Rucksack noch ein Selbstladegewehr Heckler & Koch sowie eine Pistole Star mit sich. Mit dem Selbstladegewehr sind am 7. April 1977 Generalbundesanwalt Buback und seine Begleiter Göbel und Wurster erschossen worden.[64] Bei der Munition, die Sonnenberg bei sich hat, handelt es sich zum überwiegenden Teil um Hohlspitzgeschosse. Becker führt einen Revolver Colt Detective Special sowie einen Revolver Smith & Wesson griffbereit mit sich; außerdem hat sie in ihrer Umhängetasche eine durchgeladene Pistole FN.

Gegen 8.30 Uhr betreten Becker und Sonnenberg ein in Singen gelegenes Café. Während sie dort frühstücken, kommen weitere Gäste in das Lokal. Eine Besucherin hat den Eindruck, die beiden bereits auf Fahndungsplakaten gesehen zu haben, die nach dem Buback-Attentat veröffentlicht wurden. Sie geht deshalb auf der Stelle zum nur 80 m entfernt liegenden Polizeirevier, um ihren Verdacht zu melden. Dort werden ihr weitere Fahndungsfotos vorgelegt, wo-

---

64 Das bloße Mitsichführen der Tatwaffe begründet nach Ansicht der Strafverfolgungsbehörden nicht den für eine Anklageerhebung erforderlichen hinreichenden Verdacht, Becker und Sonnenberg seien am Buback-Attentat beteiligt gewesen..

nach sie vermutet, dass es sich bei dem Pärchen möglicherweise um die gesuchten Knut Folkerts und Juliane Plambeck handelt. Daraufhin werden die beiden Polizeihauptwachtmeister Jacobs und Seliger beauftragt, die Personalien der beiden Verdächtigen zu überprüfen.

Ca. 9 Uhr kommen Jacobs und Seliger in das Café und verlangen von dem ihnen unbekannten Pärchen die Personalausweise. Hierauf tun die beiden so, als ob sie in ihren Taschen nach den gewünschten Ausweispapieren suchen würden, und erklären dann, die Papiere müssten sich in ihrem Auto befinden. Damit wollen sie erreichen, nicht innerhalb des Cafés überprüft oder durchsucht zu werden. Wie erwartet, werden sie von den Polizeibeamten aufgefordert, zu ihrem Fahrzeug mitzukommen. Auf dem Weg zu dem behaupteten Standort entsichert Polizeihauptwachtmeister Jacobs seine Dienstwaffe, da ihm die Frau überaus nervös vorkommt. Als die vier bereits ca. 500 Meter von dem Café entfernt sind, geht Sonnenberg auf einen roten Audi 50 zu, den er als sein Fahrzeug bezeichnet. Während ihm der Polizeibeamte Seliger im Abstand von 3 bis 4 m folgt, bleiben Verena Becker und Polizeihauptwachtmeister Jacobs auf der anderen Straßenseite stehen. In diesem Moment zieht Verena Becker ihren Revolver und schießt sofort aus 2 bis 3 m Entfernung auf Jacobs, der vom ersten Schuss in den rechten Arm getroffen wird und mit einem Aufschrei niederstürzt. Becker gibt in dieser Situation noch einen zweiten Schuss auf Jacobs ab, der jedoch nicht trifft. Als Jacobs bewegungslos am Boden liegt, schießt sie nochmals aus einer Entfernung von ca. 1 m auf ihn; dieser Schuss beschädigt die Uniformjacke des Beamten und darin befindliche Gegenstände, verletzt Jacobs aber nur leicht. Als Polizeihauptwachtmeister Seliger die ersten Schüsse hört, sieht er, dass auch Sonnenberg eine Pistole gezogen hat und nun ebenfalls anfängt zu schießen. Der erste Schuss trifft Seliger in die rechte Hand, weshalb er rückwärts stolpernd zu Boden geht. Sonnenberg folgt ihm und gibt aus kurzer Entfernung weiterhin Schüsse ab, bis sein Magazin leer ist. Von den insgesamt neun Kugeln wird Seliger sechs Mal getroffen.

Dann flüchten Becker und Sonnenberg vom Tatort. Auf ihrer Flucht bringen sie einen Opel Ascona gewaltsam in ihren Besitz. Anschließend kommt es zu einer Verfolgungsjagd durch Singen, an der zwei Streifenwagen mit mehreren Polizeibeamten beteiligt sind. Schließlich versuchen die beiden RAF-Mitglieder, zu Fuß zu entkommen. An einem Feldweg außerhalb Singens kommt es schließlich zu einem Schusswechsel. Dabei wird Günter Sonnenberg von einem Schuss aus 40 m Entfernung in den rechten Hinterkopf getroffen und schwer verletzt. Als ein Beamter in dem Opel Ascona das Selbstladegewehr findet, gibt er damit aus 80 m Entfernung einen gezielten Schuss auf *Verena Becker* ab und trifft sie in den linken Unterschenkel. Jetzt können die beiden RAF-Angehörigen festgenommen werden.[65]

Polizeihauptwachtmeister *Jacobs* muss wegen der erlittenen Schussverletzung stationär behandelt werden und ist längere Zeit dienstunfähig. Sein Kollege *Seliger* ist erheblich schwerer verletzt: ihm müssen zwei Fingerglieder amputiert werden; außerdem bleibt eine dauernde Erwerbsminderung bestehen.

Günter Sonnenberg wird aufgrund seiner schweren Kopfverletzung auf die Intensivstation des Städtischen Krankenhauses Singen gebracht und sofort operiert. Dabei wird festgestellt, dass das Geschoss die Gehirnarterie getroffen und eine lebensgefährliche Blutung verursacht hat. Durch die Operation kann zwar sein Leben gerettet werden; aufgrund der Hirnverletzungen leidet Sonnenberg aber lange unter erheblichen Störungen, Desorientierungen und Leistungsschwankungen.

5. *Der Mord an Jürgen Ponto*

In dieser Zeit arbeitet die RAF vor allem an ihrem wichtigsten Ziel – der Aktion »*big raushole*«, die der Befreiung der »inhaftierten Genossen«, insbesondere der in Stammheim einsitzenden Anführer Baader, Ensslin und Raspe dienen soll.

Die Gruppe ist sich einig, dass die Freilassung der Gefangenen durch die Geiselnahme von bedeutenden Persönlichkeiten erzwungen werden soll. Da man der Ansicht ist, dass die Entführung einer einzelnen Person eventuell nicht ausreicht, um die Freipressung der Häftlinge zu erzwingen, soll eine zweite Person in einem zeitlich kurzen Abstand entführt werden. Die beiden Aktionen sollen Schlag auf Schlag erfolgen, um die Fahndungsmaßnahmen zu erschweren. Aus der Reihe potentieller Entführungsopfer, unter denen sich auch Bundeskanzler Helmut Schmidt befindet, wählt die RAF letztlich folgende zwei Personen aus:
- den Vorstandssprecher der Dresdner Bank, *Jürgen Ponto*,
und
- den Präsidenten der Bundesvereinigung der Deutschen Arbeitgeberverbände und des Bundesverbandes der Deutschen Industrie, *Dr. Hanns-Martin Schleyer*.

---

65 Verena Becker und Günter Sonnenberg werden durch Urteile des OLG Stuttgart vom 28.12.1977 bzw. 26.4.1978 jeweils zu einer lebenslangen Freiheitsstrafe verurteilt.

Die Tatvorbereitungen

Bereits im Frühjahr 1977 informieren sich RAF-Angehörige sorgfältig über die Person und die beruflichen Funktionen der ins Auge gefassten Entführungsopfer. Am 26. April 1977 nimmt Willy-Peter Stoll im Weltwirtschaftsarchiv in Hamburg Einsicht in die Personenakte »Schleyer«. Am 6. und 7. Juli 1977 sucht er zusammen mit Knut Folkerts das Weltwirtschaftsarchiv erneut auf und leiht sich die Personenakten »Ponto« und »Schleyer« aus.

Bei der Beschaffung von Informationen macht die RAF eine Entdeckung, die für den weiteren Verlauf des geplanten Attentats auf Jürgen Ponto von erheblicher Bedeutung ist: es stellt sich nämlich heraus, dass *Susanne Albrecht*, die der RAF-Unterstützerszene in Hamburg angehört, gute Kontakte zur Familie Ponto hat. Albrechts Vater und Jürgen Ponto sind Studienfreunde und haben seither enge persönliche Kontakte; bei-  spielsweise ist Jürgen Ponto der Pate von Albrechts jüngster Tochter und Susanne Albrecht pflegt ihn sogar mit »Onkel Jürgen« anzusprechen. Die Gruppe entschließt sich deshalb, Susanne Albrecht in den Kreis der Illegalen aufzunehmen und sie bei der geplanten Entführung Pontos als »Türöffner« einzusetzen – sie soll dem Täterkommando den Zutritt in die Villa der Familie Ponto, Oberhöchstadter Straße 69 in Oberursel/Taunus, verschaffen. Aus diesem Grund kommt es im Frühjahr zu mehreren Treffen zwischen Susanne Albrecht und im Untergrund lebenden RAF-Mitgliedern. Ihr wird deutlich gemacht, dass Ponto auf alle Fälle entführt wird – notfalls in »brutaler Art und Weise auf der Straße«. Hierauf beschließt Susanne Albrecht, in den illegalen Untergrund zu gehen und Mitglied der RAF zu werden; sie übernimmt auch den Auftrag, den Kontakt zur Familie Ponto zu intensivieren. Dementsprechend übernachtet sie kurz nach Pfingsten 1977 im Hause Ponto und macht dort auch am 20. Juli einen Besuch, um sich beiläufig nach Alarmanlagen, Hauspersonal und Hunden im Gebäude zu erkundigen.

Im Juni stiehlt die RAF für die geplante Entführung zwei Fahrzeuge, nämlich einen Pkw Ford-Granada sowie einen VW-Bus, den der Bandenangehörige Boock als »Entführungswagen« herrichtet; für den beabsichtigten Transport Pontos baut er die hinteren Sitzbänke aus und deckt sämtliche Fenster des Laderaums von innen mit Stoff gegen eine Einsichtnahme von außen ab. Außerdem mietet die RAF mindestens zwei Wohnungen an, die der Vorbereitung des geplanten Attentats bzw. als Gefängnis für das Entführungsopfer dienen sollen – darunter die Wohnung Birminghamstraße 93 in Frankfurt/Main.

Der Überfall auf das Waffengeschäft Fischlein

Schließlich will sich die Gruppe Waffen beschaffen, die bei der Aktion »big raushole« zum Einsatz kommen sollen. Zu diesem Zweck sollen die Bandenmitglieder *Willy-Peter Stoll* und *Knut Folkerts* einen Raubüberfall auf das Waffengeschäft Fischlein in Frankfurt/Main verüben.

Am Nachmittag des *1. Juli 1977* suchen Stoll und Folkerts das Waffengeschäft auf und geben vor, Faustfeuerwaffen und Waffenteile kaufen zu wollen. Als der Ladeninhaber Fischlein den Fernschreiber bedient und dabei einem der beiden Männer den Rücken zuwendet, holt dieser einen Hammer hervor und versetzt Fischlein von hinten mindestens fünf Schläge – darunter ein besonders wuchtiger Schlag – gegen den Hinterkopf. Fischlein fällt sofort ohnmächtig zu Boden und bleibt stark blutend liegen. Ein Kunde, der sich zum Zeitpunkt der Schläge im angrenzenden Lagerraum aufhält und in das Ladengeschäft zurückkehrt, wird von den beiden Tätern mit großkalibrigen Schusswaffen bedroht. Auch er erhält mehrere Schläge mit dem Hammer auf den Kopf und erleidet dadurch vier stark blutende Platzwunden, aber keine Schädelverletzungen; er lässt sich zu Boden fallen und stellt sich ohnmächtig. Anschließend rauben Stoll und Folkerts mehrere Gegenstände – darunter 19 großkalibrige Faustfeuerwaffen[66] – und flüchten vom Tatort.[67] Bei ihrer Flucht benützen die Täter einen gelben Doubletten-Pkw Fiat 128, mit dem ein weiteres RAF-Mitglied in Tatortnähe bereit steht.[68]

Der Ladeninhaber Fischlein ist aufgrund der Hammerschläge lebensgefährlich verletzt. Er hat eine Einstanzung des Schädeldachs erlitten, die mit einer Verletzung der harten Hirnhaut und mit dem Austritt von Gehirnmasse verbunden ist. Er muss mehrfach operiert werden. Auf Grund der Hirnschäden leidet er an Depressionen; als Spätfolge kann Epilepsie auftreten.

---

66 Je eine dieser Waffen kommt später bei den Attentaten auf Jürgen Ponto und Hanns-Martin Schleyer zum Einsatz; weitere Waffen aus dem Fischlein-Überfall werden bei den Festnahmen von Folkerts, Heißler, Schulz, Mohnhaupt und Klar sowie in Erddepots der RAF sichergestellt.
67 U.a. wegen seiner Beteiligung an dieser Tat wird Folkerts zu lebenslanger Freiheitsstrafe verurteilt.
68 In diesem, am 17.11.1977 sichergestellten Pkw Fiat werden drei Zigarettenstummel mit DNA-Spuren von Brigitte Mohnhaupt gefunden (siehe Meldung des Nachrichtenmagazins "DER SPIEGEL" vom 23.4.2011).
.

Das Ponto-Attentat

Der letzte Akt für die Vorbereitung der Ponto-Entführung fällt in die Zuständigkeit Susanne Albrechts. Sie soll umgehend einen Besuch im Hause Ponto arrangieren, zumal sie erfährt, dass Jürgen Ponto und seine Ehefrau am Abend des 30. Juli zu einer Südamerikareise aufbrechen wollen. Sie ruft deshalb am frühen Abend des 29. Juli bei der Familie Ponto an und äußert den Wunsch, noch am selben Tag vorbeikommen zu können, um »Onkel Jürgen« vor der bevorstehenden Reise auf Wiedersehen zu sagen. Ein Besuch an diesem Abend kommt jedoch nicht zustande, weshalb man vereinbart, dass Susanne Albrecht am nächsten Tag, gegen 16.30 Uhr, »auf eine Tasse Tee« vorbeikommen soll.

An diesem *30. Juli 1977*, einem Samstag, treffen sich die RAF-Mitglieder Susanne Albrecht, Brigitte Mohnhaupt, Elisabeth von Dyck, Sieglinde Hofmann, Christian Klar und Peter-Jürgen Boock in der konspirativen Wohnung Birminghamstraße 93 in Frankfurt/Main, die nur etwa 16 km von der Ponto-Villa entfernt ist. Diese Gruppenmitglieder sind unmittelbar oder mittelbar in die geplante Entführung eingebunden; das eigentliche Täterkommando soll aus Susanne Albrecht, Brigitte Mohnhaupt, Christian Klar und Peter-Jürgen Boock bestehen, die in der Wohnung außergewöhnlich ordentliche Kleidung anlegen, um für den Zugang zum Hause Ponto einen positiven Eindruck zu machen. Am frühen Nachmittag verlassen die Kommandomitglieder die Wohnung, um sich zur Villa der Familie Ponto zu begeben.

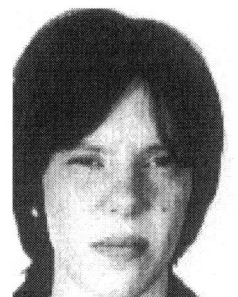 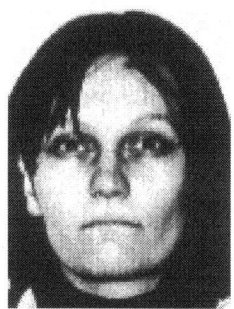 

Albrecht   Mohnhaupt   Klar

Dort ist das Ehepaar Ponto damit beschäftigt, die letzten Reisevorbereitungen zu treffen, als das Täterkommando kurz nach 17 Uhr in dem erwähnten Ford-Granada eintrifft. Während Boock im Fahrzeug sitzen bleibt, begeben sich *Albrecht, Mohnhaupt und Klar* zum Eingangstor, wo Susanne Albrecht gegen 17.10 Uhr klingelt und sich mit den Worten »Hier ist Susanne« meldet. Der Hausverwalter öffnet den Besuchern das elektrische Eingangstor und meldet, dass sich in Begleitung von »Susanne« eine weitere Frau und ein Mann befinden; er öffnet die Haustür, begrüßt Susanne Albrecht, die einen Rosenstrauß bei sich hat, und ihre Begleiter und führt sie ins Arbeitszimmer, wo sie Jürgen Ponto mit einem Handschlag und den Worten »Das ist ja ein großes Komitee« begrüßt und sich für die Rosen bedankt. Dann machen die Attentäter ernst:

Als sie *Jürgen Ponto* klar machen, dass dies eine Entführung ist, wehrt sich dieser mit den Worten »Sie sind wohl wahnsinnig!«. Daraufhin kommt es zu einem Gerangel zwischen Klar, der seine Pistole gezogen hat, und Ponto, dem es gelingt, den Lauf der Waffe wegzudrücken. In dieser kritischen Situation schießt Brigitte Mohnhaupt mit ihrer Faustfeuerwaffe mindestens fünf Mal – teilweise aus nächster Nähe – auf Jürgen Ponto; auch aus Klars Pistole fällt ein Schuss. Ponto wird drei Mal in den Kopf getroffen und je ein Mal in die Brust und in die rechte Hand und fällt vornüber zu Boden. Die Kopfschüsse verursachen schwere Hirnverletzungen, an deren Folgen der 53-jährige gegen 18.30 Uhr verstirbt.

Nach den Schüssen rennen Albrecht, Mohnhaupt und Klar aus dem Haus und durch das Eingangstor des Grundstücks. Gemeinsam mit dem vor dem Gartentor wartenden Boock flüchten sie in dem Ford Granada, mit dem sie zum Tatort gefahren waren. Den VW-Bus, mit welchem sie ihr Entführungsopfer wegbringen wollten, lassen sie ca. 1,8 km vom Tatort entfernt stehen.

Die Tatbekennung

Erst am 14. August 1977 bekennt sich die RAF schriftlich zu dem Attentat auf Jürgen Ponto:

> wir haben in der situation, in der bundesanwaltschaft und
> staatsschutz zum massaker an den gefangenen ausgeholt haben,
> nichts für lange erklärungen übrig.
> zu ponto und den schüssen, die ihn jetzt in oberursel trafen,
> sagen wir, dass uns nicht klar genug war, dass diese typen,
> die in der dritten welt kriege auslösen und völker ausrotten,
> vor der gewalt wenn sie ihnen im eigenen haus gegenübertritt
> fassungslos stehen.
> das staatsschutzgeschmier vom 'big money' ist dreck wie alles,
> was zu der aktion gesagt worden ist.
> es geht natürlich immer zuerst darum, das neue gegen das alte
> zu stellen und das heisst hier : den kampf, für den es keine
> gefängnisse gibt · gegen das universum der kohle, in dem alles
> gefängnis ist.
>
> *Susanne Albrecht*
>
> 14.8.77
>
> aus einem kommando der RAF

In dieser Tatbekennung erwähnt die RAF[69] mit keinem Wort, dass ihr Plan, Jürgen Ponto zu entführen und ihn als Geisel für die Freipressung der inhaftierten Häftlinge zu benutzen, misslungen ist. Intern muss sie aber eingestehen, dass der erste Teil der Aktion »big raushole« gescheitert ist. Was bleibt, ist die Entführung von Hanns-Martin Schleyer.

6. Der versuchte Raketenwerferanschlag

Bereits im Vorfeld der Ponto-Entführung trifft die RAF Vorbereitungen für einen Granatwerferanschlag, den sie auf das Behördengebäude der Bundesanwaltschaft in Karlsruhe verüben will. Auch nach dem Mord an Generalbun-

---

[69] Wegen Beteiligung am Ponto-Attentat werden verurteilt: Sieglinde Hofmann (wegen versuchter Entführung mit Todesfolge) durch Urteil des OLG Frankfurt/Main vom 16.6.1982 zu einer Freiheitsstrafe von 15 Jahren; jeweils durch Urteil des OLG Stuttgart: Boock am 28.11.1986 sowie Mohnhaupt und Klar am 2.4.1985 zu lebenslangen Freiheitsstrafen und Albrecht - als Kronzeugin - am 3.6.1991 zu einer Freiheitsstrafe von 12 Jahren.

desanwalt Buback sind die Vertreter der Bundesanwaltschaft unter dem Aspekt »rache« für die RAF ein bevorzugtes Angriffsziel. Mit der geplanten Aktion, die möglichst viele Staatsanwälte das Leben kosten soll, will die Gruppe vor allem auch staatliche Organe einschüchtern, um dem Ziel der Freilassung der inhaftierten Genossen näherzukommen.

Die Tatvorbereitungen

Peter-Jürgen Boock, der wegen seines handwerklichen Geschicks als »Techniker« der Gruppe gilt, erhält den Auftrag, ein leicht transportierbares Schussgerät in Art einer »Stalinorgel« zu bauen. Ab Juni 1977 beginnen die intensiven Vorbereitungen für die beabsichtigte Aktion. Mehrere Bandenmitglieder kaufen das zur Herstellung des Schussgeräts benötigte Material, insbesondere Metallrohre und Teile für die Befestigung der einzelnen Abschussrohre. Es finden auch Experimente sowie ein Probeschießen statt, um die Tauglichkeit des Geräts zu testen. Nach einem Schuss auf einen Baum ist – so Boock später – von diesem »nichts mehr dagewesen«.

Schließlich ist das *Flächenschussgerät* fertig. Es ist insgesamt 80 x 60 x 70 cm groß und wiegt etwa 150 kg. Die 42 Abschussrohre sind auf einem Gestell aus Spanplatten und Gewindestäben montiert; sie bestehen aus 60 cm langen, verzinkten Stahlrohren, an deren hinteren Ende Verschlussklappen aufgeschraubt sind. Jedes Abschussrohr enthält einen Treibladungseinsatz, der über Zündkabel mit der Zündanlage verbunden ist. Als Zündvorrichtung dient ein Tischwecker, dessen Läutwerk mittels einer zusätzlichen Einrichtung dafür sorgen soll, dass jeweils zwei bzw. drei Treibladungen zeitgleich gezündet werden. So soll gewährleistet sein, dass alle 42 Geschosse innerhalb von 3 Sekunden gezündet werden und nacheinander die Rohre verlassen. Die Geschosse selbst bestehen aus einem Zündkopf, dem eigentlichen Geschosskörper und einem vierflügeligen Leitwerk. Jeder Geschosskörper enthält ca. 25 g eines Pulvergemischs, das beim Aufschlagen am Zielort zur Explosion gebracht werden soll.

Das für den Transport des Schussgeräts erforderliche Auto – einen weißen Renault R4 – kauft ein RAF-Mitglied am 22. August; ein grüner VW Passat, mit dem man nach der Tat fliehen will, wird in der Nacht zum 23. August gestohlen.

Parallel zur Fertigstellung des Flächenschussapparats sind RAF-Mitglieder auf der Suche nach einem geeigneten *Standort* für die Ausführung des Anschlags. Sie entscheiden sich für die Wohnung des Ehepaares Theodor und Helma Sand im zweiten Geschoss des Gebäudes Blumenstraße 9 in Karlsruhe.

Dessen Rückseite liegt genau gegenüber dem nur 18 Meter entfernten Dienstgebäude der Bundesanwaltschaft. Am 17. August ruft eine RAF-Angehörige bei Herrn Sand, einem Kunstmaler, an und gibt vor, über den Kauf eines Bildes sprechen zu wollen. Man einigt sich darauf, dass der Besuch am *25. August 1977* um 10 Uhr stattfinden soll.

Der Anschlag

Zu diesem Zeitpunkt erscheint ein RAF-Paar, das sich mit dem Namen »Ellwanger« vorstellt, in der Wohnung des Ehepaares Sand. Dort findet ein reges Gespräch statt, bei dem über den Auftrag zur Fertigung eines Wandbildes gesprochen wird. Anschließend werden die Gäste durch die Wohnung geführt, um einzelne Bilder anzuschauen. Als sie gegen 12 Uhr im Atelier ankommen, schreiten die beiden RAF-Mitglieder gleichzeitig und für ihre Opfer völlig überraschend zur Tat:

Während das weibliche Mitglied die in einem Sessel sitzende Frau Sand umklammert, wirft der männliche Täter Herrn Sand zu Boden. Anschließend werden die Eheleute mit vorgehaltenen Waffen in das gegenüberliegende Wohnzimmer geführt, wo sie mit Hanfschnüren und Plastikklebestreifen an Sessel gefesselt werden; schließlich wird ihnen noch der Mund mit Klebestreifen zugeklebt.

Nach dem Überfall bringen mehrere RAF-Mitglieder – unter ihnen *Peter-Jürgen Boock* – die Schussanlage, die sie zerlegt und in Einzelteile verpackt in dem Renault R4 zum Tatort gefahren haben, in die Wohnung der Eheleute Sand. Für den anschließenden Aufbau des Flächenschussgeräts braucht Boock mehrere Stunden. Er fixiert das Gerät auf einem im Atelier stehenden Eichentisch, den er an das geöffnete Fenster rückt, so  dass die Abschussrohre auf die gegenüberliegende Gebäudefront der Bundesanwaltschaft zeigen. Zuletzt richtet er die Rohre so aus, dass die Raketen vier Fenster im obersten und fünf des darunter liegenden Stockwerks treffen sollen. Die RAF hat nämlich bei der Vorbereitung der Tat in Erfahrung gebracht, dass in diesen Zimmern vorrangig Staatsanwälte untergebracht sind. Damit das einsatzbereite Schussgerät von außen nicht bemerkt werden kann, deckt Boock es mit Packpapier ab. Die Weckeinrichtung, die die Zündung auslösen soll, stellt er auf 16 Uhr ein, eine Zeit, zu der die Staatsanwälte üblicherweise an ihren Schreibtischen arbeiten.

Gegen 15.30 Uhr verlassen die RAF-Mitglieder die Wohnung Sand, wobei sie vier Schlüssel mitnehmen, und flüchten mit dem erwähnten VW Passat, den sie am Karlsruher Hauptbahnhof stehen lassen. Zu der von den Attentätern beabsichtigen Zündung der Raketen kommt es aber nicht, weil Boock vergessen hat, das Läutwerk des Weckers aufzuziehen, das die einzelnen Geschosse zünden sollte.

Nach sieben Stunden dauernder Fesselung kann sich das Ehepaar Sand um 19 Uhr befreien und die Polizei alarmieren, die das voll funktionsfähige Flächenschussgerät entschärft. Hätte Boock das Läutwerk des Weckers aufgezogen, wären die einzelnen Raketen um 16 Uhr gezündet und mindestens fünf Staatsanwälte der Bundesanwaltschaft, die sich zu diesem Zeitpunkt in den anvisierten Zimmern aufhielten, getötet worden. Außerdem wäre das Gebäude der Bundesanwaltschaft schwer beschädigt und weitere Personen in höchste Lebensgefahr gebracht worden.

Die Tatbekennung

Zu dem geplanten – und nur durch Boocks Fehler gescheiterten – Raketenwerferanschlag auf die Bundesanwaltschaft bekennt sich die RAF in einem Schreiben, das sie am 5. September an mehrere Presseorgane sowie an das Ehepaar Sand schickt. Den Briefen an das Ehepaar Sand sowie an dpa in Frankfurt/Main fügen sie als Beleg für ihre Täterschaft[70] jene Schlüssel bei, die sie beim Verlassen der Wohnung Sand mitgenommen hatten. In dem dreiseitigen Bekennerschreiben, das ausnahmsweise keine Kommando-Bezeichnung enthält, heißt es einleitend u.a.:

> »es ging nicht um irgendein blutbad – in diesem nest der reaktionären gewalt, das schon in den kommunistenprozessen der fünfziger jahre für faschistische kontinuität auftrat – oder um ein 'neues strategem' oder eine demonstration des 'wettrüstens zwischen rivalisierenden guerillas', wie wir lesen mussten ...
>
> es ging auch nicht um einen anschlag auf rebmann, obwohl es so aussieht als sei er noch skrupelloser, noch brutaler und ein noch infamerer demagoge als buback ...
>
> es ging ganz einfach um eine warnung in der situation, in der über 40 politische gefangene im hungerstreik waren, weil rebmann die zusage, sie in gruppen zu 15 zu konzentrieren, als generalbundesanwalt bricht und hintertreibt.

Die abschließende Passage hat folgenden Wortlaut:

> »wir fordern jetzt noch nichts ... wir sagen aber noch mal:
> sollte einer der gefangenen ermordet werden – und der tod in der isolationszelle ist nichts anderes als mord – werden wir sofort im in- und ausland antworten. sollten andreas, gudrun und jan getötet werden, werden die apologeten der harten haltung spüren, dass das, was sie in ihren arsenalen haben, nicht nur ihnen nützt, dass wir viele sind und dass wir genug liebe – also hass und phanstasie haben, um unsere und ihre waffen so gegen sie einzusetzen, dass ihr schmerz unserem entsprechen wird«

VI. Die Aktion »Spindy«

Nach dem gescheiterten Attentat auf Jürgen Ponto bleibt der RAF nur noch die geplante **Entführung von Hanns-Martin Schleyer**, um im Sinne des Mottos »big raushole« die Freilassung der inhaftierten Gesinnungsgenossen zu erpressen. Diese Aktion wird die Bundesrepublik Deutschland im September/Oktober 1977 über Wochen hinweg beschäftigen und später als **»Der Deutsche Herbst«** in die Geschichte eingehen.

---

70 Wegen mittäterschaftlicher Beteiligung an diesem Raketenwerferanschlag werden Peter-Jürgen Boock, Brigitte Mohnhaupt und Christian Klar – jeweils vom OLG Stuttgart – verurteilt.

1. Die Entführung Hanns-Martin Schleyers

a) Die Planung und Vorbereitung der Entführung

Der Entführung Schleyers liegt ein detaillierter, gemeinsam beschlossener Plan zugrunde, in den auch die zu befreienden *»gefangenen aus der raf«* – insbesondere die *»Stammheimer«* – eingebunden sind. An der Planung, Vorbereitung und Durchführung der Entführung Schleyers sind – in unterschiedlichen Funktionen – alle 20 RAF-Angehörigen beteiligt, die Mitte des Jahres 1977 als Illegale im Untergrund leben.[71]

Die RAF-Mitglieder, die die Entführung unmittelbar durchführen sollen, geben sich die Bezeichnung »kommando siegfried hausner«.[72] Innerhalb der Gruppe erhält Hanns-Martin Schleyer den Tarnnamen »Spindy«.[73]

Im Vorfeld des geplanten Anschlags kundschaftet die RAF sowohl die Person als auch die Lebensgewohnheiten ihres 62 Jahre alten Entführungsopfers aus. So beobachten die Täter eingehend die für Schleyer getroffenen Sicherheitsmaßnahmen. Hierbei bringen sie in Erfahrung, dass er sich in der Regel montags, meist aber auch noch an weiteren Wochentagen, als Präsident der Bundesvereinigung der Deutschen Arbeitgeberverbände und des Bundesverbandes der Deutschen Industrie an deren Sitz in Köln, Oberländer Ufer 72 und 84, aufhält.

Die RAF-Angehörigen entschließen sich, Schleyer in Köln auf dem Weg von seinem Arbeitsplatz am Oberländer Ufer zu seiner Wohnung in der Raschdorffstraße zu entführen. Die Raschdorffstraße ist eine Einbahnstraße, in die man nur von der Aachener Straße aus einbiegen kann. Von der Friedrich-Schmidt-Straße kommend, fährt Schleyer daher regelmäßig durch die Vincenz-Statz-Straße, um über die Aachener Straße in die Raschdorffstraße abzubiegen. An der Einmündung Friedrich-Schmidt-Straße in die Vincenz-Statz-Straße soll seine Fahrzeugkolonne überfallen werden. Ein auf der Straße quer gestelltes

---

71 Susanne Albrecht (damals 26 Jahre), Peter-Jürgen Boock (28 Jahre), Elisabeth von Dyck (26 Jahre), Knut Folkerts (25 Jahre), Rolf Heißler (29 Jahre), Monika Helbing (23 Jahre), Sieglinde Hofmann (32 Jahre), Christian Klar (25 Jahre), Friederike Krabbe (27 Jahre und Schwester von Hanna Krabbe, die am Stockholm-Attentat beteiligt war), Christine Kuby (20 Jahre), Silke Maier-Witt (27 Jahre), Brigitte Mohnhaupt (28 Jahre), Gert Schneider (28 Jahre), Adelheid Schulz (22 Jahre), Angelika Speitel (25 Jahre), Sigrid Sternebeck (28 Jahre), Willy-Peter Stoll (27 Jahre), Christof Wackernagel (26 Jahre), Rolf Klemens Wagner (33 Jahre) und Stefan Wisniewski (24 Jahre.).
72 Hausner war im Zusammenhang mit dem Überfall der RAF auf die Deutsche Botschaft in Stockholm am 24. April 1975 zu Tode gekommen.
73 Für die Bezeichnung »Spindy« geben RAF-Angehörige später zwei unterschiedliche Begründungen: weil Schleyer in einem spindartigen Schrank gefangen gehalten worden sei (Werner Lotze); weil Schleyer das Gegenteil von spindeldürr gewesen sei (Peter-Jürgen Boock).

Fahrzeug soll dabei die Fahrzeugkolonne Schleyers zum Anhalten zwingen. Um jeden denkbaren Widerstand seines Fahrers und der Polizeibeamten, die sich um Schleyers Schutz kümmern, von vornherein auszuschalten, sollen diese auf der Stelle erschossen werden. Anschließend soll Schleyer in einem bereitgestellten Fahrzeug abtransportiert werden.

Die für die Vorbereitung und Ausführung der Tat notwendigen **Wohnungen im Raum Köln** findet die RAF ohne Probleme: Bereits Anfang Mai 1977 mietet Angelika Speitel in der Wohnanlage Auf dem Kölnberg 5 in Köln-Meschenich die Wohnung Nr. 1010 B. Am 18. Juli 1977 mietet Monika Helbing die Wohnung, in der Hanns-Martin Schleyer nach seiner Entführung gefangen gehalten werden soll; diese Wohnung Nr. 104 liegt in der dritten Etage des Hochhauses Zum Renngraben 8 in Erftstadt-Liblar; sie ist vom vorgesehenen Tatort in der Vincenz-Statz-Straße in Köln über die Autobahn in weniger als 30 Minuten zu erreichen. Am 27. Juli 1977 unterschreibt Friederike Krabbe eine Mietvereinbarung für die in der sechsten Etage des Hochhauses Wiener Weg 1b in Köln-Junkersdorf gelegene Wohnung Nr. 2065 samt Tiefgaragenplatz. Adelheid Schulz mietet am 10. August 1977 außerdem die Wohnung Nr. 2601 im Uni-Center in Köln, Luxemburger Straße 124-136; diese Wohnung wird der zentrale Treffpunkt für die Vorbereitung des Anschlags. Die Tatbeteiligten benutzen sie als logistische Basis und Versteck. Hier werden die einzelnen Schritte der Tat koordiniert, hier finden die wesentlichen Absprachen statt.

Ende Juli 1977 beginnt die RAF außerdem damit, die für den Anschlag benötigten **Fahrzeuge** zu beschaffen. Die Mehrzahl dieser Autos wird als sogenannte Doublette hergerichtet, das heißt mit nachgedruckten Kennzeichen versehen, die von den Ämtern für ein Fahrzeug gleichen Typs und gleicher Farbe ausgegeben worden ist. Dadurch soll verhindert werden, dass die gestohlenen oder gekauften, aber nicht ordnungsgemäß angemeldeten Fahrzeuge bei Polizeikontrollen auffallen. Am 23. Juli 1977 kauft Rolf Heißler einen blauen Pkw Alfa Romeo Giulia, 1600 Super. Für dieses Fahrzeug lässt die RAF die falschen Kennzeichen K-XY 847 prägen. Der Alfa Romeo soll bei der Vorbereitung des Anschlags – insbeson-dere zur Observation Schleyers – benutzt werden. Am 25. Juli 1977 kauft Willy-Peter Stoll einen für den Anschlag als Entführungs- und Fluchtfahrzeug vorgesehenen weißen VW-Bus. Er gibt die Original-Kennzeichen K-C 3849 der Verkäuferin zurück. Die RAF lässt diese Kennzeichen jedoch nachprägen. Am 30. Juli 1977 wird der für den Anschlag als Sperrfahrzeug vorgesehene gelbe Pkw der Marke Mercedes 300 D von RAF-Angehörigen in Köln-Porz gestohlen und mit den Doubletten-Kennzeichen K-LZ 589 ausgerüstet. Ebenfalls am 30. Juli 1977 kauft Knut Folkerts einen gebrauchten VW-Bus mit dem amtlichen Kennzeichen M-LZ 425. Mit diesem VW-Bus will die RAF nach dem Anschlag eine falsche Spur legen. Am 6. August 1977 kauft

Willy-Peter Stoll einen grauen Pkw der Marke Mercedes 230. Für diesen Wagen lassen die RAF-Angehörigen die Kennzeichen BM-A 812 prägen. Für den Transport Schleyers rüsten sie den Kofferraum entsprechend aus. So werden Wände und Deckel mit Schaumstoff beschichteten Dämmplatten beklebt. Außerdem schneidet Peter-Jürgen Boock eine 26 cm breite und 40 cm hohe Öffnung in die Trennwand zwischen Rücksitz und Kofferraum, über die Luft zum Opfer gelangen soll.

Schließlich besorgen sich die Täter aus dem Arsenal der RAF vier **Schusswaffen** samt Munition, nämlich eine Repetierflinte High Standard, Kal. .12, eine polnische Maschinenpistole PM 63, Kal. 9 mm Makarov sowie zwei halbautomatische Schnellfeuergewehre Heckler & Koch (HK 43 und HK 93, jeweils Kal. .223).

Obwohl für die Entführung noch kein fester Termin vereinbart ist, laufen ab Ende August die **Proben des Tatablaufs**. So postieren sich mehrfach am Gebäude des Arbeitgeberverbandes und an der Fahrtstrecke Schleyers einzelne Gruppenmitglieder. Diese melden dem Täterkommando, das in Tatortnähe in einem Café wartet, über eine »Telefonkette« das Herannahen der Fahrzeugkolonne Schleyers. Dementsprechend klären Brigitte Mohnhaupt und Adelheid Schulz am 2. und 3. September jeweils gegen 17.45 Uhr in dem blauen Alfa Romeo, Doubletten-Kennzeichen K-XY 847, am Raderthalgürtel in Köln die Fahrtstrecke Schleyers ab. Als die beiden Frauen am 3. September zum zweiten Mal in der Nähe der Telefonzelle beim Gebäude Raderthalgürtel 5 Stellung beziehen, erscheinen sie einem Anwohner verdächtig. Er alarmiert die Polizei. Als kurz darauf Beamte den Alfa-Romeo kontrollieren, finden sie zwei Frauen in einem angeblich defekten Auto vor. Ohne die Personalien von Mohnhaupt und Schulz zu überprüfen, bringen sie die beiden in eine Werkstatt. Was die Beamten nicht bemerken: ihnen folgen auf dieser Fahrt Peter-Jürgen Boock und drei weitere RAF-Mitglieder in einem grauen Mercedes. Diese würden sofort von ihren schussbereiten Waffen Gebrauch machen, falls sich eine Festnahme von Brigitte Mohnhaupt und Adelheid Schulz abzeichnen sollte.

In der Zeit kurz vor dem Attentat werden außerdem auf **konspirativen Treffen** Unterstützer der RAF vor einer bevorstehenden Aktion gewarnt. So trifft sich Brigitte Mohnhaupt mit Volker Speitel, einem Mitarbeiter des Rechtsanwalts Dr. Croissant. Sie rät ihm und den anderen Kollegen der Kanzlei, in nächster Zeit den Raum Köln zu meiden, da dort *»etwas laufen könne«*. Am Sonntag, dem 4. September 1977, kommt es in Wuppertal zu einem Treffen, an dem auf Seiten des Croissant-Büros Volker Speitel, Gisela Pohl, Ralf Baptist Friedrich und Christof Wackernagel[74] sowie auf Seiten der Illegalen Peter-Jür-

---

74 Wackernagel schließt sich nach diesem Treffen dem Kreis der Illegalen an.

gen Boock und Stefan Wisniewski teilnehmen. Dabei spricht Wisniewski von einer bevorstehenden Aktion, die eine »*harte Kiste und härter als das, was bisher gelaufen*« sei. Die beiden Illegalen erklären, die Vorbereitungen für die Aktion seien weit fortgeschritten. Die einzelnen Funktionen innerhalb der Gruppe seien verteilt und auf die Aktion »*fixiert*«. Mit der Aktion müsse »*ab morgen*« gerechnet werden. In diesem Zusammenhang sagt Peter-Jürgen Boock:

> »Was meint Ihr, wie uns zumute ist, wenn wir an morgen denken; wenn ich daran denke, geht mir der Arsch mit Grundeis.«

Die Entscheidung, den Anschlag am 5. September zu verüben, fällt erst bei einer »**Mitternachtsdiskussion**« in der Nacht zuvor. Anlass für den Entschluss ist ein Kassiber, in dem die »Stammheimer« erneut auf ihre baldige Befreiung drängen. Die Häftlinge drohen in dem Schreiben damit, ihr Schicksal endgültig selbst in die Hand zu nehmen, d.h. sich umzubringen. Außerdem kündigen sie an, sie würden den Illegalen öffentlich das Recht absprechen, den Namen RAF zu führen, falls es nicht bald zu einer Befreiungsaktion komme. Die Illegalen entschließen sich daher, den Arbeitgeberpräsidenten schon am kommenden Tag zu entführen. Teilnehmer des nächtlichen Treffens, das in der konspirativen Wohnung des Hochhauses Wiener Weg 1b in Köln-Junkersdorf stattfindet, sind Peter-Jürgen Boock, Rolf Heißler, Sieglinde Hofmann, Adelheid Schulz, Willy-Peter Stoll und Stefan Wisniewski. Man ist sich darüber im Klaren, dass die Aktion nur gelingen kann, wenn die Begleiter Schleyers erschossen werden. Da Rolf Heißler in diesem Punkt Bedenken anmeldet, wird entschieden, dass er nicht am unmittelbar handelnden Kommando, sondern – wie Adelheid Schulz – in der »Telefonkette« beteiligt sein soll. Ursprünglich war geplant gewesen, dass auch die Anführerin der Gruppe – Brigitte Mohnhaupt – an der Entführungsaktion in Köln mitwirken soll. Sie hält sich jedoch in diesen Tagen im süddeutschen Raum auf. Da man die Befreiungsaktion aber nicht länger hinausschieben will, beschließen die Teilnehmer der Mitternachtsdiskussion, dass das Kommando aus **Peter-Jürgen Boock, Sieglinde Hofmann, Willy-Peter Stoll** und **Stefan Wisniewski** bestehen und Wisniewski am Tatort das Sagen haben soll.

Die restliche Nacht verbringen die Kommandomitglieder damit, das geplante Attentat noch einmal in allen Einzelheiten abzusprechen und durchzuspielen. Man geht davon aus, dass – läuft alles nach Plan – der Begleitschutz Schleyers keinerlei Chancen haben würde, zurück zu schießen. Im Laufe der Nacht werden die Tatfahrzeuge einem letzten »Check« unterzogen und das erste Bekennerschreiben aufgesetzt. Am frühen Morgen begeben sich die Kommandomitglieder in die konspirative Wohnung in der Luxemburger Straße 124-136 in Köln.

b) Der 5. September 1977 – Das Attentat

Am Morgen des *5. September* trifft Hanns-Martin Schleyer wie regelmäßig montags mit einem Privatflugzeug der Daimler-Benz-AG auf dem Flughafen Köln-Wahn ein. Er fährt mit einem Dienstwagen zum Gebäude der Bundesvereinigung der Deutschen Arbeitgeberverbände, Oberländer Ufer 72 in Köln, und nimmt dort an der um 9.00 Uhr beginnenden Zusammenkunft der wissenschaftlichen Mitarbeiter der Vereinigung teil. Anschließend begibt er sich zu Besprechungen in das Haus des Bundesverbandes der Deutschen Industrie, Oberländer Ufer 84.

Gegen Mittag treffen in der Kommandowohnung in der Luxemburger Straße in Köln die RAF-Mitglieder Angelika Speitel und Silke Maier-Witt ein. Hier halten sich bereits die Teilnehmer der »Mitternachtsdiskussion«, Peter-Jürgen Boock, Rolf Heißler, Sieglinde Hofmann, Adelheid Schulz, Willy-Peter Stoll und Stefan Wisniewski, auf.

Am frühen Nachmittag verlassen die RAF-Angehörigen das Haus. Paarweise begeben sich anschließend Rolf Heißler und Silke Maier-Witt einerseits sowie Adelheid Schulz und Angelika Speitel andererseits an die Fahrtstrecke, die Hanns-Martin Schleyer üblicherweise auf dem Weg vom Gebäude des Arbeitgeberverbandes zu seiner Wohnung nimmt. Sie haben den Auftrag, das Täterkommando telefonisch mit dem Stichwort »Mendocino« zu alarmieren, sobald Schleyer auf dieser Route zu sehen sein würde. Silke Maier-Witt und Rolf Heißler postieren sich in der Nähe der Telefonzelle beim Gebäude Raderthalgürtel Nr. 5, Angelika Speitel und Adelheid Schulz am Gebäude des Arbeitgeberverbandes bzw. am »Inneren Ring«. Die Kommandomitglieder, also Boock, Hofmann, Stoll und Wisniewski, fahren unterdessen mit dem VW-Bus, Kennzeichen K-C 3849, und dem gelben Mercedes-Benz 300 D, Kennzeichen K-LZ 589, zu dem in unmittelbarer Tatortnähe gelegenen Café »Stass« in der Aachener Str. 507. Dort warten sie auf den vereinbarten Anruf.

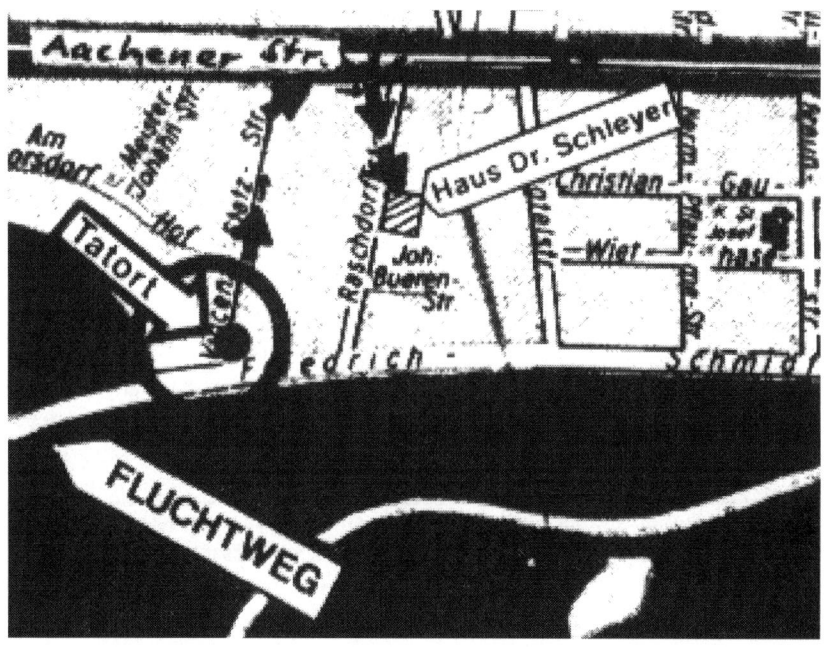

Hanns-Martin Schleyer hat ab 14.00 Uhr an einer Sitzung des Gesamtverbandes der Metallindustriellen Arbeitgeberverbände teilgenommen. Gegen 17.10 Uhr verlässt er das Gebäude Oberländer Ufer 72, um zu seiner Wohnung in der Raschdorffstraße zu fahren. Er benutzt dafür seinen Dienstwagen, einen ungepanzerten blauen Mercedes 450. Am Steuer sitzt sein 41 Jahre alter Fahrer **Heinz Marcisz**. Er ist unbewaffnet. Schleyer nimmt im Fond des Fahrzeugs auf dem rechten Sitz Platz. Ihnen folgt in einem zweiten Fahrzeug, einem weißen Mercedes 280 E, das Begleitkommando. Es besteht aus Polizeihauptmeister **Reinhold Brändle**, 41 Jahre, Polizeimeister **Helmut Ulmer**, 24 Jahre, und Polizeimeister **Roland Pieler**, 20 Jahre. Brändle sitzt auf dem Fahrersitz, Ulmer vorne rechts und Pieler im Fond rechts. Die Beamten sind jeweils mit einer Pistole Walther PP-Super, Kal. 9 mm bewaffnet. Helmut Ulmer führt außerdem die Maschinenpistole Heckler & Koch Nr. 51088, Kal. 9 mm Parabellum bei sich. Beide Fahrzeuge fahren unmittelbar hintereinander auf dem Raderthalgürtel stadtauswärts.

Die Fahrzeugkolonne Schleyers wird bald von Angelika Speitel und Adelheid Schulz gesichtet. Sie geben ihre Beobachtung umgehend telefonisch an die Mitglieder des Täterkommandos im Café »Stass« weiter. Diese vier brechen mit ihren beiden Fahrzeugen sofort zum geplanten **Tatort** auf.

Peter-Jürgen Boock und Sieglinde Hofmann fahren mit dem weißen VW-Bus, Stefan Wisniewski und Willy-Peter Stoll mit dem gelben Mercedes-Benz D zum geplanten Tatort in der Vinzenz-Statz-Straße. Den VW-Bus stellt Boock ein paar Meter entfernt in der Friedrich-Schmidt-Straße auf dem Gehweg ab. Aus ihm entladen die Täter einen blauen Kinderwagen, in dem sie zwei Schnellfeuerwaffen versteckt haben. Den gelben Mercedes parkt Wisniewski mit laufendem Motor auf dem rechten Gehweg der Vincenz-Statz-Straße, und zwar so, dass er rechtwinklig und mit dem Heck zur Fahrbahn steht. Er bleibt am Steuer sitzen. Stoll steigt aus und nimmt seine Position auf der gegenüberliegenden linken Gehwegseite ein. Dort postieren sich auch Sieglinde Hofmann und Peter-Jürgen Boock; sie stellen sich an die Straßeneinmündung, so dass sie – mit dem Kinderwagen als Paar getarnt – die herannahenden Fahrzeuge auf der Friedrich-Schmidt-Straße beobachten können. Die Kommando-Mitglieder haben vereinbart, dass Sieglinde Hofmann, sobald die Fahrzeugkolonne Schleyers auftaucht, mit dem Kinderwagen Richtung Vincenz-Statz-Straße gehen und somit das Signal für den Beginn der Aktion geben soll. Hofmann und Boock sollen die Polizeibeamten im Begleitfahrzeug ausschalten. Stoll hat den Auftrag, den Fahrer im Fahrzeug Schleyers zu erschießen. Wisniewski soll Hanns-Martin Schleyer in seine Gewalt bringen.

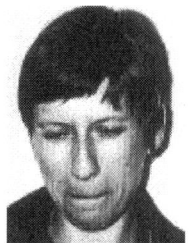

Wisniewski Sieglinde Hofmann Stoll Boock

Gegen 17.25 Uhr haben die Entführer alle Vorbereitungen am Tatort abgeschlossen. Sie sind schwer bewaffnet. Wie üblich hat jeder von ihnen seine persönliche Handfeuerwaffe bei sich. Darüber hinaus sind alle vier im Besitz einer der bereitgestellten Langfeuerwaffen: So trägt Stefan Wisniewski neben seiner Pistole Colt Combat Commander die Repetierflinte High Standard. Willy-Peter Stoll hat die polnische Maschinenpistole PM 63 bei sich. Sieglinde Hofmann und Peter-Jürgen Boock haben die beiden Schnellfeuergewehre Heckler &

Koch griffbereit in dem Kinderwagen versteckt, und zwar Sieglinde Hofmann das Gewehr HK 43 und Peter-Jürgen Boock das Gewehr HK 93.[75]

Um 17.26 Uhr sind Schleyer und seine Begleiter über den Raderthalgürtel, den Zollstockgürtel, den Klettenberggürtel, den Sülzgürtel, die Mommsenstraße und die Kitschenburger Straße in die Friedrich-Schmidt-Straße gelangt. Hier kommen sie aufgrund des starken Verkehrs nur langsam voran. Um 17.28 Uhr sieht Sieglinde Hofmann die beiden Fahrzeuge Schleyers herannahen. Sofort geht sie mit dem Kinderwagen den Gehweg entlang. Dies ist das Zeichen für den **Beginn der Aktion**:

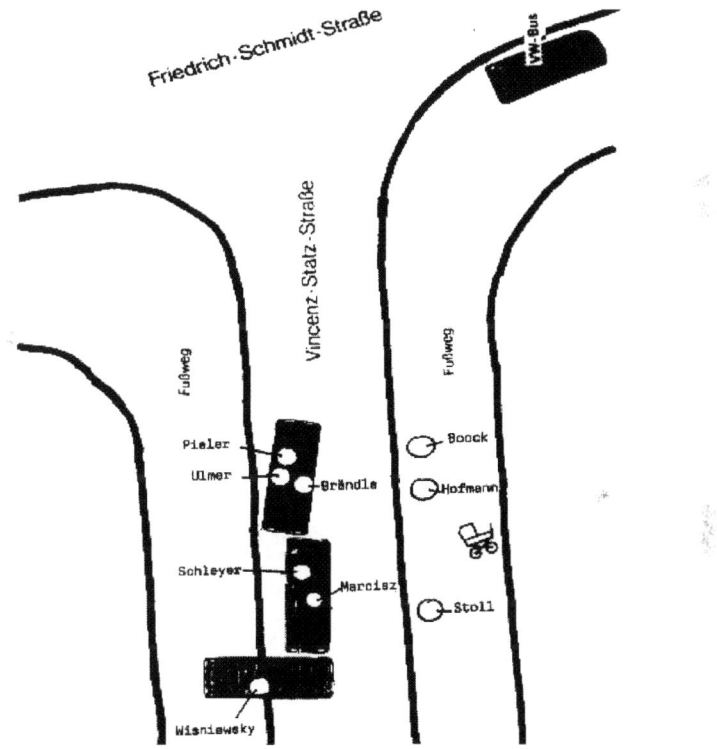

Als die Fahrzeugkolonne Schleyers in die Vincenz-Statz-Straße einbiegt, fährt Stefan Wisniewski mit dem gelben Mercedes rückwärts auf die Fahrbahn.

---

75 Alle diese Waffen werden später sichergestellt: die Pistole Colt Combat Commander am Tatort in Köln, die Maschinenpistole PM 63 beim tödlichen Unfall Plambeck/Beer am 25.7.1980, das Schnellfeuergewehr HK 43 am 26.10.1982 im Depot bei Heusenstamm, die Repetierflinte High Standard am 30.10.1982 im Depot »Sarg« bei Heigenbrücken und das Schnellfeuergewehr HK 93 am 31.10.1982 im Depot »Daphne« bei Hamburg.

Heinz Marcisz, der Fahrer von Schleyer, wird auf diese Weise gezwungen, abrupt zu bremsen und anzuhalten. Dem Polizeibeamten Brändle am Steuer des Begleitfahrzeuges gelingt es nicht mehr, rechtzeitig zu bremsen. Er fährt auf Schleyers Wagen auf und schiebt ihn auf das Sperrfahrzeug.

In diesem Moment eröffnen die Attentäter das Feuer. Da sie Hanns-Martin Schleyer lebend in ihre Gewalt bringen wollen, schießen sie nur auf seine Begleiter, insgesamt 119 Mal. Im Einzelnen verfeuern: Willy-Peter Stoll 50 Schüsse aus der polnischen Maschinenpistole PM 63, Sieglinde Hofmann 39 Schüsse aus ihrer HK 43, Peter-Jürgen Boock 11 Schüsse aus seiner HK 93 und Stefan Wisniewski 7 Schrotpatronen, ein Flintengeschoß, eine Eisenkugel und 10 Schrote aus seiner Repetierflinte.

Den Polizeibeamten gelingt es noch, ihr Fahrzeug zu verlassen und zurück zu schießen. Sie treffen die Attentäter jedoch nicht.

Durch die Schüsse der Täter werden an dem **Fahrzeug Schleyers** die Fensterscheiben der Fahrer- und Beifahrertür völlig zerstört, die Fahrertür beschädigt und der am Steuer sitzende **Heinz Marcisz** mehrfach verletzt. Zunächst wird er am linken Oberarm und auf der linken Seite des Brustkorbes von zwei Geschossen getroffen. Als er sich schutzsuchend auf den Beifahrersitz beugt, nimmt ihn Willy-Peter Stoll mit seiner Maschinenpistole PM 63 unter Beschuss. Ein Geschoß trifft Marcicsz in die linke Gesäßseite, das zweite in die linke Rückenregion und ein drittes in die linke seitliche Bauchwand. Vor allem der letzte Schuss verursacht schwere innere Verletzungen. Heinz Marcisz stirbt nach wenigen Minuten.

In noch stärkerem Maße richten sich die Angriffe der Täter gegen das **polizeiliche Begleitfahrzeug** und seine drei Insassen. Zunächst schießen nur Sieglinde Hofmann und Peter-Jürgen Boock in diese Richtung. Plötzlich und entgegen der Absprache rennt Stoll von links kommend quer durch ihre Schussrichtung, springt auf die Motorhaube des Begleitfahrzeugs und schießt die restliche Munition seiner Maschinenpistole durch die Frontscheibe in das Wageninnere. An diesem Auto werden alle Fenster sowie die Heckscheibe zerstört und die Frontscheibe durch Stolls Schüsse beschädigt. 107 Schüsse treffen die Insassen:

Polizeimeister Roland Pieler wird von 21 Schüssen verletzt; drei davon sind tödlich. Ein Geschoß aus einem der beiden HK-Gewehre trifft ihn an der linken Schulter; es durchdringt das linke Schulterblatt, die dritte und vierte Rippe und anschließend die Lunge, das Zwerchfell und die Milz. Die beiden weiteren tödlichen Geschosse stammen aus der Maschinenpistole Stolls. Eines dringt in Höhe der rechten Brustwarze in den Körper ein und durchschlägt das Zwerchfell, die Leber und den Dünndarm. Ein weiterer Schuss Stolls trifft Pieler links in den Rükken; er zertrümmert die vierte und fünfte Rippe, durchdringt den linken Lungenflügel und verfängt sich im rechten. Als die ersten Zeugen am Tatort eintreffen, liegt Polizeimeister Pieler auf dem Rücken rechts neben dem Begleitfahrzeug in Höhe der hinteren Tür. Feuerwehrleute tragen ihn zu einem Rettungswagen. Hier wird festgestellt, dass er bereits tot ist.

Polizeihauptmeister Brändle, der Fahrer des Begleitfahrzeuges, erleidet insgesamt 60 Schussverletzungen in allen Körperbereichen. Davon stammen 4 Geschosse aus der Waffe von Willy-Peter Stoll und 13 Schüsse aus den beiden Schnellfeuergewehren, von denen 2 tödlich sind. Eines trifft Brändle in die linke Schulter und gelangt von oben in die linke Brusthöhle und Bauchhöhle; dabei durchdringt es den linken Lungenflügel, das Zwerchfell und die Milz.  Das zweite Geschoß trifft ihn im linken unteren Bauchbereich; es zertrümmert die linke Beckenschaufel, zerfetzt die linke Niere und bleibt in der Rückenmuskulatur stecken. Polizeihauptmeister Brändle wird von herbeieilenden Anwohnern, Passanten und den eintreffenden Polizeibeamten auf seinem Fahrersitz gefunden. Feuerwehrleute heben ihn aus dem Wagen und legen ihn auf die Fahrbahn. Er stirbt kurz darauf.

Polizeimeister Helmut Ulmer wird von insgesamt 26 Schüssen im Bereich des gesamten Körpers getroffen, darunter drei tödliche Kopfschüsse. Zwei treten durch das linke Auge wieder aus, ein dritter aus Stolls Waffe durchschlägt seinen Schädel im Bereich des rechten Hinterkopfes und bleibt nach einem Bruch des rechten Oberkiefers in der Kaumuskulatur stecken.  Polizeimeister Ulmer ist schon tot, als man ihn auf dem Beifahrersitz des Begleitfahrzeuges liegend findet.

Der **Tatort** nach Eintreffen der Sicherheitskräfte:

Nachdem sich Sieglinde Hofmann überzeugt hat, dass von den Begleitpersonen kein Widerstand mehr zu erwarten ist, rennt sie zur Beifahrerseite des Fahrzeuges, in dem Schleyer unverletzt sitzt. Sie zerrt ihn aus dem Wagen und zieht ihn mit sich fort. Als ihr Schleyer zu entgleiten droht, springt Wisniewski hinzu. Beide packen den Arbeitgeberpräsidenten unter den Armen und schleppen ihn in Richtung Friedrich-Schmidt-Straße zu dem VW-Bus, mit dem Boock inzwischen einige Meter rückwärts in die Vincenz-Statz-Straße hinein gefahren ist. Stoll folgt ihnen. Den Tatort absichernd, bewegt er sich rückwärts in Richtung VW-Bus. Durch die seitliche Schiebetür wird Schleyer in den hinteren Teil des Wagens gestoßen. Ihm folgen Wisniewski und Sieglinde Hofmann. Stoll setzt sich auf den Beifahrersitz. Boock gibt Gas. Seit Beginn des Überfalls sind nur etwa zwei Minuten vergangen.

Die **Flucht** beginnt. Aufgrund der Schießerei – die von den meisten Beobachtern für eine Filmaufnahme gehalten wird – ist in der Friedrich-Schmidt-Straße die Autoschlange auseinander gerissen. Boock macht sich dies zunutze, fährt gegen die eigentliche Fahrtrichtung aus der Vincenz-Statz-Straße heraus und biegt rechts in die Friedrich-Schmidt-Straße ab. Dort fährt er auf der Gegenfahrbahn an den wartenden Fahrzeugen vorbei in Richtung Westen. Sofort nehmen mehrere Autofahrer die Verfolgung auf. Sie fahren dem VW-Bus über die Militär-Ring-Straße durch die Junkersdorfer Straße bis zum Eingang der Schwimmhalle der Sporthochschule hinterher. Dort aber hat sich durch einen rangierenden Lkw eine weitere Fahrzeugschlange gebildet. Boock kann aber eine kleine Lücke nutzen und weiterfahren. Die Verfolger dagegen stecken fest und verlieren das Fluchtfahrzeug aus den Augen.

Unterdessen haben die Attentäter ihr Opfer betäubt. Sieglinde Hofmann, die als Arzthelferin ausgebildet ist, hat Schleyer durch seine Jacke hindurch eine Spritze in den Arm gegeben. Das Medikament macht Schleyer zwar nicht bewusstlos, aber völlig apathisch und wehrlos. Peter-Jürgen Boock fährt das Fluchtfahrzeug in die Tiefgarage der Wohnanlage Wiener Weg in Köln-Junkersdorf und stellt es dort ab. Die Täter laden Schleyer in den Kofferraum des von ihnen am 6. August gekauften grauen Mercedes 230 um und bringen ihn zur **Wohnanlage Zum Renngraben 8 in Erftstadt-Liblar**. Auf der Fahrt dorthin legt sich Wisniewski zu Schleyer in den Kofferraum und Stoll duckt sich auf der Rückbank. Peter-Jürgen Boock und Sieglinde Hofmann erwecken so den Eindruck, als säßen sie allein im Auto.

Die erste Nachricht über das Attentat kommt um 18.49 Uhr im Rundfunk:

>»Meine Damen und Herren, aus Köln wird soeben gemeldet, dass auf den Vorsitzenden der Bundesvereinigung der Deutschen Arbeitgeberverbände, Hanns-Martin Schleyer, heute Abend ein Attentat verübt worden ist. Bei dem Anschlag in Köln gab es nach ersten Angaben von Polizei und Feuerwehr vier Tote. Die Schüsse wurden aus einem VW-Kombi heraus abgegeben. Nach dem Auto wurde eine Großfahndung ausgelöst. Die Feuerwehr hat nach ersten Informationen vier Todesopfer geborgen. Noch immer steht nicht fest, ob Schleyer sich unter den Opfern befindet. Inzwischen hat sich das Bundeskriminalamt in Wiesbaden in die Ermittlungen eingeschaltet.«

Ein Bewohner der Wohnanlage Wiener Weg in Köln-Junkersdorf hört gegen 19.00 Uhr von der Entführung Hanns-Martin Schleyers und von der Fahndung nach einem dabei verwendeten VW-Bus. Das beschriebene Fahrzeug kommt ihm bekannt vor. Er geht in die Tiefgarage und findet den gesuchten VW-Bus mit dem Kennzeichen K-C 3849. Sofort informiert er die Polizei. Bei der nachfolgenden Durchsuchung des Wagens findet diese das erste Bekennerschreiben:

```
an die bundesregierung.

sie werden dafür sorgen, dass alle öffentlichen
fahndungsmassnahmen unterbleiben -
oder wir erschiessen schleyer sofort ohne dass es zu
verhandlungen über seine freilassung kommt.


raf
```

Bundeskanzler Schmidt gibt am Abend des 5. September in Fernsehsendungen von ARD und ZDF eine erste Stellungnahme ab:

»Die Nachricht von dem Mordanschlag auf Hanns-Martin Schleyer und die ihn begleitenden Beamten und Mitarbeiter hat mich tief betroffen, nicht anders als die Nachricht, die erst wenige Wochen zurückliegt, vom Mord an Jürgen Ponto, nicht anders als die Morde an Buback, Wurster und Goebel. Vier tote Bürger unseres Staates verlängern seit heute Abend die Reihe der Opfer von blindwütigen Terroristen, die, wir waren uns darüber stets im Klaren, noch nicht am Ende ihrer kriminellen Energie sind. Uns alle erfüllt nicht bloß tiefe Betroffenheit angesichts der Toten, uns erfüllt alle auch tiefer Zorn über die Brutalität, mit der die Terroristen in ihrem verbrecherischen Wahn vorgehen. Sie wollen den demokratischen Staat und das Vertrauen der Bürger in unseren Staat aushöhlen. Der Staat – ob die Organe des Bundes, der Länder oder der Städte –, der Staat muss darauf mit aller notwendigen Härte antworten. Alle Polizei- und Sicherheitsorgane, die seit Wochen und Monaten ihre ganze Energie auf die Fahndung nach den Mördern von Siegfried Buback und Jürgen Ponto wenden und die seit heute Abend mit aller verfügbaren Kraft das Verbrechen in Köln aufzuklären und der Täter habhaft zu werden versuchen, sie haben deshalb die uneingeschränkte Unterstützung der Bundesregierung und ebenso meine sehr persönliche Rückendeckung. Jedermann weiß, dass es eine absolute Sicherheit nicht gibt. Aber diese Einsicht kann nicht die staatlichen Organe davon abhalten und hat sie schon bisher nicht davon abgehalten, mit allen verfügbaren Mitteln gegen den Terrorismus Front zu machen. Sie wissen, dass wir gerade erst in der vergangenen Woche im Bundeskabinett eine massive Verstärkung des Bundeskriminalamtes und anderer Sicherheitsorgane verabredet haben. Die notwendigen Mittel und Hilfsmittel dafür werden selbstverständlich verfügbar gemacht werden. Sie erinnern sich, dass ich bei der Trauerfeier für Buback, Wurster und Goebel eindringlich an jene relativ kleine Minderheit in unserem Lande appelliert habe, die für die Täter ein mehr oder minder deutliches Verständnis gezeigt hatte. Ich spreche von den sogenannten Sympathisanten. Für jeden Bürger, dem der freiheitliche Rechtsstaat etwas gilt, ist inzwischen klar, dass es für die Schuldigen keine

Ausrede mehr gibt. Während ich hier spreche, hören irgendwo sicher auch die schuldigen Täter zu. Sie mögen in diesem Augenblick ein triumphierendes Machtgefühl empfinden. Aber sie sollen sich nicht täuschen. Der Terrorismus hat auf die Dauer keine Chance, denn gegen den Terrorismus steht nicht nur der Wille der staatlichen Organe, gegen den Terrorismus steht der Wille des ganzen Volkes. Dabei müssen wir alle trotz unseres Zorns einen kühlen Kopf behalten. Doch mit kühlem Kopf will ich sagen, dass sich einer, der jetzt noch verharmlost, der jetzt noch nach Entschuldigungen sucht, von der Gemeinschaft aller Bürger isoliert, die sich mit unserer Rechts- und Gesellschaftsordnung identifizieren und die sie erhalten wollen. Wer von Ihnen auch immer nur die kleinste Information über den Hintergrund der Morde hat oder auch nur den kleinsten sachdienlichen Hinweis auf den Hintergrund des heutigen Verbrechens und auf die Entführung von Hanns-Martin Schleyer geben kann, der hat als Bürger unseres Rechtsstaates die unabweisbare moralische Pflicht, die Polizei bei ihrer Fahndung nach den Mördern und Entführern aktiv zu unterstützen. Dies ist meine Bitte an Sie alle. Die blutige Provokation in Köln richtet sich gegen uns alle. Wir alle sind aufgefordert, den staatlichen Organen beizustehen, wo immer das dem Einzelnen möglich ist.«

2. Die Gefangenschaft Schleyers

a) Das Versteck in Erftstadt-Liblar

Die Entführer bringen Hanns-Martin Schleyer zunächst nach Erftstadt-Liblar. Gegen 18.30 Uhr fahren sie in die Tiefgarage des Hochhauses am Renngraben 8. Peter-Jürgen Boock, Sieglinde Hofmann und Willy-Peter Stoll gehen sofort hinauf in die Wohnung Nr. 104 in der dritten Etage. Schleyer lassen sie zunächst im Kofferraum des grauen Pkw Mercedes liegen, wo er weiterhin von Stefan Wisniewski bewacht wird. Er hat versprochen, sich ruhig zu verhalten, und ist deshalb nicht nochmals betäubt worden. Schleyer bleibt bis spät in der Nacht im Kofferraum eingesperrt. Erst zwischen 02.00 und 03.00 Uhr wird er von den Kommandomitgliedern über den Aufzug in die Wohnung gebracht.

Der Grundriss der Wohnung:

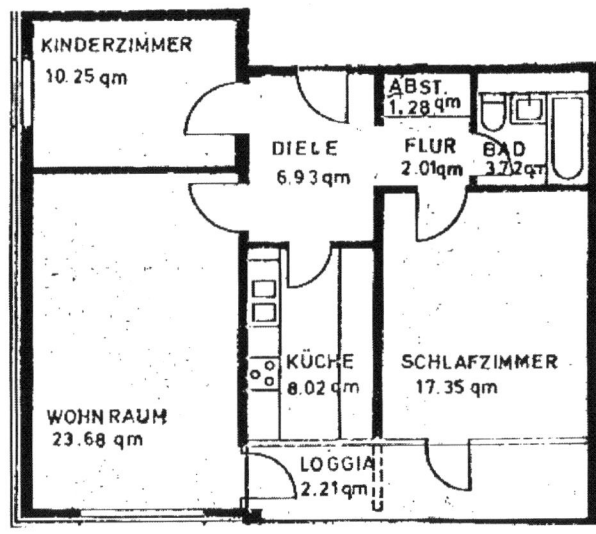

Die Entführer haben die konspirative Wohnung als Gefängnis für den Arbeitgeberpräsidenten vorbereitet: Die Diele ist so gestaltet, dass ein Zufallsbesucher die verschiedenen Wohnräume nicht einsehen kann. In einem der Zimmer sind zwei Mikrophone versteckt, die mit einem Tonband und einem Kassettenrecorder verbunden sind. Auf diese Weise wollen die Entführer Äußerungen Schleyers aufnehmen, ohne dass dieser etwas davon merkt.

In einem kleinen Flur ist in einer Nische (»ABST. 1.28 qm«) ein mit drei Türen abgeschlossener **Wandschrank** eingebaut. Diesen Schrank haben die Entführer vollständig mit geräuschdämmenden Schaumstoffplatten ausgepolstert. An der Rückseite des Schrankes haben sie – etwa 50 cm über dem Boden – eine Kette angebracht. Hier soll Schleyer angeschlossen werden. Spuren, die später in dem Schrank gefunden werden, sprechen dafür, dass Schleyer tatsächlich dort gefangen gehalten wurde.

Die Skizze des Wandschranks:

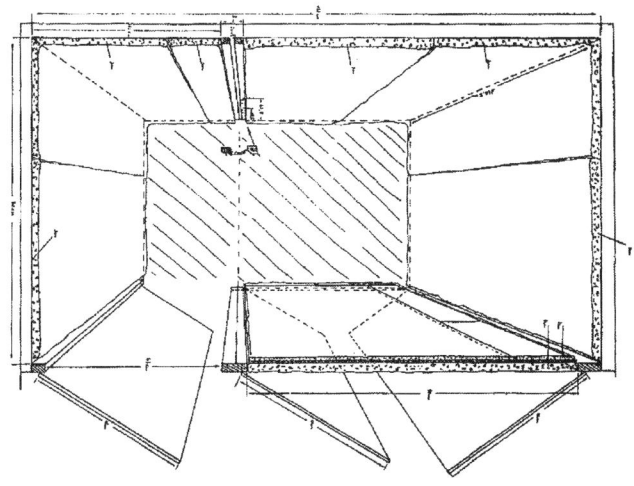

b) Die Forderungen der Entführer und die staatlichen Reaktionen

Bereits am zweiten Entführungstag gibt die RAF ihre **Bedingungen für die Freilassung** Schleyers schriftlich bekannt. Am Nachmittag des 6. September wird ein Briefumschlag in den Hausbriefkasten des evangelischen Dekans Neuschäfer in Wiesbaden geworfen. Gegen 15.40 Uhr teilt ein weibliches Gruppenmitglied dem Dekan telefonisch mit: »*In Ihrem Briefkasten liegt ein Brief an die Bundesregierung. Leiten Sie ihn weiter.*« Der Umschlag enthält einen maschinengeschriebenen Brief, ein mit der Hand abgefasstes Schreiben und zwei Fotografien.[76]

Eine der **Fotografien** zeigt Hanns-Martin Schleyer mit Angehörigen seiner Familie; dieses Foto trug er zum Zeitpunkt seiner Entführung bei sich. Das andere Foto haben die Entführer aufgenommen:

---

[76] Kopien sämtlicher Briefe des »kommando siegfried hausner« (»ksh«) und des Entführungsopfers (»spindy«) sowie Polaroidbilder und Tonbandaufnahmen mit Hanns-Martin Schleyer verwahrt die RAF in ihrem Erddepot bei Heusenstamm. Dort werden sie am 26. Oktober 1982 mit den von Rolf Heißler und Angelika Speitel beschrifteten Aufklebern »ksh: Spindy-Bilder«, »Spindy Briefe – Briefe des KSH« und »Spindy-Gespräch« gefunden.

Den maschinenschriftlichen Brief hat Brigitte Mohnhaupt verfasst, die an diesem Tag in der konspirativen Wohnung in Erftstadt-Liblar eingetroffen ist. Sie hat Willy-Peter Stoll ersetzt, den das Tatgeschehen in Köln psychisch stark mitgenommen hat. Er ist deshalb auf eigenen Wunsch aus dem engeren Kreis der Kommandoangehörigen und Bewacher Schleyers ausgeschieden.

In dem **Brief** erläutern die **Entführer** ihre Bedingungen. Sie fordern in erster Linie die Freilassung der folgenden 11 inhaftierten Gesinnungsgenossen: Andreas Baader, Gudrun Ensslin, Jan-Carl Raspe, Verena Becker, Werner Hoppe, Karl-Heinz Dellwo, Hanna Krabbe, Bernd Rößner, Ingrid Schubert, Irmgard

Möller und Günter Sonnenberg. Alle diese Häftlinge sitzen wegen terroristischer Aktivitäten in Haft:
- Baader, Ensslin und Raspe sind durch (noch nicht rechtskräftiges) Urteil des OLG Stuttgart vom 24. April 1977 u.a. wegen mehrfachen Mordes zu einer lebenslangen Freiheitsstrafe verurteilt.
- Verena Becker war am 12. Dezember 1974 u.a. wegen eines Sprengstoffanschlags zu einer Jugendstrafe von 6 Jahren verurteilt worden. Im Rahmen der »Lorenz-Entführung« war sie am 3. März 1975 aus der Haft freigepresst und in die Volksrepublik Jemen ausgeflogen worden. Nach der Schießerei bei Singen am 3. März 1977 war sie wieder festgenommen worden und befindet sich seither – wie ihr Begleiter Sonnenberg – wegen Mordversuchs an zwei Polizeibeamten in Haft.
- Gegen Werner Hoppe ist u.a. wegen versuchten Totschlags an einem Polizeibeamten am 15. Juli 1971 eine Freiheitsstrafe von 10 Jahren verhängt worden.
- Bernd Rössner, Hanna Krabbe und Karl-Heinz Dellwo sind durch Urteil des OLG Düsseldorf vom 20. Juli 1977 wegen des Überfalls auf die Deutsche Botschaft in Stockholm am 24. April 1975 jeweils zu lebenslangen Freiheitsstrafen verurteilt.
- Ingrid Schubert verbüßt u.a. wegen der Straftaten bei der Befreiung von Andreas Baader am 14. Mai 1970 eine Freiheitsstrafe von 13 Jahren.
- Irmgard Möller ist u.a. wegen Mitgliedschaft in einer kriminellen Vereinigung zu einer Freiheitsstrafe von 4 Jahren und 6 Monaten verurteilt. Sie ist außerdem dringend verdächtig, an dem Bombenanschlag auf das US-Hauptquartier in Heidelberg am 24. Mai 1972 beteiligt gewesen zu sein.

Baader, Ensslin, Raspe und Möller sind in der Vollzugsanstalt Stuttgart-Stammheim inhaftiert, Dellwo in Bochum, Hoppe in Hamburg, Krabbe in Köln, Schubert in München-Stadelheim und Sonnenberg im Vollzugskrankenhaus Hohenasperg.

Das zweiseitige Schreiben der Schleyer-Entführer vom 5. September:

am montag, den 5.9.77 hat das kommando siegfried hausner
den präsidenten des arbeitgeberverbands und des bundesverbands der deutschen industrie, hanns-martin schleyer,
gefangengenommen.
zu den bedingungen seiner freilassung wiederholen wir
nochmal unsere erste mitteilung an die bundesregierung,
die seit gestern von den sicherheitsstäben wie wir das
inzwischen kennen unterschlagen wird.
das ist die sofortige einstellung aller fahndungsmassnahmen --
oder schleyer wird sofort erschossen.
sobald die fahndung gestoppt wird, läuft schleyers freilassung unter folgenden bedingungen :

1. die gefangenen aus der raf - andreas baader
   gudrun ensslin
   jan-carl raspe
   verena becker
   werner hoppe
   karl-heinz dellwo
   hanna krabbe
   bernd rössner
   ingrid schubert
   irmgard möller
werden im austausch gegen schleyer freigelassen und reisen
aus in ein land ihrer wahl. günter sonnenberg,
der seit seiner festnahme wegen seiner schussverletzung
haftunfähig ist, wird sofort freigelassen. sein haftbefehl
wird aufgehoben. günter wird zusammen mit den 10 gefangenen,
mit denen er sofort zusammengebracht wird und sprechen kann,
ausreisen.

2. die gefangenen sind bis mittwoch, 8 uhr früh, auf dem
flughafen frankfurt zusammenzubringen. sie haben bis zu ihrem
abflug um 12 uhr mittags jederzeit und uneingeschränkt die
möglichkeit, miteinander zu sprechen. um 10 uhr vormittags
wird einer der gefangenen des kommando in direktübertragung
durch das deutsche fernsehen über den korrekten ablauf ihres
abflugs informieren.

3. in der funktion öffentlicher kontrolle und garantie für das leben der gefangenen während des transports bis zur landung un aufnahme sollen die gefangenen - wie wir vorschlagen würden - von payot, dem generalsekretär der internationalen föderation für menschenrechte bei der uno, und pfarrer niemöller begleitet werden. wir bitten sie, sich in dieser funktion dafür einzusetzen, dass die gefangenen dort, wo sie hinwollen, lebend ankommen.

natürlich sind wir auch mit einem alternativvorschlag der gefangenen einverstanden.

4. jedem der gefangenen werden 1oo ooo dm mitgegeben.

5. die erklärung, die durch schleyers foto und seinen brief als authentisch identifizierbar ist, wird heute abend um 2o.oo uhr in der tagesschau veröffentlicht, und zwar ungekürzt und unverfälscht.

6. den konkreten ablauf von schleyers freilassung legen wir fest sowie wir die bestätigung der freigelassenen gefangenen haben, dass sie nicht ausgeliefert werden, und die erklärung der bundesregierung vorliegt, dass sie keine auslieferung betreiben wird.

wir gehen davon aus, dass schmidt, nachdem er in stockholm demonstriert hat, wie schnell er seine entscheidungen fällt, sich bemühen wird, sein verhältnis zu diesem fetten magnaten der nationalen wirtschaftscreme ebenso schnell zu klären.

am 6.9.77

KOMMANDO SIEGFRIED HAUSNER

R A F

Außerdem hatten die Entführer **Hanns-Martin Schleyer** gezwungen, **selbst** ein paar Zeilen zu schreiben:

Mir wird erklärt, daß die Fortführung der Fahndung mein Leben
gefährde. Das gleiche gelte, wenn
die Forderungen nicht erfüllt
und die Ultimaten nicht eingehalten
würden.
Mir geht es soweit gut, ich
bin unverletzt und glaube, daß
ich freigelassen werde, wenn die
Forderungen erfüllt werden.
Das ist jedoch nicht meine
Entscheidung.

6.9.77 Hanns Martin Schleyer

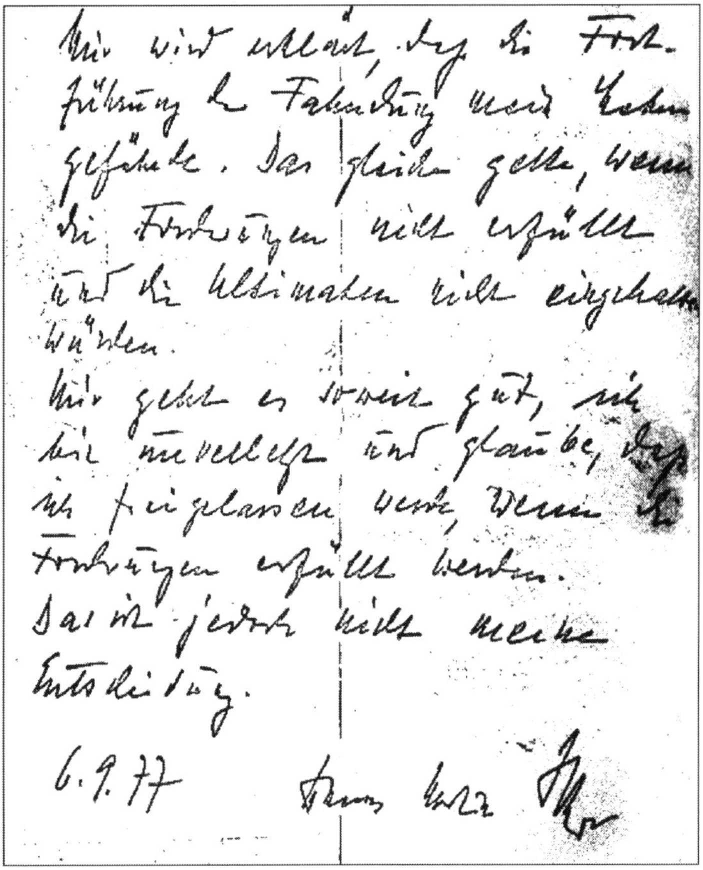

77

Auf den ersten Forderungskatalog der Entführer antwortet das **Bundeskriminalamt (BKA)** mit einer Mitteilung, die am 6. September um 20.00 Uhr in der Hauptausgabe der »Tagesschau« ausgestrahlt wird:

77 *»Mir wird erklärt, daß die Fortführung der Fahndung mein Leben gefährde. Das gleiche gelte, wenn die Forderungen nicht erfüllt und die Ultimaten nicht eingehalten würden. Mir geht es soweit gut, ich bin unverletzt und glaube, daß ich freigelassen werde, wenn die Forderungen erfüllt werden. Das ist jedoch nicht meine Entscheidung. 6.9.77 Hanns Martin Schleyer«.*

»Ihr Brief ist der örtlichen Polizei erst am späten Nachmittag zugegangen. Von dort wurde er dem BKA übergeben. Das BKA hat den Brief unverzüglich an die Bundesregierung weitergeleitet. Bei der Bundesregierung wird der Brief erst am späten Abend vorliegen. Der Termin für die von Ihnen gewünschte Veröffentlichung kann deshalb nicht eingehalten werden.«

Inzwischen finden regelmäßig Besprechungen des Kabinetts und des großen politischen Beratungskreises statt – ein Gremium, an dem alle im Bundestag vertretenen Parteien beteiligt sind. Gemeinsam werden die Ziele festgelegt, an denen sich alle Entscheidungen orientieren sollen, nämlich

- Hanns-Martin Schleyer lebend zu befreien;
- die Entführer zu ergreifen und vor Gericht zu stellen;
- die Handlungsfähigkeit des Staates und das Vertrauen in ihn im In- und Ausland nicht zu gefährden; also auch: die Gefangenen, deren Freilassung erpresst werden soll, nicht freizugeben.

Man ist sich einig darüber, dass diese Ziele gleichzeitig und nebeneinander verfolgt werden sollen. Die Frage, welchem Ziel man im Zweifelsfall Vorrang einräumen soll, wollen die Politiker erst dann beantworten, wenn sie unausweichlich gestellt sein würde.

Außerdem wird beschlossen, dass jeder Außenkontakt von Straf- und Untersuchungsgefangenen unterbunden werden soll, die wegen terroristischer Aktivitäten bereits rechtskräftig verurteilt oder solcher Aktivitäten verdächtigt sind. Grund für die **Kontaktsperre** sind konkrete Anhaltspunkte dafür, dass – insbesondere in Stammheim – inhaftierte Mitglieder der RAF die Entführung Schleyers mit geplant haben. Die Landesminister reagieren sofort. Keinem der inhaftierten Terroristen wird vom 6. September an irgendeine Verbindung zur Außenwelt oder untereinander erlaubt.[78]

Die Entscheidung, den Forderungen der Entführer nicht nachzukommen und sich nicht erpressen zu lassen, orientiert sich im Grundsatz an folgendem Erlass von Friedrich dem Großen vom 10. Januar 1757:

---

[78] Am 20. September 1977 sprechen sich – mit Ausnahme von Berlin – alle Bundesländer für die Fortdauer der Kontaktsperre und die sofortige Einleitung eines entsprechenden Gesetzgebungsverfahrens aus. Am 22. September 1977 entscheidet der Bundesgerichtshof durch Zurückweisung einer Beschwerde von sieben Häftlingen, dass gegen die getroffene Kontaktsperre keine rechtlichen Bedenken bestehen. Am 29. September 1977 nimmt der Deutsche Bundestag das Kontaktsperre-Gesetzes an. Am 30. September 1977 um 9.00 Uhr verabschiedet der Bundesrat das Gesetz und um 11.00 Uhr unterzeichnet der Bundespräsident dieses »Gesetz zur Änderung des Einführungsgesetzes zum Gerichtsverfassungsgesetz (Kontaktsperre)«. Es tritt am 2. Oktober 1977, 0.00 Uhr, in Kraft. Am 4. Oktober 1977 verwirft das Bundesverfassungsgericht mehrere Anträge auf Erlass einer einstweiligen Anordnung gegen die Unterbrechung des Kontakts der Häftlinge zur Außenwelt.

> **Der König an den Minister Grafen Fink von Finkenstein**
> seinen Jugendfreund.
>
> Berlin, 10. Januar 1757.
>
> In der kritischen Lage, in der unsere Angelegenheiten sind, muß ich Ihnen meine Befehle geben, damit Sie bei allen Unglücksfällen, die im Bereiche der Möglichkeit liegen, zu den Entschlüssen bevollmächtigt sind, die es zu fassen gilt.
>
> Wenn ich das Unglück haben sollte, vom Feinde gefangen genommen zu werden, so verbiete ich, daß man auch nur die geringste Rücksicht auf meine Person nehme, und daß man dem die geringste Beachtung schenkt, was ich etwa aus meiner Gefangenschaft schreibe. Wenn mir ein solches Unglück zustieße, will ich mich für den Staat opfern, und man muß meinem Bruder gehorchen, der mir ebenso wie alle meine Minister und Generale mit dem Kopfe dafür haften soll, daß man weder eine Provinz noch ein Lösegeld für mich anbietet, und daß man den Krieg unter Benutzung der errungenen Vorteile fortsetzen wird, ganz als wenn ich niemals auf der Welt gewesen wäre.

Am 7. September legt die RAF eine **Fehlspur**: Zwei Gruppenmitglieder stellen den von Knut Folkerts in München gekauften VW-Bus, amtliches Kennzeichen M-LZ 425, in Lörrach am Rande eines Waldes etwa 300 Meter von der schweizerischen Grenze entfernt ab. Um den Eindruck zu erwecken, die RAF habe ihre Geisel in die Schweiz verschleppt, lassen sie im Fahrzeuginnern Gegenstände zurück, die Hanns-Martin Schleyer bei seiner Entführung bei sich trug. So werden auf dem Boden vor der vorderen Sitzbank eine Krawatte und auf der Sitzfläche der mittleren Sitzbank ein Lederetui mit fünf verschiedenen Schlüsseln gefunden. Die Krawatte trug Schleyer am 5. September in Köln bei seiner Entführung. Auch der Schlüsselbund gehört ihm.

Am 7. September um 10.00 Uhr wendet sich das BKA über den Hörfunk mit folgender Mitteilung an die Entführer Schleyers:

> »Das BKA ist beauftragt zu prüfen, ob Herr Schleyer noch lebt. Die übersandten Unterlagen belegen nur, dass Dr. Schleyer in die Hände von Entführern geraten ist. Es muss daher ein Lebensbeweis erbracht werden. Die Polizei wird erkunden, durch welche zu nennenden Einzelheiten ein untrügliches Lebenszeichen nachgewiesen werden kann.

Die Polizei wird die entsprechenden Fragen in den Nachmittagssendungen des Hörfunks heute Nachmittag stellen.«

In einem **Gespräch mit Schleyer**[79] äußert Boock kurz darauf: »Die wollen nachher – das ist wohl Teil der Verzögerungstaktik – Fragen stellen, die Du beantworten sollst, damit's eindeutig ist, dass Du ... noch existent bist.« Auf die Frage Schleyers, ob dies über die Medien durchgegeben worden sei, sagt Boock: »Ja, ja, durch's Radio. Ja, das haben sie beim Lorenz genauso gemacht, das war genau das selbe Spiel ... Und die Frage ist, wie wir's jetzt überlegen, ob wir uns darauf so rum einlassen sollen oder ihn anders rum, diesen eindeutigen Beweis – ... z.B. über den Südwestfunk-Reiseruf an irgend einen Herrn Sowieso ... einlassen sollen. Das wär' die eine Sache, oder ob wir's so ändern«.

Am selben Nachmittag reagiert die RAF mit einem weiteren **Schreiben vom »7.9.1977«**. Um 17.25 Uhr meldet sich bei Pfarrer Friedrich Schuster in Mainz telefonisch eine Frau, die sich als Sprecherin der RAF ausgibt. Auf ihren Hinweis findet er in seinem Hausbriefkasten einen Umschlag, der ein Videoband, einen mit Maschine und zwei von Hanns-Martin Schleyer mit der Hand geschriebene Briefe enthält.

Das von Peter-Jürgen Boock gedrehte **Videoband** zeigt Hanns-Martin Schleyer:

---

79 Diese Unterhaltung zwischen Boock und Schleyer hält die RAF auf einem Tonband fest, das Angelika Speitel mit dem Aufkleber »*Spindy-Gespräch*« versieht und in dem Erddepot bei Heusenstamm verwahrt.

Er verliest folgenden Text:

»Ich bin heute am 7. September 1977 durch die Entführer in groben Umrissen über den Stand der Beratungen der politisch Verantwortlichen, soweit es durch die Medien bekannt geworden ist, unterrichtet worden. Ich habe den festen Eindruck, dass die Entführer zu ihren Zusagen stehen werden, dass aber alle Verzögerungen in der Abwicklung des Falles meine Lage verschlechtern werden. Ich möchte vor allem meine Familie grüßen, ihr sagen, dass es mir den Umständen entsprechend gut geht und dass ich hoffe, dass ich bald wieder bei ihr sein kann.

Zur Bestätigung, dass ich noch lebe, lese ich einen Artikel aus der STUTTGARTER ZEITUNG von heute, 7. September 1977, Seite 5 vor: ›Überschrift: Senegal bricht Kontakte mit Südafrika ab. – Johannesburg (dpa/Reuter-Meldung): Der westafrikanische Staat Senegal hat alle inoffiziellen Verbindungen zu Südafrika abgebrochen. Senegal ist eines der letzten afrikanischen Länder, das noch Kontakte zur Regierung Vorster unterhalten hat. Gleichzeitig lagen am Dienstag in Pretoria Informationen vor, dass der Präsident der Elfenbeinkünste, Houphouet-Boigny, weitere Kontakte zu Südafrika an die Bedingung knüpft, dass dort endlich durchgreifende Maßnahmen zum Abbau der Apartheid ergriffen werden.‹

Wenn die Bundesregierung, was ich hoffe, sich entschließt, auf die Bedingungen einzugehen und damit für meine Freilassung einzutreten, dann verbinde ich damit die dringende Bitte, von weiteren Verzögerungen Abstand zu nehmen und insbesondere keine Maßnahmen einzuleiten, die als sogenannte militärische Lösungen gelten können, denn ich bin nach all meinen Beobachtungen überzeugt, dass diese unweigerlich meinen Tod zur Folge hätten.«

Das mit Maschine gefertigte **Schreiben der Entführer** enthält neue Anweisungen:

> wir verstehen die nichtveroeffentlichung unserer forderungen und des ultimatums, die gestern, 2o uhr, in der tagesschau bekanntgegeben werden sollten, korrespondierend zu der geheimgehaltenen entscheidung des krisenstabs nur als den versuch der bundesregierung, die militaerische loesung durchzuziehen. dieselbe funktion hat das manoever des bka, mit der forderung nach einem lebenszeichen schleyers zeit rauszuholen, nachdem sie seit gestern nachmittag schleyers handgeschriebenen brief sowie ein gestern von ihm aufgenommenes foto in der hand haben.
>
> wir werden uns nur auf die beantwortung der fragen, die das bka heute bekanntgeben will, einlassen, wenn sichtbar wird, dass sich die bundesregierung ihrerseits an die bedingungen haelt - und wir haben nicht mehr lange lust uns zu wiederholen :
> 1. die fahndung wird sofort gestoppt
> 2. die gefangenen werden sofort zusammengebracht
> 3. die bestaetigung dafuer wird von einem der gefangenen heute abend ueber das deutsche fernsehen abgegeben
>
> als sichtbares zeichen verlangen wir, dass die videoaufnahme, in der schleyer seinen beiliegenden brief verliest, heute ab 18.oo uhr in allen nachrichtensendungen des fernsehens abgespielt wird.
>
> 7.9.77 kommando siegfried hausner
>
> eine kopie des video-bands werden wir an die in- und auslaendische presse geben.

Der erste Brief **Schleyers** ist eine eher persönliche Erklärung:

80 »Ich bin über den bisherigen Ablauf in groben Umrissen unterrichtet und bedanke mich bei allen, die mir in meiner schwierigen Lage helfen. Ich bin überzeugt, daß sich meine Entführer an ihre Zusagen halten werden, wenngleich Verzögerungen schaden werden. Mir geht es den Umständen entsprechend gut; ich grüße vor allem meine Familie, bei der ich zuversichtlich hoffe, bald wieder zu sein. am 7. September 1977 Hanns Martin Schleyer«.

Der **zweite Brief Schleyers** enthält das zwischen ihm und Boock abgesprochene Lebenszeichen:

81 »*Ich habe gehört, daß das BKA im Südwestfunk III um 10.00 am 7.9.77 angekündigt hat, daß es mir Fragen stellen werde, deren Beantwortung bestätigen soll, daß ich noch lebe. Vielleicht genügt es, wenn ich zur Vereinfachung des Verfahrens mitteile, im Anschluss an diese Nachrichten einen Reiseruf gehört zu haben, wonach sich ein Herr Vijot aus Belgien, der in einem weißen Volvo auf dem Weg von Brüssel nach Karlsruhe ist, zu Hause melden soll. Meine Frau wird sich an unsere Unterhaltung vom Sonntag Vormittag erinnern, bei der sie sehr für den Einbau von Sicherheitsmaßnahmen in unserem Stuttgarter Haus plädierte. Hanns Martin Schleyer am 7. Sep. 77.*«.

In diesen Tagen ereignet sich eine **schlimme Fahndungspanne**: die Polizei erhält am 7. September bei ihrer Suche nach Schleyer einen konkreten Hinweis auf jene Wohnung in Erftstadt-Liblar, in der sich die RAF-Täter und ihr Opfer aufhalten. In dem noch am selben Tag abgesetzten Fernschreiben der örtlichen Polizei heißt es:

> »Erftstadt/Liblar, Zum Renngraben 8, 3. Etage, Wohnung 104: Frau Annerose Lottmann-Bückler, geb. am .. hat am 21.7.1977 die vorgenannte Wohnung bezogen. Wohnungsgestellung wurde bei der Wohnungsgesellschaft VVG als dringend beantragt. Die Kaution von 800.- DM sofort bezahlt. Das Geld entnahm sie ihrer Handtasche, in der sich noch ein ganzes Bündel Geldscheine befand.«

Der Hinweis bleibt jedoch zunächst unbearbeitet. Wie eine spätere Überprüfung ergibt, gelangt er nicht in die Hände der für die Schleyer-Fahndung zuständigen Sonderkommission des BKA.[82] In der Wohnung, in der die RAF ihr Opfer gefangen hält, haben Schleyer und Boock den Eindruck, dass die Polizei dabei ist, den gesamten Wohnkomplex zu überprüfen, und der Täterwohnung immer näher kommt; Schleyer will deshalb von Boock wissen, ob er ihn denn erschießen würde, falls die Polizei in die Wohnung komme. Dies bejaht Boock. Jedenfalls wächst bei den Entführern die Sorge, die Polizei könne ihr Versteck in Erftstadt-Liblar entdecken. Sie überlegen deshalb, ob es nicht besser wäre, Schleyer außer Landes zu bringen.

Am Nachmittag des 7. September verbreitet das **BKA** über den Hörfunk weitere Fragen an die Entführer. Mit den bisherigen Lebenszeichen Schleyers gibt man sich nicht zufrieden.

> »Das BKA wendet sich – wie heute morgen angekündigt – erneut an die Entführer von Herrn Schleyer: das BKA benötigt als Lebenszeichen ein Tonband, auf dem Herr Schleyer folgende Fragen beantwortet: Wie lautet der Kosename von Edgar Obrecht? Wie heißt die Euler-Enkelin heute, und wo lebt sie?«

Auf diese Mitteilung des BKA teilt noch am selben Abend um 20.44 Uhr ein weibliches RAF-Mitglied telefonisch dem Mainzer Weihbischof Rolly mit, in seinem Briefkasten liege »**die Antwort an die Bundesregierung**«. Weihbischof Rolly findet einen Brief mit einem Tonband,[83] auf dem Hanns-Martin Schleyer die Fragen des BKA beantwortet:

> »Mein Schwager Edgar Obrecht wurde von meiner verstorbenen Schwester ›Moki‹ genannt. Die Enkelin des Mathematikers Euler nennt sich heute Euler-Obolinski und lebt in Basel. Dieses Lebenszeichen wird nach Auffassung meiner Bewacher das letzte vor meiner Freilassung sein; die Bewacher drängen darauf, dass jetzt eine Entscheidung der Bundesregierung fällt. Ich bin im übrigen nach wie vor davon überzeugt, dass die Ent-

---

82 Die Frage, warum dies nicht geschehen ist, wird später Gegenstand der Untersuchungen der sog. Höcherl-Kommission sein.
83 Eine Kopie dieses Tonbandes versieht Angelika Speitel mit dem Aufkleber »1. Lebenszeichen Spindy Grüße Kusine« und legt sie in das RAF-Erddepot bei Heusenstamm.

führer sich an die Bedingungen halten werden, wenn die Bundesregierung ihrerseits den Forderungen nachkommt. Das Band, das ich heute morgen besprochen habe, und den Brief, der auch eine Mitteilung an meine Familie enthält, bitte im Laufe des Tages abspielen.«

Kurz vor Mitternacht wendet sich das BKA erneut an die Entführer:

»1. Das BKA entspricht zunächst Ziffer 1 des Briefes vom 7. September 1977. Falls erwünscht, kann sich eine Person des Vertrauens der Entführer hierüber auf zu vereinbarende Weise überzeugen. Das BKA stellt anheim, diese Person als Kontaktperson zu bestellen, um Unklarheiten durch parallel eingehende Desinformationen und hinderliche Zeitverluste zu vermeiden.

2. Weiterhin entspricht das BKA dem Verlangen von Ziffer 5 des Briefes vom 6. September 1977. Dieser Brief wird morgen veröffentlicht werden.«

Der Brief der Entführer vom 6. September wird am 8. September 1977 veröffentlicht. Außerdem schlägt das **BKA** der RAF erneut vor, eine Kontaktperson zu benennen:

»Aus der Erklärung des BKA vom 7. September 1977, die vor Mitternacht im ZDF gesendet wurde, können die Entführer die Gesprächsbereitschaft des BKA entnehmen. Das BKA warnt die Entführer, diese Bereitschaft durch unzumutbare Forderungen nach Publikationen von Einzelheiten zu gefährden. Die bisherige Kommunikation über Rundfunk und Fernsehen hat sich als unzweckmäßig erwiesen. Deshalb erscheint die bereits gestern anheim gestellte Benennung einer Kontaktperson dringlich. Dieser Kontaktperson können Modalitäten genannt werden.«

Diesem Vorschlag widersetzen sich die Entführer in sieben gleichlautenden maschinengeschriebenen Erklärungen. Die **Briefserie vom »8.9.77«** erhalten Silke Maier-Witt und Angelika Speitel über Rolf Heißler und bringen sie am Abend des 8. September 1977 in Mannheim zur Post. Ein Original ist »An die Bundesregierung« adressiert. Bei den sechs übrigen Erklärungen handelt es sich um Fotokopien eines zweiten Originals; sie sind an verschiedene Zeitungen gerichtet. Einem dieser Schreiben ist erneut jenes Foto beigefügt, auf dem Hanns-Martin Schleyer vor einem RAF-Emblem abgebildet ist und ein Schild mit der Aufschrift »6.9.1977 GEFANGENER DER RAF« hält. Die RAF-Erklärung an die Bundesregierung:

> es wird von uns keine weiteren erklärungen geben, bevor
> die gefangenen nicht abgeflogen sind.
> um sicher zu gehen, dass schleyer lebt, hat die bundes-
> regierung genügend beweise : seine briefe, das videoband
> sowie das tonband mit seinen antworten auf die beiden
> fragen. -
> kontaktpersonen sind überflüssig wie jeder weitere ver-
> zögerungsversuch. die verständigung über schleyers frei-
> lassung läuft über die tatsache des abflugs der gefangenen
> oder gar nicht.
> wir fordern zum letzten mal :
> 1. bis heute abend, 20.00 uhr, ist die politische ent-
>   scheidung der bundesregierung öffentlich bekanntgegeben
> 2. bis freitag, 1o uhr morgens, läuft die bestätigung durch
>   einen der gefangenen, dass sie abflugbereit sind
> 3. bis 12 uhr mittags ist der abflug der gefangenen in
>   einem vollgetankten langstreckenflugzeug der lufthansa
>   gelaufen, der über tv direktübertragen wird
> 4. die übrigen forderungen sind ihnen aus den vorhergegan-
>   genen erklärungen bekannt.
>
> 8.9.77   kommando siegfried hausner
>
> zur identifikation :
> 'welches glück, dass der spiegel, der in unserer offen-
> burger wohnung in das kinderbett von arnd fiel, ihn nicht
> erschlagen hat.'

Schleyer selbst schreibt am 8. September einen vierseitigen **Brief an seinen Sohn Eberhard Schleyer**:

84 »8-9-77 Lieber Eberhard! Herzliche Grüße an Euch alle, ich bin viel in Gedanken bei Euch. – Mir geht es zwar gesundheitlich gut, aber ich bin über das Geschehen nur unzureichend und nur über Informationen meiner Bewacher informiert. Deshalb kann ich Bedeutung und Wirkung nachstehender Überlegungen nur schlecht beurteilen. Nimm sie deshalb als persönliche Information und verwerte sie nach Rücksprache mit Dr. Erdmann und Dr. Mann so, daß es nicht als Druckversuch meinerseits ausgelegt wird, aber so ernst genommen wird, wie sie es verdient. Das Ziel der Entführer wird sie bei Ablehnung der Forderungen und nach meiner Liquidierung nur veranlassen, das nächste Opfer zu holen. Nach allem, was ich heute über die Entführungsabsicht Ponto und über meinen Fall weiß, wird dieses Ziel erreicht. Es gibt, wie man gesehen hat, keinen absoluten Schutz, wenn man so sorgfältig arbeitet wie die RAF. Es ist auch eine Fehleinschätzung der Polizei, wenn sie glaubt, daß meine Entführer ....

85 ... kein persönliches Risiko eingehen würden. Sie suchen es nicht, aber sie scheuen es auch nicht. Es wird also dann nicht nur einen Fall Ponto und Schleyer geben, sondern einige mehr. Man muß also nüchtern Bilanz ziehen und in die Abwägung alle kommenden Entführungsfälle mit dann tödlichem Ausgang (bei heute und später unveränderten Forderungen) einbeziehen. Das sollte Helmut Schmidt ebenso wissen wie Helmut Kohl + HD Genscher. Mein Fall ist nur eine Phase dieser Auseinandersetzung, als deren Gewinner ich nach meinem jetzigen Wissensstand nicht das BKA sehe, weil die Personen, deren Freilassung gefordert wird, die Entführer in ungeahntem Maß zu weiteren Handlungen motiviert. Die Verantwortlichen in unserem Land können aber nicht nur im Panzerwagen reisen und werden daher immer Blößen zeigen. Laß Dich nach Bonn + Köln bringen, sprich dort vielleicht auch mit v.B. und Kurt-Hans und trage diese Gedanken vor. Die Entführer kennen diesen Brief natürlich, aber er entspricht meiner Überlegung + ist das Produkt der letzten Nacht. ...

... Die politische Verantwortung trägt natürlich Bonn, aber sie unterschätzen dort offenbar die Ernsthaftigkeit + Härte meiner Entführer. Man kann dieses Spiel um Zeitgewinn nicht weitertreiben, weil es auch für die Entführer Zwänge gibt, deren 1. Opfer ich bin. Ich habe die Frage nach Mocki + Obolensky – Basel sofort auf Band beantwortet. 12 Stunden nach erwiesenem Eingang beim Adressaten verneint man den Empfang immer noch. Mein erstes Lebenszeichen habe ich am Dienstag früh mit Bild + Brief abgegeben, um vor allem Euch zu beruhigen. Gestern Abend wurde angeblich erst berichtet – d.h. nach 24 Stunden. Ruhe an der Front wird es nicht so schnell geben, aber man kann eine Eskalation verhindern, wenn man das Hauptziel nicht erst nach dem 10. Anschlag erfüllt. Wenn Du Dich als mein ›Vermittler‹ ein ...

Einen weiteren – zweiseitigen – Brief richtet Hanns-Martin Schleyer am Abend des 8. September an den früheren Geschäftsführer der Firma Flick KG, **»Herrn Rechtsanwalt Eberhard von Brauchitsch«**.

87 *... schaltest und meine Gedanken bei den Verantwortlichen interpretierst, dann ist das sicher nicht das Mandat, das Du von mir vermittelt haben wolltest, für mich aber eine große Beruhigung. Ich drehe mit Sicherheit nicht durch, bleibt Ihr gesund und optimistisch. Ich war schon oft in schwierigen Lagen + es ist immer wieder gut gegangen. Viele Bussi an Mutti, Euch alle + die Freunde. Hoffentlich bis bald! Dein Vati«.*

88 »8 – 9 – 77 abends Lieber Eberhard! Zunächst einen herzlichen Gruß! Es gibt mich also noch, aber ich wüsste gern mehr über die Entscheidung der Bundesregierung, die ja wohl allein die Fäden in der Hand hält, aber Nachrichtensperre verhängt hat. Die Forderung nach einem Vermittler ist barer Unsinn, weil sich ›meine Entführer‹ nicht decouvrieren und unseren ›Urlaubsort‹ auch gegenüber einem ›Vermittler‹ nicht preisgeben werden, so daß ein Dreiecks-Kontakt unmöglich ist. Die Ungewissheit ist in meiner Lage natürlich scheußlich. Wenn Bonn ablehnt, dann ....

89

Der Brief Schleyers vom »8-9-77« an Eberhard von Brauchitsch wird am 9. September 1977 gegen 14.00 Uhr dem Pförtner der Firma Flick KG in Düsseldorf von einem jungen Mann mit der Aufforderung übergeben: »*Leiten Sie bitte den Brief weiter an Herrn von Brauchitsch!*«

89 ... *sollen sie es bald tun, obwohl der Mensch – wie es auch im Krieg war – gerne überleben möchte. An der Entschlossenheit meiner Entführer zu ihrem Wort auch im für mich negativen Sinn zu stehen, besteht für mich nicht der geringste Zweifel. Noch warten auch sie auf die Entscheidung der Bundesregierung. Vielleicht ist diese Entscheidung gefallen, wenn Dich der Brief erreicht, falls nicht, wäre ich Dir dankbar, wenn Du unseren Freunden meine Auffassung nahe bringen würdest. Grüße die Deinen und die Meinen. Der Gedanke an Euch ist mir großer Halt. Herzlichst Dein H.M.*«

Im Laufe des Tages verbreitet das BKA über Rundfunk mehrere Mitteilungen an die Entführer. Zunächst um 15.00 Uhr:

> »Das BKA teilt den Entführern von Hanns-Martin Schleyer mit: ›Der an die Frankfurter Rundschau gerichtete Brief vom 8.9.1977 ist beim BKA eingegangen. Eine weitere Nachricht folgt alsbald.‹ Soweit die neueste Mitteilung des BKA. Wie Sie im Verlauf der vergangenen Stunde gehört hatten, haben wir eine Nachricht der Frankfurter Rundschau gesendet, die wir noch einmal wiederholen möchten: Der Frankfurter Rundschau ist heute, Freitag Vormittag, 9.9.1977, ein Brief mit Datum vom Donnerstag, dem 8.9.1977, der Entführer von Hanns-Martin Schleyer zugegangen. Dieser Brief war am Donnerstag, dem 8.9.1977, um 23.00 Uhr vom Postamt Mannheim abgestempelt worden. In diesem Brief wird für Donnerstag, den 8.9.1977, 20.00 Uhr, eine Erklärung der Bundesregierung gefordert. Dieser Termin war im Zeitpunkt der Abstempelung bereits um drei Stunden überschritten. Der Brief ist auf den Weg zum BKA gebracht worden. Nach dem geschilderten zeitlichen Ablauf erscheint auch die Einhaltung der in dem Brief für Freitag, den 9.9.1977, 10.00 Uhr und 12.00 Uhr, gesetzten Termine überaus fraglich.«

Kurz darauf heißt es weiter:

> »Die Entführer wussten bei Aufgabe ihres Briefes am späten Abend des Donnerstag, dem 8.9.1977, dass weder die geforderte Erklärung der Bundesregierung, noch die Termine des Freitags, 9.9.1977, zeitlich einhaltbar waren. Der Ablauf belegt erneut die Notwendigkeit der Einschaltung einer Kontaktperson zwecks Entgegennahme und Weiterleitung von Nachrichten. Hierfür akzeptiert das BKA Herrn Rechtsanwalt Payot,[90] Genf, der sich grundsätzlich dazu bereit erklärt hat«.

Um 17.47 Uhr übermittelt das BKA an die Hörfunkstationen und Presseagenturen folgenden Text zur Veröffentlichung:

> »Das BKA teilt mit, dass der als Kontaktperson akzeptierte Rechtsanwalt Payot heute ab 18.00 Uhr in Genf für die Entgegennahme und Übermittlung von Nachrichten erreichbar ist.«

Am späten Abend des 10. September nehmen die Entführer **Kontakt zu Rechtsanwalt Payot** auf. Um 23.25 Uhr ruft Silke Maier-Witt in seinem Büro an und gibt folgende Erklärung durch:

> »Ich bin Mitglied der RAF. Hier unsere Mitteilung: Meine Legitimation: Im Juni habe ich Herrn Karl-Werner Sanne und den Vertreter der Vereinigten Staaten bei der Internationalen Arbeitsorganisation getroffen. Hier unsere Bedingungen:
> Bis Sonntag Abend, 18.00 Uhr, hat einer der Gefangenen im Deutschen Fernsehen aufzutreten und zu erklären, dass die Vorbereitungen für den Abflug im Gange sind. Sobald wir darüber Gewissheit haben, geben wir ein neues Lebenszeichen, das Ihnen ermöglicht, uns für legitim zu halten. Nach der Bekanntgabe des Lebenszeichens geben wir noch sechs Stunden Zeit bis zum Abflug. Wir müssen den Abflug fordern, da wir dann keine weitere Möglichkeit für einen Kontakt sehen. Sobald die Gefangenen sowie Herr Payot und Herr Niemöller ihr Flugziel erreicht haben, wird Andreas Baader ihnen einen Satz sagen, der ein Wort enthält, der dem Kommando überbracht wird und diesem erlaubt,

---

90 Der Name »Payot« war von den Entführern bereits am 6.9. ins Spiel gebracht worden – siehe S. 104.

zu identifizieren und zu versichern, dass sie gut angekommen sind, damit Schleyer freigelassen werden kann. Was den Ablauf dieser Ausführungen betrifft, ist jeder Kompromiss ausgeschlossen.
Kommando Siegfried Hausner«

Am 11. September 1977 gegen 0.45 Uhr gibt Rechtsanwalt Payot diese Mitteilung an das BKA weiter.

In der »Bild am Sonntag« erscheint an diesem Tag folgende **Erklärung von Schleyers Ehefrau**:

> »Meine ganze Sorge gilt meinem Mann und meiner Familie. Ich bin tief beeindruckt von der Anteilnahme, die mir und meiner Familie aus allen Schichten der Bevölkerung zuteil wird. Diese spontane Anteilnahme am Schicksal meines Mannes hat mich tief bewegt. Ich hoffe inbrünstig mit meinen Kindern, daß alles gut ausgeht und mein Mann bald wieder bei uns sein kann. Mein Mitgefühl gilt aber auch den Angehörigen der Männer, die meinen Mann begleitet haben und dabei ihr Leben lassen mußten. Ihnen fühle ich mich besonders verbunden.«

Um 18.30 Uhr gibt das **BKA** an das Büro des Rechtsanwalts Payot eine weitere Mitteilung an die Entführer durch:

> »1. Die dem BKA durch den Rechtsanwalt Payot heute nacht, 11.9.1977, 0.45 Uhr übermittelte Mitteilung der Entführer stellt keinen gegenwärtigen Lebensbeweis dar. Das BKA fordert deshalb zusammen mit der nächsten Mitteilung der Entführer einen prüfbaren Beweis dafür, dass Hanns-Martin Schleyer im Zeitpunkt der Absendung dieses Beweises lebt.
> 2. Die unter Ziffer 1 erwähnte Mitteilung der Entführer enthält Elemente, die, wenn der geforderte Ablauf sichergestellt werden soll, unbedingt erläutert werden müssen. Ohne Kenntnis von Flugziel und Flugweg und der tatsächlichen Gewährung von Überflug- und Landerechten wäre eine Besatzung – aufgrund der fliegerischen Erfahrung im Entführungsfall Lorenz – für diese womöglich lebensgefährliche Aufgabe nicht zu finden.
> 3. Im bisherigen Austausch von Nachrichten haben die Entführer die Frage noch nicht berührt, durch welche Modalitäten sie die tatsächliche Freilassung von Hanns-Martin Schleyer sicherstellen würden. Angesichts der Tötung von vier Menschen und der dadurch begründeten Gefahren für Herrn Schleyer müsste das BKA wissen, welchen Ablauf die Entführer planen.
> 4. Das BKA erwartet deshalb Mitteilung über durchführbare und zumutbare Ablaufmodalitäten für den Flug und für die tatsächliche Freilassung.«

Im Laufe des 12. September werden **zwei neue Briefe der Entführer** übermittelt:

Den **einen** hinterlegt ein junger Mann gegen 11.00 Uhr beim Portier des Hotels »Breidenbacher Hof« in Düsseldorf. Er ist an »Herrn Eberhard v. Brauchitsch« adressiert. Um 11.54 Uhr wird die Firma Flick KG hierüber telefonisch unterrichtet. Der Brief enthält ein von Hanns-Martin Schleyer besprochenes Tonband, eine »tonbandabschrift« und dieses maschinengeschriebene **Schreiben der Entführer**:

"heute wäre der geburtstag meiner cousine anni müller.
sie ist 1904 in würzburg geboren."

wir erwarten bis 24.00 uhr die entscheidung der bundesregierung, ob sie den austausch will oder nicht, und
zwar in der form, daß sie erkennbar vorbereitungen für
die zusammenlegung der gefangenen trifft.

der ablauf dieser prozedur ist bereits festgelegt.
einer der gefangenen bestätigt die laufenden vorbereitungen.

die möglichen zielländer können der bundesregierung
nur von den gefangenen selbst genannt werden.

auf weitere bka-meldungen an payot werden wir ohne
konkrete schritte der bundesregierung nicht mehr reagieren.

falls die bundesregierung auch dieses ultimatum schweigend übergehen will, hat sie die konsequenzen zu tragen.

kommando siegfried hausner   12.9.1977

diese mitteilung geht heute morgen an payot, sowie privat-
personen und ausländische presse.

als lebenszeichen schleyers ist ein tonband an von brauchit
gegeben worden.

Die »**tonbandabschrift**« gibt die Worte Hanns-Martin Schleyers wieder:

> tonbandabschrift
>
> jetzt, etwa um mitternacht vom 11. auf 12. september 1977 wird mir von den neuen forderungen, die über monsieur payot übermittelt wurden, berichtet.
> ich bin etwas verwundert, dass man wiederum einseitige forderungen stellt, unter anderem nach einem lebenszeichen, obwohl ich dieses herrn payot gegenüber erst am samstag nacht eindeutig durchgeben liess.
> auf der anderen seite wird die hauptforderung, die für meine existenz entscheidend ist, nämlich, wie der beschluss der bundesregierung lautet, nicht bekanntgegeben.
>
> ich meinerseits weiss, dass ich etwa 30 minuten nach meiner freilassung über telefon meine familie in stuttgart unterrichten kann.
>
> ich bitte dich, dieses tonband so schnell wie möglich an die bundesregierung weiterzuleiten und es aus sicherheitsgründen an die dir dafür richtig erscheinenden adressen zu geben.
>
> zu dem lebenszeichen an payot vom samstag noch eine kurze nachbemerkung:
> wenn man die authentität der aussage bezweifelt, dann unterstellt man, dass der deutsche botschafter oder dr. erdmann die terroristen über den inhalt des gesprächs unterrichtet haben, denn ausser diesen beiden herren war bei diesem teil des gesprächs niemand ausser mir anwesend.
>
> grüsse bitte meine lieben.
> ich bedanke mich vor allen dingen bei meiner frau, der der appell von gestern sicher nicht leicht gefallen ist.

Den **zweiten Brief** hinterlegt zwischen 12.00 Uhr und 13.00 Uhr ein Angehöriger der RAF bei der Rezeption des »Park-Hotels« in Düsseldorf. Er ist ebenfalls an Eberhard von Brauchitsch adressiert. Kurze Zeit später ruft Stefan Wisniewski bei der Firma Flick KG in Düsseldorf an. Er verlangt, *»in der Angelegenheit Schleyer«* Herrn von Brauchitsch zu sprechen.[91] Weil dieser nicht erreichbar ist, teilt er dessen Sekretärin mit, die *»Entführer von Herrn Schley-*

---

91 Die Sekretärin hält ihn in dem Gespräch gezielt hin und nimmt das ca. 3 ½ Minuten dauernde Telefonat auf Tonband auf; dadurch wird Wisniewski später als Anrufer identifiziert.

er« hätten im »*Park-Hotel*« in Düsseldorf Unterlagen für »*Herrn von Brauchitsch, Flick KG*« hinterlegt.

In dem Brief befindet sich ein Schreiben Schleyers sowie folgendes **Tonband**, in welchem sich Schleyer an seinen Freund und damaligen Oppositionsführer Helmut Kohl wendet:

»Montag, den 12. September, eine Woche nach dem Anschlag.
Lieber Helmut Kohl, die Situation, in der ich mich befinde, ist auch politisch nicht mehr verständlich. Dies veranlasst mich, an meine politischen Freunde einen Appell zu richten. Zunächst zur Vorgeschichte.
Am 31. Juli 1977 rief mich der Bundesinnenminister Professor Maihofer in meinem Urlaubsort Meersburg an, um mir mitzuteilen, dass ich nunmehr zu den gefährdetsten Personen gehöre und damit in die Gefahrenstufe I eingeteilt sei. Er bat mich, mich allen Anordnungen, die die Polizei treffen müsse, zu beugen. Die daraufhin in Meersburg, Stuttgart und Köln vom BKA und LKA Stuttgart angeordneten Maßnahmen habe ich korrekt durchgeführt. Ihre Wirksamkeit konnte ich nicht beurteilen. Diese Verantwortung tragen allein die dafür verantwortlichen und kompetenten Stellen. Wie stümperhaft das Ganze gemacht wurde, beweist der Ablauf des 5. September, und die Kenntnisse, die ich heute über die völlig ungestörten, obwohl leicht erkennbaren Vorbereitungen besitze, zeigen mir, wie wenig die Verantwortlichen in Wirklichkeit über den Terrorismus wissen. Man kann sich nicht nur auf den Computer verlassen, man muss den Computer durch menschliche Hirne speisen, wenn man von ihm richtige Erkenntnisse erwartet.
Ich habe nie um mein Leben gewinselt, immer die Entscheidungen der Bundesregierung, wie ich ausdrücklich schriftlich mitgeteilt habe, anerkannt. Was sich aber seit Tagen abspielt, ist Menschenquälerei ohne Sinn, es sei denn, man versucht mit naiven Tricks, meine Entführer zu fangen. Das wäre zugleich mein sicherer Tod. Und ich kann mir nicht vorstellen, dass man zwar die offizielle Ablehnung der Forderungen scheut, aber Vorbereitungen trifft, um mich still um die Ecke zu bringen, was man dann vielleicht als technische Panne ausgeben könnte. Seit man Tag und Nacht berät, ich frage mich eigentlich, worüber noch, hat mir den Eindruck vermittelt, man wolle die Forderungen annehmen; alles redet zudem vom Leid der Familie und bekundet den Wunsch, mein Leben zu erhalten. Man verlangt aber ständig neue Lebenszeichen von mir und verleugnet die vorliegenden oder zweifelt die Authentizität grundlos an. Nachdem das BKA, vor allem bei den vorbeugenden Maßnahmen, eindeutig versagt hat, die Bundesregierung sich offenbar nicht zum Handeln entschließen kann, der Bundeskanzler, dem ich am 23. August in einem von mir erbetenen Termin in Hamburg die tiefe Sorge der Wirtschaft über mangelhafte Sicherheitsmaßnahmen vorgetragen habe, ebenfalls keine Entscheidung trifft, ist es nunmehr Aufgabe der Opposition, die Verantwortlichkeiten klarzustellen und offen zu legen. Ich bin nicht bereit, lautlos aus diesem Leben abzutreten, um die Fehler der Regierung, der sie tragenden Parteien und die Unzulänglichkeit des von ihnen hochgejubelten BKA-Chefs zu decken.
Von diesem Band wird eine Kopie angefertigt, um sie anderen öffentlichen Stellen zugänglich zu machen, wenn durch Deine fehlende Reaktion erkennbar wird, dass Dich dieses Band nicht erreicht hat.
In alter und vertrauensvoller Verbundenheit Dein Hanns-Martin Schleyer.«

Außerdem enthält der Brief folgendes Schreiben Schleyers an Eberhard von Brauchitsch:

Das RAF-Mitglied Rolf Klemens Wagner ist an diesem Tag der Sprecher der Entführer. Kurz nach Mittag ruft er dreimal bei Schleyers Familie an und verliest unter anderem den Text des neuesten Entführerschreibens. In diesem Zusammenhang erwähnt Wagner, dass entsprechende Schreiben *»heute morgen an Herrn Payot abgegangen und als Lebenszeichen des Entführten ein Tonband bei Herrn von Brauchitsch abgegeben worden«* seien. Auf die Frage, was denn passiere, *»falls die Bundesregierung auch dieses Ultimatum schweigend übergehen sollte«*, erwidert er: *»Das werden Sie zu gegebener Zeit erfahren.«*

In drei weiteren Telefongesprächen verbreitet Wagner nachmittags ebenfalls den Inhalt des Entführerschreibens. Zunächst spricht er mit dem Hauptgeschäftsführer des Bundesverbandes der Deutschen Industrie, Dr. Mann, dann mit dem Hauptgeschäftsführer der Bundesvereinigung der Deutschen Arbeitgeberverbände, Dr. Erdmann, und schließlich mit der Ehefrau des Vorstandsvorsitzenden der Daimler-Benz-AG, Prof. Zahn. Darüber hinaus senden die Entführer allen diesen Personen, der Redaktion der »Bild-Zeitung« und drei Nachrichtenagenturen Kopien ihrer Erklärung und die Tonbandabschrift zu, die Eberhard von Brauchitsch an diesem Tag erhalten hat.

Hanns-Martin Schleyer bespricht an diesem 12. September noch ein **weiteres Tonband**, das an Dr. Erdmann adressiert ist und inhaltlich jenem Band entspricht, das an Helmut Kohl gerichtet war. Die Entführer schicken es jedoch niemals ab.[92] Der Grund ist wohl eine **Botschaft des BKA**, die den Entführern um 21.30 Uhr über Rundfunk angekündigt und um 22.30 Uhr an Rechtsanwalt Payot übermittelt wird. Das RAF-Ziel, die Gefangenen auszutauschen, scheint nun näher zu rücken.

> »1. Das BKA wird Vorbereitungen einleiten. Hierzu werden Befragungen der Gefangenen erfolgen. Über die Befragungen werden prüfbare Aufzeichnungen gefertigt, die Herrn Rechtsanwalt Payot im Original zugehen werden. Öffentliche Bekanntgaben kommen nicht in Betracht.
> 2. Das BKA vermisst eine Erklärung der Entführer zu der gestellten Frage, welche überprüfbaren Garantien für die tatsächliche Freilassung von Herrn Schleyer geliefert werden. Es ist unzumutbar, Gefangene freizugeben, ohne dass die Gewähr dafür besteht, dass die Entführer nicht auch Herrn Schleyer ermorden.
> 3. Die Nachricht über beide Hotels ist bei den Adressaten am Montag, 12. September, nachmittags angekommen.
> Die Gefangenen werden in den Haftanstalten einzeln befragt. Ihre Antworten werden protokolliert. Die zu stellenden Fragen haben folgenden Wortlaut:
> 1. Sind Sie bereit, sich ausfliegen zu lassen?
> 2. In einer Erklärung der Entführer vom 12. September 1977 wird gesagt: Die möglichen Zielländer können der Bundesregierung nur von den Gefangenen selbst genannt werden. Können Sie dieses Flugziel nennen?«

Am 13. September findet die angekündigte **Befragung aller RAF-Gefangenen** statt. Vier dieser Häftlinge, nämlich Hanna Krabbe, Bernd Rössner, Karl-Heinz Dellwo und Werner Hoppe, lehnen die Beantwortung der Fragen ab. Die übrigen sieben Gefangenen erklären ihr Einverständnis, sich ausfliegen zu lassen, verweigern aber teilweise die Antwort auf die Frage nach einem möglichen Flugziel. Zu dem **Gespräch mit Andreas Baader** in der JVA Stammheim bemerkt der zuständige BKA-Beamte u.a.:

> »Gegen 9.00 Uhr wurde Andreas Baader vorgeführt. Er erklärte, zwei Fragen erörtern zu wollen:

---

92 Versehen mit dem von Angelika Speitel beschrifteten Etikett *»Spindy an Kohl am 12.9.«* verwahren sie es ebenfalls in ihrem Erddepot bei Heusenstamm.

1. Wenn ein Austausch erfolge, dann könne die Bundesregierung damit rechnen, daß die Freigelassenen nicht in die Bundesrepublik zurückkehrten. Die Wiederauffüllung des (terroristischen) Potentials sei nicht beabsichtigt. Er könne insoweit jedoch nur für diejenigen sprechen, die in Stammheim inhaftiert seien oder dort inhaftiert gewesen seien. Diese Absicherung gelte auch nicht für den Fall, daß das Urteil aufgehoben werden sollte oder eine signifikante politische Veränderung eintreten sollte. Die Bundesregierung habe nur die Wahl, die Gefangenen umzubringen oder sie irgendwann zu entlassen. Ihr Ausfliegen würde eine Entspannung für längere Zeit bedeuten.
2. Es liege im Interesse der Bundesregierung, eine weitere Eskalation zu vermeiden. Sie möge sich daher um ein Aufnahmeland für diejenigen Gefangenen bemühen, deren Freilassung gefordert werde.
Hier habe ich mich eingeschaltet und Baader nach Erläuterung des Auftrages den Fragebogen vorgelegt. Er lehnte die Beantwortung der Frage zwei zunächst mit dem Bemerken ab, keine Informationen liefern zu wollen, ließ sich dann aber doch wenigstens zur schriftlichen Fixierung seiner Forderung überreden. Im Verlaufe des weiteren Gesprächs fügte er alternativ die Aufnahmeländer Vietnam und Algerien ein. Nach Beendigung der Befragungsaktion ließ er mich zu sich bitten und ergänzte die möglichen Aufnahmeländer um Libyen, VR Jemen und Irak. Dabei betonte er, daß ihm die Reihenfolge wichtig sei.«

Am gleichen Tag, ab 11.30 Uhr, gibt Rolf Klemens Wagner die nächste Mitteilung der Entführer telefonisch an Rechtsanwalt Payot sowie an Dr. Mann, die Schwiegertochter Schleyers, Dr. Erdmann und Prof. Zahn durch. Kopien davon gehen an insgesamt 19 Adressen. Sie werden später die »**Briefserie vom 13.9.77**« genannt.

> wir haben unserer erklaerung vom 12.9.77 nichts hinzuzufuegen.
> wir bitten monsieur payot, die rolle, die die bundesregierung
> ihm zugedacht hat und deren funktion einzig und allein zeitliche
> verzoegerung und hinausschieben einer entscheidung ist, um
> handlungsspielraum fuer die militaerische loesung zu gewinnen,
> abzulehnen.
> die taktiererei der sogenannten geheimverhandlungen ist absurd
> bei dem ziel der aktion : der freilassung der gefangenen.
> wir haben das infame kalkuel der bundesregierung - in der
> klemme, dass ein eingehen auf die forderungen im widerspruch
> zu der von ihr inzwischen institutionalisierten buergerkriegs-
> hetze gegen die raf und zu der amerikanischen daumenschraube
> steht - seit 9 tagen mit mehrmaliger verlaengerung unserer
> ultimaten beantwortet.
> es hat von seiten der bundesregierung in diesen 9 tagen keinen
> einzigen konkreten schritt gegeben, der die bereitschaft signa-
> lisiert haette, schleyer tatsaechlich auszutauschen.
> die ankuendigung des bka, die fahndung wuerde gestoppt, war ein
> witz. in jeder zeitung sind fotos von autobahnkontrollen und
> meldungen ueber gestuermte wohnungen.
>
> wir geben der bundesregierung eine letzte frist bis heute
> abend, 24 uhr, unsere forderungen zu erfuellen.
>
> 13.9.77   kommando siegfried hausner
>
> 'eine stunde vor dem ueberfall telefonierte ich mit bundesrats-
> praesident vogel, um ihn zu bitten, als diskussionspartner des
> herrn von oertzen an der naechsten tagung der raymond-stiftung
> teilzunehmen.'

Um 21.50 Uhr gibt das **BKA** telefonisch eine weitere Mitteilung an Rechtsanwalt Payot durch, mit der Bitte, diese an die Entführer Hanns-Martin Schleyers weiterzuleiten:

> »1. Das BKA hat für die Entführer bei Rechtsanwalt Payot die Antworten der Gefangenen hinterlegt. Rechtsanwalt Payot ist ermächtigt, das Ergebnis in einer ihm mitgeteilten Form zu verifizieren. Er ist ferner ermächtigt, den Entführern die Kenntnisnahme in der ihm geeignet erscheinenden Form zu ermöglichen.
> 2. Befragungen von uns genannten Zielländern, welche Flugbesatzungen zumutbar sind, werden eingeleitet. Technische und kommunikatorische Schwierigkeiten sind erfahrungsgemäß zu erwarten.«

Am 14. September um 12.58 Uhr melden sich die Entführer erneut bei Rechtsanwalt Payot und geben eine Nachricht durch:

> »Eine Stunde vor dem Überfall telefonierte ich mit Bundesratspräsident Vogel, um ihn zu bitten, als Diskussionspartner von Herrn von Oertzen an der nächsten Tagung der Raymond-Stiftung teilzunehmen. Ende der Identifikation.
> Wir haben Ihnen einen Vorschlag zu machen und zwar, dass heute Nacht nach Sendeschluss die Übertragung des Abflugs in allen Fernsehprogrammen des ersten und zweiten läuft. Wir würden sagen, dass zwei Stunden nach Sendeschluss ausreichend ist. Wir werden gegen 20.00 Uhr noch einmal anrufen, um uns die Bestätigung zu holen, ob und wann dies möglich ist.«

Am selben Tag gegen 15.30 Uhr übergibt eine junge Frau im Hotel »Bristol« in Bonn der Empfangssekretärin einen verschlossenen Briefumschlag mit der Aufschrift »**FÜR HERRN HENRY KOHLER**«. Sie erklärt, dieser Brief werde von Herrn Kohler – dem Chef des Bonner Büros der französischen Nachrichtenagentur AFP – gegen 18.00 Uhr abgeholt. Der Briefumschlag enthält ein **Videoband**, auf dem Hanns-Martin Schleyer erneut vor einem RAF-Emblem zu sehen ist; er spricht direkt in die Kamera:

> »Die Informationen, die seit meiner Festnahme seitens der Bundesregierung infolge der Nachrichtensperre zu mir gedrungen sind, müssen in mir den Eindruck erwecken, dass die Bundesregierung alles tun wird, um mein Leben zu retten. Alles andere, was an taktischen Maßnahmen geschieht, wird dazu führen, dass das Gegenteil eintritt. Ich wende mich deshalb an die Öffentlichkeit und hoffe, dass es noch genügend freie Journalisten gibt, die bereit sind, diese Überlegungen zu publizieren. Schon die Umstände, die zu meiner Festnahme am 5. September führten, lassen klar erkennen, dass die Vorkehrungen des BKA mangelhaft waren, dass die Observierung völlig ungenügend war und dass viele Umstände dazu kamen, die diesen Überfall den Entführern sehr leicht gemacht haben. Trotzdem habe ich wiederholt erklärt, dass ich mich den Entscheidungen der Bundesregierung, wie auch immer sie ausfallen mögen, voll unterwerfe. Nachdem aber die Bundesregierung und die politischen Parteien in Verhandlungen eingetreten sind und meiner Familie und auch mir gegenüber und auch der Öffentlichkeit gegenüber immer wieder bekundet haben, dass sie letztlich meine Befreiung, meine lebende Befreiung wünschten, ist natürlich auch in mir der Wunsch weiterzuleben immer stärker geworden und immer mehr verfolge ich die Maßnahmen des BKA, die nach meiner Beurteilung in Tricks bestehen, die es ihnen ermöglichen sollen, Zeit zu gewinnen, um meine Entführer zu finden. Die Aufspürung meiner Entführer würde auch allerdings mein Ende sein. Denn die Entführer werden gezwungen, dieses herbeizuführen. Ich kann mir nicht vorstellen, dass es in den Überlegungen der politisch Verantwortlichen Gedanken gibt, die darauf hinzielen, zwar offiziell den Eindruck zu erwecken, als ob man die Forderungen erfüllen wolle, die in Wirklichkeit aber ein stilles Ende, das als technische Panne ausgegeben werden könnte, bevorzugen würden. Ich bin in großer Sorge, dass man durch ein solches Vorgehen erreichen will, dass die Fehler, die begangen wurden, durch mein stilles Ende abgedeckt werden müssen. Diese Fehler waren in den letzten Tagen umfangreich: Man hat weder meine vorhandenen Lebenszeichen anerkannt oder der Öffentlichkeit bekannt gegeben. Man hat immer neue Beweise gesucht. Man hat einen Vermittler eingestellt, eingesetzt, dessen Tätigwerden schon daran scheitern musste, dass es einen Dreieckskontakt gar nicht geben konnte. Einen Vermittler, bei dem

sprachliche Schwierigkeiten in der Verständigung bestanden, und dann vorgegeben, man habe keine entsprechende Transportmaschine, es gebe keine Crew, die sich freiwillig zur Verfügung stellen würde, und vieles andere mehr. Dieses lässt in mir den eben geschilderten Verdacht aufkommen, gegen den ich mich eben der Öffentlichkeit in dieser Situation zu meinem eigenen Schutze mitteilen möchte. Im übrigen teile ich meiner Familie mit, dass es mir den Umständen entsprechend gut geht, dass ich gesund bin und dass ich voll im Besitz meiner geistigen Kräfte bin und auch nicht unter Drogen stehe und dass ich, wenn diese Haftentlassung, deren Modalitäten festliegen und die ich dem BKA selbst mitgeteilt habe, endet, gesund wieder zu meiner Familie zurückkehren kann.«

Um 1.29 Uhr in der Nacht zum 15. September gibt Rechtsanwalt Payot die nächste **Nachricht der Schleyer-Entführer** an das BKA weiter:

»Was die Anfrage des BKA vom heutigen Tag bezüglich der Zielländer anbelangt, verweise ich auf Punkt 6 unserer Erklärung vom 6. September 1977. Was die Flugroute anbelangt, können wir folgendes sagen: alternativ Italien, Jugoslawien, Libyen, Ägypten, Sudan oder die Staaten des Golfes. Wir möchten auf jeden Fall ausschließen eine Flugroute über Israel, Marokko oder Äthiopien. Im übrigen möchten wir Sie darauf hinweisen, dass Sie die Zielländer, die von den Gefangenen genannt worden sind, um Aufnahme bitten.«

Hierauf antwortet das BKA am Abend um 19.43 und 21.13 Uhr mit zwei Anrufen bei Rechtsanwalt Payot:

»1. Zur Nachricht der Entführer vom 15. September 1977, 01.29 Uhr: Erste Befragungen sind im Gange. Abschließende Ergebnisse liegen trotz persönlichen Kontaktes auf hoher Ebene noch nicht vor. Auf die technischen und kommunikativen Schwierigkeiten war bereits hingewiesen worden.
2. Da die Entführer die bisher gebrauchte Legitimation bekannt gegeben haben, ist sie nicht mehr geeignet, die Herkunft zukünftiger Mitteilungen zu verbürgen. Die nächste Nachricht müsste mit einer aktuellen, nur dem BKA durch Rechtsanwalt Payot zu nennenden Legitimation verbunden sein.«

c) Schleyers Gefängnis in Den Haag

Am **15./16. September** bringen die Entführer Schleyer von der konspirativen Wohnung in Erftstadt-Liblar in die Niederlande und halten ihn dort bis zum 19. September 1977 in einem Haus in Den Haag gefangen. Den Entführern ist nämlich klar geworden, dass sie mit ihrem Opfer nicht auf Dauer in der Wohnung in Erftstadt-Liblar bleiben können.

Peter-Jürgen Boock und Angelika Speitel erhalten deshalb den Auftrag, einen neuen Verwahrort für Schleyer zu finden. Am 13. September 1977 mietet Angelika Speitel das **Haus Stevinstraat 266 in Den Haag** an. Bei dem Gebäude handelt es sich um ein dreistöckiges Reihenhaus mit insgesamt 10 Zimmern. Im zweiten Stock bereiten die Entführer ein Einzelzimmer für Hanns-Martin

Schleyer vor. Es enthält u.a. ein Einzelbett und eine chemische Toilette. Die übrigen Räume werden von Peter-Jürgen Boock, Stefan Wisniewski, Rolf Klemens Wagner, Brigitte Mohnhaupt, Angelika Speitel, Sigrid Sternebeck und Elisabeth von Dyck genutzt.

Am 15. oder spätestens am 16. September bringen die Entführer Schleyer aus der Wohnung in Erftstadt-Liblar nach Den Haag. Für den Transport sind Willy-Peter Stoll, Knut Folkerts, Rolf Heißler, Angelika Speitel und Sigrid Sternebeck verantwortlich. Hanns-Martin Schleyer wird im Kofferraum eines Kombis zunächst bis zur niederländischen Grenze in der Nähe von Kerkrade gebracht. Dort wird er in einen Korb gesteckt und an unbemerkter Stelle in ein anderes Fahrzeug umgeladen. Dann geht die Fahrt nach Amsterdam weiter, wo nach einem kurzen Halt wiederum ein Fahrzeugwechsel erfolgt. Hanns-Martin Schleyer wird jetzt in einen wenige Tage zuvor von Sigrid Sternebeck angemieteten grauen Ford Transit geschafft und zur Stevinstraat in Den Haag gefahren. Die Fahrt wird unterwegs noch einmal für mehrere Stunden unterbrochen, da sich für den gleichen Tag in dem Haus in Den Haag ein Stromableser angekündigt hat. Die Entführer wollen sicherstellen, dass dieser vor ihrem Eintreffen das Haus wieder verlassen hat.

Im Haus in der Stevinstraat herrschen für Schleyer ähnliche Bedingungen wie schon zuvor in Erftstadt-Liblar. Er darf sich nur in seinem Zimmer im zweiten Stock aufhalten. Dort aber kann er sich unter ständiger Bewachung »frei« bewegen. Zunächst versuchen die Entführer, bei ihrem Opfer den Eindruck zu erwecken, man befinde sich noch immer in Deutschland. Dies geben sie jedoch alsbald auf. Ähnlich wie in Köln gelingt es Schleyer, ein nahezu persönliches Verhältnis zu seinen Entführern aufzubauen und sich – gemessen an den Umständen – gehörigen Respekt zu verschaffen. Dies geht so weit, dass er seine Bewacher duzt, mit ihnen Monopoly spielt und ihnen ganz offen Möglichkeiten für seine Freilassung aufzuzeigen versucht. Die Entführer ihrerseits – insbesondere Peter-Jürgen Boock, Brigitte Mohnhaupt und Angelika Speitel – bemühen sich, in unterhaltungsgleichen Verhören, die sie auf Tonband aufzeichnen, Schleyer Informationen über seine Tätigkeiten zu entlocken. Die Informationen sind für agitatorische Zwecke gegen den Arbeitgeberverband gedacht. Außerdem machen die Entführer wie schon zuvor in Köln Videoaufnahmen von ihrem Opfer.

Am 16. September um 15.00 Uhr gibt das **BKA** an Rechtsanwalt Payot folgende neue Mitteilung für die Entführer durch:

»In der den Entführern heute morgen übermittelten Nachricht vom 15. September 1977 werden die eingeleiteten Bemühungen dargestellt. Diese Bemühungen sind heute fortgesetzt worden. Wegen der Länge der verflossenen Zeit ist jetzt ein weiterer Lebensbeweis erforderlich. Die Entführer werden aufgefordert, einen Lebensbeweis zu übermitteln. Auf dem am 14. September 1977 übersandten Video-Band erklärt Herr Schleyer, dass er die Modalitäten seiner Haftentlassung ›dem BKA selbst mitgeteilt‹ habe. Eine solche Mitteilung ist dem BKA tatsächlich nicht zugegangen. Die Entführer werden deshalb aufgefordert, die Freilassungsmodalitäten dem BKA mitzuteilen.«

Hierauf reagiert ein **Sprecher der RAF** um 17.46 Uhr mit folgender Nachricht:

»Ich muss nochmals die alte Legitimation benutzen, wir werden uns im Text darauf beziehen. Also nochmals die alte: Eine Stunde vor dem Überfall telefonierte ich mit Bundesratspräsident Vogel, um ihn zu bitten, als Diskussionspartner des Herrn von Oertzen an der nächsten Sitzung der Raymond-Stiftung teilzunehmen. Wir möchten gerne, dass das BKA Fragen nach dem Lebenszeichen von Herrn Schleyer stellt, die wir dann telefonisch beantworten würden, um Zeitverluste zu vermeiden. Im übrigen wissen wir, dass sich die Fragen in bezug auf die Aufnahmeländer allein wegen der mangelnden Anstrengungen seitens der Bundesregierung verzögern, und wie das BKA wissen sollte, liegt eine solche Verzögerung kaum im Interesse Herrn Schleyers. Dennoch möchten wir genauer wissen, auf welcher Ebene und mit wem diese Kontakte laufen. Wir denken, dass ein Rückruf gegen 22.00 Uhr heute Zeit genug ist, um Antworten auf unsere Fragen zu erhalten.«

Noch am selben Abend um 21.10 Uhr und 22.15 Uhr übermittelt das **BKA** Rechtsanwalt Payot die Antwort an die Entführer:

»Kontakte auf Ministerebene. Lebensbeweis fragen:
1. Mit welchen Worten gratulierte der dreijährige Arnd seinem Vater zum Geburtstag?
2. Wo und wann begegnete Herr Schleyer zum ersten Mal seiner Frau in Berlin?
Das BKA erinnert erneut an seine wiederholten Anfragen in den Nachrichten vom 11. September Ziffer 3, übermittelt 18.30 Uhr; vom 12. September Ziffer 2, übermittelt 22.30 Uhr; vom 16. September, übermittelt 15.00 Uhr.«

Um 22.37 Uhr teilt Rechtsanwalt Payot dem BKA mit, dass er um 22.03 Uhr folgende **Nachricht vom »Kommando«** erhalten habe:

»Legitimation: Kurz vor dem Anschlag habe ich von meiner Sekretärin erfahren, dass das Bundesministerium des Innern mich gebeten hatte, ein Gespräch mit Herrn Herold zu führen. Text zur Frage der Freilassung: Sobald Herr Niemöller und Herr Payot mit der Nachricht der Gefangenen, dass sie sicher gelandet sind, zurückkommen, wird Herr Schleyer freigelassen – spätestens nach 48 Stunden. Das hängt ab von den Bedingungen der Fahndung. Herr Schleyer wird die Möglichkeit haben, sofort nach seiner Freilassung seine Familie telefonisch zu benachrichtigen. Kommando Siegfried Hausner.«

Am 17. September um 11.30 Uhr liegt bei Rechtsanwalt Payot erneut eine **Nachricht der Entführer** vor:

»Legitimation: Kurz vor dem Anschlag habe ich von meiner Sekretärin erfahren, dass das BMI mich gebeten hat, ein Gespräch mit Herrn Herold zu führen. Ende der Legitimation. Und nun werden wir die beiden Fragen des BKA beantworten, die sich auf den Lebensbeweis beziehen.
Und zwar zu 1. lautet die Antwort: Maikäfer blöder
und zu 2.: Reb's St. Pauli – Café Fürstenhof.
Soweit zu den beiden Fragen des BKA. Wir möchten noch einmal darauf hinweisen, dass sich die Nachrichten bezüglich der Modalitäten der Freilassung von Herrn Schleyer

überschnitten haben, und dass wir der Ansicht sind, dass wir die Frage der Modalitäten beantwortet haben. Zur Frage der Verhandlungen mit den Zielländern haben wir zur Kenntnis genommen, dass sie auf Ministerebene geführt werden. Wir möchten da noch gerne wissen, mit welchen Ländern, und wir werden im Verlaufe des heutigen Tages noch anrufen.«

Am selben Tag um 22.00 Uhr bittet das **BKA** Rechtsanwalt Payot, den Entführern Folgendes mitzuteilen:

»Unbeschadet der Tatsache, dass die Frage nach zumutbaren – wir wiederholen: ›zumutbaren‹ – Modalitäten der Freilassung nach wie vor unbeantwortet ist, wird bestätigt, dass Kontakte mit dem ersten und dem dritten der von Baader genannten Zielländer stattgefunden haben.«

Am 19. September um 11.38 Uhr unterrichtet Rechtsanwalt Payot das BKA telefonisch darüber, dass die Entführer die letzte Mitteilung des BKA abgerufen haben. Gleichzeitig erklärt er, dass er den Entführern erläutert habe, er wolle die Häftlinge – entgegen dem Vorschlag der RAF – nicht auf einem Flug begleiten. Er sei aber bereit, sich mit den Entführern in einem Land ihrer Wahl zu treffen, um ihnen den Code-Satz mitzuteilen, den Andreas Baader sagen soll, sobald die Gefangenen ihr Flugziel erreicht haben. Auf die Frage, ob das »Kommando« seinerseits eine Nachricht habe, sei ihm geantwortet worden:

»Wir haben nur mitzuteilen, dass wir nicht noch weitere 14 Tage verhandeln werden. Das nur zur Information ...«

Am Abend des 19. September ereignet sich eine **Schießerei in Den Haag**: Angelika Speitel will einen von ihr am 10. September gemieteten Ford Granada zurückgeben. Zu diesem Zweck sucht sie gegen 20.45 Uhr die Autovermietung »Trompgarage Autoverhuur« in Den Haag auf. Bei ihrem Erscheinen verständigen die aufgrund verschiedener Verdachtsmomente misstrauisch gewordenen Inhaber der Autovermietung wie abgesprochen die Polizei und versuchen, Angelika Speitel hinzuhalten. Als mehrere Beamte kurz darauf mit einem Polizeiwagen in den Hof der Autovermietung fahren, ergreift Angelika Speitel die Flucht. Ihr folgt ein Mann, der bis dahin unbemerkt bei dem Ford Granada im Hof der Vermietung gewartet hat – offensichtlich ein Komplize von Angelika Speitel. Die Polizisten, allen voran der Beamte Siersema, nehmen die Verfolgung auf. Schon bald hat Siersema Angelika Speitel eingeholt und packt sie an der Schulter. Deren Begleiter eilt ihr zur Hilfe und schiesst aus zwei bis drei Metern Entfernung zweimal auf den Polizisten. Siersema bricht in die linke Schulter und die linke Leiste getroffen zusammen. Das Paar kann entkommen.

Zu dieser Zeit befindet sich auch Knut Folkerts in der Nähe des Tatortes. Kurz vor der Schießerei hat er in der Gaststätte »Die Kaktusbar« – wie die Autovermietung in der Trompstraat gelegen – eine schwarze Tasche abgestellt. Mit der Bemerkung, er müsse kurz etwas erledigen, verlässt Folkerts die Gaststätte, ohne die Tasche später wieder abzuholen. Sie wird sichergestellt. Neben diversen Kleidungsstücken und verschiedenen Gegenständen des täglichen Gebrauchs mit durchgehend deutschem Aufdruck werden folgende Gegenstände in Verwahrung genommen: 1 Tonbandgerät, 1 Memopocket, 1 Mikrophon, mehrere unbespielte und bespielte Tonbänder und Kassetten, Schreibmaschinen- und Kohlepapier sowie Briefumschläge.

Der Vorfall bei der Autovermietung, insbesondere der Verlust der genannten Gegenstände mit deutlichen Hinweisen auf den Aufenthalt Schleyers und seiner Entführer in den Niederlanden, ist für die RAF Anlass, das nahe gelegene Haus in der Stevinstraat fluchtartig zu räumen und ihr Opfer an einen anderen Ort zu bringen.

Am 20. September um 21.55 Uhr übermittelt das **BKA** Rechtsanwalt Payot folgende Mitteilung für die Entführer:

»1. Die Befragungen der Zielländer sind auf das zweite und vierte der von Baader genannten Zielländer ausgedehnt worden.
2. Am 20. September 1977 gegen 3.48 Uhr hat ein Anrufer, der sich als RAF Köln meldete, bei Rechtsanwalt Payot behauptet, Herr Schleyer sei tot. Das letzte Lebenszeichen wurde von den Entführern am 17. September 1977, 11.30 Uhr, an Rechtsanwalt Payot übermittelt. Das Bundeskriminalamt benötigt daher einen neuen Lebensbeweis und stellt hierzu folgende Fragen:
a) Was wollte Sohn Eberhard im Alter von acht Jahren werden?
b) Welche Dame wollte Herrn Schleyer in Prag vorsingen?
3. Die von den Entführern übermittelte Nachricht vom 16. September 1977 zur Frage der Freilassung enthält Modalitäten einer Vorleistung, die unzumutbar sind. Die Frage nach überprüfbaren Garantien für die tatsächliche Freilassung wird erneut zur Beantwortung angemahnt.«

Am 21. September veröffentlicht die »Bildzeitung« eine **Mitteilung von Frau Waltrude Schleyer**:

»Ich weiß, daß sich mein Mann in der trostlosen Einsamkeit seines derzeitigen Aufenthalts große Sorgen um seine Familie macht. Er muß daher wissen, daß hierzu kein Anlaß besteht, auch wenn uns diese Gedanken und Fragen beklemmen und quälen. Ich möchte ihm sagen, daß uns das Vertrauen in das tiefe Verantwortungsbewußtsein aller derjenigen, die sich mit den an sie gestellten Forderungen auseinanderzusetzen haben, aber auch das Wissen um die Zuneigung der Freunde und vieler Mitbürger die notwendige Kraft und Zuversicht geben. Vor allen Dingen hilft uns aber in diesen schweren Tagen das Bewußtsein um seine eigene innere Stärke. Sie wird ihn der gegenwärtigen ungeheueren Herausforderung Herr werden lassen, was auch immer geschieht. Ich bin zutiefst davon überzeugt, daß ich meinen Mann gesund wiedersehen werde. Die Liebe seiner Familie, die um mich versammelt ist, wird dazu beitragen, daß er das Schreckliche des Anschlags von Köln und der Tage der Gefangenschaft verarbeiten kann. Ich hoffe, daß der Inhalt dieser Zeilen meinen Mann erreichen wird. Er soll helfen, die Sorge um die Seinen zu zerstreuen, und er soll ihm zusätzliche Kraft geben, kommende Zerreißproben zu bestehen.«

Am 22. September um 16.20 Uhr nimmt das Büro von Rechtsanwalt Payot wieder eine **Nachricht der Entführer** an:

>»Legitimation: Die Frage danach, wie der 3-jährige Arnd seinem Vater zum Geburtstag gratuliert hat, wurde beantwortet mit ›Maikäfer blöder‹.
>1. Teilen Sie uns über Herrn Payot mit, ob und gegebenenfalls welche Ergebnisse die Verhandlungen gezeigt haben, die Herr Wischnewski in Algerien, Libyen, Irak und Volksrepublik Jemen sowie etwaigen anderen Ländern geführt hat.
>2. Nennen Sie uns den Zeitpunkt des Austausches.«

Payot gibt daraufhin den Entführern die Mitteilung des BKA vom 20. September, 21.55 Uhr, durch. Sein Gesprächspartner erwidert hierauf:

>»Ich möchte jetzt den Text erweitern, und zwar möchte ich hinzufügen, dass wir auf Vorschläge des BKA zur Frage der überprüfbaren Garantien für die tatsächliche Freilassung warten.«

Um 21.12 Uhr reagiert das **BKA** mit folgender Mitteilung an Rechtsanwalt Payot:

>»Ergebnisse der Befragungen der vier Zielländer werden in Kürze erwartet. Sie werden anschließend übermittelt werden. Antworten der Entführer zur Nachricht des BKA vom 20.9.1977, die die Entführer am 22.9.1977 um 16.20 Uhr abgerufen haben, stehen noch aus.«

Am späten Nachmittag hat sich in den Niederlanden eine **weitere Schießerei** ereignet, diesmal **in Utrecht**: Gegen 17.45 Uhr fahren Knut Folkerts und Elisabeth von Dyck mit dem roten Ford Taunus, amtliches Kennzeichen 14 NT 73, den Sigrid Sternebeck am 10. September angemietet hat, zum Autoverleih »Budget Rent a car« in Utrecht, um dort den Pkw zurückzugeben. Die Polizei hat aber zwischenzeitlich in Erfahrung gebracht, dass die von Sigrid Sternebeck vorgelegten Papiere auf den Namen »Winter« falsch sind. Man hat darum zivile Beamte in und um das Gelände postiert, die die Fahrzeugmieterin bei der Pkw-Rückgabe festnehmen sollen. Bevor **Knut Folkerts** in den Hof der Verleihfirma fährt, lässt er Elisabeth von Dyck in der Nähe aussteigen. Dann geht er ins Büro, um Vertrag und Schlüssel auszuhändigen. Als dies geschieht, informiert der Angestellte der Autofirma die beiden Polizeibeamten Kranenburg und Pieterse, dass der fragliche Wagen gerade zurückgegeben werde.

Die beiden Beamten gehen auf Folkerts zu und nehmen ihn zwischen sich. Als Pieterse Folkerts am rechten Handgelenk packt, um ihn festzunehmen, eröffnet Folkerts mit seinem Revolver Marke Colt, Detectiv Special, Kal. 38 das Feuer. Er trifft die Beamten, bevor diese zu ihren Dienstwaffen greifen können. Leendert Cornelius Pieterse erleidet zwei Bauchschüsse und wird schwer verletzt. **Arie Kranenburg** wird in die linke Bauchhöhle und die rechte Brusthälfte getroffen. Er ist sofort tot.

Nach den Schüssen stürzt Folkerts aus der Verleihfirma. Die draußen wartenden Polizeibeamten rennen hinter ihm her. Nach wenigen Metern kommt Folkerts ins Straucheln und kann festgenommen werden.[93] Elisabeth von Dyck, die zu keiner Zeit in das Geschehen eingegriffen hat, kann unbemerkt entkommen.

Am 23. September teilt Regierungssprecher Bölling vor der **Bundespressekonferenz** mit:

> »Der Bundeskanzler hat vor etwa einer Stunde mit dem niederländischen Ministerpräsident Joop den Uyl telefoniert und ihm im Namen der Bundesregierung sein Beileid zum Tod des in Utrecht ums Leben gekommenen Polizeibeamten und seine Anteilnahme am Schicksal der beiden offenkundig schwerverletzten Polizisten ausgesprochen. Und mit dem französischen Staatspräsidenten, mit Präsident Carter und dem englischen Premierminister Callaghan haben sich der deutsche und der niederländische Regierungschef ihres solidarischen Beistands im Kampf gegen den Terrorismus versichert.«

d) Die Gefangenschaft Schleyers in Brüssel

Die Entführer haben Hanns-Martin Schleyer inzwischen nach Brüssel gebracht, wo sie schon im Vorfeld der Entführung eine Ausweichwohnung angemietet hatten. Diese befindet sich in einem der oberen Stockwerke eines Hochhauses in einem Außenbezirk. Sie hat drei Zimmer sowie Küche und Bad; ein Aufzug bietet direkte Verbindung zur Tiefgarage. In dieser Wohnung halten die Entführer – unter ihnen Rolf Klemens Wagner, Stefan Wisniewski, Rolf Heißler, Sieglinde Hofmann und Angelika Speitel – Schleyer bis zum 18. Oktober gefangen.

---

93 Wegen dieser Tat wird Folkerts am 20.12.1977 in Utrecht zu 20 Jahren Gefängnis verurteilt. Am 17. Oktober 1978 - also nach einer Haftzeit von knapp 13 Monaten in den Niederlanden - wird er an die Bundesrepublik ausgeliefert. Seine Auslieferung in Sachen Schleyer wird mit der Begründung abgelehnt, bei diesem Attentat handele es sich um eine politische Straftat. In Sachen Buback und Überfall auf das Waffengeschäft Fischlein wird Folkerts am 31.7.1980 durch Urteil des OLG Stuttgart zu lebenslanger Freiheitsstrafe verurteilt. Ab 2001 versucht die niederländische Justiz - bislang vergeblich - , die restliche Haft aus dem Urteil vom 20.12.1977 zu vollstrecken (vgl. S. 300).

Am 24. September um 12.17 Uhr gibt das Büro von Rechtsanwalt Payot dem BKA einen **Anruf der Entführer** von 12.05 Uhr durch:

> »Zur Legitimation: Papst – Margot Hielscher.
> Weiter will ich nichts sagen. Ich will von Ihnen etwas hören.«

Daraufhin wird die Mitteilung des BKA vom 22.9.1977, 21.12 Uhr, durchgegeben. Nach Ende der Mitteilung wird das Büro Payot gefragt:

> »Wir fragen nur, wie lange Rechtsanwalt Payot das Spiel noch mitspielen will, und wir haben langsam keine Zeit und keine Lust mehr, das mitzuspielen. Ende«.

Hierauf reagiert das **BKA** am 25. September um 0.06 Uhr mit folgender Mitteilung an das Büro von Rechtsanwalt Payot:

> »Teilen Sie den Entführern mit: Die Befragungen der Zielländer haben sich an der von Baader angegebenen Reihenfolge orientiert. Von den bisher auf Ministerebene befragten Ländern haben Libyen und Südjemen abgelehnt, zwei sich noch nicht endgültig geäußert. Bei dieser Sachlage wurde vorsorglich auch die Befragung des von Baader letztgenannten Landes Vietnam eingeleitet. Über den Fortgang werden wir Nachrichten übermitteln.«

Ab Ende September stellen die Mitglieder der RAF ihre Forderungen an die Bundesregierung von Paris aus. Am 27. September geben die Entführer dort mindestens 12 **Briefe mit dem Datum »26.9.77«** auf. Am selben Tag um 13.45 Uhr teilt der Vertreter der französischen Presseagentur AFP in Bonn mit, am Vormittag sei bei der AFP-Zentrale in Paris durch Boten ein solches Schreiben der Schleyer-Entführer abgegeben worden. Die übrigen 11 Briefe sind an in- und ausländische Zeitungen sowie an Eberhard von Brauchitsch und Rechtsanwalt Payot gerichtet. Sie enthalten ein Schreiben der Entführer sowie eine **Fotographie**, die Hanns-Martin Schleyer erneut vor einem RAF-Emblem zeigt:

Das mit dem Brief übersandte **Schreiben der Entführer**:

> wenn der bundesregierung noch am erhalt des lebens von
> schleyer liegt, muß sie sofort für den stop der fahndung
> in der brd als auch für den stop der von ihr initiierten
> fahndung in frankreich, holland und der schweiz sorgen.
> unsere forderung nach einstellung aller fahndungsmaßnahmen
> gilt nach wie vor.
>
> wir warnen die bundesregierung davor, die telefongespräche
> mit payot weiterhin über fangschaltung oder dergleichen als
> fahndungsmittel einzusetzen.
>
> wir werden weitere verhandlungen mit der bundesregierung
> nur noch dann über rechtsanwalt payot führen, wenn diese
> ihre taktik aufgibt, mit sinnlosen telefongesprächen zeit
> zu gewinnen und für uns sichtbar ist, daß sie tatsächlich
> die freilassung der 11 geforderten gefangenen vorbereitet.
> weitere lebenszeichen von schleyer wird es nur noch im
> zusammenhang mit konkreten hinweisen auf den austausch geben
>
> auch wenn uns die bundesregierung die verhandlungsergebnisse
> von wischnewski vorenthalten will, gibt es von uns nur zu
> sagen, daß wir sicher wissen, daß es länder gibt, die zur
> aufnahme der 11 gefangenen bereit sind.
>
> 26.9.77   KOMMANDO SIEGFRIED HAUSNER
>   R A F

Am Abend des 27. September – um 22.41 Uhr – gibt das **BKA** an das Büro von Rechtsanwalt Payot erneut eine Mitteilung für die Entführer durch:

> »Der Eingang des bei afp, Paris, am 27.9.1977 abgegebenen Briefes wird bestätigt. Es ist nicht zu erwarten, dass andere Länder von Fahndungsmaßnahmen absehen, wenn dort Polizeibeamte ermordet werden. In der Bundesrepublik laufen Fahndungen wegen der Morde vom 7.4.1977 und vom 30.7.77 weiter, deren Einstellung von den Entführern verlangt wurde.
>
> Verhandlungen mit Vietnam stoßen, wie bereits mitgeteilt, auf große Schwierigkeiten. Staatsminister Wischnewski ist heute, Dienstag, den 27.9.1977, um 11.00 Uhr MEZ, in Saigon gelandet. Rückkunft voraussichtlich morgen, Mittwoch, den 28.9.1977, in den Abendstunden. Über das Ergebnis wird eine Nachricht übermittelt werden.
>
> Der Abruf der Nachricht des BKA vom 25.9.1977 erfolgte telefonisch ohne die neueste Legitimation. Deshalb wird darauf hingewiesen, dass Rechtsanwalt Payot den Auftrag erhalten wird, Nachrichten an die Entführer nur dann weiterzugeben, wenn eine aktuelle Legitimation benutzt wird. Dies sollte zunächst durch Wiederholung des zehnten Wortes des Briefes der Entführer geschehen, der am 27.9.1977 bei afp paris abgegeben wurde.«

Im Laufe des 27. September hat ein Beamter des BKA in Stammheim ein **Gespräch mit Jan-Carl Raspe** geführt. Auszüge aus seinem Protokoll:

>»Raspe wurde mir um 18.45 Uhr vorgeführt ... und erklärte folgendes:
>Er könne die Liste der bisher genannten Aufnahmeländer um einiges erweitern. Dann überreichte Raspe mir ein Schriftstück im DIN A 4-Format mit einer vorbereiteten maschinenschriftlichen Erklärung folgenden Inhalts:
>›Für den Fall, daß die Bundesregierung wirklich den Austausch versucht, und vorausgesetzt, die bereits genannten Länder – Algerien, Libyen, Vietnam, Irak, Südjemen – lehnen die Aufnahme ab, nennen wir noch eine Reihe weiterer Länder: Angola, Mozambique, Guinea-Bissau, Äthiopien
>27.9.77   Raspe‹
>Er unterzeichnete das Original und eine Kopie des Schriftstückes und übergab mir beide mit der Bitte, sie an den Krisenstab weiterzuleiten. Auf meine Frage, ob er noch etwas zu sagen habe, fuhr er fort: Die lange Dauer (der Entführungsaktion) lasse auf die Absicht einer ›polizeilichen Lösung‹ schließen. Damit wäre eine ›politische Katastrophe‹ programmiert, nämlich ›tote Gefangene‹. Im übrigen sei die Isolation z.Z. nach außen total. Es sei nicht einzusehen, warum man nicht wenigstens die Gefangenen innerhalb der Anstalt miteinander kommunizieren lasse, zumal die Isolation offenbar gesetzlich legitimiert und damit auf eine andere Ebene gehoben werden solle. Wenn keine Entscheidung getroffen werde, dann könne dieser Zustand möglicherweise noch 3 Monate dauern. Daraufhin gab ich ihm als meine persönliche Auffassung zu bedenken, daß dem durch eine Botschaft der Gefangenen, die Entführungsaktion zu beenden, abgeholfen werden könne. Zum Schluß meinte Raspe, die Aufnahme in einem der genannten Länder hänge von der Intensität ab, mit der sich die Bundesregierung ernsthaft darum bemühe.«

Am 30. September um 9.00 Uhr übermittelt das **BKA** Rechtsanwalt Payot folgende Mitteilung für die Entführer:

>»Kontakte auf anderen Wegen als über Rechtsanwalt Payot herzustellen, kann nur zu Verwirrungen und Verzögerungen führen. Über Rechtsanwalt Payot hat das BKA stets unverzüglich geantwortet, während die Entführer auf die Nachrichten des BKA nur mit zum Teil großen Verzögerungen reagiert haben. Auf öffentlich verbreitete Drohungen können die Entführer keine öffentliche Antwort erwarten.
>Staatsminister Wischnewski ist aus Vietnam am Donnerstag, dem 29.9.1977, 3.00 Uhr, zurückgekehrt. Die Regierung der Volksrepublik Vietnam lehnt die Aufnahme der Gefangenen ab. Auch Algerien hat nunmehr erklärt, dass es nicht zum Aufnahmeland von Terroristen werden wolle. Inzwischen haben die Gefangenen vier weitere Zielländer benannt.«

Am 1. Oktober um 13.20 Uhr teilt das Büro Payot die folgende Nachricht der Entführer von 10.45 Uhr mit:

>»1. Das Kommando ist noch nicht in der Lage, die Frage nach dem 10. Wort des Briefes an die afp Paris zu beantworten und nennt als Legitimation wieder ›Papst‹ und ›Margot Hielscher‹.
>2. Das Kommando stellt fest, dass das BKA die Forderungen, die Gefangenen zusammenzulegen, nicht erfüllt hat.
>3. Betreffend die Zielländer weiß das Kommando, dass die BRD in einem Punkt lügt. Das Kommando weiß sicher, dass mindestens ein Land sich bereit erklärt hat, die Ge-

fangenen aufzunehmen. Darüber hinaus weiß es, dass die BRD in den Verhandlungen auf die Zielländer Druck ausübt.
4. Was das BKA betreffend die Forderung nach Einstellung der Fahndung gesagt hat, interpretiert das Kommando als einen rhetorischen Trick. Es fordert noch einmal die Einstellung der Fahndung gegen die RAF.
5. Das Kommando stellt fest, dass auch die Fahndungen im Ausland vom BKA initiiert worden sind und dass das BKA mit dem Ausland fahndungsmäßig kooperiert.
6. Zusammenfassend stellt das Kommando fest, dass das BKA offensichtlich auch in Kürze die gestellten Forderungen nicht erfüllen will und dass auf dieser Basis keine Verhandlungen mehr geführt werden können. Solange auf diese Forderungen nicht eingegangen wird, wird das Kommando auch kein neues Lebenszeichen von Herrn Schleyer geben.«

Am 2. Oktober um 9.55 Uhr gibt das **BKA** die nächste Mitteilung für die Entführer an das Büro Payot durch:

»1. Die Entführer haben sich nicht zutreffend legitimiert. An die Aufforderung vom 27.9.1977 wird erinnert.
2. Die Entführer werden aufgefordert, unverzüglich das Land zu nennen, das sich angeblich zur Aufnahme der Gefangenen bereit erklärt hat. Eine solche Erklärung liegt hier nicht vor. Falls darauf keine Antwort erfolgt, wird davon ausgegangen, dass die Behauptung nicht ernsthaft war.
3. Eine Zusammenlegung der Gefangenen kommt beim gegenwärtigen Verhandlungsstand nicht in Betracht. Die Befragungen der Zielländer wurden mit größter Beschleunigung geführt. Offenbar hegten die Entführer völlig falsche Erwartungen über die Bereitschaft der Zielländer. Verzögerungen im Nachrichtenaustausch haben bisher nur die Entführer bewirkt.
4. Dennoch besteht die Bereitschaft, in Befragungen der von den Gefangenen benannten weiteren Zielländer einzutreten. Die Entführer müssten sich dazu äußern. Wegen der verflossenen Zeit ist jedoch ein weiterer Lebensbeweis in der Form einer Polaroid-Aufnahme notwendig, die Herrn Schleyer mit einer Zeitung des Aufnahmetages zeigt. Diese Aufnahme ist über Rechtsanwalt Payot dem BKA zuzuleiten.«

In den ersten Oktobertagen halten sich die Entführer mit Mitteilungen zurück. Erst am 7. Oktober machen sie sich wieder bemerkbar. An diesem Tag geben sie auf einem Postamt in Paris mindestens 16 Briefe mit dem Datum »6.10.77« auf. Sie sind an Eberhard Schleyer – den Sohn des Entführten –, die Familie Schleyer in Stuttgart, Eberhard von Brauchitsch, an Rechtsanwalt Payot sowie an Nachrichtenagenturen und Zeitungen in der Bundesrepublik Deutschland und im benachbarten Ausland gerichtet. Die Briefe enthalten die Kopie eines von Hanns-Martin Schleyer mit der Hand abgefassten Schreibens, in einigen Fällen zusätzlich eine maschinengeschriebene Abschrift davon sowie ein Foto Schleyers:

In dem dreiseitigen **Schreiben** drängt Schleyer auf eine baldige Entscheidung:

Ich habe die Gelegenheit bekommen, meiner
Frau für den mich beruhigenden Brief in
'Bild am Sonntag' vom 21.9. zu danken. Ich
kann meiner Frau versichern, daß es mir
physisch und psychisch gut geht, soweit dies
unter den gegebenen Umständen möglich ist.
Die Ungewissheit ist die größte Belastung.
Ich habe in der ersten Erklärung nach der Entführung zum Ausdruck gebracht, daß die Entscheidung über mein Leben in der Hand der
Bundesregierung liegt und habe damit diese
Entscheidung akzeptiert. Aber ich sprach von
Entscheidung und dachte nicht an ein jetzt
über einen Monat dauerndes Dahinvegetieren
in ständiger Ungewissheit. Das Vorgehen der
Japaner, das mir im einzelnen bekannt
ist, beweist die Richtigkeit der Behauptung
meiner Entführer, daß es Länder gibt, die
aufnahmebereit sind. Natürlich werden
diese Länder über einen nur humanitär
zu begründenden und aus der jeweiligen

94

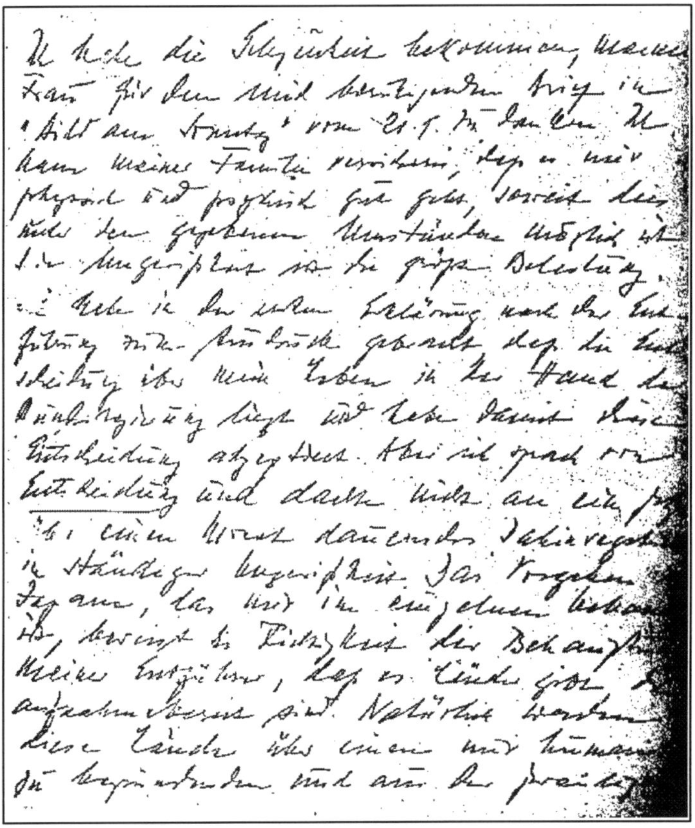

94 *»Ich habe die Gelegenheit bekommen, meiner Frau für den mich beruhigenden Brief in ›Bild am Sonntag‹ vom 21.9. zu danken. Ich kann meiner Frau versichern, daß es mir physisch und psychisch gut geht, soweit dies unter den gegebenen Umständen möglich ist. Die Ungewissheit ist die größte Belastung. Ich habe in der ersten Erklärung nach der Entführung zum Ausdruck gebracht, daß die Entscheidung über mein Leben in der Hand der Bundesregierung liegt und habe damit diese Entscheidung akzeptiert. Aber ich sprach von Entscheidung und dachte nicht an ein jetzt über einen Monat dauerndes Dahinvegetieren in ständiger Ungewissheit. Das Vorgehen der Japaner*, das mir im einzelnen bekannt ist, beweist die Richtigkeit der Behauptung meiner Entführer, daß es Länder gibt, die aufnahmebereit sind. Natürlich werden diese Länder über einen nur humanitär zu begründenden und aus der jeweiligen ...*

95 ...Situation zu entscheidenden Akt keinen Staatsvertrag abschließen, auch nicht wenn ein deutscher Staatsminister kommt, dem ich ernsthafte Absichten damit nicht absprechen möchte. Auch die Erklärung in der ‚Al-Watan-al Arabi' vom Mittwoch beweist die Bereitschaft zur Aufnahme der Gefangenen, wenn man den Austausch nur will. In dem jetzigen Stadium ist auch die Einschaltung von M. Payot nicht mehr hilfreich – zumindest solange sie keine konkreten Ergebnisse bringen kann. Meine Familie und meine Freunde wissen, daß ich nicht so leicht umzuwerfen bin und über eine robuste Gesundheit verfüge. Dieser Zustand eines nicht mehr verständlichen Hinhaltens ist aber gerade nach der Entscheidung der japanischen Regierung und ihrer konsequenten Haltung, nach der sie sich als mitverantwortlich für die Entführung bezeichnete und Maßnahmen erst nach der unblutigen Abwicklung dieses Vorgangs ...

Das mit dem Brief versandte **Foto** zeigt Hanns-Martin Schleyer erneut vor dem RAF-Emblem und mit einem Hinweis auf die Dauer seiner Geiselhaft:

96 ... *ergreifen wird, auch von mir nicht mehr lange zu verkraften. Man muß schließlich die Umstände berücksichtigen, unter denen ich lebe. Deshalb ist eine Entscheidung der Bundesregierung, wie ich sie am ersten Tag gefordert habe, dringend geworden. Dies umso mehr als meine Entführer nach meiner festen Überzeugung so nicht mehr lange weitermachen werden. Ihre Entschlossenheit kann nach der Ermordung Bubacks und Pontos nicht in Zweifel gezogen werden. Mit meiner Frau vertraue ich auf das hohe Verantwortungsbewusstsein der politisch Verantwortlichen und hoffe nach wie vor, bald wieder bei ihr sein zu können. Hanns Martin Schleyer«.*

Am Abend des 7. Oktober verfasst Andreas Baader folgendes Schreiben:

> aus dem zusammenhang aller massnahmen seit 6 wochen und ein paar
> bemerkungen der beamten, lässt sich der schluss ziehen, dass die
> administration oder der staatsschutz, der - wie ein beamter
> sagt-jetzt permanent im 7 stock ist.- die hoffnung haben,
> hier einen oder mehrere selbstmorde zu provozieren, sie jeden-
> falls plausibel erscheinen zu lassen.
> ich stelle dazu fest: keiner von uns - das war in den den' paar
> worten marxix die wir vor zwei wochen an der tür wechseln konnten
> und der diskussion seit jahren klar - hat die absicht, sich um -
> zubringen. sollten wir - wieder ein beamter - hier ' tot aufgefunden
> werden ' sind wir in der guten tradition justizieller und politischer
> massnahmen dieses verfahrens getötet worden.
>
> Andreas Baader
> 7.10.

Am 8. Oktober gegen 14.00 Uhr teilt die Justizvollzugsanstalt Stammheim dem BKA telefonisch mit, dass Andreas Baader um den Besuch eines Beamten gebeten habe. Das Gespräch mit Baader nimmt – nach einer Notiz des Beamten – folgenden Verlauf:

»Um 17.45 Uhr wurde mir Baader vorgeführt ... und gab nervös und unzusammenhängend folgende Erklärung ab:
Wenn das ›jämmerliche Spiel‹ und die ›Potenzierung der Isolation seit 6 Wochen‹ nicht bald ein Ende finde, dann würden die Gefangenen entscheiden. Das ›polizeiliche Kalkül‹ werde nicht aufgehen‹. Die Sicherheitsorgane würden dann mit einer ›Dialektik der politischen Entwicklung konfrontiert‹ werden, die sie zu ›betrogenen Betrügern‹ mache.

Die Gefangenen beabsichtigten nicht, die gegenwärtige Situation länger hinzunehmen. Die Bundesregierung werde künftig nicht mehr über die Gefangenen verfügen können. Als ich daraufhin fragend einwarf, in welcher Welt er eigentlich lebe und ob das nicht irreale Vorstellungen seien, erwiderte Baader: Dies sei eine Drohung. Es werde sich um eine ›irreversible Entscheidung‹ der Gefangenen, ›in Stunden oder Tagen‹ handeln. Baader stand anschließend auf und verließ das Besucherzimmer. Auf dem Flur blieb er stehen, wandte sich noch einmal an mich und sagte, falls die Bundesregierung die Gefangenen auszufliegen beabsichtige, dann wollten sie nicht irgendwo hingebracht, sondern an den Verhandlungen über Zielort und Modalitäten beteiligt werden.
Ich gewann bei dem etwa 7 Minuten dauernden Gespräch den Eindruck, daß Baader infolge der Isolation und der Ungewißheit mit den Nerven am Ende ist. Mit der von ihm genannten Entscheidung der Gefangenen kann nach Sachlage nur ihre Selbsttötung gemeint sein. Ob dies ernst gemeint ist und ob die Gefangenen sich darüber haben verständigen können, ist nicht sicher.«

Der selbe BKA-Beamte führt am 9. Oktober auch Gespräche mit den Gefangenen Ensslin, Raspe und Möller.

»**Gudrun Ensslin** wurde mir um 14.30 Uhr vorgeführt. Sie brachte den handschriftlich konzipierten Text einer Erklärung mit und bat darum, diesen wörtlich aufzunehmen und dem Krisenstab zu übermitteln. Die Erklärung hat folgenden Wortlaut:
›Wenn diese Bestialität hier, die ja auch nach Schleyers Tod nicht beendet sein wird, andauert – die Repressalien im sechsten Jahr in der U-Haft und Isolation – und da geht es um Stunden, Tage, das heißt nicht mal 'ne Woche – dann werden wir, die Gefangenen in Stammheim, Schmidts Entscheidung aus der Hand nehmen, indem wir entscheiden, und zwar wie es jetzt noch möglich ist, als Entscheidung über uns. Das ist eine Tatsache, die die Regierung angeht, weil sie verantwortlich ist für die Tatsache, die sie begründen – die fünfeinhalb Jahre Folter und Mord, den Schauprozeß, die totale elektronische Überwachung, die Tortur durch Drogen und Isolation – dieses ganze jämmerliche Ritual, um unseren Willen und unser Bewußtsein zu brechen. Verantwortlich auch für den Exzeß dieser unmenschlichen Konzeption seit sechs Wochen: die perfekte soziale und Geräuschisolation und die Masse der Schikanen und Quälereien, die uns fertigmachen sollen.
Es kann keine Drohung sein – sie wäre paradox. Aber ich denke, die Konsequenz bedeutet zwangsläufig Eskalation und damit das, wovon in der Bundesrepublik, wenn man den Begriff korrekt verwendet, bisher nicht die Rede sein konnte: Terrorismus. Und es bedeutet auch – das heißt, das ist die Prämisse der Entscheidung – daß, was die Regierung immer auch entscheiden kann, für uns gar nicht mehr die Bedeutung haben kann, von der sie ausgeht. Die Alternative, um noch mal daran zu erinnern, wäre:
1.: Schleyer wird freigelassen, wenn wir die Aufenthaltserlaubnis und die Gewißheit haben, daß die Bundesregierung keine Versuche – egal welche – unternehmen wird, die Auslieferung zu erreichen im Zusammenhang aller Delikte aller möglicherweise freizulassenden Gefangenen vor der Befreiung.
2.: Die Regierung kann davon ausgehen, daß wir, das heißt die Gruppe, um deren Befreiung es geht, nicht in die Bundesrepublik zurückkommen, weder legal noch illegal.
3.: Wenn die Bundesregierung bereit ist, eine Flugzeugbesatzung zur Verfügung zu stellen und das Land um Aufnahme zu ersuchen, wissen wir mit absoluter Sicherheit ein Land, das uns aufnimmt, es kann sein, daß es nicht unter den bisher genannten ist, und wir werden es nennen, wenn wir im Flugzeug sitzen, obwohl wir der Ansicht sind, daß der sicherste Weg für ›Leib und Leben Schleyers‹ (so die Formel, nach der wir seit sechs Wochen Haftbedingungen unterworfen sind, die brutaler sind als der tote Trakt in Köln-Ossendorf, das heißt tödlich) – die den israelischen Staat beziehungsweise die israelische

Armee sicher noch weniger verpflichten, als den westdeutschen Staat beziehungsweise seine Armee wären: Die Haftbefehle aufzuheben, in einem der Länder, die wir zuerst genannt haben, eine Aufenthaltsgenehmigung zu erreichen und die Organisation und die Mittel für einen undramatischen Transfer etwa über Interflug zu erübrigen.

4.: Darüber, ob wir überhaupt bereit sind, von der Bundesregierung Geld anzunehmen, wie das Kommando fordert, werden sich die elf Gefangenen nur gemeinsam klar werden.

5.: Falls die Kolportage richtig ist: Eine Pressekonferenz in Aden oder wo immer wäre unwahrscheinlich – es gibt zwei weniger spektakuläre Möglichkeiten, um dem Kommando zu signalisieren, daß die Bundesregierung eine Aufenthaltsgenehmigung erreicht hat und sich um eine Auslieferung nicht bemüht – weder durch politischen noch durch ökonomischen Druck, wie etwa im Sommer 75 in der Volksrepublik Jemen, wo ihr ja, wenn ich da richtig informiert bin, der Versuch, die Gefangenen zurückzukaufen, immerhin noch ein Fünftel der Summe wert war, die ihren humanitären Anliegen Gewicht verleihen sollte.‹

Auf meine Frage, welcher Art die Entscheidung sei, die sie (die Gefangenen) dem Kanzler abnehmen wollten, erwiderte Frau Ensslin, das ginge ja wohl aus der Erklärung unmißverständlich hervor. Nach den Umständen ist anzunehmen, daß die Selbsttötung gemeint ist. Frau Ensslin gab zu, von meinem gestrigen Gespräch mit Baader erfahren zu haben. Sie machte einen ruhigen und gefaßten Eindruck. Nach Mitteilung der Anstaltsbediensteten ist die ggw. Isolation der betroffenen Gefangenen keineswegs total. Sie können z.B. Radiosendungen aus den darunterliegenden Zellen durch die geöffneten Fenster mithören, wenn die Geräte laut genug eingestellt sind. Auch besteht tagsüber eine Verständigungsmöglichkeit untereinander mittels Zuruf durch die Zellentüren. Die Vorrichtungen zur Abdichtung der Zellentüren können nur nachts angebracht werden.

Nach dem Gespräch mit Gudrun Ensslin äußerte auch **Raspe** den Wunsch, mir gegenüber eine Erklärung abgeben zu wollen; er sagte sinngemäß folgendes:

Er wolle nachdrücklich an seine Warnung vom 27.9.77 erinnern, daß die politische Katastrophe die toten Gefangenen und nicht die befreiten sein werden. Das gehe die Bundesregierung insofern an, als sie verantwortlich für die jetzigen Haftbedingungen sei, die darauf abzielten, die Gefangenen als verschiebbare Figuren zu behandeln. Die Gefangenen würden der Bundesregierung, falls dort keine falle, die Entscheidung abnehmen.

Auf meine Frage, ob die Gefangenen sich selbst zu töten beabsichtigen, etwa so wie Ulrike Meinhof dies getan habe, erwiderte Raspe: Ich weiß es nicht! Nach einigem Nachdenken fügte er hinzu. Es gebe ja auch das Mittel des Hungerstreiks und des Durststreiks. Nach 7 Tagen Durststreik sei der Tod unausweichlich, da nützten keine medizinischen Mätzchen mehr etwas.

Anläßlich meines heutigen Aufenthaltes in Stammheim verlangte mich auch **Irmgard Möller** zu sprechen. Sie gab wörtlich folgende – von ihr schriftlich vorbereitete – Erklärung ab:

›Ich stelle nur fest, daß wir entschlossen sind, die Barbarei dieser Maßnahmen gegen uns, von denen gesagt wird, sie gingen bis hin zu der erbärmlichen schallschluckenden Konstruktion, mit der unsere Zellen abgedichtet sind, auf die Initiative des Krisenstabs zurück, nicht länger ertragen werden. Ich bin seit über fünf Jahren gefangen und war in dieser Zeit drei Jahre in Trakten und totaler Einzelisolation und zwei Jahre in Kleingruppenisolation – seit ich in Stammheim bin, wird jede Lebensäußerung überwacht, solange noch Verteidiger zugelassen waren, auch die Verteidigergespräche – alles Maßnahmen, die für sich grausam und erniedrigend sind: Folter nach der Definition der UNO, von Amnesty International und der Menschenrechtskonvention. Vor 2 1/2 Jahren haben die Gutachter festgestellt, daß ich durch die Isolationshaft krank geworden bin. Seitdem sind die Haftbedingungen nicht etwa gelockert, sondern verschärft worden. Seit 6 Wochen durch ein perfektes soziales und akustisches Vakuum, in dem Menschen nicht überleben können. Gleichzeitig ist die Kalorien-Zufuhr auf die Hälfte herabgesetzt worden. Die Essensausgabe wird so arrangiert, daß wir nur die Wahl haben entweder zu hungern oder das Anstaltsessen, dem mit absoluter Sicherheit nach den Feststellungen der Gefangenen (aus der RAF) im 7. Stock Drogen zugesetzt werden, anzunehmen. Es ist uns verboten worden, Gegenstände auch nur zu berühren, die ein anderer Gefangener oder überhaupt jemand, außer dem Personal, das die Tortur hier überwacht, in die Hand gehabt haben kann. Ich kann mir weder Bücher und Papier noch Zeitungen und Zeitschriften beschaffen und die Radios sind uns weggenommen worden‹.«

Am gleichen Tag um 23.30 Uhr übermittelt das **BKA** dem Büro Payot folgende Nachricht zur Weiterleitung an die Entführer:

»Der Eingang eines vom 6.10.1977 datierten Lebenszeichens wird bestätigt. Das BKA weist darauf hin, dass die Entführer seit einer Woche eine für sie bestimmte Nachricht bei Rechtsanwalt Payot nicht abgerufen haben. Die Entführer erschweren und verzögern den Nachrichtenaustausch, offenbar um die Vorteile zu nutzen, die sich aus Ziffer 1 des Briefes der Entführer vom 7.9.1977, vom BKA am 7.9.1977, 23.55 Uhr, öffentlich beantwortet, ergeben. Das BKA wiederholt seine Aufforderung vom 2.10.1977, das in der Mitteilung vom 1.10.1977 gemeinte Zielland zu nennen, bei dem angeblich Aufnahmebereitschaft besteht. Auch haben sich die Entführer zur Befragung weiterer Zielländer noch nicht geäußert. Die Gefangenen Baader und Ensslin haben von sich aus am 8.10. und 9.10.1977 erklärt, sie wollten nur in ein von ihnen gebilligtes Zielland ausgeflogen werden. Das BKA warnt erneut davor, Nachrichten öffentlich auszutauschen.«

Am Morgen des 13. Oktober findet ein **weiteres Gespräch mit Gudrun Ensslin** statt. Wieder fertigt der Beamte des BKA ein Protokoll an:

»1. Am 12.10.1977, gegen 10.00 Uhr, ließ die Gefangene Ensslin übermitteln, daß sie den Staatssekretär Schüler zu sprechen wünsche.

2. Gegen 19.00 Uhr erhielt ich den Auftrag, der Gefangenen Gudrun Ensslin eine Mitteilung zu überbringen, wonach Staatssekretär Schüler ein Gespräch nicht grundsätzlich ablehne. Dies sei jedoch nur sinnvoll, wenn sie den Gesprächsgegenstand vorher mitteile und dieser über den Inhalt ihrer Erklärung vom 9.10.1977 mir gegenüber hinausgehe.

3. Am 13.10.1977, gegen 9.00 Uhr, las ich Frau Ensslin den vorformulierten Text der Mitteilung vor. Sie schrieb wörtlich mit und sagte nach einiger Überlegung: ›Das heißt doch nichts anderes, als daß Schüler mich gar nicht sprechen will.‹ Daraufhin habe ich ihr gesagt, ich könne mir durchaus Alternativen zu dem Inhalt ihrer Erklärung vorstellen. Ich sei allerdings nicht ermächtigt, diese mit ihr zu erörtern. Ihre Antwort war: ›Die zwei Möglichkeiten, die es gibt, sind in der Erklärung vom 9.10., soweit überhaupt etwas gesagt werden kann, vollständig erfaßt.‹ Ich erklärte ihr, daß sie mir eine unmißverständliche Antwort auf die Mitteilung des Staatssekretärs geben möge. Sie dachte nach und bat mich, folgenden Text wörtlich aufzunehmen: ›Die Mitteilung geht, so ich sie richtig verstehe, von einem absurden Kalkül aus, dem nämlich, es könnte Widersprüche zwischen den Gefangenen und dem Kommando geben. Das ist natürlich Quatsch.‹ So wie ich sie verstanden habe, wollte sie damit sagen, es handele sich um einen Versuch, die Gefangenen und die Entführer zu spalten und gegeneinander auszuspielen.«

Am 13. Oktober um 14.38 Uhr wird von der Flugsicherung Aix-en-Provence in Südfrankreich) eine **Routenabweichung der Lufthansa-Boeing 737**

»**Landshut**« – Flug-Nr. LH 181 – gemeldet. Das Flugzeug befindet sich auf dem Flug von Palma de Mallorca nach Frankfurt/Main. Schon bald ist klar: Vier bewaffnete Palästinenser haben die Lufthansa-Maschine in ihre Gewalt gebracht.

3. Die Entführung der Lufthansa-Maschine »Landshut«

a) Das Angebot der Palästinenser

Schon gegen Ende September haben sich jene RAF-Mitglieder, die für den weiteren Verlauf der Schleyer-Entführung nicht benötigt werden, aus Europa nach Bagdad zurückgezogen. Zunächst waren dies Peter-Jürgen Boock, Monika Helbing, Friederike Krabbe, Gert Schneider, Brigitte Mohnhaupt und Susanne Albrecht sowie später Elisabeth von Dyck.

Ihnen wird mitgeteilt, die palästinensische Gruppe um Abu Hani sei bereit, die Schleyer-Entführung mit einer Aktion zu unterstützen, um die angestrebte Freilassung von Gefangenen zu erzwingen. Daraufhin trifft sich Brigitte Mohnhaupt mit Abu Hani. Dabei stellt sich heraus, dass die Palästinenser – von den RAF-Angehörigen auch die »P's« genannt – zwei vollständig ausgearbeitete Aktionspläne anzubieten haben: zum einen die Besetzung der deutschen Botschaft in Kuwait, zum anderen die Entführung eines Flugzeuges. Die RAF nimmt das Angebot der »P's« an und entscheidet sich schnell für die Flugzeugentführung. Brigitte Mohnhaupt, die gegenüber den Palästinensern als »legitimierte Person« der RAF gilt, fliegt daraufhin Anfang Oktober mit Boock für drei bis vier Tage zu Besprechungen mit Abu Hani nach Algier, um dort letzte Einzelheiten der geplanten Aktion zu erörtern. Beide kehren um den 10. Oktober 1977 nach Bagdad zurück. Dort ist Boock den Palästinensern behilflich, Handgranatenhülsen herzustellen, die bei den Kontrollschleusen der Flughäfen nicht auffallen dürfen und deshalb aus Glas gefertigt werden. Die Flugzeugentführung erhält die Tarnbezeichnung »Operation Kofr Kaddum«;[97] sie soll in Aden/Südjemen mit dem Austausch der freigepressten Häftlinge gegen die freizulassenden Flugzeuggeiseln zu Ende gehen.

Mit der eigentlichen Entführung beauftragen die »P's« vier junge Leute, nämlich die beiden Frauen Souhaila Andrawes Sayeh (alias Soraya Ansari, 24 Jahre alt) und Nadia Shehadah (alias Shahnez Gholam, 21 Jahre) sowie die beiden Männer Zohair Akache (alias Ali Hydery, 23 Jahre) und Nabil Harb (alias Riza

---

97 »Kofr Kaddum« ist nach Darstellung der P's ein palästinensisches Dorf, das samt seiner Bevölkerung von israelischen Soldaten völlig zerstört worden ist.

Abbasi, 20 Jahre). Akache mietet sich vom 6. bis 8. Oktober im Hotel Saratoga in Palma de Mallorca ein. Sayeh bezieht das gleiche Hotel am 7. Oktober. Ebenfalls am 7. Oktober wird für beide bei einer Agentur in Palma de Mallorca ein Flug von Palma nach Frankfurt/Main für den 13. Oktober 1977 gebucht. Harb und Shehadah wohnen ab dem 10. Oktober im nahegelegenen Hotel Costa del Azul. Beide haben am 7. Oktober bei einer anderen Agentur als ihre Komplizen ebenfalls den Flug von Palma nach Frankfurt/Main gebucht.

Die frühere RAF-Angehörige Monika Haas, die sich seit Ende 1975 bei der PFLP in Aden aufhält und inzwischen mit dem Palästinenser-Führer Zaki el Helou verheiratet ist, rüstet das für die Flugzeugentführung zuständige »Kommando« mit den erforderlichen Tatwerkzeugen aus und schmuggelt zu diesem Zweck hochbrisanten Sprengstoff, zündfähige Handgranaten und 2 Pistolen nach Palma de Mallorca. Sie überbringt die Waffen – in Bonbondosen versteckt – in der Nacht zum 8. Oktober Akache und Sayeh und händigt ihnen außerdem ein Transistorradio aus, in dem der Zündmechanismus für den Sprengstoff versteckt ist.[98]

b) Die Flugzeugentführung

Am Donnerstag, dem **13. Oktober**, gehen Sayeh, Shehadah, Akache und Harb unter ihren Decknamen mit gefälschten Pässen in Palma de Mallorca an Bord der »Landshut«. Sie werden beim Einsteigen nicht kontrolliert und können deshalb in ihrem Handgepäck ungehindert 4 Handgranaten, 2 Pistolen und etwa 500 g Plastiksprengstoff mit in die Maschine bringen. Akache, der Anführer, und Sayeh nehmen im hinteren Teil des Flugzeugs in der vorletzten Reihe der Economy-Klasse Platz, Harb und Shehadah im vorderen Bereich in der durch eine feste Trennwand und einen Vorhang getrennten 1. Klasse. Die »Landshut« startet um 12.55 Uhr.[99] An Bord befinden sich außer den Entführern 82 weitere Passagiere – unter ihnen 7 Kinder – sowie 5 Besatzungsmitglieder, nämlich Flugkapitän Jürgen Schumann, Copilot Jürgen Vietor, 1 Flugbegleiterin und 2 Stewardessen.

Gegen 13.20 Uhr – das Flugzeug befindet sich etwa 20 km südöstlich von Marseille – beginnt der **Überfall**:

---

98 Monika Haas wird in dieser Sache durch Urteil des OLG Frankfurt/Main vom 16.11.1998 zu einer Freiheitsstrafe von 5 Jahren verurteilt.
99 Diese sowie alle folgenden Uhrzeiten sind MEZ.

Als die Passagiere mit dem Mittagessen beschäftigt sind und das weibliche Bordpersonal sich in der Küche befindet, springen **Zohair Akache und Souhaila Andrawes Sayeh** von ihren Sitzen am Ende der Economy-Klasse auf und stürzen mit lauten Schreien *»Don't move!«* durch den Mittelgang nach vorn in Richtung Cockpit. Sayeh bleibt mit dem Rücken vor der Trennwand zur 1. Klasse stehen und hält die Passagiere mit zwei Handgranaten in ihren erhobenen Händen in Schach, wobei sie den Eindruck erweckt, bereits das Loslassen der Granaten würde zur deren Explosion führen. Derweil stürmt Akache mit vorgehaltener Pistole und weiterhin laut schreiend in das vor der 1. Klasse gelegene Cockpit. Dort richtet er seine Waffe auf Flugkapitän Schumann und zerrt Copilot Vietor mit dem Ruf »Go out! Go out!« aus seinem Sitz. Anschließend

treiben die Luftpiraten Vietor, die weiblichen Besatzungsmitglieder sowie die Passagiere der 1. Klasse in die Economy-Klasse. Dann begibt sich Akache zurück in Cockpit und brüllt auf englisch über die Bordsprechanlage:

> »Ich bin Captain Martyr Mahmoud.[100] Das Flugzeug ist entführt! Es befindet sich in unserer Gewalt! Wir, die Entführer, sind Freiheitskämpfer – keine Terroristen! Befolgen Sie unsere Befehle! Wer sich widersetzt, wird sofort exekutiert!«

Außerdem erklärt Akache, dass die *»Operation Kofr Kaddum«* von der Organisation *»Struggle against world imperialism Organisation«*, kurz *»S.A.W.I.O.«*, durchgeführt werde. Man wolle Genossen aus deutschen und türkischen Gefängnissen befreien. Dann zwingt er Flugkapitän Schumann, nach Osten abzudrehen und – als klar wird, dass der Treibstoffvorrat nicht für einen Flug bis Zypern reichen würde – Kurs auf **Rom** zu nehmen.

Unter den Passagieren, die zunächst auf Waffen und gefährliche Gegenstände durchsucht werden, verbreiten die Attentäter mit Schlägen und Drohungen Angst und Schrecken. So verbinden sie jede ihrer Anordnungen mit dem Hinweis, dass jeder sofort exekutiert werde, der sich zu widersetzen wage. Alle Passagiere und Besatzungsmitglieder sind deshalb so eingeschüchtert, dass sie voller Angst nahezu alle Anweisungen der Täter unverzüglich befolgen. Bis zur Landung in Rom dürfen alle Geiseln kein Wort sprechen, müssen die Hände über dem Kopf verschränkt hochhalten und dürfen ihre Plätze nicht verlassen. Als zwei Frauen dringend darum bitten, auf die Toilette gehen zu dürfen, wird ihnen dies unter Schlägen und wüsten Beschimpfungen verboten. Sie und an-

---

100 Mit dem »Märtyrer Mahmoud« ist der deutsche Terrorist Wilfried Böse gemeint, der am 27. Juni 1976 an der Entführung eines Airbusses nach Entebbe/Uganda beteiligt gewesen und dort am 4. Juli 1976 im Rahmen der Geiselbefreiung erschossen worden war (siehe S. 78). Sein palästinensischer Kampfname war „Mahmoud" gewesen.

dere Geiseln sehen sich deshalb gezwungen, ihre Notdurft auf ihren Sitzen zu verrichten und dort in eingenässter und stinkender Kleidung zu verharren.

Akache, der sich mehrfach vergewissert, dass in der Economy-Klasse die Aktion planmäßig abläuft, bringt an der Trennwand zur 1. Klasse den mitgebrachten Sprengstoff samt Zündkapseln und Zündschnur an, um die Passagiere zusätzlich einzuschüchtern. Dabei weist er darauf hin, dass die Kinder, die gezielt in den ersten Reihen Platz nehmen müssen, bei einer Explosion sofort tot seien, die Erwachsenen aber noch längere Zeit leiden sollen.

Während des Anfluges auf den Flughafen Rom-Fiumicino übermittelt Akache gegen 14.15 Uhr dem Tower seine Forderungen per Funkspruch:

»Das ist die Operation Kofr Kaddum. Kapitän Martyr Mahmoud spricht. Hören Sie mich? Dieses Flugzeug ist ganz in unserer Gewalt. Wir verlangen die Freilassung unserer Kameraden in deutschen Gefängnissen. Das ist ein Tiger gegen die imperialistische Weltorganisation. Hören Sie?«

Nach der Landung in Rom-Fiumicino um 15.45 Uhr bezeichnet Akache bei den Verhandlungen die Flugzeugentführer als »*Kommando Martyr Halimeh*«. Er verlangt, dass das Flugzeug aufgetankt und die Startbahn freigemacht wird, sonst werde das Flugzeug mit den Geiseln in die Luft gesprengt. Die Verantwortlichen in Rom kommen dieser Forderung nach, so dass die »Landshut« nach gut zwei Stunden startet. Ab diesem Zeitpunkt wird die Maschine von Copilot Vietor geflogen, während Kapitän Schumann die Verhandlungen mit den Entführern und den Flughafenbehörden führt.

Um 20.28 Uhr landet die »Landshut« in **Larnaka** auf Zypern. Das erneute Auftanken des Flugzeugs wird auch hier mit der Drohung erzwungen, man werde sonst die Maschine sprengen. Ein Appell an die Entführer, wenigstens die Kinder und älteren Passagiere freizulassen, bleibt ohne Erfolg. Gegen 22.50 Uhr hebt die »Landshut« wieder ab. Erst nach dem Start wird Copilot Vietor angewiesen, nach Beirut/Libanon zu fliegen. Als über Funk die Meldung kommt, der Flughafen dort sei gesperrt, fliegt Vietor befehlsgemäß zunächst Damaskus/Libanon, dann Bagdad/ Irak und schließlich Kuwait an. Alle diese Flughäfen sind jedoch ebenfalls gesperrt.

Schließlich landet die »Landshut« wegen akuten Treibstoffmangels am ***14. Oktober*** um 01.54 Uhr in **Bahrein**, obwohl auch hier der Tower eine Landung untersagt hatte. Vietor muss das Flugzeug in einer abgelegenen Ecke des Flughafens abstellen, wo es alsbald von Soldaten umstellt wird. Akache wiederholt über Funk die Forderung nach Freilassung der in Deutschland inhaftierten Gefangenen und fordert das Auftanken der Maschine. Vietor muss dem Gesprächspartner auf dem Tower des Flughafens die Ausführungen des Entführers erläutern. Als er erklärt, dass die Forderung der Entführer, »terrorists« aus deutschen und türkischen Gefängnissen freizulassen, dazu diene, der Entführung des deutschen Industriellen Schleyer Nachdruck zu verleihen, gerät Akache wegen der Benutzung des Wortes »terrorists« außer sich. Er richtet seine Waffe auf Vietor und droht, den Copiloten zu erschießen, denn sie und ihre Gesinnungsgenossen in den Gefängnissen seien keine Terroristen, sondern Freiheitskämpfer. Vergeblich versuchen Schumann und Vietor, Akache zu beruhigen. Hinzukommt, dass Akache jetzt verlangt, dass die Soldaten rund um die »Landshut« binnen 5 Minuten verschwinden sollen, sonst werde er Vietor erschießen. Vietor übermittelt diese Forderung sowie die Drohung dem Tower und fleht in seiner Todesangst, die Soldaten doch endlich abzuziehen. Als Akache beim lauten Rückwärtszählen der 5-Minuten-Frist über 5, 4 und 3 bereits bei 2 angelangt ist, nähert sich ein Fahrzeug dem Flugzeug, das die Soldaten aufnimmt und verschwindet.

Nachdem die Maschine aufgetankt ist, startet Jürgen Vietor auf Anweisung der Entführer um 03.34 Uhr Richtung **Dubai**. Als er dort per Funk die Landung ankündigt, erhält er die Mitteilung, der Flughafen sei geschlossen. Beim Anflug stellt Vietor fest, dass die Start- und Landebahnen mit LKW-Fahrzeugen blockiert sind. Anschließend kreist die »Landshut« stundenlang über Dubai, bis Akache wegen akuten Treibstoffmangels befiehlt zu landen. Im letzten Moment lassen die Verantwortlichen des Flughafens eine Bahn räumen, so dass die Landung um 05.51 Uhr glückt. Auf dem Flughafen in Dubai steht die entführte Lufthansa-Maschine **bis zum 16. Oktober**, 12.19 Uhr. Vom Tower des Flughafens aus werden mit den Entführern per Funk intensive Verhandlungen über die Versorgung des Flugzeuges, die Forderungen der Luftpiraten und die Freilassung der Passagiere geführt. Die Entführer zeigen sich nach wie vor nicht bereit, auch nur eine Person freizulassen, solange ihre Forderungen nicht erfüllt seien.

In der »Landshut« herrschen während des tagelangen Aufenthalts in Dubai menschenunwürdige Zustände. Die Passagiere dürfen ihren Sicherheitsgurt nicht öffnen und nur zeitweise miteinander sprechen. Die verstopften und übergelaufenen Toiletten verursachen einen bestialischen Gestank. Als dann auch noch Klimaanlage und Lüftung für etwa 24 Stunden ausfallen, steigt die Temperatur im Innern der Maschine auf etwa 60 Grad Celsius. Einige ältere Passagiere werden aufgrund der Hitze und des Gestanks ohnmächtig und müssen von den Stewardessen mit Sauerstoffgeräten beatmet werden.

Gleichwohl verbreiten die Attentäter bei jeder Gelegenheit Todesangst. So drohen sie mit sofortiger Erschießung, falls eine Geisel **Jude oder Israeli** sei. Als sie an Montblanc-Schreibgeräten das Markenzeichen – einen weißen Stern – entdecken, halten sie dies für den jüdischen Davidstern. Ihr Anführer Akache lässt deshalb die drei Besitzerinnen der Schreibgeräte einzeln und nacheinander zu sich in die 1. Klasse bringen und zwingt sie jeweils, vor ihm hinzuknien. Als die drei Frauen bestreiten, Jüdin zu sein, werden sie von Akache geschlagen, getreten bzw. ins Gesicht gespuckt. Abschließend befiehlt er jeder von ihnen, sich am nächsten Morgen bei ihm zu melden, da sie dann erschossen werde. Seine Entscheidung, die drei Frauen zu töten, gibt Akache anschließend auch über die Bordsprechanlage bekannt. Nur mit Mühe gelingt es Kapitän Schumann später, Akache von seinem Vorhaben abbringen, die drei Besitzerinnen der Montblanc-Schreibgeräte zu töten.

Ähnliches erlebt Copilot Vietor kurz darauf in Bezug auf seine Junghans-Armbanduhr: Als Akache auf dieser Uhr einen kleinen Stern entdeckt, hält er auch dies für einen Davidsstern und als Beleg dafür, dass Vietor Jude sei. Er kündigt deshalb an, Vietor zu exekutieren, zumal dieser bereits durch die Benutzung des Begriffs »terrorists« einen Fehler gemacht habe. Er zwingt den Copiloten, sich mit erhobenen Händen in den Mittelgang der Economy-Klasse zu stellen, und wiederholt laut, dass Vietor jetzt erschossen werde. Auch jetzt gelingt es Jürgen Schumann gerade noch, die von Arkache beabsichtigte Erschießung zu verhindern.

Diese Erlebnisse haben zur Folge, dass eine Frau, die tatsächlich Jüdin ist, aufgrund der Eintragungen in ihrem Pass mit ihrer Entdeckung und Erschießung rechnet; sie beginnt deshalb, leise jüdische Totengebete zu singen, und übergibt ihren Schmuck einer Stewardess mit der Bitte, diesen ihrem Mann auszuhändigen.

c) Gemeinsame Sache von Luftpiraten und RAF

Unterdessen haben RAF-Angehörige die Aufgabe übernommen, die nunmehr gemeinsamen Forderungen der »P's« und der Schleyer-Entführer zu verbreiten.

Am 13. Oktober fertigen die Entführer in Brüssel erneut ein Videoband sowie folgendes **Polaroidfoto von Hanns-Martin Schleyer**:

Auf dem **Videoband** sitzt Schleyer vor dem selben Hintergrund und spricht folgenden Text:

> »Ich habe hier die WELT vom Donnerstag, dem 13. Oktober 1977, vor mir. In der Zeitung ist ein Artikel von Herbert Kremb über den Besuch in Peking enthalten mit der Überschrift: – Chinesische Weisheit: Honig im Mund, Galle im Herzen –. Ich benutze diese Gelegenheit, um mich bei meiner Familie, allen Freunden und Kollegen für ihre Unterstützung, ihre Bemühungen zu bedanken; insbesondere auch den vier Herren, die am letzten Dienstag dem Bundeskanzler ihre Besorgnis vorgetragen haben.
> Ich frage mich in meiner jetzigen Situation wirklich, muss denn noch etwas geschehen, damit Bonn endlich zu einer Entscheidung kommt? Schließlich bin ich nun fünfeinhalb Wochen in der Haft der Terroristen und das alles nur, weil ich mich jahrelang für diesen Staat und seine freiheitlich-demokratische Ordnung eingesetzt und exponiert habe.«

Die Videoaufnahme und das Polaroidbild werden am selben Tag gemeinsam mit vier Schreiben zur Post gebracht. Es handelt sich dabei um

- ein »ultimatum an den kanzler der brd«,
- ein zweiseitiges »kommunique der operation kofr kaddum«,
- eine »instruktion für die lieferung des lösegeldes« sowie
- eine Erklärung des »kommando siegfried hausner, raf« vom »13. okt. 1977«.

Aufgrund der Flugzeugentführung wird zusätzlich zu den ursprünglichen Forderungen noch ein Lösegeld in Höhe von 15 Millionen US-Dollar sowie die Freilassung von zwei *»palästinensischen genossen ... aus dem gefängnis in istanbul«* verlangt:

Die vier Papiere im Einzelnen:

ultimatum

an den kanzler der brd

hiermit geben wir ihnen bekannt, daß passagiere und crew der lufthansamaschine 737, flugnr. 181 von Palma nach Frankfurt unter unserer vollständigen kontrolle und verantwortung stehen. das leben von passagieren und crew der maschine, und das leben von hanns-martin schleyer hängt von der erfüllung folgender forderungen ab:

1. freilassung nachgenannter raf-genossen aus westdeutschen gefängnissen – andreas baader, gudrun ensslin, jan-carl raspe verena becker, werner hoppe, karl-heinz dellwo, hanna krabbe, bernd roessner, ingrid schubert, irmgard möller, günter sonnenberg
   jeder ist mit dem betrag von dm 100.000 auszustatten.

2. freilassung der nachgenannten palästinensischen genossen der pflp aus dem gefängnis in istanbul – mahdi und hussein

3. zahlung der summe von us-dollars 15 millionen gemäß beiliegender instruktionen.

4. arrangement mit einem der nachgenannten länder, die aufnahme aller freigelassenen genossen zu akzeptieren:
   1) demokratische republik vietnam
   2) republik von somalia
   3) demokratische volksrepublik jemen

5. die gefangenen aus der brd werden in einem von ihnen bereitgestellten flugzeug zu ihrem zielpunkt geflogen. sie werden über istanbul fliegen und dort die beiden palästinensischen genossen, die aus einem istanbuler gefängnis freigelassen werden, aufnehmen.
   die türkische regierung ist über unsere forderungen genau informiert.
   die gefangenen werden ihren zielort vor sonntag, den 16. 10. 77 8.00 uhr morgens g.m.t. erreichen.

6. falls die gefangenen nicht freigelassen werden oder ihren bestimmungsort nicht erreichen, und falls das geld nicht in der angegebenen weise und zeit geliefert wird, werden sowohl herr hanns-martin schleyer als auch alle passagiere und die crew der lufthansamaschine 737, flugnr. LH 181 sofort getötet.

7. erfüllen sie unsere forderungen, werden obengenannte personen freigelassen.

8. dies ist unser letzter kontakt mit ihnen, wir werden keine weiteren kontakte aufnehmen. sie tragen die volle verantwortung für jeden irrtum oder fehler bei der freilassung obengenannter genossen oder der lieferung des spezifischen lösegeldes gemäß der spezifischen instruktionen.

9. jeder versuch ihrerseits zu verzögern oder zu täuschen, hat das unmittelbare ende des ultimatums und die sofortige exekution von herrn hanns-martin schleyer und aller passagiere und der crew des flugzeugs zur folge.

13. 10. 1977   S. A. W. I. O.

kommuniqué
der
operation kofr kaddum

an alle revolutionäre in der welt
an alle freien araber
an unsere palästinensischen massen

am heutigen donnerstag, den 13. okt. 1977 hat unser kommando "martyr halimeh" die lufthansa-maschine, flugnr. 181, auf ihrem weg von palma de mallorca nach frankfurt unter ihre vollständige kontrolle gebracht.

diese operation hat zum ziel, unsere genossen aus den gefängnissen der imperialistisch-reaktionär-zionistischen allianz zu befreien. sie betont nachdrücklich die ziele und forderungen der operation des kommandos der raf "siegfried hausner", die am 5.9.1977 begann.

revolutionäre und freiheitskämpfer in aller welt sind konfrontiert mit dem ungeheuer des welt-imperialismus - diesem barbarischen krieg unter der hegemonie der usa gegen die völker der welt.

in diesem krieg erfüllen imperialistische subzentren wie israel und die brd die exekutiv-funktion der unterdrückung und liquidation jedweder revolutionären bewegung in und auf ihren spezifischen gebieten.

in unserem besetzten land demonstriert der imperialistisch-zionistisch-reaktionäre feind die höchste ebene seiner blutigen feindseligkeit und aggressivität gegen unser volk und unsere revolution, gegen alle arabischen massen und ihre patriotischen und fortschrittlichen kräfte. die expansionistische und rassistische natur israels ist, mit menachem begin an der spitze dieses produkts imperialistischer interessen - klarer als je zuvor.

auf den gleichen imperialistischen interessen wurde westdeutschland 1945 als us-basis aufgebaut. seine funktion ist die reaktionäre integration der westeuropäischen länder durch ökonomische unterdrückung und erpressung. in bezug auf die länder der dritten welt unterstützt westdeutschland die reaktionären regime in tel aviv, teheran, pretoria, salisbury, brasilia, santiago de chile etc. finanziell, technisch und militärisch.

zwischen den beiden regimen bonn und tel aviv gibt es eine enge und spezielle zusammenarbeit auf militärischem und ökonomischem gebiet, sowie eine weitgehende übereinstimmung in politischen positionen. die beiden feindseiligen regime stehen geschlossen den patriotischen und revolutionären befreiungsbewegungen der welt im allgemeinen und der arabischen welt, afrikas und lateinamerikas gegenüber. beide regime beteiligen sich aktiv an jedem versuch, sich in der unterstützung, die sie rassistischen minderheitsregimen in pretoria und salisbury gewähren. sie liefern waffen und militärisches, technisches und atomares know-how; sie entsenden söldner und geben kredite; sie öffnen ihre märkte und brechen den boykott und die ökonomische belagerung dieser regime.

ein signifikantes beispiel ist die enge zusammenarbeit von mossad

mit den deutschen geheimdiensten und cia und dst, die die
schmutzigste piraterie der imperialistisch-reaktionären allianz
möglich machte: die zionistische invasion von entebbe.

tatsächlich wird der ähnliche charakter des neo-nazismus in
westdeutschland und des zionismus in israel immer klarer.
in beiden ländern

- herrscht eine reaktionäre ideologie vor
- werden faschistische, diskriminatorische und rassistische arbeitsgesetze durchgesetzt
- werden die hässlichen methoden psychologischer und physischer folterung und mord gegen die kämpfer für freiheit und nationale befreiung angewandt
- werden formen kollektiver bestrafung praktiziert
- wird die "ausstattung" mit internationalem recht wie dem recht von häftlingen auf humane behandlung, gerechte verhandlung und verteidigung völlig abgeschafft.

während das zionistische regime die höchst eigenständige und
praktische fortführung des nazismus ist, tun die bonner regierung
und die parteien ihres parlaments ihr bestes, nazismus und
expansionistischen rassismus in westdeutschland zu erneuern, besonders im militärischen establishment und anderen staatlichen
institutionen.
die ökonomischen zirkel und die magnaten der multinationalen
konzerne spielen bei diesen anstrengungen eine effektive rolle.
ponto, schleyer und buback sind blosse beispiele von personen,
die dem alten nazismus gut gedient haben und die heute wieder die
ziele der neo-nazis in bonn und der zionisten in tel aviv praktisch ausführen - lokal und international.

ein teil der antiguerilla-strategie dieser feinde ist die nichterfüllung legitimer forderungen nach freilassung gefangener
revolutionäre, die unter schweigendem wissen der weltöffentlichkeit die grausamsten formen der folter erleiden. wir erklären,
dass diese doktrin nicht erfolgreich sein wird. wir werden den
feind zwingen, unsere gefangenen freizugeben, die ihn täglich
herausfordern, indem sie selbst im gefängnis nicht aufhören,
gegen unterdrückung zu kämpfen.

SIEG DER EINHEIT ALLER REVOLUTIONÄREN KRÄFTE IN DER WELT

        organisation für den kampf gegen den welt-imperialismus
            (struggle against world imperialism organisation)

13. 10. 1977   S. A. W. I. O.

instruktion für die lieferung des lösegelds

1. die summe von 15 millionen us-dollars wird aufgeteilt gemäss nachstehender tabelle in

währung	summe	in noten von ...	anzahl der noten
us-dollars	7.000.000 (sieben mill.)	100 dollars	70.000
deutsche mark dm	7.000.000 (äquivalent von 3 mill.doll.)	1000 dm	7.000
schweizer franken sfr	7.000.000 (äquivalent von 3 mill. doll.)	1000 sfr	7.000
holländ. gulden hfl	7.000.000 (äquivalent von 2 mill. doll.)	100 hfl	45.000

gesamt 15 mill. us-dollars

2. das geld wird transportiert in 3 schwarzen samsonite koffern (grösse men's 3-suiter) mit kombinationszahlenschlössern, eingestellt auf 000.

3. der betrag wird von herrn eberhard schleyer selbst transportiert.

4. er trägt einen beigen anzug mit "yves st. laurent" sonnenbrille in der reverstasche. ein brillenbügel hängt sichtbar ausserhalb der tasche. herr e. schleyer trägt die neueste ausgabe des "spiegel" in der linken hand.

5. an einem bestimmten punkt wird er von unserem repräsentanten angesprochen mit den worten:"lassen sie uns ihren vater retten" er wird antworten:"retten wir meinen vater." er wird den anordnungen unseres repräsentanten folge leisten.

6. versuchen sie nicht, herrn e. schleyer zu folgen. unternehmen sie nichts, ihn an der ausführung seiner mission zu hindern, sie zu unterbrechen, zu verzögern, oder ihr sonstwie zuvorzukommen. jeder solcher versuch hat das unmittelbare ende des ultimatums und die exekution der geiseln einschliesslich hanns-martin schleyers zur folge.

7. herr e. schleyer steht ab samstag, den 15.10.1977, 12.00 uhr lokalzeit im frankfurter hotel intercontinental mit dem lösegeld und einem gültigen reisepass zur entgegennahme detaillierter anweisungen zur verfügung.

13. 10. 1977   S. A. W. I. O.

Das Schreiben des »kommando siegfried hausner«:

13. okt. 1977

wir haben helmut schmidt jetzt genug zeit gelassen, um sich
in seiner entscheidung zu winden,
zwischen der amerikanischen strategie der vernichtung von
befreiungsbewegungen in westeuropa/3.welt
und dem interesse der bundesregierung den zur zeit für sie
wichtigsten wirtschaftsmagnaten - eben für diese imperialistische strategie - nicht zu opfern.
das ultimatum der operation kofr kaddum des kommandos "martyr halimeh" und das ultimatum des kommandos "siegfried hausner" der raf sind identisch.
das ultimatum läuft am sonntag, den 16. okt. 1977 um 8.00
uhr g.m.t. ab.
wenn bis zu diesem zeitpunkt die elf geforderten gefangenen
ihr ziel nicht erreicht haben, wird hanns-martin schleyer
erschossen.
nach 40 tagen gefangenschaft von schleyer wird es eine verlängerung des ultimatums nicht mehr geben, ebenso keine
weiteren kontaktaufnahmen.
jegliche verzögerung bedeutet den tod schleyers.
um zeitliche komplikationen zu vermeiden, ist es nicht notwendig, daß pastor niemöller und rechtsanwalt payot die gefangenen begleiten.
die bestätigung der ankunft der gefangenen erhalten wir
auch ohne die bestätigung durch begleitpersonen.
nachdem wir die bestätigung erhalten haben, wird Hanns-Martin
Schleyer innerhalb von 48 stunden freigelassen.

freiheit durch bewaffneten antiimperialistischen kampf!

kommando siegfried hausner   raf

Am 14. Oktober 1977 um 1.10 Uhr melden sich die Entführer Schleyers telefonisch im Büro von Rechtsanwalt Payot. Sie weisen sich mit drei Legitimationen aus und übermitteln dann den Inhalt der vier Erklärungen, die sie am Vortag gefertigt haben.

Im Laufe des Tages erhalten insgesamt 24 Einzelpersonen und Institutionen Briefsendungen mit den 4 Entführerschreiben sowie der Videoaufnahme und dem Polaroidbild Hanns-Martin Schleyers.

Ab 10.45 Uhr werden die jüngsten Ereignisse in einer **Sondersitzung des Kabinetts** erörtert. Alle Kabinettsmitglieder sind sich einig, dass es gilt, die Geiseln durch Verhandlungen oder durch eine Befreiungsaktion zu retten. Um 11.30 Uhr gibt Regierungssprecher Bölling vor der Bundespressekonferenz folgende **Erklärung der Bundesregierung** ab:

> »Wir alle sind uns des großen Ernstes der neuen Situation bewusst, sehr bewusst. Das Ziel bleibt unverändert, Leben zu retten, die Leben der Passagiere, der Frauen und Kinder, das Leben der Lufthansa-Besatzung, das Leben von Hanns-Martin Schleyer. Wir werden über die Regierung der Vereinigten Arabischen Emirate und Dubai auf die Entführer einzuwirken versuchen, damit eine Lösung der Vernunft und der Menschlichkeit gefunden werden kann. Wir werden alles versuchen, was in unserer Kraft steht. Wir werden alles versuchen, was menschenmöglich ist, um die Situation zum Guten zu wenden. Wir wissen, dass wir unter dem Druck eines sehr ernst gemeinten Ultimatums stehen. Danach werden sich alle unsere Überlegungen ausrichten.«

Am selben Tag um 20.45 Uhr bespricht Bundesjustizminister Hans-Jochen Vogel mit Eberhard Schleyer die **Lösegeldforderung der Entführer**. Vogel legt dem Sohn des Entführten dar, es sei ganz allein seine Sache zu entscheiden, ob er der Aufforderung der Entführer, das Geld zu überbringen, Folge leisten wolle oder nicht. Seine Entscheidung werde von allen respektiert werden. Eberhard Schleyer müsse sich aber darüber im Klaren sein, dass er sich in akute Lebensgefahr begebe, falls er zu der Geldübergabe bereit sei. Das Geld an sich, so Vogel, sei bereits beschafft worden. Allerdings müsse am nächsten Tag zunächst noch im Rahmen einer Sitzung des großen Politischen Beratungskreises entschieden werden, ob eine solche Geldübergabe nicht grundsätzlich viel zu gefährlich sei. Eberhard Schleyer erwidert, er sehe keine Alternative und stehe für die Geldübergabe zur Verfügung.

Brigitte Mohnhaupt hat mit dem Führer der »P's«, Abu Hani, vereinbart, den Sohn Schleyers auf einen **Flug um die halbe Welt** zu schicken. In dessen Verlauf soll auf dem Flugplatz in Algier der Koffer mit dem Lösegeld gegen einen anderen Koffer ausgetauscht werden. Zu diesem Zweck hat Rolf Klemens

Wagner bereits am 13. Oktober gegen 12.00 Uhr am Flughafen Paris/Orly-Ouest für »E. Schlier« einen Flug gebucht.[101]

Am 15. Oktober um 7.50 Uhr übermittelt Flugkapitän Schumann von Bord der »Landshut« aus ein **Telegramm an den Bundeskanzler:**

> »Das Leben von 91 Männern, Frauen, Kindern an Bord des Flugzeuges hängt von Ihrer Entscheidung ab. Sie sind unsere letzte und einzige Hoffnung. Im Namen der Besatzung und der Passagiere. Schumann.«

Um 9.40 Uhr wird die von den Entführern geforderte Lösegeldübergabe durch eine **dpa-Meldung** publik:

> »schleyer-sohn eberhard soll 15 millionen dollar uebergeben. – die behoerden wollen mit der auszahlung von 15 millionen amerikanischen dollar an die entfuehrer am samstagmittag eine der genannten forderungen der terroristen erfuellen. aus diplomatischen kreisen aus bonn wurde am samstag bekannt, daß ein sohn des entfuehrten arbeitgeberpraesidenten hanns-martin schleyer, eberhard schleyer, das geforderte geld um 12.00 uhr im hotel intercontinental auf dem frankfurter flughafen uebergeben soll.«

Wie gefordert, begibt sich Eberhard Schleyer am Nachmittag ins **Hotel »Intercontinental« in Frankfurt/Main**. Er hat das verlangte Lösegeld bei sich. Um 17.59 Uhr erreicht ihn ein Anruf der Entführer seines Vaters. Rolf Klemens Wagner unterrichtet ihn, dass die RAF für ihn auf den Namen »E. Schlier« ein Lufthansa-Ticket für eine *»weite Reise«* hinterlegt habe. Im Verlauf dieser Reise werde er von einem *»Repräsentanten der RAF«* wegen der Übergabe des Lösegeldes angesprochen. Ein eigenmächtiges Abweichen von der vorgeschriebenen Reiseroute sei ihm strikt untersagt. Eberhard Schleyers Gegenvorschlag, das Lösegeld von 15 Millionen US-Dollar den elf deutschen Terroristen mitzugeben, lehnt Rolf Klemens Wagner ab. Er fordert Eberhard Schleyer auf, am Frankfurter Flughafen für den Flug um 21.05 Uhr nach Paris zu buchen und sich dort auf die Parole *»Lassen Sie uns Ihren Vater retten«* mit den Worten *»Retten wir meinen Vater«* zu erkennen zu geben.

Inzwischen haben sich jedoch aufgrund der Veröffentlichung in den Medien im Foyer des Hotels, in der Tiefgarage und in der näheren Umgebung über hundert Journalisten sowie zwei Kamerateams versammelt. Der geplante Flug und die Geldübergabe durch Eberhard Schleyer werden deshalb von den Verantwortlichen gestoppt.

---

101 Mit Lufthansa LH 116 am 15. Oktober 1977 von Frankfurt/ Main (Abflug: 21.05 Uhr) nach Paris/Orly (Ankunft: 22.15 Uhr); mit Air France AF 2321 am 16. Oktober 1977 von Paris/ Orly (Abflug: 8.00 Uhr) nach Algier (Ankunft: 11.00 Uhr OZ); mit Syria-Arab-Airlines RB 356 am 16. Oktober 1977 von Algier (Abflug: 13.00 Uhr OZ) nach Damaskus (Ankunft: 20.55 Uhr OZ); mit Pakistan-International-Airways PK 716 am 17. Oktober 1977 von Damaskus (Abflug: 02.40 Uhr) nach Karatschi (Ankunft: 11.20 Uhr).

Rolf Klemens Wagner besteht auch bei weiteren Anrufen[102] darauf, dass Eberhard Schleyer das Lösegeld selbst überbringen solle. Erst als der von der RAF vorgesehene Abflugtermin verstrichen ist, teilt er Eberhard Schleyer gegen 23.00 Uhr telefonisch mit, er sei einverstanden, *»wenn den Gefangenen die Lösegeldsumme mitgegeben wird«*.

Bereits um 13.30 Uhr desselben Tages hat das **BKA** folgende Mitteilung für die Entführer übermittelt:

> »Von den vom Kommando ›martyr halimeh‹ vom 13. Oktober 1977 (S.A.W.I.O.) genannten Ländern haben Vietnam und Südjemen bereits strikt abgelehnt, Terroristen aufzunehmen. Das vom gleichen Kommando auch genannte Somalia ist bisher von den Gefangenen nicht genannt worden. Die Gefangenen haben jedoch durch Baader erklärt, daß sie nicht in irgendein Land ausgeflogen, sondern an der Festlegung des Ziellandes beteiligt werden wollen. Um Somalia als Zielland festlegen zu können, müssen daher sowohl die Regierung in Somalia als auch die Gefangenen gefragt werden. Beides ist eingeleitet.«

Anschließend ist ein BKA-Beamter nach Stuttgart-Stammheim geflogen, um die Häftlinge nach den Zielländern zu befragen. Sein Bericht:

> »In der Zeit von 18.15 bis 18.40 Uhr legte ich den Gefangenen Ensslin, Baader, Raspe, Möller und Becker Fragebogen mit folgendem Text vor:
> ›Die Entführer haben durch das Kommando ›Martyr Halimeh‹ vom 13.10. Vietnam, Südjemen und Somalia als Zielländer genannt. Vietnam und Südjemen haben die Aufnahme von Terroristen bereits strikt abgelehnt. Somalia wird im Augenblick befragt. Sind Sie bereit, sich nach Somalia ausfliegen zu lassen?‹
>
> Die Gefangenen unterzeichneten die Schriftstücke und antworteten jeweils wie folgt:
> Ensslin: ›Ja‹
> Baader: ›Nur, wenn das Kommando tatsächlich Somalia genannt hat.‹
> Raspe: ›1. Die endgültige Entscheidung mache ich von einer gemeinsamen Besprechung aller Gefangenen, die freigelassen werden sollen, abhängig und 2. bin ich unter diesem Vorbehalt dazu bereit.‹
> Möller: ›Ja, unter der Voraussetzung, daß die BRD-Regierung unsere Auslieferung von dort nicht betreibt.‹
> Becker: ›Ja‹.
>
> Der Gefangene Baader zögerte mit seiner Antwort unter Hinweis darauf, daß ihm die Aufnahmebereitschaft der Volksrepublik Vietnam bekannt sei. Er ziehe es vor, dorthin ausgeflogen zu werden. Jetzt könne er es ja sagen, daß einer ihrer Anwälte auf dem diplomatischen Kanal die Zusicherung der Vietnamesen für die Aufnahme erhalten habe – allerdings nicht im Zusammenhang mit einer Geiselnahmeaktion. Wenn die Gefangenen in Somalia zurückgekauft werden sollten, dann könnten sie ja gleich hier bleiben. Baader erklärt weiter, daß er größten Wert auf ein Gespräch mit Staatssekretär Schüler lege, um mit ihm die politische Dimension des Gefangenenaustausches zu erörtern.«

Ebenfalls am 15. Oktober, gegen 19.40 Uhr, kommt es auf dem Flughafen Dubai zu einem **Zwischenfall an der »Landshut«**. Techniker wollen einen

---

102 Diese Anrufe werden aufgezeichnet und tragen später zur Verurteilung Wagners bei.

Ground-Power-Wagen zur Versorgung des Flugzeugs an die Maschine anschließen. Als sie bis auf etwa 10 Meter an das Flugzeug herangekommen sind, feuert Akache plötzlich Schüsse ab. Zur Erklärung gibt er an, er sei der Überzeugung, dass es sich bei einem Teil der Personen um deutsche Interpol-Männer handele. Die Techniker können flüchten; mehrere Schüsse schlagen dabei in nächster Nähe ihres Fluchtweges ein.

Am 16. Oktober entscheidet das **Bundesverfassungsgericht** über einen Antrag von Eberhard Schleyer. Dieser hat versucht, über den Erlass einer einstweiligen Anordnung die Freigabe der Häftlinge und damit die Freilassung seines Vaters zu erwirken. Der Antrag richtet sich gegen die Bundesregierung und die beteiligten Landesregierungen von Baden-Württemberg, Bayern, Nordrhein-Westfalen und Hamburg. Sein Wortlaut:

»Die Antragsgegner sind gehalten, den Forderungen der Entführer des Dr. Hanns-Martin Schleyer auf Freilassung und Gewährung freier Ausreise aus der Bundesrepublik Deutschland von namentlich von den Entführern benannten Häftlingen als unabdingbare Voraussetzung zur Abwendung gegenwärtiger drohender Gefahr für das Leben des Antragstellers stattzugeben.

Hilfsweise: Die Antragsgegner haben es zu unterlassen, die Freilassung und Gewährung freier Ausreise aus der Bundesrepublik Deutschland von namentlich von den Entführern des Antragstellers benannten Häftlingen zu verweigern, die zur Abwendung der gegenwärtigen, nicht anders zu beseitigenden Gefahr für Leben und Leib des Antragstellers unabdingbar erforderlich sind.«

Um 5.45 Uhr wird das Urteil des Bundesverfassungsgericht bekannt gegeben. Es lehnt den Antrag Eberhard Schleyers ab.

d) Der Mord an Flugkapitän Schumann

In der Nacht zum **16. Oktober** muss Flugkapitän Schumann gegenüber dem Anführer Akache zugeben, er habe auf verschiedenen Wegen Informationen nach draußen gegeben, dass es sich bei den Entführern um insgesamt 4 Personen handelt, die mit 2 Pistolen, 4 Handgranaten und Sprengstoff bewaffnet sind.[103] Akache beschimpft ihn deshalb und setzt ihn als Kapitän ab. Außerdem befiehlt er Schumann, um ihn zu demütigen, im Mittelgang der Economy-Klasse auf sein Kommando auf- und abzugehen, strammzustehen, Kehrtwendungen zu machen und ihn mit »*Yes, Captain*« anzureden.

Am frühen Morgen verlangen die palästinensischen Entführer von den Flughafenbehörden in **Dubai** ultimativ das Auftanken des Flugzeugs. Sie drohen

---

103 So hatte Schumann bei einem Gespräch mit dem Tower 4 Packungen Servietten und 4 Stangen Zigaretten, und zwar gemischt, 2 von jeder Sorte, 2 von dieser Sorte, 2 von jener Sorte, sowie ferner 4 Säcke für Abfall bestellt.

damit, nach Ablauf des Ultimatums - im Sinne einer Todesliste - zunächst eine 19-jährige Frau, dann einen 24-jährigen Niederländer, dann eine bestimmte Stewardess, dann den Flugkapitän Schumann und anschließend alle 5 Minuten eine weitere Geisel zu erschießen. Zu diesem Zweck haben sie bereits 12 Geiseln namentlich ausgewählt, ihnen Nummern gegeben und laut mitgeteilt, dass diese Personen in der Reihenfolge der zugeteilten Nummern exekutiert werden, falls das Flugzeug nicht betankt würde. Als die gesetzte Frist nahezu abgelaufen ist, ohne dass irgendwelche Aktivitäten der Flughafenbehörden zu erkennen sind, begibt sich einer der Luftpiraten zu der für die erste Erschießung ausgewählten 19-jährigen Frau und zwingt sie dazu, sich an eine geöffnete Außentüre mit dem Gesicht nach draußen zu stellen. Akache setzt ihr seine Pistole an die rechte Schläfe und beginnt laut, die verbliebene Zeit herunter zu zählen. Plötzlich ist von draußen der Ruf zu hören: »*Wir tanken auf!*«. In diesem Augenblick fällt die 19-jährige Geisel, die damit rechnete, jeden Moment erschossen zu werden, in Ohnmacht, aus der sie erst nach geraumer Zeit wieder erwacht.[104]

Nach dem erneuten Auftanken startet die »Landshut« um 12.19 Uhr. Akache befiehlt den Piloten nach dem Abflug zunächst, nach Oman zu fliegen. Da dort die Landeerlaubnis verweigert wird und die Landebahn blockiert ist, fliegt Vietor nun – wie befohlen – den Flughafen **Aden/Südjemen** an. Auch dort ist die Rollbahn mit Fahrzeugen verstellt. Als sich in den Tanks des Flugzeugs kaum noch Treibstoff befindet, riskiert der Pilot eine lebensgefährliche Notlandung im Wüstensand neben dem Rollfeld. Sie glückt um 15.52 Uhr, ohne dass jemand verletzt wird.

Nach der Landung umstellt jemenitisches Militär das Flugzeug. Bei seinem Kontakt mit dem Tower erfährt Akache zu seiner Überraschung, dass die Entführung – entgegen der ursprünglichen Planung – nicht in Aden enden wird, dass die »Landshut« vielmehr umgehend wieder abfliegen muss. Entsprechend groß ist die Enttäuschung und Ratlosigkeit der Luftpiraten. Nach einer Beratung entschließen sie sich dazu, Richtung Mogadischu/Somalia zu starten. Da Kapitän Schumann aber befürchtet, die Maschine könne bei der Notlandung beschädigt worden sein, gestatten ihm die Entführer, den Zustand des Flugzeuges von außen zu überprüfen. Als Schumann jedoch nicht umgehend an Bord zurückkommt, werden die Luftpiraten ungeduldig und wütend. Sie befürchten, Schumann wolle die Entführungsaktion mit Hilfe der Jemeniten zum Scheitern zu bringen. Akache nimmt schließlich erneut Kontakt mit dem Tower auf und droht damit, das Flugzeug mit allen Geiseln in die Luft zu sprengen, falls Schumann nicht in das Flugzeug zurückkehren sollte. Schon jetzt sind sich die Ent-

---

[104] Die Stelle am Kopf, auf die Akache die Pistole aufgesetzt hatte, blieb noch jahrelang druckempfindlich.

führer einig, dass Schumann erschossen werde, falls er das Flugzeug wieder betreten sollte. Diese Entscheidung teilen sie auch den Passagieren mit. Man habe sowohl ihm als auch der jemenitischen Regierung gedroht, das Flugzeug zu sprengen, falls Schumann nicht wiederkehre. Dieser habe also ihrer aller Leben gefährdet. Akache befiehlt Besatzung und Passagieren, sich auf ihre Plätze zu setzen und nach vorn zu schauen. Niemand dürfe bei der Exekution schreien oder weinen, sonst werde er ebenfalls erschossen.

Als **Kapitän Schumann** nach einiger Zeit über die linke hintere Tür in das Flugzeug zurückkehrt, fordert Akache ihn auf, sofort nach vorn zu kommen und an den ersten Sitzreihen der Economy-Klasse vor ihn niederzuknien und die Hände hinter dem Kopf zu verschränken. Dann brüllt er ihn an: »*Are you guilty or not guilty?*«.[105]  Ohne dem Piloten eine Möglichkeit zur Antwort zu lassen, stellt er die Frage mehrere Male hintereinander. Dann hebt Akache seine Pistole und schießt Jürgen Schumann vor den entsetzten Augen der Passagiere aus kurzer Entfernung ins Gesicht. Schumann fällt bäuchlings nach vorn. Er ist sofort tot. Seine Leiche lassen die Entführer noch über Stunden im Mittelgang liegen. Erst als sich Leichengeruch bemerkbar macht, wird der Leichnam in einem Schrank im hinteren Teil des Flugzeugs verstaut.

Noch in der Nacht wird das Flugzeug wieder aufgetankt. Am *17. Oktober* um 01.00 Uhr hebt die »Landshut« von der Piste des Flughafens Aden ab. Erst nach dem Start weist Akache den Piloten Jürgen Vietor an, Richtung **Mogadischu/ Somalia** zu fliegen.

Im Laufe dieses Tages findet in der Justizvollzugsanstalt Stuttgart-Stammheim ein Gespräch zwischen Andreas Baader und einem Angehörigen des Bundeskanzleramtes statt. Der Bericht des Beamten:

> »Die wesentlichen Aussagen lassen sich kurz zusammenfassen:
> – Terrorismus im Sinne der jetzigen brutalen Aktionen gegen unbeteiligte Zivilisten hätten sie, die Häftlinge, nie gebilligt und billigen sie auch jetzt nicht. Die Bundesregierung müsse sich klar darüber sein, daß die jetzige 2. oder 3. Generation der RAF die Brutalität weiter verschärfen werde. Die Palästinenser seien von den Ereignissen in Tel Zataar geprägt und die Japaner übten zur Zeit ohnehin nur brutalen Terror ohne eigentliches politisches Ziel aus. Es sei Unsinn, daran zu glauben, sie hätten Aktionen aus den Zellen heraus gesteuert.
> – Den damaligen Anlaß für ihre eigenen Aktionen, die deutsche Unterstützung der Amerikaner im Vietnamkrieg, sehe er auch heute noch rückblickend als zwingenden Grund für diese Aktionen an. Allerdings habe seine Gruppe auch Fehler gemacht.
> – Er warf die Frage auf – ohne näher darauf einzugehen –, wem die vom Staat verschuldete Eskalation des Terrors und der Brutalität nütze; vielleicht werde sie von man-

---

105 »*Sind Sie schuldig oder nicht schuldig?*«.

chen sogar gewünscht. Sie werde jedenfalls eine breite illegale Bewegung hervorrufen, die der RAF zur Macht verhelfe.

– Wären sie, die Häftlinge, schon früher freigelassen worden, hätten sie mit Sicherheit die jetzige brutale Entwicklung verhindern können. Jetzt sei es spät, vielleicht zu spät; er glaube aber doch, daß ihr ideologischer Einfluß auf die jetzigen Terroristen ausreiche, um sie von dem falschen Weg abzubringen. Allerdings seien ihnen die jetzt agierenden Leute kaum oder gar nicht persönlich bekannt.

– Nach ihrer Freilassung würden sie ihre Zusage, in der Bundesrepublik Deutschland keine Anschläge mehr zu verüben, selbstverständlich halten. Er betone nachdrücklich, daß sie natürlich auch im Ausland keine militärischen Aktionen, sondern nur zivile Operationen durchführen würden; zum Beispiel sei es für sie sehr wichtig, was im Zusammenhang mit den Auslieferungsverfahren Pohle in Griechenland politisch gelaufen sei. So etwas verstehe er unter einer zivilen Operation.

– Der Gedanke, daß Häftlinge in den Strafanstalten sterben könnten, wurde von ihm eher beiläufig erwähnt und gegenüber früheren Äußerungen, über die das BKA berichtet hat, in keiner Weise konkretisiert.

– Ich wiederhole, daß seine gesamte Argumentation fast ausschließlich auf den Gedanken einer Freilassung fixiert war.«

e) Die Befreiung der Geiseln in Mogadischu

Am 17. Oktober 1977 um 04.35 Uhr landet die »Landshut« ohne Vorankündigung auf dem Flugplatz der somalischen Hauptstadt **Mogadischu** und rollt dann weisungsgemäß zu einem abseits gelegenen Stellplatz. Auch dort werden zwischen Tower und Flugzeug per Funk Verhandlungen aufgenommen. Entsprechend einer dabei getroffenen Vereinbarung schicken die somalischen Behörden ein Sanitätsauto zum Flugzeug, um Schumanns Leiche, die über eine Notrutsche von Bord gegeben wird, abzuholen. Der erneute Versuch, die Entführer zum Aufgeben zu bewegen, bleibt aber erfolglos. Stattdessen setzt Akache für die Erfüllung ihrer Forderungen ein **Ultimatum bis 15 Uhr**, verbunden mit der Drohung, dass bei Ablauf dieser Frist das Flugzeug mit seinen Insassen gesprengt werde. Eine Stewardess muss sowohl die Forderungen als auch das Ultimatum den Geiseln übersetzen.

Ab 10.20 Uhr findet in Bonn eine Sondersitzung des Kabinetts statt. Hier fällt die Entscheidung, eine polizeiliche Aktion zur Rettung der Geiseln zu starten. Die somalische Regierung hat dafür bereits ihr Einverständnis signalisiert, nachdem Bundeskanzler Helmut Schmidt in einem ausführlichen Telefongespräch mit dem somalischen Staatschef, Generalmajor Siad Barre, seine Vorstellungen von dem Befreiungsschlag erläutert hatte.

Um 11.44 Uhr landet eine Maschine mit Staatsminister Hans-Jürgen Wischnewski und Sicherheitsexperten an Bord in Mogadischu. Sofort nach Wischnewskis Ankunft wird die Aktion nun in Zusammenarbeit mit der somalischen Regierung vorbereitet.

Etwa um 13.30 Uhr beginnen die Entführer, alle Geiseln mit den Strümpfen zu fesseln, die die weiblichen Passagiere auf dem Flughafen Aden hatten ausziehen müssen. Passagiere und Besatzung werden dann auf ihren Plätzen mit den Sitzgurten so festgeschnallt, dass ihnen jede Bewegungsfreiheit genommen ist. Anschließend bereitet Akache den an der Trennwand zur ersten Klasse angebrachten Sprengstoff für die angedrohte Explosion vor. Schließlich verschütten und verspritzen die Entführer im Mittelgang der Economy-Klasse, zwischen den Sitzreihen und über einige Geiseln den Inhalt von Alkohol- und Parfümflaschen, die aus dem Gepäck der Passagiere stammen, damit – wie sie erklären – das Flugzeug und seine Insassen bei der bevorstehenden Sprengung besser brennen. Wenige Minuten vor Ablauf des Ultimatums – alle Geiseln haben bereits mit ihrem Leben abgeschlossen – erhält eine Stewardess die Gelegenheit zu einem letzten Appell an die deutsche Bundesregierung. Über Sprechfunk erklärt sie vor allem Folgendes:

> »Ich möchte der deutschen Regierung sagen, dass es ihr Fehler ist. Wir werden sterben. Wir wissen, dass sie es tun werden, sie haben bereits alles festgelegt, und deshalb nennen wir das ein deutsches Himmelfahrtskommando. Sie scheren sich nicht um ihr Leben, und sie scheren sich nicht, nun, sie kümmern sich um uns, aber die deutsche Regierung schert sich kein bisschen um unser Leben. Wir werden nun sterben. Ich werde versuchen, es so leicht wie möglich zu nehmen. ... Aber wir möchten Ihnen sagen, dass die deutsche Regierung wirklich ... sie, sie könnte alles getan haben, alles. Ich verstehe die Welt nicht mehr. In Ordnung, dies ist wahrscheinlich die letzte Nachricht, die ich übermitteln werde. ... Ich möchte noch meiner Familie und meinem Freund sagen, dass ich so tapfer wie möglich sein werde ... und sagen Sie bitte meinem Freund, dass ich ihn sehr liebe, und sagen Sie meiner Familie, dass ich sie auch sehr liebe. Werden Sie das tun? Ich danke Ihnen sehr. Falls es irgendeine Möglichkeit gibt, das Leben fortzusetzen, so bitte ich Sie, ich bitte Sie inständig. Denken Sie an all die Kinder, denken Sie an all die Frauen, denken Sie an uns. Mein Gott, ich kann das nicht verstehen, ich kann das wirklich nicht verstehen. Können Sie dies bis zum Ende Ihrer Tage mit Ihrem Gewissen vereinbaren? Ich weiß nicht. Wir versuchen, tapfer zu sein. Es ist nicht leicht. Es ist wirklich nicht leicht. Bitte, falls es irgendeine Möglichkeit, irgendeine, gibt, retten Sie uns. Wir haben nicht mehr viel Zeit, nicht mehr viel Zeit. Bitte, falls irgendeine Möglichkeit besteht, helft uns, helft uns, bitte helft uns.«

Um 14.55 Uhr, also kurz vor Ablauf der gesetzten Frist, verlängert Akache auf Bitten der somalischen Behörden das Ultimatum um 30 Minuten, damit das Flugfeld rund um die »Landshut« geräumt werden kann. Als auch diese Frist fast abgelaufen ist und die Geiseln sich innerlich bereits auf ihren bevorstehenden Tod einrichten, erhalten die Entführer die Nachricht, dass die deutsche Regierung bereit sei, den Forderungen der Luftpiraten zu entsprechen und die in deutschen Gefängnissen einsitzenden Terroristen nach Mogadischu auszufliegen. Aufgrund einer von Jürgen Vietor angestellten Berechnung über die Flugdauer von Deutschland nach Mogadischu stellen die Luftpiraten ein **letztes**

Ultimatum: Dienstag, den 18. Oktober 1977, 01.30 Uhr, also die folgende Nacht.

Eine Stewardess informiert im Auftrag Akaches die Geiseln über die neue Entwicklung. Da die Entführer jetzt davon ausgehen, dass ihre Forderungen doch erfüllt werden, nehmen sie den Passagieren und Besatzungsmitgliedern die Fesseln wieder ab und entschärfen auch den Sprengstoff. Deshalb schöpfen die Geiseln wieder neue Hoffnung; sie lachen und umarmen sich und sind überzeugt, dass die Entführung bald ein gutes Ende finden werde. Auch die Entführer befinden sich im Vertrauen auf die erteilte Zusage in einer euphorischen Stimmung. Sie beginnen mit den Vorbereitungen für den Austausch der Geiseln gegen die erwarteten »Genossen«. So bilden sie 11 Gruppen mit jeweils 7 namentlich festgelegten Geiseln, die jeweils gegen einen »Genossen« ausgetauscht werden sollen. Außerdem legen sie schriftlich fest, wie der Austausch praktisch durchgeführt werden soll.

Um 17.30 Uhr landet nach Einbruch der Dunkelheit und daher von den Entführern unbemerkt eine Lufthansa-Sondermaschine mit 66 Mann eines Einsatzkommandos der Bundesgrenzschutzgruppe 9 – kurz: GSG 9[106] – auf dem Flughafen von Mogadischu. Gemeinsam mit den somalischen Sicherheitskräften beginnen die Beamten unverzüglich mit der Vorbereitung der Aktion. Der Zeitpunkt für die Erstürmung des entführten Flugzeugs wird auf genau 0 Uhr festgelegt.

Gegen 19.00 Uhr berichtet das israelische Fernsehen in einer Nachrichtensendung, eine *»unidentifizierbare«* Maschine sei *»ohne Lichter auf dem Flughafen von Mogadischu gelandet«*. Möglicherweise handele es sich um eine *»Sonder-Kommando-Einheit«*. **Um 19.18 Uhr** verbreitet die Zentrale von AFP in Paris über Fernschreiber eine Meldung ihres Büros in Tel Aviv:

> »Schleyer/Landshut: Situation in Mogadischu gespannt, meldet das Israelische Fernsehen.
> Tel Aviv 17.10. – Die Lage in Mogadischu ist sehr gespannt. Man hat dort das Gefühl, daß sich im Verlauf der Nacht eine Änderung der Situation ergeben könnte. Dies teilt Montagabend die Funkauswertung des Israelischen Fernsehens mit. Das Fernsehen bestätigt außerdem, daß sich auf dem Flughafen der somalischen Hauptstadt ein westdeutsches Anti-Terroristen-Kommando befindet, das am Montag gegen 16.30 Uhr eingetroffen sein soll.«

---

106 Die GSG 9 ist eine Spezialeinheit, deren Angehörige speziell für die Aufgabe ausgebildet und ständig trainiert sind, ein von Terroristen oder anderen Verbrechern entführtes Flugzeug zu stürmen und etwaige Geiseln zu befreien. Mit Beginn der »Landshut«-Entführung ist die Einheit alarmiert worden und seither unter Leitung ihres Kommandeurs, Ulrich Wegener, hinter dem entführten Flugzeug her geflogen.

Um 21.00 Uhr empfangen das israelische Fernsehen und der israelische Rundfunk die Bitte der Bundesregierung, Meldungen über einen möglichen Einsatz einzustellen.

Kurz nach 22.00 Uhr wird die GSG 9 aktiv:
- 22.05 Uhr: Einsatz der Aufklärungs- und der Präzisionsschützentrupps unter Führung des stellvertretenden Kommandeurs und die Abstellung des Verbindungstrupps zur Einsatzleitung.
- 22.25 Uhr, nachdem die Verbindung zur Einsatzleitung hergestellt ist, werden die ersten Aufklärungsergebnisse gemeldet, von denen aus dann alle kommenden Maßnahmen veranlasst werden können, nämlich um
- 23.15 Uhr: Beginn der Annäherung der Sturmtrupps und der technischen Spezialisten.
- 23.30 Uhr haben sie den Bereitstellungszeitraum gewonnen und werden durch den Kommandeur der GSG 9 in den Einsatzraum eingewiesen. In dieser Zeit werden Bewegungen im Cockpit der Maschine gemeldet.
- 23.50 Uhr erfolgen bestimmte Ablenkungsmaßnahmen durch die Einsatzleitung und durch somalische Streitkräfte.
- 23.52 Uhr werden die Sturmausgangsstellungen an der Maschine bezogen und die Bereitstellung der Reservekräfte in der Nähe der Maschine durchgeführt.

Um Mitternacht entzünden somalische Soldaten entsprechend ihrem Auftrag vor der »Landshut« ein großes Feuer, um die Luftpiraten zur irritieren und in das Cockpit zu locken, ohne dass sie die Flammen als Bedrohung oder als Angriff werten. Tatsächlich schreit ihr Anführer Akache auf, als er vom Cockpit aus das Feuer sieht, und stürzt nach hinten, um seine Mittäter zu alarmieren. Dabei bringt er zum Ausdruck, er glaube, sie seien hereingelegt worden. Gemeinsam eilen sie nach vorne Richtung Cockpit. In diesem Moment kommt das Startsignal für die eigentliche **Befreiungsaktion**:

Um **00.05 Uhr** dringt das Einsatzkommando der GSG 9 auf das Stichwort »*Feuerzauber*« über die 4 Außentüren und durch die beiden Notausstiege in das Flugzeug ein, schaltet die vier Luftpiraten aus und befreit die 87 Geiseln. Nach dem Bericht der Bundesregierung spielt sich dabei Folgendes ab:

> »00.06 Uhr: Heftiger Widerstand im Cockpit durch zwei Terroristen.[107] Beide werden sofort ausgeschaltet. Ein weiterer Terrorist[108] eröffnet im Ersterklasse-Kompartiment das Feuer auf die von vorne und vom Heck vorstürmenden Einsatzkräfte. Obwohl dieser Terrorist von zwei Schüssen getroffen wurde, schleudert er noch eine Handgranate in Richtung Heck. Diese explodiert unter einem Sitz, und nachdem der Terrorist von wei-

---

107 Gemeint sind der Anführer der Luftpiraten, Zohair Akache, sowie Souhaila Andrawes Sayeh.
108 Gemeint ist Nabil Harb.

teren Schüssen getroffen wurde, zündet er noch im Fallen eine weitere Handgranate, die mehrere Geiseln geringfügig an den Füßen verletzt. Als auch dieser Terrorist ausgeschaltet war, eröffnet plötzlich aus der Bugtoilette durch die Tür ein weiterer Terrorist – wie später festgestellt wurde, eine Terroristin[109] – das Feuer auf die GSG-9-Kräfte. Auch dieser letzte Terrorist wurde dann ausgeschaltet.

00.07 Uhr beginnt nach dieser polizeilichen Auseinandersetzung die Evakuierung vom Heck her, während im Cockpit noch gekämpft wird. Es kam alles darauf an, vor allem angesichts einer möglicherweise drohenden Sprengung, die Passagiere so schnell wie möglich aus dem Flugzeug herauszubringen.

00.12 Uhr, also insgesamt 7 Minuten nach Beginn des Einsatzes überhaupt, wurde an die Einsatzleitung ›springtime‹ – das war das Stichwort für das Ende des Einsatzes – gemeldet, und die GSG 9 konnte durchgeben: ›4 Gegner niedergekämpft, Geiseln befreit, 3 Geiseln vermutlich durch Gegnereinwirkung verletzt, 1 Angehöriger der Sturmtrupps leicht durch Halsdurchschuß verletzt.«

Unter den Geiseln und den GSG-9-Beamten erleidet niemand schwerwiegende Verletzungen.

Die drei Luftpiraten Shehadah, Akache und Harb werden bei dem Einsatz von den Beamten der GSG-9 erschossen. Souhaila Andrawes Sayeh wird von mehreren Schüssen in beide Beinen, die rechte Hüfte und den Oberkörper (Lungenschuss) getroffen. Sie überlebt schwer verletzt. Als sie auf einer Trage über das Flugfeld transportiert wird, schreit sie mehrfach laut »*Lang lebe Palästina*« und macht dabei das »Victory-Zeichen«. Das Bild dieser Situation geht um die Welt.

---

[109] Gemeint ist Nadia Shehada.

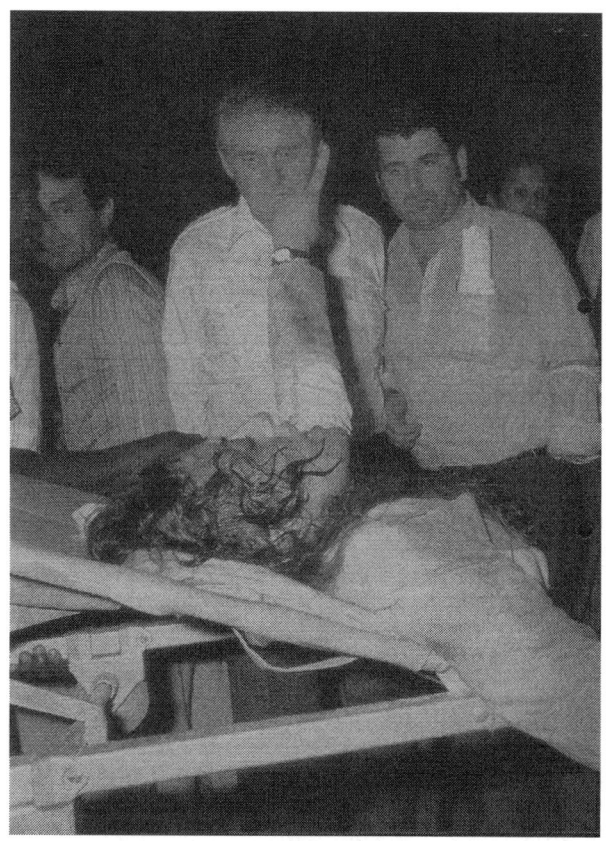

Am **18. Oktober 1977** um 00.12 Uhr meldet Staatsminister Wischnewski dem Bundeskanzler telefonisch: *»Die Arbeit ist erledigt«*. Um 00.31 Uhr verbreitet die Deutsche Presseagentur in einer Blitzmeldung: *»gsg 9 befreite geiseln«*.

4. Die Selbstmorde in Stammheim

Von den RAF-Gefangenen in Stammheim vernimmt Jan-Carl Raspe vermutlich als erster die Nachricht von der erfolgreichen Befreiung der »Landshut«-Geiseln. Sie wird in der Nacht zum 18. Oktober erstmals um 0.40 Uhr im Nachtprogramm der ARD ausgestrahlt. Sofort verständigt er weitere RAF-Häftlinge, und die Nachricht von dem schweren Schlag, den die Gruppe erlitten hat, macht in Stammheim schnell die Runde – trotz der totalen Kontaktsperre, die nach wie vor herrscht.

Den RAF-Untersuchungshäftlingen ist es nämlich gelungen, über Mitarbeiter der Rechtsanwaltskanzlei Croissant heimlich ein gut funktionierendes Kommunikationssystem aufzubauen. Dazu gehört auch eine Gegensprechanlage, an die die einzelnen Zellen angeschlossen sind. Über die gleichen Mitarbeiter von Croissants Büro waren außerdem Nachrichten und kleine Gegenstände zwischen den inhaftierten RAF-Mitgliedern und den Illegalen draußen ausgetauscht worden, zumindest in der Zeit vom Spätsommer 1976 bis September 1977. So schmuggelten die Croissant-Mitarbeiter in präparierten Aktenordnern unter anderem ein Radio, eine kleine Menge Sprengstoff und zwei Handfeuerwaffen samt Munition in die Zellen von Baader, Ensslin, Raspe und Möller. Das Kommunikationssystem hat es den RAF-Köpfen ermöglicht, aus der Untersuchungshaft heraus weiterhin gemeinsam Einfluss auf RAF-Aktionen zu nehmen - auch auf die Schleyer-Entführung. Zudem konnten sie sich über ihre versteckten Radios stets über den Verlauf der Entführung informieren.

Als Baader, Ensslin, Raspe und Möller nun in der Nacht zum 18. Oktober von der geglückten Befreiung der »Landshut«-Geiseln erfahren, tun sie das, was sie schon in den Monaten zuvor ihren Genossen angedroht hatten. Sie nehmen »*ihr Schicksal selbst in die Hand*«:[110]

- **Jan-Carl Raspe** (33 Jahre alt) holt die eingeschmuggelte Selbstladepistole der Marke Heckler & Koch, HK 4, Kal. 9 mm, die er in einem Hohlraum in

---

110 Vgl. S. 82 und 109.

seiner Zelle verborgen hat, aus dem Versteck und schießt sich mit der Waffe in die rechte Schläfe.
- **Andreas Baader** (34 Jahre alt) schießt sich mit einer Pistole oberhalb der Nackenhaargrenze in den Kopf. Die eingeschleuste Waffe, die Selbstladepistole der ungarischen Firma Fegyver, Kal. 7,65 mm, hatte er in einem Versteck ähnlich dem Raspes versteckt gehalten.
- **Gudrun Ensslin** (37 Jahre alt) erhängt sich zwischen 01.15 Uhr und 01.25 Uhr mit einem Elektrokabel am Gitter ihres Zellenfensters.
- **Irmgard Möller** fügt sich – offensichtlich mit einem anstaltseigenen Besteckmesser – Stichverletzungen in der Herzgegend zu, die aber nicht lebensgefährlich sind.

Am Morgen des 18. Oktober um 7.41 Uhr wird **Jan-Carl Raspe** bei der Frühstücksausgabe in seiner Zelle ohne Bewusstsein und blutverschmiert auf seiner Matratze sitzend vorgefunden. Er wird unverzüglich mit einem Notarztwagen in das Katharinenhospital Stuttgart gebracht, wo er um 9.40 Uhr im Operationssaal stirbt. Um 8.07 Uhr finden Vollzugsbeamte **Andreas Baader** tot auf dem Boden seiner Zelle liegend. Bei der anschließenden Überprüfung ihrer Zelle wird **Gudrun Ensslin** ebenfalls tot aufgefunden.[111] Um 8.10 Uhr schließlich wird **Irmgard Möller** in ihrer Zelle auf ihrer Matratze liegend mit vier Stichverletzungen im Bereich der linken Brust vorgefunden; sie überlebt.

Am Morgen des 18. Oktober im Rundfunk verbreitet die Deutsche Presseagentur um 8.53 Uhr in einer **Eilmeldung**: »baader und ensslin haben selbstmord begangen«.

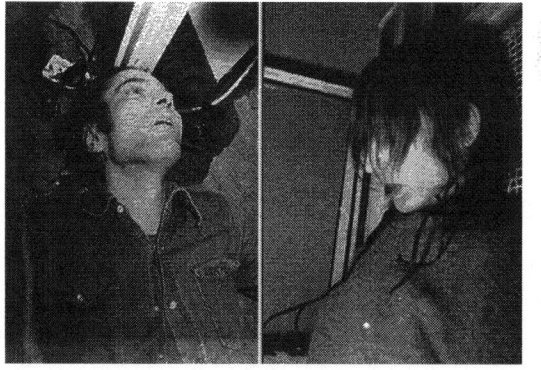

[111] Am 27.10.1977 werden die Leichname von Gudrun Ensslin, Andreas Baader und Jan-Carl Raspe auf Veranlassung des damaligen Stuttgarter Oberbürgermeisters Manfred Rommel auf dem Stuttgarter Dornhaldenfriedhof beerdigt. Zu den Protesten gegen seine Entscheidung erklärt Manfred Rommel: *„Mit dem Tod muss jede Feindschaft aufhören!"*.

5. Der Mord an Hanns-Martin Schleyer

Nach den Ereignissen vom 17. und 18. Oktober erkennen die Entführer, dass ihr Vorhaben gescheitert ist. Sie haben von Anfang an geplant, Schleyer umzubringen, falls es nicht gelingen sollte, die Häftlinge freizupressen. Einstimmig entscheiden die RAF-Mitglieder um den Arbeitgeberpräsidenten deshalb am Morgen des 18. Oktober, dass es jetzt Zeit sei zu handeln.

Nach späteren Angaben des Peter-Jürgen Boock[112], der sich diesbezüglich auf eine Darstellung von Rolf Heißler beruft, spielt sich das Ende der Schleyer-Entführung wie folgt ab: Ihren Entschluss, Hanns-Martin Schleyer zu töten, teilen die Entführer ihrem Gefangenen nicht mit. Als sie ihn aus der Wohnung in Brüssel in den Kofferraum eines Pkw bringen, lassen sie ihn in dem Glauben, er werde bald freigelassen. Stefan Wisniewski und Rolf Heißler fahren Schleyer von Brüssel über die belgisch-französische Grenze. Kurz dahinter zerren sie ihr Opfer in einem Wald aus dem Kofferraum. Hanns-Martin Schleyer fällt ins Gras. Heißler hebt seine Waffe; er oder beide ermorden den am Boden liegenden Schleyer mit drei Schüssen in den Hinterkopf. Anschließend verstauen die beiden den Toten wieder im Kofferraum. Anders als ursprünglich geplant, bringen sie die Leiche dann nicht zum Bundeskanzleramt nach Bonn, sondern ins Elsass nach Mülhausen.

Am 19. Oktober ruft die RAF-Angehörige Silke Maier-Witt um 16.21 Uhr das Stuttgarter dpa-Büro an, meldet sich mit den Worten »*Hier RAF!*« und verliest den Text der folgenden **Erklärung**:[113]

---

112 Peter-Jürgen Boock hat 1992 in seiner »Lebensbeichte« zunächst ausgesagt, ein RAF-Mitglied mit dem Buchstaben G habe ihm im Herbst 1977 in Bagdad von den letzten Stunden Schleyers erzählt und dabei eingeräumt, Schleyer selbst erschossen zu haben. Boock war seinerzeit aber nicht bereit, dessen Namen zu nennen. Boock hat jedoch im Jahr 2007 ausgesagt, bei dieser Person handele es sich um Rolf Heißler. Ergänzend hat er 2007 erklärt, beide RAF-Männer hätten nach Heißlers Darstellung auf Schleyer geschossen; er sei sich aber nicht sicher, ob Heißler die Wahrheit gesagt habe.
113 Die schriftliche Erklärung wird später im RAF-Depot bei Heusenstamm gefunden. In einer Fernsehsendung erklärt Maier-Witt am 10.9.2007, dass sie die Anruferin gewesen sei.

> wir haben nach 43 tagen hanns-martin schleyers klägliche
> und korrupte existenz beendet. herr schmidt, der in seinem
> machtkalkül von anfang an mit schleyers tod spekulierte,
> kann ihn in der rue charles peguy in muhlhouse in einem
> grünen audi 100 mit bad homburger kennzeichen abholen.
>
> für unseren schmerz und unsere wut über die massaker von
> mogadischu und stammheim ist sein tod bedeutungslos.
> andreas, gudrun, jan, irmgare und uns überrascht die
> faschistische dramaturgie der imperialistischen
> imperialisten zur vernichtung der befreiungsbewegungen
> nicht. wir werden schmidt und der daran beteiligten
> allianz diese blutbäder nie vergessen.
>
> der kampf hat erst begonnen.
>
> freiheit durch bewaffneten antiimperialistischen kampf
>
> kommando siegfried hausner

Nach ihrer Legitimation befragt, erwidert die Anruferin: »Wenn Sie den Wagen aufmachen, werden Sie es schon sehen!«

Nach diesem Hinweis wird die Leiche Hanns-Martin Schleyers am späten Nachmittag des 19. Oktober im Kofferraum eines Audi 100 mit dem Kennzeichen HG-AN 460 in Mülhausen im Elsass (Frankreich), Rue Charles Péguy, gefunden.

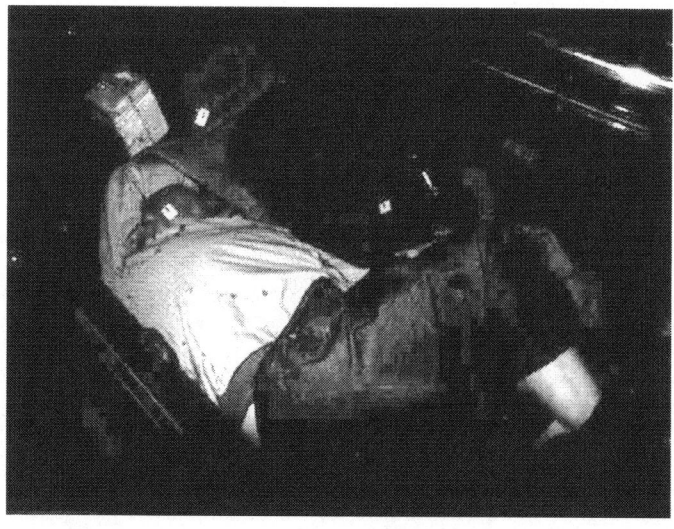

An Schleyers Leiche werden folgende **Verletzungen** festgestellt:
- Ein Kopfschuss, der oberhalb des linken Ohrs eingetreten und nach rechts abfallend hinter dem rechten Ohr ausgetreten war;
- ein Steckschuss auf der rechten Kopfseite;
- ein weiterer Kopfsteckschuss von der linken oberen Hinterkopfhälfte nach vorn rechts unten.

Alle drei Schüsse sind aus derselben Waffe abgegeben worden, einem Revolver der Marke Smith & Wesson, Kaliber .38 special oder 357 Magnum.[114]

Die Kopfschüsse führten neben schweren Schädelknochenverletzungen zur Zerstörung der Gehirnverbindung zwischen Gehirnbrücke und Stamm- bzw. Großhirn sowie erheblichen Gefäßverletzungen mit den Folgen zentraler Atem- und Kreislauflähmung und Luftembolie. Die Obduktion ergibt, dass der Tod Hanns-Martin Schleyers in der Zeit zwischen dem 18. Oktober, 13.00 Uhr, und dem 19. Oktober, 1.00 Uhr, eingetreten war.

Regierungssprecher Bölling gibt am Mittwoch, 19. Oktober 1977, in Fernsehsendungen von ARD und ZDF folgende Erklärung ab:

> »Erschütterung und Zorn erfüllen uns. Der feige Mord an Hanns-Martin Schleyer beweist, dass die Täter unbelehrbar sind. Der Staat wird die Verbrecher, die nach unseren Erkenntnissen auch für die Morde an Heinz Marcisz, Wolfgang Göbel, Georg Wurster, Reinhold Brändle, Roland Pieler, Helmut Ulmer, dem holländischen Bürger Arie Kranenburg, Jürgen Ponto, Siegfried Buback und Jürgen Schumann verantwortlich sind, mit allen ihm zu Gebote stehenden Mitteln verfolgen. Sie werden nicht mehr zur Ruhe kommen. Appelle, auf ihrem zerstörerischen Weg Halt zu machen, sind ungehört geblieben. Wir werden den Mördern keine Chance lassen. Der Selbstmord ihrer Gesinnungsgefährten hat gezeigt, dass sie nicht davor zurückschrecken, die Auslöschung ihres eigenen Lebens als Mittel des Kampfes gegen die Gesamtheit unseres Volkes einzusetzen. Die Polizei und die anderen Sicherheitsorgane von Bund und Ländern werden mit aller Kraft und ohne Unterlass nach den Mördern fahnden und sie mit Sicherheit fassen.
>
> Jeder Bürger in unserem Land wird den Sicherheitsbehörden dabei helfen, die Täter aufzuspüren. In den vergangenen sechs Wochen wurde ein dichtes Netz an Beweisen geknüpft. Mit allen Kräften haben das BKA und die Polizei der Länder in einer für den Bürger nicht sichtbaren Weise Tag und Nacht an der Aufklärung des Verbrechens gearbeitet. Mit Rücksicht auf das Leben von Hanns-Martin Schleyer mussten diese Maßnahmen bisher der Öffentlichkeit soweit wie möglich verborgen bleiben. Die öffentliche Fahndung zur Ergreifung der 16 bereits bekannten Täter hat in dieser Stunde begonnen.
>
> Die Bundesregierung, die Vorsitzenden der Parteien und der Fraktionen des Deutschen Bundestages bekunden Frau Schleyer, den Söhnen von Hanns-Martin Schleyer, der ganzen Familie ihr Mitgefühl.
>
> Die Bundesregierung, beraten von den politischen Verantwortlichen dieses Staates, wusste zu jeder Stunde, dass die Entführer nicht zögern würden, weitere Morde zu begehen. Nachgiebigkeit gegenüber diesen verbrecherischen Fanatikern würde sie zu im-

---

[114] Diese Waffe wird später beim RAF-Attentat auf Gerold von Braunmühl am 10.10.1986 noch einmal verwendet, ist aber bis heute nicht gefunden worden.

mer neuen Morden herausfordern. Weil das erwiesen ist, muss der Staat diese Täter zum Aufgeben zwingen. Sonst würde er seine Pflicht gegenüber der Gesamtheit der Bürger versäumen.

Der Bundeskanzler und die in dem großen Beraterkreis versammelten Partei- und Fraktionsvorsitzenden verbeugen sich vor dem Leid, das Frau Schleyer und ihren Söhnen durch die schreckliche Tat zugefügt worden ist.«

6. *Die Täter*

Die Palästinenserin **Souhaila Andrawes Sayeh**, die von den vier Entführern der Lufthansa-Maschine »Landshut« als einzige die Befreiungsaktion in Mogadischu überlebt hat, wird am 25. April 1978 von einem somalischen Gericht zu einer Freiheitsstrafe von 20 Jahren verurteilt. Als sie bereits Ende Oktober 1978 freigelassen wird, taucht sie unter und wird von der deutschen Justiz fortan mit Haftbefehl gesucht.[115]

---

[115] Sayeh wird am 13.10.1994 in Oslo/Norwegen erneut verhaftet und an die Bundesrepublik Deutschland ausgeliefert. Am 19.11.1996 verurteilt sie das Hanseatische OLG Hamburg – unter Anwendung der Kronzeugenregelung – zu einer Freiheitsstrafe von 12 Jahren, wobei die in Somalia erlittene Gefängnishaft wegen der dortigen Haftbedingungen dreifach anzurechnen ist.

Auch nach den Schleyer-Tätern und den übrigen RAF-Angehörigen wird in den nächsten Jahren intensiv gefahndet:

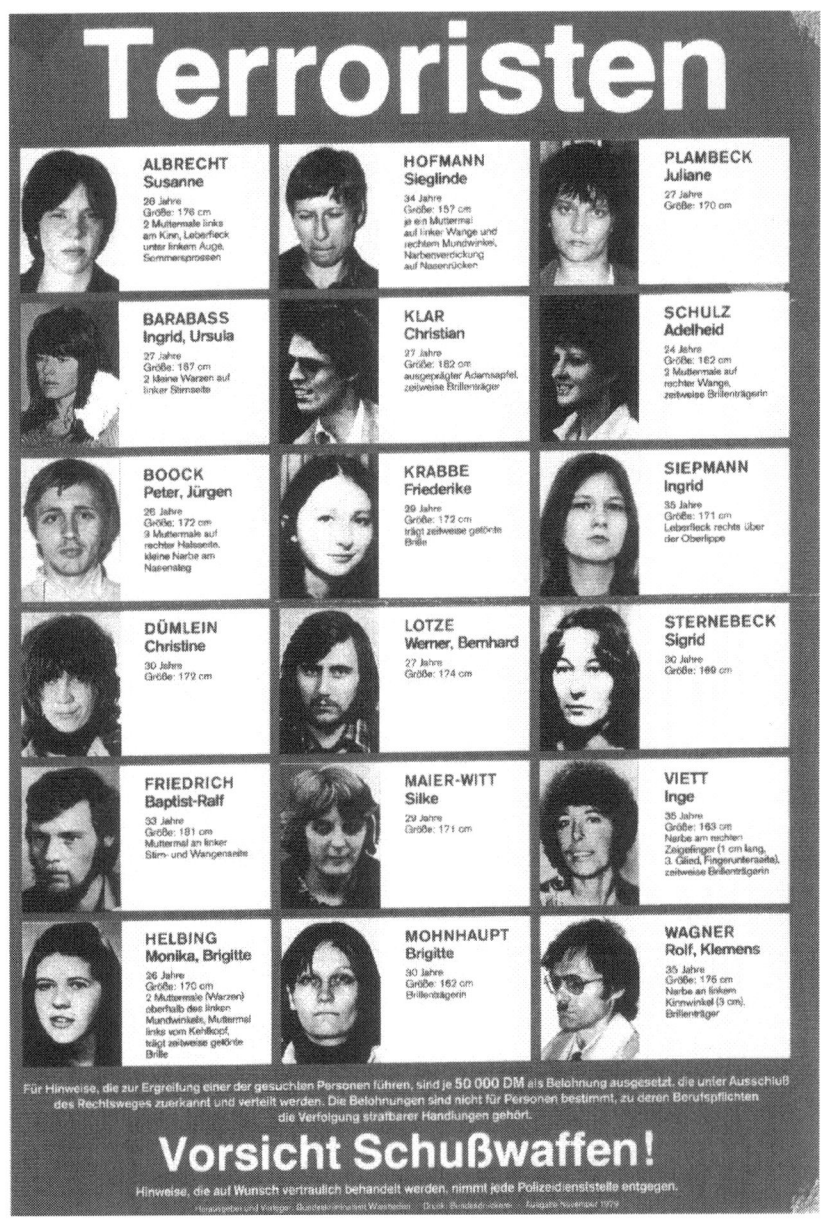

Von den 20 RAF-Mitgliedern, die an der **Schleyer-Aktion** beteiligt waren, wird aktuell[116] lediglich noch Friederike Krabbe mit Haftbefehl gesucht. Von den übrigen 19 RAF-Angehörigen sind 17 verhaftet[117] und zwei bei dem Versuch, sich ihrer Festnahme zu entziehen, erschossen[118] worden. Gegen alle 17 Festgenommenen liegen rechtskräftige Urteile vor.[119]

7. Die Ermittlungen zu den Todesfällen in Stammheim

Durch die Art und Weise ihrer Verletzungen bzw. ihres Todes wollten die RAF-Häftlinge den Eindruck erwecken, sie seien von staatlicher Seite angegriffen bzw. ermordet worden.[120] Von Angehörigen, Sympathisanten und Verteidigern der RAF wird alsbald auch der Vorwurf erhoben, der Staat habe „die Stammheimer" umgebracht.

> *„Für die Untersuchung der Todesfälle in Stammheim ist die Staatsanwaltschaft Stuttgart zuständig, bei der ich seit Sommer 1976 tätig bin. Ich gehöre auch dem Team aus mehreren Staatsanwälten an, die mit diesem Todesermittlungsverfahren befasst sind."*

Die Leichenschau und die Obduktion, an der auch ausländische Sachverständige beteiligt sind, ergeben nach einhelliger Ansicht aller gerichtsmedizinischer Fachleute, dass Baader, Ensslin und Raspe Selbstmord begangen haben. Das Ermittlungsverfahren der Staatsanwaltschaft Stuttgart wird deshalb durch Verfügung vom 18. April 1978 eingestellt, nachdem inzwischen auch bekannt ist,

---

116 Stand: Sommer 2011.
117 Inhaftiert wurden: Knut Folkerts am 22. September 1977 in Utrecht; Christof Wackernagel und Gert Schneider am 10. November 1977 in Amsterdam; Christine Kuby am 21. Januar 1978 in Hamburg; Stefan Wisniewski am 11. Mai 1978 in Paris; Angelika Speitel am 24. September 1978 in Dortmund; Rolf Heißler am 9. Juni 1979 in Frankfurt/Main; Rolf Klemens Wagner am 19. November 1979 in Zürich; Sieglinde Hofmann am 5. Mai 1980 in Paris; Peter-Jürgen Boock am 22. Januar 1981 in Hamburg; Adelheid Schulz und Brigitte Mohnhaupt am 11. November 1982 in der Nähe von Heusenstamm/Hessen; Christian Klar am 16. November 1982 in der Nähe von Hamburg; Susanne Albrecht am 6. Juni 1990 in Berlin-Marzahn; Monika Helbing am 14. Juni 1990 in Frankfurt/Oder; Sigrid Sternebeck am 15. Juni 1990 in Berlin-Angermünde; Silke Maier-Witt am 18. Juni 1990 in Neubrandenburg.
118 Willy-Peter Stoll am 6. September 1978 in Düsseldorf und Elisabeth von Dyck am 4. Mai 1979 in Nürnberg.
119 Wegen Beteiligung an der Schleyer-Aktion sind verurteilt: Wisniewski, Boock, Wagner, Schulz, Mohnhaupt, Klar und Hofmann jeweils zu lebenslanger Freiheitsstrafe; Maier-Witt, Helbing und Sternebeck (sie nur wegen Beihilfe) – als Kronzeugen – zu Freiheitsstrafen zwischen 7 und 10 Jahren. Die übrigen Festgenommen sind wegen anderer Taten verurteilt.
120 Innerhalb der RAF werden die Selbstmorde der »Stammheimer« deshalb später als »*Suicide Action*« – also als Selbstmordaktion – bezeichnet.

dass die in den Zellen gefundenen Waffen mit Hilfe von Verteidigern in die Justizvollzugsanstalt Stammheim geschmuggelt worden sind.[121]

Im Frühjahr 2007 weist DER SPIEGEL mit der Aufzählung von Fakten darauf hin, die Zellen der Stammheimer Häftlinge seien in der Todesnacht möglicherweise abgehört und die Selbstmorde also „unter den Ohren" von Staatsbediensteten verübt worden, ohne dass diese helfend eingegriffen hätten. Die Staatsanwaltschaft Stuttgart hat jedoch mit Verfügung vom 24. September 2008 festgestellt, dass für eine solche Abhörmaßnahme und damit für ein schuldhaftes Verhalten Dritter bezüglich der Todesfälle von Stammheim keine Anhaltspunkte ersichtlich sind.

8. Die Totenmasken

Im Jahr 2002 wird bekannt, dass im Anschluss an die Obduktion der Stammheimer Toten von Seiten eines Gerichtsmediziners und eines Tübinger Bildhauers (dieser mit Zustimmung des Vaters von Gudrun Ensslin) vier Serien von Totenmasken von Baader, Ensslin und Raspe angefertigt worden waren. Im Frühjahr 2010 wird die folgende Serie dieser Totenmasken erstmals in einer Ausstellung gezeigt (von links Ensslin, Baader und Raspe):[122]

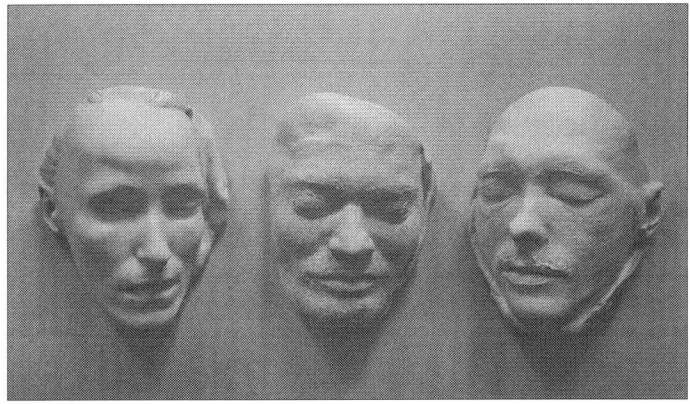

---

121 Als die gesamten Schmuggelaktionen Ende des Jahres 1977 durch die Angaben der Kuriere Volker Speitel und Hans-Joachim Dellwo bekannt werden, wird mit Wirkung ab 14.4.1978 die »Trennscheibe« eingeführt; danach sind in Terrorismus-Verfahren *»bei Gesprächen zwischen dem Beschuldigten und dem Verteidiger Vorrichtungen vorzusehen, die die Übergabe von Schriftstücken und anderen Gegenständen ausschließen«* (§ 148 Abs. 2 S. 3 StPO).
122 Es handelt sich um die Ausstellung „Man Son 1969. Vom Schrecken der Situation". Eine weitere Serie der Totenmasken wird im Stuttgarter Haus der Geschichte verwahrt.

VII. Das Ende der zweiten Generation

Nach dem Scheitern der Gefangenenbefreiung verfällt die RAF mehr und mehr. Gleichwohl versucht die Gruppe, ihren antiimperialistischen Kampf mit weiteren terroristischen Aktivitäten fortzusetzen.

Zwar schließen sich der RAF in dieser Zeit einzelne neue Mitglieder an – etwa Werner Lotze und die restlichen Angehörigen der »Bewegung 2. Juni«; die Mitgliederverluste aber sind größer. So hat sich *Friederike Krabbe* schon während des Bagdad-Aufenthalts im Herbst 1977 von der Gruppe gelöst und ist bei den Palästinensern geblieben.[123]

1. Schießereien und Mitgliederverluste 1978/1979

Die ersten Monate nach der Schleyer-Entführung sind geprägt durch Vorfälle, bei welchen RAF-Mitglieder festgenommen werden oder in Schießereien verwickelt sind. Verursacher ist oftmals Peter-Jürgen Boock, der in Bagdad den dort anwesenden Gruppenangehörigen vorspiegelt, an einer schweren Darmerkrankung zu leiden; in Wirklichkeit geht es ihm darum, sich Betäubungsmittel beschaffen zu lassen.

Die Festnahme von Wackernagel und Schneider

Im Herbst 1977 wird die niederländische Polizei auf eine Unterkunft in *Amsterdam* aufmerksam, die von der RAF seit Dezember 1976 konspirativ benutzt wird. Fortan wird diese Wohnung Nr. 217 in der Großwohnanlage Baden Powell-Weg telefonisch abgehört und von einem benachbarten Haus observiert.

Ab dem späten Nachmittag des *10. November 1977* registriert die Polizei Aktivitäten in dieser Wohnung. Gegen 21.30 Uhr betreten zwei Männer die Unterkunft – es handelt sich um die RAF-Angehörigen *Christof Wackernagel* und *Gert Schneider*. Wackernagel ist an diesem Tag mit dem Flugzeug von Bagdad über Prag kommend auf dem Flughafen Amsterdam-Schipool gelandet; er soll verschiedene Aufträge erledigen, insbesondere für »Saki« – wie Peter-Jürgen Boock gruppenintern genannt wird – Betäubungsmittel besorgen. Nach

---

123 Ende 1990 schreibt Brigitte Mohnhaupt in der taz: „*Die einzige, die in einem arabischen Land lebt, ist Rima. So hieß Friederike Krabbe bei uns, und den Namen hat sie auch dort, wo sie jetzt ist, behalten. Rima hat die RAF im Herbst 1977 verlassen.*"

schriftlichen Anweisungen, die Wackernagel bei sich führt, soll er für Boock nicht nur Haferflocken und Kindergrieß (»einziges Saki-Fressen«) beschaffen, sondern auch »Shit + K. (das Zeug für Saki... ist nicht zum Vergnügen, d.h. es ist verdammt notwendig und dringend)«.

Das Auftauchen der beiden Männer in der observierten Wohnung hat zur Folge, dass die für »Terrorismusbekämpfung« zuständige Einsatzgruppe alarmiert wird, die auch sofort mit neun Beamten anrückt und in der Nähe des Gebäudes Baden Powell-Weg Position bezieht. Gegen 23 Uhr geht in der Wohnung 217 das Licht aus und die beiden Männer verlassen das Haus, um zu einer nahegelegenen öffentlichen Telefonzelle zu gehen. Die niederländische Einsatz-gruppe entschließt sich, die beiden Männer dort zu überprüfen. Drei von ihnen – die Polizeibeamten van Hoogen, Zoet und Serno – gehen mit gezogenen Dienstwaffen zu der Telefonzelle, reißen die Tür auf und rufen den beiden Männer laut und in deutscher Sprache zu: »Hände hoch! Polizei!«. Wackernagel und Schneider kommen dieser Aufforderung jedoch nicht nach, sondern versuchen, sich der drohenden Festnahme zu entziehen. Wackernagel zieht seine Pistole SIG Sauer, die schussbereit in einem Holster an seinem Hosengürtel steckt; Schneider greift nach einer Splitter-Eierhandgranate sowjetischer Herkunft, die sich in seiner Jackentasche befindet. Dann kommt es zu einem Schusswechsel:

Wackernagel schießt vier Mal auf die vor ihm stehenden niederländischen Polizeibeamten – dann hat seine Waffe eine Ladehemmung, die ein weiteres Schießen verhindert. Einer der Schüsse trifft van Hoogen und durchschlägt seinen linken Unterarm. Van Hoogen hat zu diesem Zeitpunkt zwei Mal auf Schneider geschossen. Auch der Polizeibeamte Serno schießt drei Mal, wird aber ebenfalls von einem Schuss aus Wackernagels Waffe in die rechte Hüfte getroffen. Sein Kollege Zoet gibt ebenfalls mehrere Schüsse ab, zunächst auf Schneider, dann auf Wackernagel. Obwohl Schneider von einem Schuss im Schambereich getroffen ist, setzt er sein Bemühen fort, die Handgranate scharf zu machen. Deshalb schießt van Hoogen, der sich aufgrund seiner Schussverletzung zunächst zurückgezogen hat, noch zwei Mal auf Schneider. Gleichwohl gelingt es diesem, die Handgranate zu werfen; sie explodiert in unmittelbarer Nähe des Polizeibeamten Zoet und verursacht bei diesem erhebliche Splitterverletzungen. Inzwischen haben weitere Beamte der Einsatzgruppe den Tatort erreicht; einzelne von ihnen geben noch Schüsse auf die RAF-Mitglieder ab, bis klar ist, dass von diesen keine weiteren Widerstandshandlungen mehr zu befürchten sind. Dann werden Wackernagel und Schneider verhaftet.[124]

---

[124] Wackernagel und Schneider werden am 13.10.1978 an die Bundesrepublik Deutschland ausgeliefert und durch Urteil des OLG Düsseldorf vom 5.9.1980 jeweils zu einer Freiheitsstrafe von 15 Jahren verurteilt.

Die beiden Terroristen sowie die niederländischen Polizeibeamten van Hoogen, Serno und Zoet sind aufgrund des Schusswechsels und durch die Explosion der Handgranate erheblich, aber nicht lebensgefährlich verletzt.

Der Selbstmord von Ingrid Schubert

Am *12. November 1977* nimmt sich die RAF-Angehörige *Ingrid Schubert* in der Justizvollzugsanstalt München-Stadelheim das Leben. Sie fertig aus ihrem Bettlaken einen Strick und erhängt sich damit am Fenster ihrer Zelle. Um 19.10 Uhr wird sie vom Wachpersonal tot in ihrer Zelle aufgefunden.

Ingrid Schubert war am 18. Oktober 1970 verhaftet und wegen ihrer Beteiligung an der Baader-Befreiung zu einer Freiheitsstrafe von 13 Jahren verurteilt worden.

Die Festnahme von Christine Kuby

Auch die RAF-Angehörige Christine Kuby wird damit beauftragt, für Peter-Jürgen Boock Schmerzmittel – nämlich Valoron und Fortral – zu beschaffen. Zu diesem Zweck sollen Rezeptformulare benutzt werden, die bei einem Arzt in Kaiserslautern gestohlen worden sind. Eines dieser Rezeptformulare wird von der RAF wie folgt ausgefüllt: »Kaiserslautern, den 13.01.78 Rp. Valoron 100 mg Amp. 20 Valoron supp. 50 Rp. 3 x«.

Mit dem so gefälschten Rezept begibt sich Christine Kuby am frühen Abend des 20. Januar 1978 zu einer Hamburger Apotheke. Da dort aber nicht genügend Zäpfchen und Ampullen vorhanden sind und vor allem Zweifel an der Echtheit des Rezepts bestehen, erhält Kuby kein Valoron. Hierauf sucht sie sofort eine andere Apotheke in Hamburg auf und legt dort das folgende, ebenfalls gefälschte Rezept vor: »Kaiserslautern, den 13.01.78 Rp. Fortral Amp. 30 Fortral supp. 30 Rp.: 3 x«.

Da auch dieser Apotheker an der Echtheit des Rezepts zweifelt, übergibt er der Kundin nur 10 Ampullen und 10 Suppositorien Fortral und bittet sie, am nächsten Morgen wiederzukommen. Als später ein Anruf bei dem Arzt in Kaiserslautern ergibt, dass das Rezept tatsächlich gefälscht ist, schaltet der Apotheker die Polizei ein. Man vereinbart, dass die Polizei über 110 alarmiert werden soll, falls die Kundin wieder erscheinen sollte. Ein Funkstreifenwagen erhält den Auftrag, dann sofort zu der Apotheke zu fahren.

Am *21. Januar 1978*, gegen 11 Uhr, erscheint Kuby vereinbarungsgemäß wieder bei der Apotheke. Sie trägt eine schussbereite Pistole Colt's Government, die teilweise mit Hohlspitzmunition bestückt ist. Da noch andere Kunden bedient werden, gelingt es dem Geschäftsinhaber, die Polizei zu alarmieren. Als zwei Polizeibeamte kurz darauf in der Apotheke erscheinen, halten sie die Angelegenheit für einen alltäglichen Einsatz, zumal Kuby völlig überrascht tut, als man ihr sagt, dass das Rezept gefälscht sei. Die Beamten bitten die ihnen unbekannte Frau deshalb, zur Wache mitzukommen, um die Angelegenheit zu klären. In diesem Moment versucht Christine Kuby zu flüchten. Als der Polizeibeamte Trapp ihr nacheilen will, zieht sie ihre Pistole, dreht sich um und schießt zwei Mal aus einer Entfernung von knapp 1 m auf den Beamten. Während ein Schuss sein Ziel verfehlt, wird Trapp von der zweiten Kugel getroffen und geht sofort benommen zu Boden; die Kugel hat seinen linken Unterarm sowie ein Notizbuch durchschlagen und ihn im Brustbereich getroffen. Trapp überlebt diesen Schuss nur dank des Umstands, dass das Notizbuch einen Großteil der Schussenergie aufgefangen hat.

Nach den Schüssen auf den Polizeibeamten Trapp wendet sich Kuby sofort dessen Kollegen zu und schießt aus ca. 6 m Entfernung zwei Mal auf ihn, ohne allerdings zu treffen. Fast gleichzeitig gibt Trapp, der wieder zu sich gekommen ist, vier Schüsse auf Kuby ab. Sie wird von zwei dieser Schüsse getroffen und erleidet einen Steckschuss im rechten Arm sowie einen Streifschuss in Höhe der Bauchdecke. Die Verletzungen von Christine Kuby, die nach dem Schusswechsel festgenommen wird,[125] bleiben ohne schwerwiegende Folgen.

Die Festnahmen in Jugoslawien

Im Frühjahr 1978 ist die RAF auf der Suche nach einem geeigneten Krankenhaus, in dem die angeblich schwere Darmerkrankung Boocks behandelt werden kann. Als eine solche Untersuchungs- und Behandlungsmöglichkeit in der DDR gefunden ist, trifft die RAF-Spitze die Entscheidung, dass Boock alsbald dorthin fliegen soll.

Auf dem Weg von Bagdad über Jugoslawien in die DDR wird Peter-Jürgen *Boock* von drei RAF-Mitgliedern begleitet, die zu den führenden Köpfen der Gruppe zählen, nämlich Brigitte *Mohnhaupt*, Sieglinde *Hofmann* und Rolf Klemens *Wagner*. Bei der Zwischenlandung in Zagreb *Anfang Mai 1978* werden die RAF-Leute verhaftet. Sie haben mit ihren Lichtbildern verfälschte Aus-

---

[125] Kuby wird durch Urteil des Hanseatischen OLG Hamburg vom 2.5.1979 u.a. wegen versuchten Mordes zu einer lebenslangen Freiheitsstrafe verurteilt.

weise bei sich, außerdem Banknoten in verschiedenen Währungen im Wert von ca. 30.000 DM. Die Bundesrepublik Deutschland stellt umgehend ein Ersuchen um Auslieferung der vier Festgenommenen. Die jugoslawischen Behörden geben diesem Ersuchen aber nicht statt, sondern schieben die RAF-Leute im November 1978 in den Südjemen ab, wo sie sich wieder frei bewegen können.

Die Festnahme von Wisniewski und die Hubschrauberflüge

Am *1. Mai 1978* kommt es in Paris zur Verhaftung eines weiteren führenden Mitglieds der RAF, als *Stefan Wisniewski* auf dem Flughafen Orly festgenommen wird.[126] Umgehend macht sich die Gruppe daran, *»Fury«* – wie Stefan Wisniewski gruppenintern genannt wird – zu befreien. Geplant ist, ihn mit einem Hubschrauber aus der pfälzischen Justizvollzugsanstalt Frankenthal zu entführen. In einem schriftlichen Befreiungsplan *(»familienausflug: von oben mit hubschrauber«),* der später in einem Erddepot der RAF gefunden wird, schlägt Wisniewski vor, zunächst Probeflüge durchzuführen und als Tarnung eine Route mit Sehenswürdigkeiten zu wählen. Dementsprechend buchen Christian *Klar,* Willy-Peter *Stoll* und Adelheid *Schulz* im Sommer 1978 vier Hubschrauberflüge bei verschiedenen Unternehmen in Süd- und Südwestdeutschland. Sie geben sich als Filmteam aus, das Verkehrs- und Unterhaltungsfilme vorbereiten wolle. Bei den Flügen, die zwischen Ende Juni und Anfang August stattfinden, interessiert sich die Gruppe vor allem für Anflüge auf Burgen und erkundigt sich nach Landemöglichkeiten auf Innenhöfen. So fragen sie danach, ob es fliegerisch möglich sei, für Filmaufnahmen eine dreiköpfige Familie aus einem Kastell zu befreien.

---

126 Wisniewski wird am 4.12.1981 vom OLG Düsseldorf als Mittäter an der Entführung und Ermordung Hanns-Martin Schleyers zu lebenslanger Freiheitsstrafe verurteilt.

Aufgrund des auffälligen Verhaltens der Gruppe wird die Polizei eingeschaltet und darauf aufmerksam gemacht, dass der nächste Hubschrauberflug am *6. August 1978* vom Flughafen Winningen bei Michelstadt/Odenwald stattfinden soll. An diesem Tag fliegen Klar, Stoll und Schulz zu mehreren Burgen im Neckartal. Bei ihrer Rückkehr bemerken sie, dass ihnen die Polizei auf der Spur ist. Es gelingt ihnen, vor den zugriffsbereiten Polizeibeamten zu flüchten und sie bei der anschließenden Verfolgungsfahrt abzuschütteln. Die geplante Befreiung von »Fury« wird aber abgeblasen.

Der Tod von Willy-Peter Stoll

Am Abend des *6. September 1978* erhält die Polizei einen Hinweis, dass sich ein gesuchter Terrorist im Restaurant »Shanghai« im Düsseldorfer Rotlichtviertel aufhalte. Daraufhin suchen zwei Polizeibeamte das Lokal auf, um den Mann zu überprüfen. Tatsächlich handelt es sich bei ihm um einen RAF-Angehörigen, nämlich um *Willy-Peter Stoll.*

Als die beiden Polizeibeamten an Stolls Tisch herantreten und ihn nach seinen Papieren fragen, greift dieser nach seiner Waffe. Daraufhin schießen die Beamten auf ihn. Willy-Peter Stoll wird schwer verletzt und verstirbt alsbald.

Die Schießerei bei Dortmund

Am Nachmittag des *24. September 1978* führen Werner Lotze und Michael Knoll, die der RAF erst seit Kurzem angehören, gemeinsam mit *Angelika Speitel* Schießübungen durch. Als Schießplatz haben sie eine Lichtung ausgesucht, die in einem Waldstück bei Dortmund-Löttringhausen liegt.

Gegen 14.40 Uhr erhält die örtliche Polizei die Mitteilung, Anwohner hätten Schüsse gehört. Daraufhin begeben sich die Polizeibeamten Schneider und Hansen an den vermutlichen Ort des Schießens. Unterwegs hören sie weitere Schüsse, die ihnen eine genauere Ortung ermöglichen. Als sie die erwähnte Lichtung erreichen, sind die RAF-Leute gerade dabei, ihre Waffen wegzupacken. Während Polizeiobermeister Schneider mit gezogener Dienstwaffe auf Angelika Speitel zugeht, um deren Pistole sicherzustellen, versucht Polizeimeister Hansen mit seiner Maschinenpistole, die beiden Männer in Schach zu halten. Als ihm Hansen kurzzeitig den Rücken zuwendet, entschließt sich Lotze zu handeln. Er zieht seinen Revolver und schießt Hansen, der in diesem Moment mit Knoll beschäftigt ist, mit einem aufgesetzten Schuss in den Rücken. *Hans-Wilhelm Hansen* stöhnt auf und stürzt vornüber zu Boden. Dann schießt Lotze drei- bis viermal auf den Polizeibeamten Schneider und trifft ihn mehrfach im Bereich der Oberschenkel und der Hüfte. Auch Schneider bricht zusammen. Obwohl die Terroristen noch auf ihn und den am Boden liegenden Hansen schießen, kann sich Schneider an den Rand der Lichtung schleppen. Von dort gibt er mehrere Schüsse auf die RAF-Leute ab und trifft sowohl Speitel als auch Knoll. *Werner Lotze* flüchtet unerkannt vom Tatort. Polizeiobermeister Schneider gelingt es schließlich, per Funk nach Verstärkung zu rufen. Als die zusätzlichen Beamten am Tatort eintreffen, ist ihr 25 Jahre alter Kollege Hans-Wilhelm Hansen bereits tot.

Michael Knoll hat durch zwei Körpertreffer schwere innere Verletzungen erlitten, an deren Folgen er am 7. Oktober 1978 verstirbt. *Angelika Speitel* wird verhaftet[127]; sie muss wegen eines Trümmerbruchs im Oberschenkel operiert werden.

---

127 Angelika Speitel wird aufgrund des Tatgeschehens vom 24.9.1978 durch Urteil des OLG Düsseldorf vom 30.11.1979 zu einer lebenslangen Freiheitsstrafe verurteilt.

Die Schießerei bei Kerkrade

Am Mittag des *1. November 1978* sind die RAF-Mitglieder *Adelheid Schulz* und *Rolf Heißler* dabei, die deutsch-niederländische Grenze von Herzogenrath nach Kerkrade zu überschreiten. Sie benutzen dabei keinen offiziellen Grenzübergang, sondern die von ihnen so genannte »Grüne Grenze«, um nicht kontrolliert zu werden. Beide haben – wie üblich – gefälschte Personalpapiere und Schusswaffen bei sich:

- Adelheid Schulz eine polnische Maschinenpistole Makarov und
- Rolf Heißler, der nach seiner Freipressung im Rahmen der Lorenz-Entführung am 5. März 1975 in die Volksrepublik Südjemen ausgeflogen wurde und seit Herbst 1976 wieder als illegales Mitglied der RAF in der Bundesrepublik lebt, zwei schussbereite Revolver.

Zur selben Zeit sind vier niederländische Zollbeamte – unter ihnen der 24-jährige Johannes Goemans und der 19-jährige Dionysius de Jong – auf Streife, um die Grenze bei Kerkrade zu überwachen. Wenige Minuten vor 12 Uhr halten die Grenzschützer mit ihrem dunkelgrünen Dienstwagen an einer erhöhten Stelle an, von der sie einen guten Überblick über den Grenzverlauf haben. Von dort aus bemerken sie Heißler und Schulz, die sich noch auf deutschem Gebiet aufhalten, das erste Mal. Kurz darauf stellen die Beamten fest, dass Heißler die Grenze überschritten hat; sie entschließen sich deshalb, den ihnen unbekannten Mann zu kontrollieren. Adelheid Schulz, die sich unmittelbar nach dem Grenzübertritt von Heißler getrennt hat, sehen die niederländischen Zollbeamten zu diesem Zeitpunkt nicht.

In unmittelbarer Nähe Heißlers stoppen die Beamten ihr Fahrzeug und fangen damit an, ihn zu überprüfen. Obwohl ihnen bei der Kontrolle seines Personalausweises die Fälschung nicht auffällt, entscheiden sie sich, Heißler zur Grenzwache mitzunehmen, um ihm zumindest ein Strafmandat wegen illegalen Grenzübertritts zu erteilen und ihn dann den bundesdeutschen Behörden zu überstellen. Zu diesem Zweck halten sie ihn fest. Zwischenzeitlich hat sich Adelheid Schulz der Personengruppe um Heißler unbemerkt bis auf 10 m genähert; sie hält ihre Schusswaffe verdeckt, aber schussbereit. In diesem Moment reißt sich Heißler los, zieht einen Revolver aus seinem Hosenbund und schießt sofort auf die niederländischen Beamten. Nahezu zeitgleich fängt auch Schulz an, mit ihrer Maschinenpistole in schwenkender Bewegung mehrere Salven auf die Beamten abzugeben. Einer der niederländischen Beamten kann sich unversehrt in Sicherheit bringen; ein anderer wird zwar getroffen, aber nur relativ leicht verletzt. Lediglich dem Zollbeamten Goemans gelingt es, zurückzuschießen; er trifft die beiden Terroristen aber nicht. Dann aber wird Goemans durch Schüsse aus dem zweiten Revolver Heißlers in den linken Oberarm und den rechten Oberschenkel getroffen, worauf er zusammenbricht. Nahezu zeitgleich trifft Schulz den Beamten de Jong mit mehreren Schüssen aus ihrer Maschinenpistole; trotz seiner schweren Verletzungen gelingt es de Jong noch, mit dem Oberkörper unter das Dienstfahrzeug zu kriechen. Die beiden RAF-Leute wollen aber sicher gehen, dass ihre Opfer nicht überleben. Sie geben deshalb noch weitere Schüsse aus nächster Nähe auf die am Boden liegenden Goemans und de Jong ab. Anschließend flüchten Schulz und Heißler; der gefälschte Ausweis mit Heißlers Lichtbild bleibt zurück.

Der Zollbeamte *Dionysius de Jong* erliegt noch am Tatort seinen schweren Schussverletzungen. Sein Kollege *Johannes Goemans* stirbt trotz intensiver Behandlung am 14. November 1978 an den Folgen der auf ihn abgegebenen Schüsse.[128]

Die Festnahme von Rolf Heißler

Im Sommer 1979 unterhält die RAF mehrere Unterkünfte im gesamten Bundesgebiet, darunter eine konspirative Wohnung im Gebäude Textorstraße 79 in Frankfurt/Main. Der Polizei gelingt es, diesen Unterschlupf der RAF ausfindig zu machen.

Am Morgen des *9. Juni 1979* halten sich dort vier Beamte eines Sondereinsatzkommandos der Polizei auf, als *Rolf Heißler* gegen 8.15 Uhr die Wohnung aufsuchen will. Er ist schwer bewaffnet. An seiner linken Körperseite trägt er – griffbereit – zwischen Nabel und Hüftknochen einen Revolver der Marke Colt; die Waffe ist im Wechsel mit Hohlspitz- und Spitzmantelgeschossen geladen. Außerdem hat er insgesamt 36 Patronen als Ersatzmunition bei sich. Als Heißler die konspirative Wohnung in der Textorstraße betreten will, wird er von den Beamten des Sondereinsatzkommandos verhaftet.[129] Dabei erleidet er aus der Dienstwaffe eines Polizeibeamten einen Steckschuss in der rechten Schläfe. Das Geschoss, das auf die Augenhöhle aufgeprallt und in den Schläfenmuskel eingedrungen ist, wird opera-

---

128 Heißler und Schulz werden später wegen dieses Tatgeschehens vom OLG Düsseldorf zu lebenslangen Freiheitsstrafen verurteilt.
129 Heißler verbüßt zunächst bis 10.9.1983 den Rest der vor seiner Freipressung gegen ihn verhängten Freiheitsstrafe von 8 Jahren. Durch Urteil des OLG Düsseldorf vom 10.11.1982 wird er wegen der Polizistenmorde von Kerkrade zu einer lebenslangen Freiheitsstrafe verurteilt.

tiv entfernt. Bis auf eine mögliche geringe Beeinträchtigung der Sehkraft des rechten Auges verheilt die Verletzung folgenlos.

2. *Der Anschlag auf General Haig*

Bereits im Frühjahr 1978 hat die RAF den Entschluss gefasst, General *Alexander Haig* – den Oberkommandierenden der NATO-Truppen in Westeuropa – zu entführen, um inhaftierte Gesinnungsgenossen freizupressen. Das Attentat soll aber auch Teil des »Kampfes gegen den US-Imperialismus« sein. Die Gruppe ist sich einig, dass die NATO der »Kriegstreiber Nr. 1« und Haig einer der führenden Repräsentanten für die amerikanische Politik sei.

Im Laufe des Jahres 1978 kommen innerhalb der Gruppe Zweifel auf, ob es der Gruppe gelingen würde, General Haig zu entführen. Hilfsweise wird deshalb ins Auge gefasst, Haig zu ermorden.

Mitte Dezember 1978 fliegen mehrere RAF-Angehörige – unter ihnen Susanne Albrecht, Sieglinde Hofmann, Christian Klar, Werner Lotze, Silke Maier-Witt, Brigitte Mohnhaupt, Adelheid Schulz und Rolf Klemens Wagner – in den Jemen, wo sie in einem palästinensischen Ausbildungslager in der Nähe von Aden militärisch geschult werden. Die Ausbildung umfasst vor allem auch den Umgang mit Waffen und Sprengstoff sowie den Bau von Sprengsätzen. Christian Klar wird darüber hinaus in das Schießen mit Panzerfäusten eingewiesen. In Aden beschließt die Gruppe, dass der Anschlag auf »Hengst« – wie Haig gruppenintern genannt wird – ihr nächstes Ziel sein soll. Wegen der fortbestehenden Zweifel am Gelingen einer Entführung beschließt die Gruppe, Haig zu töten.

Der Plan

Die Tat soll mit einer Panzerfaust ausgeführt werden. Anfang Februar 1979 kehren die RAF-Mitglieder wieder nach Europa zurück und machen sich umgehend an die Vorbereitung des Attentats. Zunächst erkundet die Gruppe in Belgien den Wohnsitz von General Haig in Hyon/Mons und seine Fahrtstrecke zum NATO-Hauptquartier in Maisière. Dabei bringen sie in Erfahrung, dass Haig auf den Fahrten zu seinem Dienstsitz regelmäßig von zwei Fahrzeugen begleitet wird und dass sein gepanzerter Dienstwagen immer als zweites Fahrzeug der Kolonne fährt.

Den ursprünglichen Plan, das Attentat mit einer Panzerfaust zu verüben, geben die Täter auf, weil Christian Klar – der als einziger mit einer solchen Waffe umgehen kann – krankheitsbedingt als Schütze ausfällt. Die RAF beschließt deshalb, den General mit einer Bombe zu töten. Der Sprengsatz soll unter einer Brücke deponiert und elektrisch gezündet werden. Diese Brücke, die Haigs Fahrzeugkolonne regelmäßig passiert, liegt in der Nähe von Obourg und bietet günstige Fluchtmöglichkeiten.

Der Tod der Elisabeth von Dyck

Während der Vorbereitungen des Haig-Attentats kommt die RAF-Angehörige Elisabeth von Dyck zu Tode. Als sie am *4. Mai 1979* eine konspirative Wohnung der Gruppe in der Stephanstraße 40 in Nürnberg betreten will, wird sie dort bereits von Sicherheitskräften der Polizei erwartet. Beim Versuch ihrer Festnahme wird sie durch eine Polizeikugel tödlich verletzt.

Das Haig-Attentat

An der Vorbereitung des Anschlags sind nahezu alle damals im Untergrund lebenden RAF-Mitglieder beteiligt – Susanne Albrecht, Henning Beer, Silke Maier-Witt, Sigrid Sternebeck, Sieglinde Hofmann, Christian Klar, Werner Lotze, Brigitte Mohnhaupt, Adelheid Schulz und Rolf Klemens Wagner.

Als Sprengsatz benutzen sie einen gusseisernen Topf, den sie mit 11,5 kg Sprengstoff füllen und mit Steinen verdämmen. In nächtelanger Arbeit vergraben sie die Bombe unter der Brücke, die sie als Anschlagsort ausgewählt haben. Dann verlegen sie das Zündkabel – im Boden versteckt – bis zu der Stelle, von der die Bombe gezündet werden soll. Schließlich beschaffen sie sich Funkgeräte, die zum Zweck der rechtzeitigen Zündung eingesetzt werden sollen, sowie ein Motorrad, mit dem die Attentäter zum Tatort fahren und nach der Explosion flüchten wollen.

Das unmittelbar handelnde Kommando soll aus folgenden drei Personen bestehen: Rolf Klemens *Wagner*, der die Explosion auslösen soll, Werner *Lotze*, dem Fahrer des Motorrads, und Sieglinde *Hofmann*, die ein zusätzliches Fluchtfahrzeug steuern soll. Bei einem letzten Übungsschießen mit einer Maschinenpistole, mit der die Flucht abgesichert werden sollte, werden die drei aber von einem Förster gestört, so dass man das als weiteres Fluchtfahrzeug gedachte Auto zurücklassen muss. Daraufhin entscheidet die Gruppe, dass allein Wagner und Lotze am Tatort agieren sollen.

Am Morgen des *25. Juni 1979* fahren *Wagner* und *Lotze* mit ihrem Motorrad zum vorgesehenen Tatort. In der Nähe der Stelle, an der die Zündvorrichtung verborgen ist, setzt Lotze seinen Beifahrer ab, der zur Tarnung einen »Blaumann« trägt. Dann fährt er weiter Richtung Hyon zur Wohnung Haigs. Dort beobachtet er, wie General Haig gegen 8.30 Uhr das Haus verlässt und mit seinem Dienstwagen Richtung Mons fährt. Er sitzt hinten rechts und wird von seinem Fahrer sowie seinem Adjutanten begleitet. Vor und hinter Haigs Wagen fährt jeweils ein Begleitschutzfahrzeug mit je zwei belgischen Polizeibeamten.

Zwischen Lotze und Wagner, die beide eines der Funkgeräte bei sich haben, ist vereinbart, dass Lotze möglichst bald durchgeben soll, welche Farbe der erste Wagen von Haigs Fahrzeugkolonne hat. Dies ist für Wagner wichtig, weil er von seinem Standort aus nur eine bestimmte Stelle der Fahrtstrecke einsehen kann, von der aus ein Auto den Tatort in etwa einer Minute erreicht. Als Lotze feststellt, dass das Führungsfahrzeug orangefarben ist, gibt er per Funk sofort folgenden Code durch: »Charly, un – deux – trois, orange«. Wagner weiß damit, aus wie viel Fahrzeugen Haigs Kolonne besteht und welche Farbe das erste Auto hat.

Als Haigs Fahrzeugkolonne um 8.32 Uhr die Brücke bei Obourg, unter der die Bombe deponiert ist, erreicht, betätigt Wagner die Zündeinrichtung. Nach den Berechnungen der RAF soll der Sprengsatz dann detonieren, wenn sich Haigs Dienstwagen in Höhe der hinteren Sitzbank genau über der Bombe befindet, um den dort sitzenden General zu töten. Da die Fahrzeugkolonne aber schneller als von der RAF erwartet über die Brücke fährt, trifft die Explosion nur das Heck des Dienstwagens. Dies hat zur Folge, dass Haigs Auto zwar erheblich beschädigt wird, die Insassen – die im Falle der beabsichtigten Explosion zu Tode gekommen wären – bleiben aber unverletzt. Stärker trifft die Explosion das nachfolgende Begleitfahrzeug, das total beschädigt wird und dessen Insassen Schürfwunden und Prellungen erleiden. Während dieses Auto am Tatort liegen bleibt, setzen das andere Begleitfahrzeug und der Dienstwagen von General Haig nach kurzem Halt die Fahrt in Richtung NATO-Hauptquartier fort.

Lotze und Wagner gelingt es, mit dem Motorrad vom Tatort zu flüchten.

Ab 29. Juni gehen bei zahlreichen Pressediensten Kopien eines zweiseitigen Schreibens ein, in welchem sich ein »Kommando Andreas Baader« der RAF zu dem Anschlag auf General Haig bekennt. In dem Schreiben wird erklärt, warum »das konkrete ziel der aktion, haig selbst zu treffen, verfehlt« wurde. Als Grund für das Attentat wird ausgeführt:

> »wir[130] haben diese aktion gemacht, weil haig in einer besonderen präzision den ‚neuen kurs' oder den ‚modified style' der amerikanischen strategie repräsentiert und exekutiert.«

3. Der Banküberfall in Zürich

Das Scheitern der Aktion gegen General Haig bringt die RAF nicht davon ab, ihren »bewaffneten Kampf« fortzusetzen und weiterhin die Freipressung inhaftierter Mitglieder zu betreiben, ohne dass detaillierte Planungen vorliegen. Um sich die finanziellen Mittel für das illegale Leben im Untergrund zu beschaffen, begeht die Gruppe regelmäßig bewaffnete Banküberfälle. So raubten Gruppenmitglieder vor dem Haig-Attentat zwei Banken aus, und zwar am

---

130 Wegen Beteiligung am Haig-Anschlag werden verurteilt: Werner Lotze, Henning Beer, Sigrid Sternebeck, Ralf Baptist Friedrich, Susanne Albrecht und Sieglinde Hofmann.

19. März 1979 in Darmstadt und am 17. April 1979 in Nürnberg. Obwohl die RAF dabei ca. 250.000 DM und Devisen erbeutete, wird bereits im Herbst 1979 wieder Geld benötigt, weshalb die Gruppe erneut eine »Beschaffungsaktion« ins Auge fasst. Zunächst erwägen die RAF-Angehörigen, einen Schweizer Industriellen zu entführen und für seine Freilassung eine größere Geldmenge zu verlangen. Dann aber entscheiden sie sich, eine Schweizer Großbank zu überfallen.

Bereits Anfang September werden erste Objekte in der Schweiz ausgespäht. Im November entscheidet sich die Gruppe für die Schweizerische Volksbank in Zürich, die aus der Sicht der Täter im Vergleich zu ihrer Größe wenig gesichert ist und eine hohe Beute verspricht.

An den Vorbereitungen der Tat sind zahlreiche RAF-Mitglieder beteiligt; den Überfall selbst sollen Klar, Henning Beer, Wagner und Boock verüben. Für Boock, der 1978 während der Haft in Jugoslawien einem Drogenentzug unterworfen war, anschließend getrennt von der Gruppe im Südjemen lebte und nach dieser Verbannung im September 1979 nach Paris in die RAF zurückgekehrt ist, gilt diese Tatbeteiligung als »Bewährungsprobe« für seinen weiteren Verbleib in der Gruppe.

     Klar   Henning Beer   Wagner   Boock

Die vier Täter verschaffen sich eine genaue Kenntnis von den Örtlichkeiten der Bank und legen den Fluchtweg fest. Ihr Plan ist, nach dem Überfall mit gestohlenen Fahrrädern bis zu einem für Pkw nicht passierbaren Hofdurchgang zu flüchten, dort die Tatkleidung zu wechseln und die Flucht dann zu Fuß und per Straßenbahn fortzusetzen.

Der Überfall und die Schüsse auf der Flucht

Am Morgen des *19. November 1979* reisen Wagner, Boock, Klar und Beer von ihrer konspirativen Wohnung in Fribourg, in die sie nach der Tat flüchten wollen, nach Zürich. Alle vier sind mit ihren großkalibrigen Revolvern bzw. Pistolen bewaffnet.

Unmittelbar nach der Öffnung um 8.15 Uhr betreten sie mit gezogenen Waffen die Bank, in der sich bereits mehrere Kunden aufhalten. Während Boock an der Eingangstür stehen bleibt, mehrere Kunden in Schach hält und den Rückzug sichert, springen Klar und Beer über den Tresen und dringen in die Kassenboxen ein – Wagner dirigiert die ganze Aktion. Nach 50 Sekunden gibt er das Zeichen für das Ende des Überfalls. Dann verlassen die Täter die Bank. Sie haben insgesamt 548.068,50 Schweizer Franken erbeutet.

Entgegen ihrer Erwartung werden die vier RAF-Männer, die auf zuvor gestohlenen Fahrrädern flüchten, von einem Bankangestellten und weiteren Personen – teils zu Fuß, teils mit einem Auto – verfolgt. Als Christian Klar die Verfolger bemerkt, gibt er drei Schüsse auf sie ab, ohne allerdings zu treffen.

Auch nachdem die Täter – wie geplant – ihre Kleidung gewechselt haben und ihre Flucht zu Fuß fortsetzen, werden sie verfolgt. Erneut gibt Klar einen Schuss ab. Inzwischen hat auch die Polizei, unter ihnen der *Polizeibeamte Pfister*, die Verfolgung aufgenommen. Schließlich gelangen die Bankräuber auf ihrer Flucht in das Einkaufsviertel »*Shop Ville*« unterhalb des Züricher Hauptbahnhofs. Als der Polizeibeamte Pfister die Täter dort entdeckt, richtet er seine Dienstwaffe auf sie, zögert aber mit der Schussabgabe, weil sich viele Menschen um ihn herum befinden. In dieser Situation eröffnen Beer, Wagner und Klar nahezu zeitgleich das Feuer. Insgesamt geben sie sieben Schüsse auf Pfister ab, der getroffen wird, gleichwohl zurückschießt, aber keinen der Täter trifft. Von weiteren Schüssen getroffen, bricht Pfister schwer verletzt zusammen. Er überlebt.

Als es zwischen dem Polizeibeamten Pfister und den RAF-Tätern zu dem Schusswechsel im »Shop Ville« kommt, befindet sich unter den vielen Passanten auch die 56 Jahre alte Hausfrau *Edith Kletzhändler*. Sie wird von einem der Geschosse in den Hals getroffen. Die Kugel zerfetzt die rechte Halsvene, die linke Halsarterie und die Luftröhre. Frau Kletzhändler bricht blutüberströmt zusammen und verstirbt kurz darauf. Aus welcher Waffe der tödliche Schuss stammt, lässt sich später nicht eindeutig feststellen.

Auf ihrer weiteren Flucht trennen sich die vier Bankräuber. Während Wagner zu der nahegelegenen Haltestelle »Bahnhofsquai« läuft, um – wie abgesprochen – mit einer Straßenbahn zu fliehen, versuchen Boock, Klar und Beer, für die weitere Flucht ein Fahrzeug zu rauben. Zufällig treffen sie auf die Floristin *Margit Schenk*, die gerade dabei ist, mit ihrem Fahrzeug loszufahren. Als sie sich trotz vorgehaltener Waffen weigert, ihr Auto zu verlassen, wird sie von Klar aus dem Auto gezerrt und zu Boden geworfen. Schließlich gibt Klar aus einer Entfernung von 2 m einen gezielten Schuss auf Frau Schenk ab, die auf der linken Brustseite getroffen wird. Die Kugel dringt neben dem Herz in ihren

Körper ein und durchschlägt die Lunge. Nur durch Glück überlebt Margit Schenk diese lebensgefährliche Verletzung.

Anschließend versuchen Klar, Boock und Beer mit dem Auto von Frau Schenk zu fliehen, werden aber beim Losfahren von dem Polizeibeamten *Werner Bodenmann* beschossen, der aber nur das Fahrzeug trifft. Boock, der auf dem Rücksitz des geraubten Autos kauert, erwidert das Feuer und gibt aus seiner Pistole mindestens sieben Schüsse durch das Heckfenster auf den Polizeibeamten ab. Einer dieser Schüsse trifft Bodenmann in den rechten Oberarm, ohne ihn allerdings schwerwiegend zu verletzen. Anschließend gelingt den drei RAF-Männern die Flucht.[131]

Die Festnahme von Rolf Klemens Wagner

Während die drei anderen Täter unverletzt und mit einem Teil der Beute entkommen, wird *Rolf Klemens Wagner* von der Polizei verhaftet. Er hatte sich an der Haltestelle »Bahnhofsquai« auf eine Bank gesetzt, um seine Flucht mit der Straßenbahn fortzusetzen. Als ihn die Polizei kurz nach 9 Uhr festnimmt, leistet er keinen Widerstand. In einer Tasche, die er bei sich hat, findet die Polizei nicht nur Wagners Pistole, sondern auch 335.010 Schweizer Franken aus dem ca. $^1/_2$ Stunde zurückliegenden Überfall auf die Schweizerische Volksbank.[132]

4. *Weitere Mitgliederverluste und der Anschluss der »Bewegung 2. Juni«*

Nach dem Banküberfall in Zürich ziehen sich die Bandenmitglieder nach Paris zurück, wo sie in verschiedenen konspirativen Wohnungen leben. Dort kommt es zu deutlichen Veränderungen im Mitgliederbestand. Zwar schließen sich der RAF einzelne neue Mitglieder an, vor allem auch die restlichen Angehörigen der »Bewegung 2. Juni«, die Mitgliederverluste aber sind größer:

---

131 Klar, Beer und Boock werden wegen ihrer Beteiligung an dieser Tat durch Urteile des OLG Stuttgart und des OLG Koblenz verurteilt.
132 Wegen des Bankraubs wird Rolf Klemens Wagner durch Urteil des Geschworenengerichts Zürich vom 26.9.1980 zu lebenslänglichem Zuchthaus verurteilt. Nach seiner Auslieferung wird er außerdem wegen der Anschläge auf Schleyer und Haig durch Urteile des OLG Düsseldorf vom 16.3.1987 und 24.11.1993 zu einer weiteren lebenslangen Freiheitsstrafe verurteilt.

Die RAF-Aussteiger

Um die Jahreswende *1979/1980* trennen sich mehrere Angehörige von der RAF und beenden ihre Beteiligung am »bewaffneten Kampf« der Gruppe. Hintergrund hierfür sind selbstkritische Diskussionen, weil die vorangegangenen Aktionen in weiten Bereichen fehlgeschlagen waren. Dabei sind die führenden RAF-Mitglieder um Brigitte Mohnhaupt der Meinung, dass es mit einigen Gruppenangehörigen – den sogenannten *Fehlern* – nicht so weitergehen könne. In langen Gesprächen verständigt sich die Gruppe darauf, dass sich diese »Fehler« – nämlich Susanne *Albrecht*, Monika *Helbing*, Silke *Maier-Witt*, Sigrid *Sternebeck*, Ralf Baptist *Friedrich*, Ekkehard von *Sekkendorff-Gudent*, Christine *Dümlein* und Werner *Lotze* – umgehend von der RAF trennen sollen.

Als Zeichen der Abkehr von der RAF geben diese acht Personen ihre Waffen ab, leben aber weiterhin in den konspirativen Wohnungen in Paris, bis für sie ein geeignetes Aufnahmeland gefunden ist. Zunächst ist an ein Exil in Mosambik oder Angola gedacht.

Boocks Flucht

Auch Peter-Jürgen *Boock* will mit der RAF nichts mehr zu tun haben. Im Hinblick auf seine »Drogengeschichte« und sein »taktisches Verhältnis zur Wahrheit« (so seine frühere Ehefrau Waltraud Boock über Boocks Wahrheitsliebe) – beides hatte für die Gruppe zu Mitgliederverlusten und gefährlichen Situationen geführt – gilt Boock als unsicheres Bandenmitglied und wird deshalb in Paris ständig von anderen RAF-Angehörigen bewacht. Im Gegensatz zu den anderen Aussteigern kommt es bei ihm zu keiner einvernehmlichen Trennung. Im Januar 1980 nützt Boock eine günstige Gelegenheit und setzt sich von der Gruppe ab. Anschließend lebt er unter verschiedenen Falschnamen in Hamburg, wo er am 22. Januar 1981 verhaftet wird.

> „Nach Beginn meiner Tätigkeit bei der Behörde des Generalbundesanwalts am 15. September 1980 ist das Verfahren gegen Peter-Jürgen Boock der erste größere RAF-Vorgang, für den ich als Sachbearbeiter zuständig bin. Meine Aufgabe besteht vor allem darin, die Anklageschrift zu koordinieren, die neben der Mitgliedschaft in der RAF
> - die versuchte Entführung und die Ermordung Jürgen Pontos,
> - den versuchten Raketenwerferanschlag auf die Bundesanwaltschaft,
> - die Schleyer-Entführung mit der Ermordung seiner Begleiter Marcisz, Pieler, Brändle und Ulmer sowie
> - den Mord an Hanns-Martin Schleyer
>
> zum Gegenstand hat. Boock räumt lediglich ein, die Raketenwerferanlage entwickelt und am Tatort aufgebaut zu haben; er behauptet aber, er habe den Wecker, der die Zündung auslösen sollte, absichtlich nicht aufgezogen und so den Anschlag freiwillig verhindert.[133] Bezüglich der Attentate auf Ponto und Schleyer bestreitet er die gegen ihn erhobenen Vorwürfe und erklärt die von ihm gefundenen Fingerabdrücke mit dem Hinweis, dass er als Techniker der Gruppe u.a. Fahrzeuge hergerichtet habe, ohne zu wissen, wozu diese benötigt werden."

Die neuen Pläne

Anfang 1980 stoßen Wolfgang Beer – der ältere Bruder von Henning Beer – und Helmut Pohl, der am 25. September 1979 aus längerer Haft entlassen worden ist, zu den in Paris lebenden RAF-Angehörigen. Ihr Hinzukommen motiviert die Gruppe zu weiteren Aktionen, die sich gegen den »amerikanischen Teil der NATO« richten sollen. Als Anschlagsziele werden General Kroesen und der US-Luftwaffenstützpunkt Ramstein festgelegt. Beide Attentate sollen dem »US-Imperialismus einen schweren Schlag versetzen« und in einem Abstand von wenigen Wochen erfolgen, um ein einheitliches Konzept der RAF in ihrem »bewaffneten antiimperialistischen Kampf« deutlich zu machen.

Bei der Planung der Anschläge kann die Gruppe auf schon früher geleistete Vorarbeiten zurückgreifen. So haben Rolf Klemens Wagner und Sigrid Sternebeck den Flughafen Ramstein bereits während eines Flugtags am 5. August 1979 ausgespäht. Auch der genaue Wohnort von General Kroesen ist bereits bekannt.

Die Festnahmen in Paris

Im Frühjahr 1980 nimmt die RAF Kontakt zur »*Bewegung 2. Juni*« auf, die in den letzten Jahren zahlreiche schwere Straftaten verübt hat, etwa

---

133 Nach dieser Version, die das Gericht später nicht für glaubhaft erachtet, hätte Boock wegen des geplanten Attentats nicht verurteilt werden können. In § 24 Absatz 1 StGB heißt es nämlich: „Wegen Versuchs wird nicht bestraft, wer freiwillig die weitere Ausführung der Tat aufgibt oder deren Vollendung verhindert."

- die Entführung des österreichischen Industriellen Walter Palmers am 9. November 1977, der gegen ein Lösegeld von 31.000.000 ÖS wieder freigelassen wurde, oder
- die Befreiung des Bandenmitglieds Till Meyer aus der Untersuchungshaftanstalt Berlin-Moabit am 27. Mai 1978.

Die Gruppe hat aber auch mehrere Mitglieder durch Verhaftungen und Tod verloren. So wurde am 9. Mai 1975 bei einer Schießerei auf einem Parkplatz in Köln nicht nur der Polizeibeamte *Walter Pauli* erschossen, sondern auch ein Mitglied der »Bewegung 2. Juni«, nämlich *Werner Sauber*.

Die aktuellen Mitglieder der »Bewegung 2. Juni« – Inge Viett, Juliane Plambeck, Ingrid Barabaß, Carola Magg, Karin Kamp-Münnichow und Regina Nicolai – leben ebenfalls im illegalen Untergrund in Paris. Schon früher war es immer wieder zu Begegnungen zwischen Mitgliedern der beiden terroristischen Vereinigungen gekommen, insbesondere auch wegen der Frage, ob sich beide Gruppierungen zusammenschließen sollten. Seit Beginn des Bestehens beider Organisationen gibt es eine von ihnen so bezeichnete »Waffenkooperation«; dies bedeutet, dass man sich gegenseitig aushilft, wenn für eine Aktion eine bestimmte Waffe benötigt wird.

Als es im Mai 1980 soweit ist, dass die Mitglieder der »Bewegung 2. Juni« ihre eigene Gruppierung auflösen und sich der RAF anschließen wollen, kommt es in der konspirativen Wohnung 4 Rue Flatters in Paris zu einer Festnahmeaktion. Am *5. Mai 1980* werden dort die RAF-Angehörige *Sieglinde Hofmann* sowie vier Frauen der »Bewegung 2. Juni« – nämlich Barabaß, Magg, Kamp-Münnichow und Nicolai – verhaftet.[134]

Inge Viett und Juliane Plambeck schließen sich daraufhin der RAF als Mitglieder an. Die Tatsache, dass die terroristische »Bewegung 2. Juni« nunmehr Teil der RAF ist, wird der Frankfurter Rundschau am 11. Juni 1980 in einem anonymen Schreiben mitgeteilt; darin heißt es, dass die »Auflösung« einen Konzentrationsvorgang darstelle und kein Zeichen der Resignation sei.

Die Kooperation mit der DDR

Zu ersten Berührungen zwischen deutschen Linksterroristen und der DDR kam es bereits im Jahr 1978, als Inge Viett - damals noch Angehörige der „ Bewegung

---

134 Am 10.7.1980 wird Sieglinde Hofmann wegen ihrer Beteiligung an der versuchten Entführung Pontos nach Deutschland ausgeliefert und durch Urteil des OLG Frankfurt/Main vom 16.6.1982 zu 15 Jahren Freiheitsstrafe verurteilt. Durch weiteres Urteil des OLG Stuttgart vom 26.9.1995 wird sie wegen der Anschläge auf Schleyer und Haig zu einer lebenslangen Freiheitsstrafe verurteilt.

2. Juni" - in Ostberlin vorübergehend verhaftet wurde und mit dem späteren Leiter der Abteilung Terrorismus im Ministerium für Staatssicherheit (MfS) Kontakt bekam. Dieser gab Viett zu verstehen, dass die Mitglieder der *„Bewegung 2. Juni"* die Transitwege der DDR ungehindert benutzen könnten, sofern sie keine terroristischen Gewalttaten auf dem Gebiet der DDR begehen würden. Auch die Flucht von Till Meyer, der - wie erwähnt - am 27. Mai 1978 befreit wurde und über den Flughafen Schönefeld in die Tschechoslowakei floh, gelang mit Hilfe des MfS. Als Inge Viett kurz darauf in der Tschechoslowakei festgenommen wird, sorgt das MfS für ihre Freilassung.

Durch Vermittlung von Viett kommt es wohl im Sommer 1980 zwischen dem MfS und der RAF zu der Vereinbarung, dass die aktiven RAF-Angehörigen in der DDR eine militärische Ausbildung, insbesondere im Schießen mit Pistolen, Armeekarabinern und Maschinenpistolen, aber auch im Nahkampf und im Sprengen erhalten sollen. Im Rahmen dieser mehrwöchigen Trainingslager, die beim MfS unter der Bezeichnung *„Stern I"* laufen, sollen sich die RAF-Mitglieder auch von ihrer Tätigkeit im sog. *„Operationsgebiet"* (sprich: Bundesrepublik) erholen können. Entsprechend dieser Absprache halten sich Christian Klar, Adelheid Schulz, Helmut Pohl, Henning Beer und Inge Viett anschließend mehrere Wochen in einem Objekt des MfS auf.

In dieser Zeit kommt es zwischen MfS und RAF auch zu der Absprache, dass die RAF-Aussteiger in die DDR einreisen und dort, versehen mit einer neuen Identität und der Staatsbürgerschaft der DDR, bleiben dürfen. Diese Betreuung der RAF-Aussteiger wird beim MfS unter der Bezeichnung *„Stern II"* geführt.

Die RAF-Aussteiger wechseln in die DDR

Zwischen Juli und Oktober 1980 reisen die RAF-Aussteiger über Prag nach Ost-Berlin. In der DDR führen sie in den folgenden Jahren – mit Unterstützung der dortigen Regierung – unter falschen Namen ein »normales Leben«:
- Susanne Albrecht wohnt vorübergehend in Cottbus. Sie muss kurzfristig nach Ostberlin umziehen, als es Hinweise darauf gibt, ihre frühere Identität sei aufgedeckt worden.
- Werner Lotze wohnt mit Christine Dümlein, die als seine Ehefrau behandelt wird, in Senftenberg.
- Monika Helbing wohnt in Eisenhüttenstadt.
- Sigrid Sternbeck und Ralf Baptist Friedrich leben als Ehepaar in Schwedt an der Oder.

– Silke Maier-Witt wohnt in Hoyerswerda sowie in Erfurt. Als dem MfS bekannt wird, die frühere Identität von Frau Maier-Witt könnte aufgedeckt sein, muss sie sofort nach Ostberlin umziehen und eine neue Identität annehmen.

Der Unfall Plambeck/Beer

Im Rahmen der Vorbereitungen für die geplanten Anschläge auf General Kroesen und den Flughafen in Ramstein ereignet sich am *25. Juli 1980* ein Verkehrsunfall, der erneut den Mitgliederbestand der RAF reduziert:

Da die Gruppe mehrere Fahrzeuge benötigt, um die Fahrtstrecken und -zeiten von General Kroesen sowie die Zugangs- und Kontrollmöglichkeiten am Flughafen Ramstein in Erfahrung zu bringen, erhalten Juliane Plambeck, Adelheid Schulz sowie Wolfgang und Henning Beer den Auftrag, ein zusätzliches Auto zu beschaffen. Zu diesem Zweck fahren sie in der Nacht zum 25. Juli 1980 mit einem gestohlenen VW-Golf von Heidelberg nach Flein bei Heilbronn. Dort entwenden sie einen Pkw BMW. Auf der Rückfahrt zu ihrer konspirativen Wohnung in Heidelberg fahren Henning Beer und Adelheid Schulz mit dem BMW sowie Juliane Plambeck und Wolfgang Beer mit dem VW Golf. Gegen 7.15 Uhr gerät der von Plambeck gesteuerte Golf auf der Landstraße 1130 zwischen Bietigheim und Vaihingen/Enz – ca. 30 km von Stuttgart entfernt

– auf die Gegenfahrbahn, wo er mit einem entgegen kommenden Kiestransporter zusammenstößt. *Juliane Plambeck* und *Wolfgang Beer* sind sofort tot. Ihre beiden Begleiter, die den Unfall miterleben und zu dem zertrümmerten Golf eilen, erkennen, dass ihren Gesinnungsgenossen nicht mehr geholfen werden kann, und fahren nach Heidelberg weiter. Aufgrund des Unfalls werden die Vorbereitungen für die beabsichtigten Anschläge zunächst unterbrochen.

5. Die Aktionen des Jahres 1981

Zur weiteren Vorbereitung der geplanten Aktionen gegen General Kroesen und den Flughafen Ramstein reisen am 19. September 1980 die RAF-Angehörigen Klar, Schulz, Pohl, Viett und Henning Beer in die DDR, um mit dem MfS über eine logistische Unterstützung, vor allem über die Lieferung von Sprengstoff und Waffen, zu verhandeln – zunächst ohne greifbare Ergebnisse. Anschließend fliegen Mohnhaupt, Klar, Schulz, Pohl und Beer zusammen mit Ingrid Jakobsmeier, die sich den Illegalen der RAF angeschlossen hat, nach Aden/Jemen. Dort erhalten sie von Palästinensern erneut eine Ausbildung im Schießen, bevor sie Ende Februar/Anfang März 1981 nach Europa zurückkehren.

Der Tod des Sigurd Debus

Zu diesem Zeitpunkt läuft bereits ein weiterer – der achte – Hungerstreik, den die RAF-Häftlinge am 2. Februar 1981 kollektiv begonnen haben und der mit dem Tod von *Sigurd Debus* enden wird. Zu den Streikenden zählen auch Häftlinge, die zuvor allenfalls dem Umfeld der RAF zugerechnet wurden, darunter Sigurd Debus; er ist am 30. Mai 1975 wegen schweren Bankraubs in drei Fällen, Beihilfe zum Bankraub sowie wegen Anstiftung zu Sprengstoffverbrechen zu 12 Jahren Freiheitsstrafe verurteilt worden. Mit dem Hungerstreik soll eine Verbesserung der Haftbedingungen, insbesondere eine Zusammenlegung der RAF-Gefangenen erreicht werden. Debus befindet sich in der Hamburger Strafanstalt Fuhlsbüttel im normalen Vollzug. Er lehnt in einer schriftlichen Erklärung »jede medizinische Behandlung« ab und stirbt trotz Zwangsernährung am *16. April 1981* an den Folgen des Hungerstreiks. Nach Holger Meins ist er der zweite Tote eines RAF-Hungerstreiks.

Die Anschlagsvorbereitungen

Im Frühjahr 1981 fahren Viett, Klar, Pohl, Henning Beer, Mohnhaupt und Adelheid Schulz erneut in die DDR. Dort werden sie zur Vorbereitung der geplanten Anschläge in einem mehrwöchigen Lehrgang vom MfS im Umgang mit Sprengstoff und Waffen trainiert, darunter die panzerbrechende RPG 7. Nach dieser Schulung beginnen in der Bundesrepublik die konkreten Anschlagsvorbereitungen. Pohl und Jakobsmeier kümmern sich vor allem um das geplante Attentat in Ramstein, während sich Henning Beer, Mohnhaupt, Schulz und Klar mit dem Anschlag auf General Kroesen befassen.

a) Die Schüsse auf Francis Violleau

Im Sommer 1981 hält sich *Inge Viett* vorwiegend in Paris auf, um die Logistik der »Bewegung 2. Juni« – insbesondere deren Depots – aufzulösen. Das ganze Material soll künftig der RAF zur Verfügung stehen. Um ihre Einkäufe in Paris leichter erledigen und die Depotgegenstände versorgen zu können, kauft Viett am 30. Juli 1981 ein Kleinkraftrad der Marke Yamaha. Mit diesem ist sie in den nächsten Tagen in Paris unterwegs.

Am *4. August 1981* ist der Polizeibeamte Francis Violleau zusammen mit einem Kollegen in der Nähe des Gare Montparnasse auf Verkehrsstreife. Ihre Aufgabe an diesem Tag ist es, jede Person anzuhalten, die gegen die Straßenverkehrsvorschriften verstößt. Gegen 16.40 Uhr sehen sie Inge Viett, die mit ihrer Yamaha – entgegen den französischen Bestimmungen – ohne Sturzhelm unterwegs ist. Der Polizeibeamte Violleau fordert die ihm unbekannte Frau deshalb durch mehrmaliges Pfeifen auf, anzuhalten. Inge Viett, die ihr Motorrad weder angemeldet noch versichert hat, fürchtet eine Kontrolle durch die Polizei und versucht deshalb zu fliehen. Die beiden französischen Beamten beschließen sofort, sie mit ihren Motorrädern zu verfolgen. Da die Maschine seines Kollegen nicht anspringt, folgt Violleau der flüchtenden Frau alleine. Er fährt mit einem Abstand von ca. 100 m hinter ihr her. Nach einer Fahrstrecke von gut einem Kilometer und mehreren Richtungswechseln hält Inge Viett an, lehnt ihr Motorrad mit laufendem Motor gegen ein geparktes Auto und versucht, zu Fuß zu fliehen.

Francis Violleau, der sie nicht aus den Augen verloren hat, gelingt es mit seinem Motorrad, sie einzuholen. Viett rennt in eine Garage in der Hoffnung, durch einen Hinterausgang entkommen zu können. Einen solchen Ausgang gibt es jedoch nicht, so dass sie quasi in einer Falle sitzt. Hierauf entschließt sich Viett, den vor der Garage postierten Polizeibeamten mit einem Schuss außer Gefecht zu setzen. Sie zieht deshalb ihre Pistole Colt Modell 1911 aus ihrem Hosenbund, tritt aus ihrer Deckung in der Garage auf die Straße und gibt dort einen gezielten Schuss auf den Polizeibeamten ab. Francis Violleau erkennt die Gefahr und versucht noch, seine Dienstwaffe zu ziehen. In diesem Moment wird er aber von Vietts Schuss getroffen. Die Kugel dringt von vorn in seinen Hals ein, verletzt Luft- und Speiseröhre und durchschlägt die Wirbelsäule. Er ist sofort bewegungsunfähig und fällt mit seinem Motorrad zu Boden. Viett erkennt, dass sie getroffen hat, und flüchtet.[135]

---

135 Inge Viett wird hinsichtlich dieser Tat durch Urteil des OLG Koblenz vom 26.8.1992 – unter Anwendung der Kronzeugenregelung – wegen versuchten Mordes zu einer Freiheitsstrafe von 13 Jahren verurteilt.

Der 35 Jahre alte *Francis Violleau* wird schwer verletzt. Sein Leben wird zwar durch eine sofortige Notoperation gerettet, es bleiben aber irreparable Dauerschäden. Die Verletzung des Halswirbels hat eine vollständige Lähmung zur Folge, die nur in Bezug auf die oberen Extremitäten – und dort auch nur unwesentlich – behoben werden kann. Am 16. März 2000 stirbt Francis Violleau im Alter von 54 Jahren.

b) Der Anschlag auf den Flughafen Ramstein

Ziel der geplanten Aktion gegen den US-Flughafen im pfälzischen Ramstein sind die Hauptquartiere der »US-Luftwaffe Europa Mitte« und der »NATO-Luftstreitkräfte Europa Mitte«, die sich mitten auf dem Gelände in einem mehrflügeligen Gebäude befinden. Diesen Gebäudekomplex wollen die RAF-Mitglieder mit einem Sprengstoffanschlag angreifen. Bei ihren Ausspähungen stellen die Täter fest, dass an den Haupttoren des Flughafens zwar nachts intensive Zugangskontrollen stattfinden, dass aber ab 6 Uhr morgens die Fahrzeuge mit amerikanischen Kennzeichen bei der Einfahrt nicht kontrolliert werden. Dementsprechend versehen die Attentäter einen VW 411 LE, den sie am 28. Juli 1981 gestohlen haben, mit gefälschten amerikanischen Kennzeichen. Die Bombe, die sie in den beiden Kofferräumen dieses Fahrzeugs verstecken, besteht aus drei Propangasflaschen, die sie mit insgesamt ca. 93 kg Sprengstoff füllen und mit Sprengzündern, Batterien sowie einer Schaltuhr als Zündzeitverzögerer versehen.

Am *31. August 1981*, kurz nach 7 Uhr, fahren die Täter den so präparierten VW 411 LE auf das Flughafengelände und stellen ihn auf dem Parkplatz in unmittelbarer Nähe der Hauptquartiere ab. Dann schalten sie den Zeitzünder ein und verlassen den Flughafen. Gegen 7.20 Uhr explodieren kurz hintereinander die im vorderen Kofferraum liegenden Bomben. Der im hinteren Kofferraum platzierte Sprengsatz zündet nicht; er wird durch den Explosionsdruck aus dem Fahrzeug geschleudert, durchschlägt eine Gebäudewand und bleibt im dritten Stock liegen. Durch die Explosion werden 17 Personen zum Teil lebensgefährlich verletzt. An den Gebäuden entsteht ein Sachschaden von mindestens 7,2 Millionen DM. Außerdem werden zahlreiche Fahrzeuge zerstört oder beschädigt.

Mit dem Schreiben eines »Kommando Sigurd Debus« vom 31. August 1981 bekennt sich die RAF zu dem Anschlag auf den US-Flughafen Ramstein. Die Attentäter, zu denen die RAF-Mitglieder Helmut Pohl und Ingrid Jakobsmeier zählen,[136] begründen den Anschlag damit, dass Ramstein die »zentrale für den atomkrieg in europa« und »die startbasis für den krieg in der 3. welt« sei und dass die »weltbeherrschungspläne der us-imperialisten zu einem imperialistischen krieg führen« würden, gegen den »durch zerstörung des imperialistischen systems angekämpft« werden müsse.

c) Der Anschlag auf General Kroesen

Entsprechend ihrem Plan wollen die RAF-Mitglieder in unmittelbarem zeitlichen Zusammenhang mit dem Ramstein-Attentat einen Mordanschlag auf General Kroesen verüben. Kroesen ist Oberkommandierender der US-Streitkräfte in Europa und Kommandierender General des NATO-Bereichs Mitte und hat seine Dienststelle in Heidelberg.

Die Tatvorbereitungen

Als die RAF-Mitglieder den Dienstweg von *General Frederick James Kroesen* ausspähen, stellen sie fest, dass er morgens in der Regel mit einem Dienstwagen, dem ein Begleitschutzfahrzeug folgt, von zu Hause zur Arbeit gebracht wird. Sie registrieren auch, dass die Route zwischen Wohnung und Dienststelle aus Sicherheitsgründen häufig gewechselt wird, dass unterschiedliche Fahrtmöglichkeiten aber erst ab dem Karlstor in Heidelberg bestehen. Sie entscheiden sich deshalb, den Anschlag auf Ge-neral Kroesen im Bereich dieses Karlstors zu verüben. Ihr Plan ist es, das Fahrzeug des Generals unter Beschuss zunehmen. Der Anschlag soll vom Hanggelände am Karlstor aus erfolgen. Als Abschussort legen sie eine kleine Lichtung fest, von der aus die Bundesstraße 37, auf der die Fahrzeugkolonne Kroesens zum Karlstor fährt, gut einzusehen ist. Für die Tatausführung besorgen sich die RAF-Mitglieder zwei Waffen: zum einen jenes Schnellfeuergewehr Heckler & Koch 43, das bereits bei der Schleyer-Entführung am 5. September 1977 zum Einsatz kam; zum anderen eine Panzerfaust RPG 7 V, mit der die Armeen des Warschauer-Paktes ausgerüstet sind. Die Panzerfaust soll von Christian Klar bedient werden, der in der Handhabung dieser Waffe ausgebildet

---

136 U.a. wegen seiner Beteiligung an dem Ramstein-Attentat wird Helmut Pohl durch Urteil des OLG Düsseldorf vom 23.12.1986 zu einer lebenslangen Freiheitsstrafe verurteilt. U.a. wegen ihrer Beteiligung an diesem Anschlag, die als Beihilfe zum versuchten Mord gewertet wird, wird Ingrid Jakobsmeier durch Urteil des OLG Stuttgart vom 18.10.1993 zu einer Freiheitsstrafe von 15 Jahren verurteilt.

worden ist. Außerdem richten die Täter zwei Fluchtwege her, um nach dem Attentat möglichst schnell von der Abschussstelle durch den angrenzenden Wald zur nahegelegenen Straße und von dort aus mit einem Fahrzeug flüchten zu können. Schließlich bauen sie ein Iglu-Zelt auf und versehen es mit Schlafsäcken und Lebensmitteln,[137] um auf General Kroesen zu warten, der sich in diesen Tagen immer wieder im Ausland aufhält. Über einen Funkkontakt ist sichergestellt, dass das Anschlagskommando rechtzeitig informiert wird, sobald der General sich mit seiner Fahrzeugkolonne dem Karlstor nähert.

Der Anschlag

Am *15. September 1981* fährt General Kroesen kurz nach 7 Uhr von seiner Wohnung in Richtung Karlstor. In seiner Begleitung befindet sich ausnahmsweise seine Ehefrau. Beide nehmen im Fond des gepanzerten Dienstwagens Platz, General Kroesen rechts und seine Ehefrau links. Im Fahrzeug befinden sich außerdem der Fahrer und Kroesens Adjutant auf dem Beifahrersitz. Als sich der Dienstwagen gegen 7.15 Uhr auf der Bundesstraße 37 dem Karlstor nähert, springt die dort installierte Ampel auf rot um, weshalb der Wagen mit General Kroesen anhält. In diesem Augenblick nehmen die RAF-Täter das Dienstauto, das vom Abschussort etwa 126 m entfernt ist, unter Beschuss. Zunächst feuert Christian Klar eine Rakete aus der Panzerfaust ab, die den Wagen an der Heckscheibe trifft. Der Hohlladungsstrahl der Granate durchschlägt die Heckscheibe, streift den Fahrgastraum und dringt durch die Karosserie wieder nach außen. Durch die Detonation der Sprengladung werden sämtliche Gegenstände im Kofferraum durchsiebt und Teile des Wagens stark beschädigt. Das Fahrzeuginnere wird nur unwesentlich tangiert. Unmittelbar nach dem Einschlag der Granate beschießen die Attentäter das Fahrzeug mit dem Schnellfeuergewehr; vier Kugeln treffen das Auto, bleiben aber in der gepanzerten Verkleidung stecken. Dann gibt Klar mit der Panzerfaust einen weiteren Schuss ab. Das Geschoss verfehlt das anvisierte Ziel nur knapp und explodiert im Asphalt neben dem Wagen von General Kroesen. Hierauf flüchten die RAF-Angehörigen vom Abschussort; die Panzerfaust lassen sie zurück.

---

137 U.a. wegen der Versorgung des Täterkommandos mit Lebensmitteln wird Helga Roos durch Urteil des OLG Stuttgart vom 2.5.1983 wegen Unterstützung einer terroristischen Vereinigung zu einer Freiheitsstrafe von 4 Jahren und 9 Monaten verurteilt.

Die RAF hat ihr Ziel, General Kroesen zu ermorden, nicht erreicht. Der General selbst, seine Ehefrau und sein Adjutant werden nur leicht verletzt. Der Fahrer, der keine Verletzungen erleidet, kann seine Fahrt mit dem schwer beschädigten, aber noch fahrfähigen Auto fortsetzen.

Am 16. September 1981 geht bei der »Frankfurter Rundschau« das Schreiben eines »Kommando Gudrun Ensslin« ein, in welchem sich die RAF für den Anschlag auf General Kroesen verantwortlich erklärt. In dem Papier bringen die Attentäter – zu denen neben Klar auch Brigitte Mohnhaupt und Ingrid Jakobsmeier gehören[138] – zum Ausdruck, General Kroesen sei angegriffen worden, weil er »einer der us-generäle« sei, »die die imperialistische politik in westeuropa bis zum golf real in der hand haben«.

6. »Guerilla, Widerstand und antiimperialistische Front«

Im Laufe der 80-er Jahre ist bei der RAF die Überzeugung gereift, dass die Bundesrepublik Deutschland kein geeignetes Terrain für erfolgreiche anarchistische Umtriebe einer politisch isolierten Guerillagruppe ist. *Anfang 1982* entschließen sich die Mitglieder der Bande deshalb, nicht nur den Kontakt zu in-

---

138 Wegen Beteiligung am Anschlag auf General Kroesen werden verurteilt: Brigitte Mohnhaupt und Christian Klar durch Urteil des OLG Stuttgart vom 2.4.1985 zu lebenslangen Freiheitsstrafen; Ingrid Jakobsmeier durch Urteil des OLG Stuttgart vom 18.10.1993 zu einer Freiheitsstrafe von 15 Jahren.

ländischen Gruppen des »antiimperialistischen Widerstands« zu suchen, sondern auch eine Kooperation mit anderen westeuropäischen Terrororganisationen anzustreben. Diese Vorstellungen formuliert die RAF im Mai 1982 in einer Schrift, die sie mit der Überschrift »Guerilla, Widerstand und antiimperialistische Front« versieht. In diesem Papier »Guerilla...« heißt es u.a.:

»wir sagen, dass es jetzt möglich und notwendig ist, einen neuen abschnitt in der revolutionären strategie im imperialistischen zentrum zu entfalten: GUERILLA UND WIDERSTAND: EINE FRONT. wenn der kampf der guerilla die eigene sache ist, kann die verwirklichung davon nur sein, sich selbst – auf welcher ebene auch immer – politisch und praktisch in den zusammenhang der strategie der guerilla zu stellen.

wir meinen: zusammen kämpfen, eine front. wir sagen: wenn auch bewaffnete illegale organisation der kern dieser strategie ist, bekommt sie erst ihre ganze notwendige kraft, wenn bewaffnete politik mit militanten angriffen zu einem angriff gebracht wird.

die antiimperialistische front in der brd jetzt – das sind militärische angriffe, einheitlich koordinierte militante projekte.«

Die RAF wirbt in diesem sogenannten *Mai-Papier* also um jene, denen »der Kampf der Guerilla« – d.h. die Beseitigung der gesellschaftlichen und staatlichen Ordnung in der Bundesrepublik durch Mord- und Gewaltaktionen – »die eigene Sache ist«.

7. Viett und Henning Beer steigen aus

Zu einer Verwirklichung dieser Front-Idee kommt es zunächst aber nicht, weil die RAF im Laufe des Jahres 1982 erneut personell erheblich geschwächt wird:

Bereits im *Frühjahr 1982* trennt sich *Henning Beer* von der RAF und folgt den acht »Aussteigern«, die sich bereits seit knapp 2 Jahren in der DDR aufhalten. Am 1. April 1982 fliegt er von Brüssel nach Ost-Berlin, wo er mit falschen Ausweispapieren vor allem in Neubrandenburg lebt.

Im *August 1982* fasst auch *Inge Viett* den Entschluss, das illegale Leben im Untergrund zu beenden. Sie trennt sich – im Einvernehmen mit der Gruppe – von der RAF und nutzt ihre Kontakte zum MfS der DDR, um nach Ost-Berlin überzusiedeln. Sie erhält eine neue Identität und wird 1983 in die DDR eingebürgert. Sie ist unter dem Decknamen *„Maria"* auch für das MfS tätig.

8. Die Erddepots und die Festnahme der Anführer

Seit Jahren besitzt die RAF eine Vielzahl von Verstecken, hauptsächlich von Erddepots. Sie dienen vor allem der Lagerung und Bereitstellung von Waffen, Munition, Sprengstoff, Stempeln u.ä., aber auch der Archivierung von Unterlagen über begangene oder geplante Aktionen.

Die Entdeckung der Depots

Am *26. Oktober 1982* entdecken Pilzsucher in einem Waldstück bei Heusenstamm/Hessen ein *Erddepot* der RAF.[139] Die alarmierte Polizei findet in zwei im Boden vergrabenen Plastikbehältern zahlreiche Gegenstände, welche die Gruppe für ihre terroristischen Aktivitäten bereit hielt.

> *„Am 27. Oktober 1982 werde ich damit beauftragt, für die Bundesanwaltschaft beim Bundeskriminalamt in Wiesbaden die Ermittlungen zu dem gefundenen Depot - das sich als wahre Fundgrube erweist - zu führen. Das Depot wird ab sofort von Angehörigen der GSG 9 verdeckt bewacht; vereinbart ist, dass ein Zugriff erst dann erfolgt, wenn sich jemand direkt an dem Erdloch zu schaffen macht."*

---

139 Michael Sontheimer aaO, S. 149 hält die Information für glaubhafter, Verena Becker habe den entscheidenden Tipp gegeben.

In dem als „Zentraldepot" bezeichneten Versteck befinden sich Waffen, Ausweispapiere, Geldmittel und anderes logistisches Material, aber auch verschlüsselte Hinweise auf weitere Erdlager. Innerhalb weniger Tage gelingt den Ermittlungsbehörden die Entschlüsselung der Wegbeschreibungen zu insgesamt 10 weiteren dieser Verstecke, die über das ganze Bundesgebiet verstreut sind. Im Einzelnen handelt es sich um folgende mit Decknamen versehene Depots: »Altes Matsch« und »Neues Matsch« bei Gravenbruch, »Klotz« bei Hannover, »Neues He Dep« und »Sarg« bei Aschaffenburg, »Künstler« bei Marburg, »Daphne« bei Hamburg, »5-Zimmer-Wohnung« bei Heidelberg, »X 1« bei Schwetzingen und »57 ende« bei Köln.

In den Depots werden ca. 1.000 Einzelasservate sichergestellt. Unter den gefundenen Gegenständen befinden sich:
- 17 Faustfeuerwaffen, 6 Maschinenpistolen, 5 Gewehre sowie 2 Schrotflinten, darunter auch Waffen, die bei schweren Verbrechen der RAF benutzt

wurden, nämlich: die zwei Schnellfeuergewehre und die Schrotflinte, die bei der Schleyer-Entführung eingesetzt wurden (darunter das Gewehr, mit dem auch auf General Kroesen geschossen wurde), eine Pistole, die beim Ponto-Attentat zum Einsatz kam, sowie der Revolver, mit dem Polizeimeister Hansen am 24. September 1978 ermordet wurde;
- 5 Handgranaten, 3,6 kg Sprengstoff und mehr als fünftausend Schuss Munition;
- 65.910 DM Bargeld, darunter Geld aus einem Banküberfall, den die RAF am 15. September 1982 auf die »Bochumer Sparkasse« verübt hat;
- etwa 2000 verschiedene Ausweispapiere;
- Aufzeichnungen über Grenzschleusungspunkte (sogenannte Grüne Grenzen);
- Fälschungsutensilien und Gegenstände zum Herstellen von falschen Stempeln, Kennzeichen und Ausweisen.

Die Ermittlungsbehörden gehen davon aus, dass damit nahezu die gesamte Logistik der RAF sichergestellt worden ist. Unter den Gegenständen aus den Depots befinden sich auch Unterlagen, die von den RAF-Angehörigen in Art eines *Archivs* aufbewahrt worden sind, zum Beispiel:
- Originalkommandoerklärungen zur Schleyer-Entführung sowie Polaroid-Bilder und Tonbandaufnahmen von Hanns-Martin Schleyer (der in diesen Unterlagen mit »Spindy« bezeichnet wird);
- Originalkommandoerklärungen zum Anschlag auf NATO-Oberbefehlshaber Haig (der unter der Tarnbezeichnung »Hengst« geführt wird);
- Lichtbilder der Stalinorgel, die bei dem versuchten Raketenwerferanschlag auf die Bundesanwaltschaft verwendet worden ist;
- Fury-Pläne zur Befreiung des RAF-Angehörigen Wisniewski aus der Justizvollzugsanstalt Frankenthal.

„*Unter den gefundenen Gegenständen befindet sich auch ein Tonband mit der Aufschrift „Spindy-Gespräch", das im ersten Prozess gegen Peter-Jürgen Boock, an dem ich als Sitzungsvertreter der Bundesanwaltschaft beteiligt bin, eine wesentliche Rolle spielt. Das Gericht stellt nämlich fest, dass auf diesem Tonband Boock und der entführte Hanns-Martin Schleyer zu hören sind, wie sie sich am 7. September 1977 (dem dritten Tag der Schleyer-Entführung) über ein Lebenszeichen Schleyers unterhalten.*"[140]

---

140 Die erste Hauptverhandlung gegen Boock vor dem OLG Stuttgart beginnt am 25.1.1983 und endet nach 85 Prozesstagen am 7.5.1984 mit der Verurteilung Boocks zu 3 Mal lebenslanger Freiheitsstrafe plus 15 Jahre Freiheitsstrafe. Dieses Urteil wird vom BGH aufgehoben. In der zweiten Hauptverhandlung wird Boock entsprechend der neuen Gesetzeslage durch Urteil des OLG Stuttgart vom 28.11.1986 zu **einer** lebenslangen Freiheitsstrafe verurteilt. Durch Urteil des OLG Stuttgart vom 3.11.1992 wird Boock - unter Beibehaltung der lebenslangen Freiheitsstrafe - zusätzlich wegen des Züricher Banküberfalls vom 19.11.1979 verurteilt.

In den Wochen nach ihrer Entdeckung werden die – inzwischen leergeräumten – Erddepots der RAF von Sondereinsatzkommandos der Polizei observiert, weil man davon ausgeht, dass die Gruppenmitglieder das dort versteckte Material für ihre Aktionen, aber auch für das aufwändige Leben im Untergrund benötigen. Nach etwa dreiwöchigem Warten ist es soweit:

Die Festnahmen

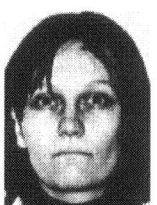

Am Nachmittag des *11. November 1982* nähern sich *Brigitte Mohnhaupt*, die Bandenchefin, und *Adelheid Schulz* zu Fuß dem Zentraldepot bei Heusenstamm und stellen zwei mitgeführte Taschen direkt am Depot ab.

In dem Moment, als Adelheid Schulz eine der Taschen öffnet, erfolgt der polizeiliche Zugriff durch die GSG-9. Während sich Adelheid Schulz[141] ohne Gegenwehr ergibt, versucht Brigitte Mohnhaupt, ihre Waffe zu ziehen. Erst als die Festnahmekräfte damit drohen, von ihren Schusswaffen Gebrauch zu machen, ergibt auch sie sich.

Bei der Kontrolle der Festgenommenen stellt die Polizei fest, dass jede der Frauen eine schussbereite Pistole bei sich hat; beide Waffen stammen aus dem Raubüberfall auf das Waffengeschäft Fischlein am 1. Juli 1977. In den beiden mitgeführten Taschen werden außerdem Gegenstände sichergestellt, die wasserdicht verpackt sind und offensichtlich in dem Erdversteck deponiert werden sollten, darunter jene polnische Maschinenpistole Makarov, mit der am 1. November 1978 in der Nähe von Kerkrade zwei niederländische Zollbeamte ermordet worden sind.

> „Nach den Verhaftungen von Brigitte Mohnhaupt und Adelheid Schulz am 11.11. wird von den Ermittlungsbehörden - entsprechend einer Absprache mit mir - gegenüber den Medien nur die Festnahme der beiden Frauen an einem Erddepot der RAF bekannt gegeben, nicht aber, dass wir im gesamten Bundesgebiet weitere solcher Erdverstecke gefunden haben. Unsere Hoffnung ist, dass RAF-Angehörige ihrer Verschlüsselung der Wegbeschreibungen vertrauen und erneut eines ihrer Erddepots aufsuchen. Fünf Tage später ist es soweit:"

---

141 Adelheid Schulz wird durch Urteil des OLG Düsseldorf vom 13.3.1985 zu lebenslanger Freiheitsstrafe verurteilt.

Am *16. November 1982* kommt es zur nächsten Festnahme eines RAF-Mitglieds. *Christian Klar*, der mit einem Fahrrad bis zu einem nahegelegenen Bahnhof gefahren ist, nähert sich am frühen Nachmittag dieses Tages zu Fuß dem sogenannten Depot »Daphne«, das sich im Sachsenwald bei Hamburg befindet. Er ist als Jogger verkleidet und führt eine Pistole bei sich, die ebenfalls aus dem Überfall auf den Waffenhändler Fischlein am 1. Juli 1977 stammt; mit ihr wurde sowohl bei dem versuchten Mord an dem niederländischen Polizeibeamten Siersema am 19. September 1977 als auch beim Banküberfall der RAF in Zürich am 19. November 1979 geschossen. Als Klar sich in unmittelbarer Nähe des Erddepots befindet, erfolgt die Festnahme; er leistet keinerlei Widerstand.

„Nach den Verhaftungen von Brigitte Mohnhaupt und Christian Klar bin ich dafür zuständig, die gemeinsame Anklage gegen beide zu koordinieren. Die Anklageschrift vom 14. März 1983,[142] an deren Abfassung neun Staatsanwälte der Bundesanwaltschaft beteiligt sind, hat 324 Seiten und umfasst neben dem Vorwurf der Beteiligung an einer terroristischen Vereinigung bei beiden Angeschuldigten folgende Tatkomplexe:

— *den Mord an Generalbundesanwalt Buback und seinen Begleitern Göbel und Wurster,*
— *die versuchte Entführung und die Ermordung Jürgen Pontos,*
— *den versuchten Raketenwerferanschlag auf die Bundesanwaltschaft,*
— *die Schleyer-Entführung mit der Ermordung seiner Begleiter Marcisz, Pieler, Brändle und Ulmer,*
— *den Mord an Hanns-Martin Schleyer sowie*
— *den Mordversuch an General Kroesen*

(bei Christian Klar außerdem die Mordversuche von Riehen/Schweiz am 5.7.1977). Der Anklage sind 184 Stehordner Sachakten beigefügt."[143]

---

142 1 Exemplar dieser Anklageschrift ist heute im Haus der Geschichte in Bonn ausgestellt.
143 Brigitte Mohnhaupt und Christian Klar werden wegen dieser Taten durch Urteil des OLG Stuttgart vom 2.4.1985 zu „fünfmal lebenslanger Freiheitsstrafe und zu der Freiheitsstrafe von 15 Jahren" verurteilt. Diese Strafe wird bei beiden durch Beschluss des Bundesgerichtshofs vom 16.7.1986 entsprechend der neuen Gesetzeslage (vgl. S. 282) auf „eine lebenslange Freiheitsstrafe als Gesamtstrafe" korrigiert. Durch Urteil des OLG Stuttgart vom 3.11.1992 wird Klar zusätzlich wegen des Züricher Banküberfalls vom 19.11.1978 verurteilt.

D. Die dritte Generation der RAF

I. Die RAF ein „Phantom"?

Viele sind der Ansicht, dass die RAF – nunmehr ohne Anführer und Logistik – endgültig »besiegt« sei. Tatsächlich bedeuten die Festnahmen aber nur das Ende der zweiten Generation. Wie bereits im Jahre 1972, als die gesamte RAF-Spitze inhaftiert wurde, führen nun auch die Festnahmen von Mohnhaupt, Schulz und Klar sowie der Verlust der gesamten Logistik zu keiner Auflösung der RAF.

Journalisten stellen 1992 in einem Buch[144] die These auf, die dritte Generation der RAF habe nie existiert und sei ein „Phantom". Tatsächlich seien die RAF-Anschläge ab 1984 von deutschen Geheimdiensten verübt worden. Dem hat die RAF-Angehörige Birgit Hogefeld 1997 nach ihrer Verhaftung eindeutig widersprochen und erklärt:

„In den linksradikalen Zusammenhängen hatte dieser Unsinn nie eine Bedeutung."[145]

II. Die neue Gruppe und die »Action Directe (AD)«

Die im Untergrund lebenden Mitglieder Helmut *Pohl*, Henning *Beer*, Stefan *Frey*, Gisela *Dutzi* und Ingrid *Jakobsmeier* sind in Freiheit geblieben.[146] Diese Gruppe um Helmut Pohl will die terroristischen Aktivitäten der RAF fortsetzen.

---

144 „Das RAF-Phantom", Gerhard Wisniewski, Wolfgang Landgraeber und Ekkehard Sieker, Droemer Knaur-Verlag.
145 Auch Eva Haule hat im Jahr 2007 in einem Leserbrief an die Tageszeitung „Junge Welt" geschrieben: „Hier noch mal klipp und klar: die RAF war verantwortlich u.a. für die Aktionen gegen Alfred Herrhausen, Gerold von Braunmühl und Detlev Rohwedder.".
146 Pohl gehört der RAF seit 1974 als Mitglied an. Er war zunächst am 4.2.1974 verhaftet und vom LG Hamburg zu 5 Jahren Freiheitsstrafe verurteilt worden, die er bis zum 25.9.1979 verbüßte; seit 1980 gehört er wieder zu den Illegalen der RAF. Frey ist seit März 1981 RAF-Mitglied und Jakobsmeier seit Anfang 1981.

Zwar wird *Gisela Dutzi* bereits am 9. März 1983 verhaftet;[147] an ihre Stelle als RAF-Mitglied tritt jedoch sofort Christa Eckes. Außerdem schließen sich den Illegalen noch an: Ernst-Volker Staub im Juni 1983, Barbara Ernst im September 1983 sowie Manuela Happe und Eva Haule im Februar 1984. Als sich die neu formierte Gruppe daran macht, das im Mai 1982 veröffentlichte Front-Konzept in die Tat umzusetzen, erleidet sie innerhalb kürzester Zeit weitere herbe Rückschläge.

1. Die Festnahmen im Juni/Juli 1984

Die Festnahme von Manuela Happe

In den Morgenstunden des 22. Juni 1984 ist Manuela Happe in Deizisau/Kreis Esslingen unterwegs, um die Wohnung des Vorsitzenden Richters am Oberlandesgericht Stuttgart auszuspähen, der seit 1. Februar 1984 den Prozess gegen die RAF-Gefangenen Mohnhaupt und Klar leitet. Er zählt zu jenen Repräsentanten des Staates und der Wirtschaft, der US-Streitkräfte und der NATO, auf welche die RAF Mordanschläge verüben will.

Bei ihrem Versuch, das Haus des Vorsitzenden Richters auszuspähen, wird Manuela Happe von einer Polizeistreife bemerkt, die sie kontrollieren will. Happe versucht deshalb zu flüchten und versteckt sich in einem nahegelegenen Getreidefeld, wo sie aber von den Polizeibeamten entdeckt wird. Hierauf kommt sie auf die Beamten zu, die ihren Ausweis sehen wollen. Als Happe nur noch drei Meter von den Beamten entfernt ist, bleibt sie stehen und zieht ihren

---

147 Dutzi wird durch Urteil des OLG Frankfurt/Main vom 18.7.1985 zu einer Freiheitsstrafe von 8 Jahren und 6 Monaten verurteilt.

Revolver Colt Trooper, um der drohenden Festnahme zu entgehen. Den Polizeibeamten gelingt es in letzter Sekunde, hinter ihrem Dienstfahrzeug in Deckung zu gehen. Happe gibt insgesamt fünf Schüsse ab, welche die Beamten aber knapp verfehlen. Als einer der Polizisten zurückschießt, sieht Happe keine Chance mehr, sich gegen die Festnahme erfolgreich wehren zu können, zumal sich nur noch eine Patrone in ihrem Revolver befindet und ein Nachladen aussichtslos erscheint. Sie wirft sich deshalb zu Boden und lässt auch ihre Waffe aus der Hand fallen. Schließlich wird Manuela Happe festgenommen.[148]

Wenige Tage später entdecken die Ermittlungsbehörden ein von der RAF konspirativ genutztes Zimmer, das Christa Eckes in der *Bahnhofstraße 1 in Karlsruhe* seit 8. Juni 1984 angemietet hat. Aus dort sichergestellten Unterlagen ergibt sich, dass die RAF nicht nur den Vorsitzenden des Mohnhaupt-Klar-Prozesses im Visier hat, sondern auch die Sitzungsvertreter der Bundesanwaltschaft. So werden in der Wohnung Notizen von Christa Eckes darüber gefunden, wann und auf welcher Strecke die Anklagevertreter zum Prozess nach Stuttgart-Stammheim fahren und von dort zurückkehren. Außerdem befinden sich in dem Zimmer Aufzeichnungen, aus welchen sich ergibt, dass Eckes den polizeilichen Funkverkehr in Karlsruhe abgehört hat. Am 1. Juli 1984 wird Christa Eckes das letzte Mal im Gebäude Bahnhofstraße 1 in Karlsruhe gesehen.

Die Festnahmen vom 2. Juli 1984

Im Sommer 1984 beschaffen sich die RAF-Angehörigen in Frankfurt/Main kurzfristig eine Unterkunft für ihre konspirativen Treffen. Es handelt sich um eine Wohnung im dritten Stock des Gebäudes Berger Straße 344. Die Wohnung gehört einer jungen Frau, die vom 28. Juni bis 7. Juli 1984 eine Amerikareise machen will und dankbar ist, für diese Zeit jemanden zu finden, der sich um ihre Katze und die Blumen kümmert.

Am Abend des *2. Juli 1984* halten sich mehrere Mitglieder der RAF in dieser Wohnung auf, nämlich Helmut Pohl, Christa Eckes, Stefan Frey, Ingrid Jakobsmeier, Barbara Ernst und Ernst-Volker Staub. Gegen 20 Uhr passiert einem der Anwesenden insofern ein Missgeschick, als sich aus seiner Waffe ein Schuss löst, der in den Fußboden geht. Daraufhin beraten die 6 RAF-Angehörigen, wie man auf diesen Vorfall am besten reagieren soll. Sie entscheiden sich dafür, Ingrid Jakobsmeier zu dem unter ihnen wohnenden Mieter zu schicken, um zu klären, ob dieser von dem Schuss etwas mitbekommen hat. Tatsächlich hatte

---

148 Manuela Happe wird u.a. wegen zweier Mordversuche durch Urteil des OLG Stuttgart vom 20.3.1986 zu einer Freiheitsstrafe von 15 Jahren verurteilt.

dieser Mieter zwar ein Geräusch gehört, daraufhin auch in seinem Schlafzimmer nachgesehen, aber nichts Auffälliges festgestellt. Gegen 20.30 Uhr klingelt Ingrid Jakobsmeier an seiner Wohnungstür und erklärt, sie versorge die darüber liegende Wohnung; leider habe die Katze einen Eimer mit Wasser umgeworfen, er solle doch in seinem Schlafzimmer nachschauen, ob ein Wasserschaden entstanden sei. Einen Wasserfleck kann er jedoch nicht feststellen. Nachdem sich die ihm unbekannte Frau wieder verabschiedet hat, schaut er nochmals nach und entdeckt ein Projektil, das im Fußboden seines Schlafzimmers steckt, sowie ein dazu passendes Loch zwischen zwei Platten an der Zimmerdecke. Hierauf eilt er zur nahegelegenen Telefonzelle und alarmiert die Polizei. Die Polizeibeamten dringen kurz darauf in die Wohnung der RAF ein. Dort stellen sie zahlreiche Faustfeuerwaffen samt Munition, eine Handgranate, gefälschte Ausweispapiere, Bargeld im Wert von etwa 20.000 DM und Aktionspläne sicher.

Vor allem aber gelingt es der Polizei, die RAF-Mitglieder *Pohl, Eckes, Frey, Jakobsmeier, Ernst* und *Staub* festzunehmen.[149]

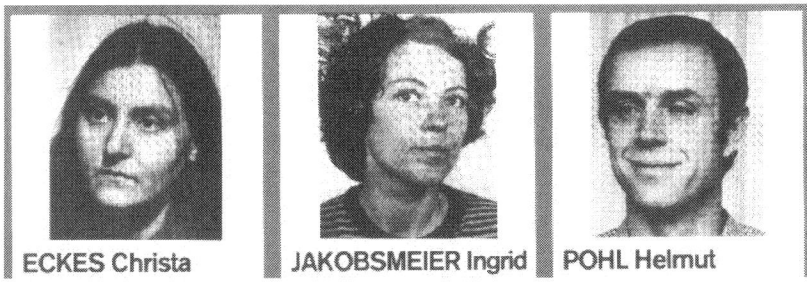

Aus einem in der konspirativen Wohnung Berger Straße gefundenen Schriftstück ergibt sich, dass eines der wichtigsten Ziele der RAF jetzt die Zusammenlegung der inhaftierten Gesinnungsfreunde ist. Sie soll durch eine gemeinsame »Offensive« von »Guerilla, Widerstand und Gefangenen« erzwungen werden.

---

149 Die Festgenommenen werden wie folgt verurteilt: Pohl zu lebenslanger Freiheitsstrafe und Frey zu vier Jahren und 6 Monaten Freiheitsstrafe – beide durch Urteil des OLG Düsseldorf vom 23.12.1986; Jakobsmeier durch Urteile des OLG Stuttgart vom 20.3.1986 und vom 18.10.1993 zu insgesamt 15 Jahren Freiheitsstrafe; Eckes durch Urteil des OLG Stuttgart vom 20.3.1986 zu einer Freiheitsstrafe von 8 Jahren; Staub und Ernst durch Urteil des Bayerischen Obersten Landesgericht vom 5.2.1986 jeweils zu einer Freiheitsstrafe von 4 Jahren. Staub taucht nach seiner Haftentlassung wieder unter.

2. Die Vorbereitung der »Offensive«

Trotz dieser erneut schwerwiegenden Rückschläge setzt die übrig gebliebene Gruppe um Eva Haule den eingeschlagenen Weg fort. Sie orientiert sich vor allem an dem im Mai 1982 veröffentlichten Konzept »Guerilla, Widerstand und antiimperialistische Front«. Ihr Ziel ist es, dass neben die bislang in der Illegalität lebenden Angehörigen der RAF weitere Personen aus dem »antiimperialistischen Umfeld« treten. Diese »Kämpfenden Einheiten« oder »Illegalen Militanten« sollen nicht notwendigerweise in der Illegalität leben. In Absprache und unter Anleitung der RAF sollen sie »militante Anschläge« verüben; damit sind Sprengstoff- und Brandanschläge gemeint, bei denen nicht zwingend Menschen zu Schaden kommen sollen. Die RAF will bei diesen Aktionen sowohl ideologisch als auch in der praktischen Umsetzung die Führungs- und Leitfunktion übernehmen. Gemeinsam – so der Plan – sollen die verschiedenen Widerstandsgruppen und die Illegalen der RAF gegen den »militärisch-industriellen Komplex« und für bessere Haftbedingungen der Gefangenen kämpfen. Die Befreiung der inhaftierten Genossen ist nach den Erfahrungen der »Offensive 77« nun nur noch mittelbares Ziel. In dem Papier heißt es u.a.:

> »die praktische vorstellung, die wir am besten finden, ist, dass wir – die front draussen – die offensive beginnen mit den angriffen gegen die infrastruktur ihrer militärmaschine und dass dann die gefangenen ihren angriff – hs (d.h. Hungerstreik) – machen. ... ganz konkret: der hs läuft und wir wollen, dass unsere nächsten schritte die zusammenlegung durchsetzen, als wichtigstes nahziel.«

»Illegale Militante« und »Kämpfende Einheiten«

In der zweiten Jahreshälfte 1984 gelingt es der RAF, einige militante Gruppen des »antiimperialistischen Widerstands« in der Bundesrepublik fest an sich zu binden. Es wird vereinbart, dass die einzelnen Tätergruppen ihre Anschläge nicht unter der Flagge »RAF«, sondern unter der Bezeichnung »Illegale Militante« oder »Kämpfende Einheit« verüben und dabei auch nicht das Symbol der RAF, sondern einen einfachen fünfzackigen Stern (ohne Maschinenpistole und ohne RAF-Schriftzug) benützen sollen.

Die Kooperation mit der »Action Directe«

Parallel zu der Kooperation mit dem nationalen Widerstand sucht die RAF in dieser Zeit auch Kontakt zu anderen europäischen Terrorgruppen, vor allem zur französischen »Action Directe« – abgekürzt: »AD«. Diese Gruppierung existiert seit Mitte der 70-er Jahre. Ihre Anführer heißen Nathalie Menigon und Jean Marc Rouillan. Ziel der AD ist es, durch einen »fortdauernden, revolutionären Krieg im Sinne der kommunistischen Guerilla«, insbesondere durch die »Zerstörung der NATO als Repräsentant des internationalen Kapitals in der weltweiten Unterdrückung«, den »Kapitalismus zu zerstören« und durch eine Gesellschaftsform kommunistischer Prägung zu ersetzen. In Verfolgung dieses Programms hat die AD bis Mitte 1984 bereits zahllose Straftaten – darunter mindestens 10 Banküberfälle und 30 Sprengstoffanschläge – verübt.

Der Überfall auf das Waffengeschäft Walla

Aufgrund der Entdeckung der Erddepots Ende 1982 und der Sicherstellung von Feuerwaffen bei den anschließenden Festnahmen hat die RAF einen Großteil ihrer Bewaffnung eingebüßt. Sie beschließt deshalb, sich die für die persönliche Bewaffnung ihrer Mitglieder und für die Durchführung neuer Attentate benötigten Waffen durch einen Überfall zu beschaffen.

Am *5. November 1984* betreten zwei RAF-Mitglieder das Waffengeschäft Walla in Maxdorf/Kreis Ludwigshafen. Gegenüber dem Geschäftsinhaber Manfred Walla geben sie vor, sich für eine Ithaca-Flinte zu interessieren. Als er eine solche Flinte aus dem Regal holt, ziehen die beiden Täter ihre Schusswaffen und zwingen Walla, sich mit dem Gesicht nach unten auf den Fußboden zu legen; dann knebeln und fesseln sie ihn. Anschließend packen die Täter ihre Beute – 22 Pistolen, 2 Repetierflinten, etwa 2.800 Schuss Munition sowie mehrere Magazine und Waffenzubehör – mit einem Gesamtwert von ca. 25.000 DM zusammen und flüchten mit einem zuvor gemieteten Fahrzeug.[150]

Dann beginnt die schon seit längerer Zeit geplante »Offensive«.

III. Die »Offensive 84/85«

Am *4. Dezember 1984* treten die RAF-Häftlinge – jetzt zum 9. Mal – in einen kollektiven Hungerstreik, der bis zum 3. Februar 1985 dauern wird. Startsignal für die Nahrungsverweigerung ist eine politisch-agitatorische Erklärung, die Brigitte Mohnhaupt und Christian Klar am 4. Dezember 1984 während ihres Prozesses vor dem Oberlandesgericht Stuttgart abgeben. Darin erklären sie erneut, dass die RAF sich als Metropolenguerilla betrachte und ihren Kampf an-

---

150 U.a. wegen ihrer Beteiligung an diesem Überfall wird Eva Haule durch Urteil des OLG Stuttgart vom 28.7.1988 zu einer Freiheitsstrafe von 15 Jahren verurteilt.

gesichts der globalen Kräfteverhältnisse als internationalen Kampf verstehe. Aktuell gehe es darum, den revolutionären Krieg auf ein Niveau anzuheben, mit dem das bestehende System tatsächlich gestürzt werden könne. Die RAF-Gefangenen müssten ebenfalls aktiv werden, um politische Durchbrüche zu erkämpfen und die Machtverhältnisse zu verändern. Aus diesem Grund trete man ab sofort in den Hungerstreik. Gleichzeitig erheben sie in dieser Erklärung ihre altbekannten Forderungen, nämlich

– Haftbedingungen entsprechend der Genfer Konvention gegen Folter und Vernichtung;
– Zusammenlegung der Gefangenen von Widerstand und RAF;
– Abschaffung der sogenannten Isolation (also keine Unterbringung in Einzelhaft oder Kleinstgruppen);
– Aufhebung der sogenannten Kommunikationssperre (d.h. verstärkte Genehmigung von Besuchen, Briefen etc.).

Hauptziel des Hungerstreiks, an dem mehr als 30 RAF-Häftlinge teilnehmen, ist aber nicht die Verbesserung der Haftsituation der Gefangenen. Den Hungerstreikenden kommt es vielmehr darauf an, den seit Jahren ausgerufenen »revolutionären Kampf« zu bündeln und zu stärken; dadurch sollen die im Untergrund lebenden Mitglieder sowie andere Gesinnungsfreunde zu gewalttätigen Aktionen ermutigt und angestachelt werden. Tatsächlich verüben »Kämpfende Einheiten« und »Illegale Militante« (die sogenannte »zweite Ebene der RAF«) in der Folgezeit mehr als 30 Brand- und Sprengstoffanschläge. Parallel dazu werden auch die Kommandoebenen von RAF und AD aktiv:

1. Der versuchte Sprengstoffanschlag in Oberammergau

Schon seit Herbst 1983 hat die RAF einen Anschlag auf die NATO-Schule in Oberammergau im Auge. Dort werden Offiziere aus den zum NATO-Bündnis gehörenden Mitgliedsstaaten ausgebildet. Ziel des Attentats ist es, eine Autobombe zu zünden und so möglichst viele NATO-Offiziere zu töten.

Der für den Anschlag benötigte Sprengstoff wird von Eva Haule bei der AD beschafft; ein Teil des Sprengstoffs stammt aus einem Diebstahl, den die AD in der Nacht vom 3. auf den 4. Juni 1984 in Ecaussines/Belgien verübt hat. Das Bombenfahrzeug – ein Audi 80 – wird von RAF-Angehörigen kurz vor der geplanten Tat gestohlen und mit einer Sprengladung präpariert. Die Bombe, die aus mehr als 25 kg gewerblichem Sprengstoff besteht, verstecken die Täter – in einem Kunststoffrohr verpackt – im Kofferraum des Fahrzeugs. Um ihre tödliche Wirkung zu erhöhen, packen sie drei gefüllte Butangasflaschen und eine Aktentasche mit 96 schweren Gleisbauschrauben, Muttern und Federringen in den Kofferraum. Außerdem entwenden RAF-Angehörige in Augsburg zwei US-Kennzeichenschilder, die sie an dem Tatfahrzeug anbringen, um mit der Autobombe in das mit einem Zaun gesicherte NATO-Gelände zu gelangen.

Am *18. Dezember 1984*, kurz nach 7.45 Uhr, fährt ein männliches RAF-Mitglied mit dem als Bombenfahrzeug präparierten Audi 80 an das Haupttor der NATO-Schule in Oberammergau. Da der Fahrer mit einer Uniform als amerikanischer Marinesoldat getarnt ist, er ein amerikanisches Ausweispapier (die sog. ID-Card) zeigt und sich amerikanische Kennzeichen an dem Auto befinden, kann der Attentäter passieren. Etwa 200 m vom Haupttor entfernt parkt er das Bombenauto und stellt den Wecker, der die Zündung auslösen soll, so ein, dass sich die Explosion $1\,^1/_2$ Stunden später – also gegen 9.20 Uhr – ereignen soll. Dann verlässt er zu Fuß das Kasernengelände. Auf dem Weg zum Haupttor fällt er dem stellvertretenden Leiter der NATO-Schule durch ein »unsoldatisches Verhalten« auf, kann aber das Tor ungehindert passieren und von dort mit Hilfe von Mittätern fliehen. Wegen seines auffälligen Verhaltens wird das Tatfahrzeug alsbald überprüft. Als sich gegen 10 Uhr herausstellt, dass die Kennzeichen gestohlen sind, wird die NATO-Schule geräumt und der im Auto liegende Sprengsatz um 15.15 Uhr entschärft. Dabei wird festgestellt, dass die Bombe nur wegen eines kleinen Fehlers in der elektrischen Schaltung nicht zu dem vorgesehenen Zeitpunkt explodiert ist. Hätte die Explosion – wie geplant – um 9.20 Uhr stattgefunden, hätte dies schwerste Personen- und Sachschäden zur Folge gehabt; mindestens 43 Personen wären tödlich verletzt worden.

Bereits am 19. Dezember 1984 bekennt sich die RAF zu dem versuchten Attentat auf die NATO-Schule in Oberammergau. Eine RAF-Angehörige teilt der »Süddeutschen Zeitung« telefonisch folgendes mit:

> »Hier ist die Rote Armee Fraktion. Wir haben am 18.12. ein mit Sprengstoff beladenes Auto an der Shape-School in Oberammergau abgestellt. Dort werden Kader für die integrierten Stäbe der NATO ausgebildet. Ziel der Aktion war, die Militärs dort direkt auszuschalten. Es ist wie die IRA sagt: Sie müssen immer Glück haben, wir nur einmal. Kommando Jan Raspe«.

In einem Schreiben vom 24. Dezember 1984 äußert sich die RAF auch zum Scheitern des Attentats:

> »warum wir das ziel der aktion nicht erreicht haben: als der, der das auto reingefahren hatte, zu fuss durch die pforte zurückging, kam in dem moment ein bundeswehroffizier auf den pförtner zu und blieb stehen. die anderen vom kommando ... hörten noch, wie der offizier fragte und vom pförtner die antwort bekam ‚der ist vorhin reingefahren, jetzt geht er wieder ...' – das heisst, von da an hatte der offizier einen konkreten verdacht .... sie hatten 1 1/2 stunden zeit um das auto zu identifizieren ... und die bombe zu entschärfen.«

Die RAF-Attentäter[151] sind also der Überzeugung, dass der Anschlag nicht wegen eines technischen Mangels, sondern wegen der rechtzeitigen Entschärfung der Bombe gescheitert sei. Sie wissen bei ihrer Fehleinschätzung auch nicht, aus welchen Gründen der Fahrer des Bombenfahrzeugs aufgefallen ist.

2. Tote bei Aktionen der »Kämpfenden Einheiten«

Bei den zahlreichen Aktionen der »Kämpfenden Einheiten«, die im Zusammenhang mit dem Hungerstreik verübt werden, kommen 1985 zwei der Täter zu Tode:

Am *20. Januar 1985* wollen Johannes Thimme und Claudia Wannersdorfer einen Sprengstoffanschlag verüben. Ihr Ziel ist ein vierstöckiges und ca. 40 m langes Gebäude im Gewerbegebiet in Stuttgart-Möhringen. Dort sind mehrere Firmen untergebracht. Mit ihrer Aktion wollen Thimme und Wannersdorfer die Deutsche Forschungs- und Versuchsanstalt für Luft- und Raumfahrt e.V. angreifen, die bis November 1984 eine Niederlassung in dem Gebäude hatte, dann aber – von den Tätern unbemerkt – ausgezogen war. Am frühen Abend des 20. Januar 1985 nähern sich Thimme und Wannersdorfer zu Fuß dem Tatobjekt. Der Sprengsatz, den sie in einem Kinderwagen versteckt transportieren, soll über eine Schaltuhr in der darauffolgenden Nacht zwischen 1.30 und 2.30 Uhr gezündet werden. Gegen 18.15 Uhr deponieren die beiden Attentäter die Bombe in einem Lichtschacht, der sich etwa in der Mitte der Gebäudefront befindet. In diesem Moment kommt es – wohl aufgrund einer Unachtsamkeit – zur vorzeitigen Explosion des Sprengsatzes. *Johannes Thimme* befindet sich zum Zeitpunkt der Detonation direkt über der Bombe. Sein Körper wird durch die Sprengwirkung völlig zerfetzt. Er ist sofort tot. Claudia Wannersdorfer, die sich nur wenige Meter vom Explosionsort aufhält, erleidet relativ geringfügige Verletzungen: eine tiefe Fleischwunde am rechten Oberschenkel, weitere Splitterverletzungen auf der rechten Körperseite sowie die Perforation eines Trommelfells. Sie wird noch in Tatortnähe verhaftet.[152] Der Gesamtschaden am Gebäude beträgt etwa 580.000 DM.

Im *Juni 1985* stirbt mit *Jürgen Pemöller* ein weiterer Angehöriger einer »Kämpfenden Einheit«, als auch in Hannover eine Bombe vorzeitig detoniert.

---

151 Eva Haule wird am 28.6.1988 vom OLG Stuttgart u.a. wegen ihrer Beteiligung an diesem Anschlag zu einer Freiheitsstrafe von 15 Jahren verurteilt.
152 Wannersdorfer wird wegen dieser Tat durch Urteil des OLG Stuttgart vom 6.12.1985 zu einer Freiheitsstrafe von 8 Jahren verurteilt.

3. Der AD-Mord an General Audran

Am *25. Januar 1985* ermordet die AD den Direktor für internationale Angelegenheiten im französischen Verteidigungsministerium, General René Audran, bei der Rückkehr von seiner Arbeitsstelle vor seinem Haus in der Nähe von Paris. In einer schriftlichen Tatbekennung, die sowohl in französischer als auch in deutscher Sprache versandt wird, bezeichnen sich die Attentäter als »Kommando Elisabeth von Dyck der Action Directe«.

Im Januar 1985 wird ein gemeinsames Kommuniqué von RAF und AD veröffentlicht. Sein Titel: »FÜR DIE EINHEIT DER REVOLUTIONÄRE IN WESTEUROPA«. In dem Papier »Pour ...« heißt es u.a.:

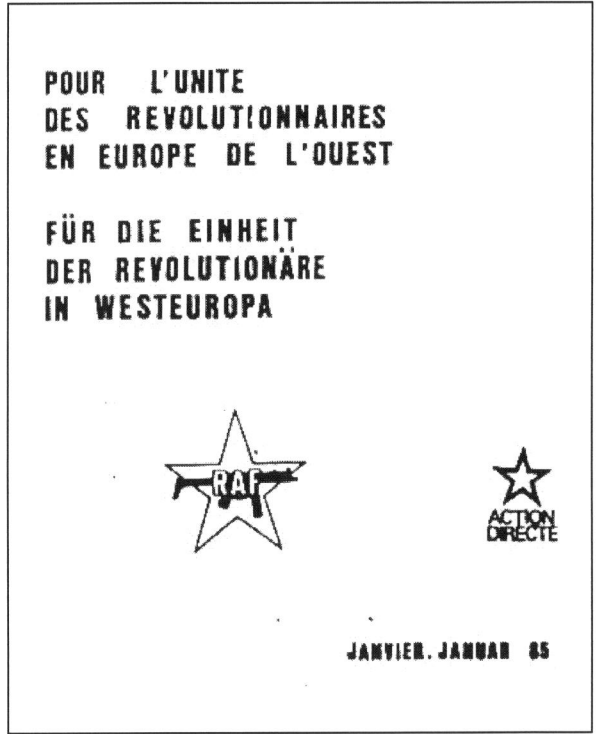

»Wir sagen
Es ist jetzt notwendig und möglich, eine neue Phase für die Entwicklung revolutionärer Strategie in den imperialistischen Zentren zu eröffnen und als eine Bedingung für diesen qualitativen Sprung die internationale Organisation des proletarischen Kampfes in den Metropolen, ihren politisch-militärischen Kern:
Westeuropäische Guerilla zu schaffen. ...

Gegen alle ideologischen Debatten und abstrakten Programme ‚über den Internationalismus' sagen wir:

Die Strategie der Westeuropäischen Guerilla ist – aus ihrer Bestimmung: Abschnitt und Funktion des internationalen Klassenkrieges und ihrer Praxis: Politische Einheit der Kommunisten in Westeuropa, Organisierung des Angriffs gegen die Totalität des imperialistischen Systems – die materielle Umsetzung des proletarischen Internationalismus, den die Situation heute verlangt. ...

Die westeuropäische Guerilla erschüttert das imperialistische Zentrum!

Action Directe

Rote Armee Fraktion«.

4. Der Mord an Ernst Zimmermann

Ab Anfang des Jahres 1985 plant die RAF einen Mordanschlag auf *Dr. Ernst Zimmermann*. Der 56-jährige Zimmermann ist Präsident des Bundesverbands der deutschen Luft-, Raumfahrt- und Ausrüstungsindustrie (BDLI) sowie Vorsitzender der Motoren- und Turbinenunion GmbH (MTU).

Am frühen Morgen des *1. Februar 1985* begibt sich ein RAF-Paar zum Wohnanwesen der Familie Zimmermann im bayerischen Gauting am Starnberger See. Das weibliche RAF-Mitglied klingelt an der Gartentür und gibt vor, ein Kuvert abgeben zu wollen; dazu benötige sie eine Unterschrift von Herrn Zimmermann. Daraufhin öffnet Frau Zimmermann die Haustür und lässt die junge Frau in die Wohnung. Diese Situation nützt der RAF-Mann dazu, unbemerkt in die Wohnung einzudringen. Er hat eine Maschinenpistole bei sich, mit der er die Eheleute Zimmermann bedroht. Dann fesseln die beiden RAF-Angehörigen ihre Opfer mit Schnüren; außerdem kleben sie Frau Zimmermann mit einem mitgebrachten Klebeband den Mund zu. Während Frau Zimmermann in der Diele bleiben muss, führen die Täter Herrn Zimmermann in das Schlafzimmer, wo er sich auf einen Stuhl setzen muss. Dort schießen sie ihm mit einem Schuss in den Hinterkopf. Dann flüchten die beiden Attentäter unerkannt vom Tatort. Das von der RAF-Angehörigen mitgebrachte Kuvert lassen sie in der Wohnung zurück; auf seiner Rückseite ist handschriftlich folgendes notiert: »P. O'Hara«.[153] Frau Zimmermann kann sich nach einiger Zeit selbst befreien und die Polizei sowie den Notarzt alarmieren. Ihrem Ehemann kann aber nicht mehr geholfen werden. Ernst Zimmermann verstirbt noch am selben Tag an den Folgen der Schussverletzung.

---

153 Bei Patrick O'Hara handelt es sich um einen nordirischen Terroristen, der am 22.5.1981 nach einem Hungerstreik in einem Gefängnis in Belfast gestorben ist.

Am 1. Februar 1985, gegen 11.15 Uhr, meldet sich ein RAF-Mitglied telefonisch beim »Gautinger Generalanzeiger« und gibt folgende Erklärung durch:

> »Hier ist die RAF. Wir haben eine wichtige Mitteilung. Das Kommando Patsy O'Hara übernimmt die Verantwortung für den Anschlag auf den BDLI-Präsidenten und Chef von MTU Ernst Zimmermann. Die westeuropäische Guerilla erschüttert das imperialistische System.«

Am 3. Februar 1985 ruft eine RAF-Angehörige bei den »Stuttgarter Nachrichten« an, meldet sich mit »Hier spricht die Rote Armee Fraktion« und teilt mit, dass man am Charlottenplatz in Stuttgart einen Brief deponiert habe. Tatsächlich findet die Polizei dort einen Briefumschlag mit zwei schriftlichen Erklärungen der RAF. Das eine Schreiben enthält einen Aufruf der Illegalen an die inhaftierten RAF-Mitglieder, ihren Hungerstreik zu beenden; hierauf beenden die RAF-Gefangenen am 5. Februar 1985 ihre seit 4. Dezember 1984 laufende Nahrungsverweigerung. Das zweite Schreiben ist die schriftliche Tatbekennung zum Zimmermann-Attentat; darin heißt es u.a.:

> »wir haben mit dem KOMMANDO PATSY O'HARA den präsidenten des bdli ... und mtu-chef ernst zimmermann erschossen. ...
>
> die us-militärstrategie als äußerstes mittel der politik der imperialistischen staatenkette ist ausdruck der umfassenden ideologisch-ökonomisch-militärischen krise des systems und dem versuch der strategischen rekonstruktion des kapitals. ...
>
> für das in der brd operierende kapital bedeutet das – aus der tatsache der völligen dominanz des us-kapitals und dem eigenen interesse, die ökonomische potenz der brd zu sichern – seine planung jetzt in dieser strategie auszurichten und den sprung an die spitze des weltmarktes durch den militärisch-industriellen komplex zu organisieren. ...
>
> im angriff gegen die säulen der imperialistischen macht in der brd/westeuropa greifen wir in die sich verschärfende krise ein und bestimmen ihren verlauf und ihre lösung für die offensive des befreiungskrieges.
>
> das terrain auf dem sich das europäische proletariat rekonstruieren wird, zur klasse die die vollständige umwälzung der produktionsverhältnisse erkämpft, ist der kampf für die einheit der revolutionären front, die organisierung des klassenkrieges in westeuropa.
> DIE WESTEUROPÄISCHE GUERILLA ERSCHÜTTERT DAS IMPERIALISTISCHE ZENTRUM.«

5. *Der Esbella-Raubüberfall in Kirchentellinsfurt*

Anfang Juni 1985 plant die RAF im Großraum Tübingen einen Überfall auf einen Geldboten, um sich die für das Leben im Untergrund und für die Anschläge erforderlichen finanziellen Mittel zu beschaffen. Tatort soll das Gelände des Esbella-Marktes in Kirchentellinsfurt sein. Dort soll der Bote ausgeraubt werden, der die Tageseinnahmen des Supermarktes abholt.

Am *3. Juni 1985* schießen zwei männliche Mitglieder der RAF den Geldboten nieder und verletzen ihn dabei schwer. Dann rauben sie den Geldkoffer mit den Tageseinnahmen in Höhe von 157.700 DM. Anschließend flüchten die beiden RAF-Männer.

6. *Der Sprengstoffanschlag auf die Rhein-Main-Airbase*

Schrecklicher Höhepunkt der Kooperation zwischen RAF und AD ist der von ihnen gemeinsam verübte Sprengstoffanschlag auf die US-Airbase in Frankfurt am Main. Ein solches Attentat war bereits vor der Verhaftung von Manuela Happe am 22. Juni 1984 Diskussionsgegenstand. So schreibt Eva Haule später in einem Kassiber an Happe:

> »erinnerst du dich nicht mehr an unsere disk. damals, als benno (d.h. Staub) mit den hexen an air base geredet hat und to. (d.h. Pohl) / ol. (d.h. Jakobsmeier) gesagt haben, das ist ganz klar, da kannst du nur reinfahren und die karre irgendwo abstellen.«

Im Sommer 1985 kommen Mitglieder von AD und RAF überein, diesen Anschlag zu verüben, um möglichst viele Amerikaner zu töten. Damit soll einerseits der US-Imperialismus angegriffen, andererseits aber auch der Aufbau der »antiimperialistischen Front in Europa« gefördert werden.

Am 2. Juni 1985 nutzen die Täter den jährlich auf dem Gelände der Rhein-Main-Base stattfindenden Flugtag, um sich ein Bild von den dortigen Örtlichkeiten zu verschaffen und Fluchtmöglichkeiten zu erkunden. Als konkretes Anschlagsziel wählen sie bei dieser Gelegenheit das Hauptquartier der 435th Tactical Airlift Wing aus. Vor dem Gebäude wollen sie – wie bei der NATO-Schule in Oberammergau – eine Autobombe zur Explosion bringen.

Die Sprengvorrichtung, die sie für den Anschlag zusammenbauen, besteht aus mehreren Gasflaschen und Metallkisten, in die sie insgesamt ca. 126 kg Sprengstoff einfüllen. Weitere Gegenstände – etwa gefüllte Gasflaschen und 25 kg Eisenbahnmuttern – sollen als Schrapnelle die tödliche Splitterwirkung der Explosion erhöhen. Da die Attentäter nicht wissen, weshalb der RAF-Mann, der das Bombenauto am 16. Dezember 1984 in das NATO-Gelände in Oberammergau gefahren hatte, aufgefallen war, ändern sie ihre Vorgehensweise bei dem geplanten Anschlag auf die Airbase wie folgt:

- Das Tatfahrzeug (einen VW-Passat), mit dem sie in die Airbase fahren wollen, besorgen sie nicht durch Diebstahl, sondern kaufen es auf einem privaten Automarkt in Gravenbruch bei Offenbach/Main.
- Auch die amerikanischen Autokennzeichen, die ihnen einen unkontrollierten Zugang in die Airbase ermöglichen sollen, stehlen die Attentäter nicht,

sondern stellen selbst solche Kennzeichen her, die sie kurz vor der Tat an dem Bombenauto anbringen.
– Die zum Betreten der Airbase erforderliche Ausweiskarte – die sogenannte ID-Card – wollen sie auf eine Art und Weise besorgen, bei der eine vorzeitige Verlustmeldung auf ein Minimum reduziert ist. Aus diesem Grund entscheiden sich die Täter dazu, unmittelbar vor der Tat einen bei der US-Armee in Frankfurt/Main stationierten Soldaten zu töten, um mit dessen ID-Card in die Airbase zu gelangen:

a) Der Mord an Edward Pimental

Opfer dieses Mordes, der allein der Beschaffung einer solchen ID-Card dient, wird der 20 Jahre alte US-Soldat *Edward Francis Pimental*.

Am Abend des *7. August 1985* hält sich Pimental zusammen mit weiteren US-Soldaten in der Diskothek »Western Saloon« in der Innenstadt Wiesbadens auf. Gegen 22 Uhr betritt die RAF-Angehörige Birgit Hogefeld[154] den »Western Saloon«. Sie macht den Eindruck, als suche sie einen Mann, mit dem sie »etwas anfangen« wolle. Tatsächlich ist sie auf der Suche nach jemandem, der dem Täter, der das Bombenauto in die Airbase fahren soll, ähnlich sieht. Pimental entspricht offensichtlich ihren Vorstellungen. Gegen 23 Uhr wird Pimental im Gespräch mit dieser jungen Frau beobachtet. Etwa eine halbe Stunde später verlassen beide gemeinsam die Diskothek. Danach wird Pimental nicht mehr lebend gesehen.

Am Morgen des 8. August, gegen 7 Uhr, bemerken Passanten im Felixwald am Stadtrand Wiesbadens einen Mann, der bäuchlings und mit dem Gesicht nach unten auf einem Waldweg liegt und am Hinterkopf eine Wunde aufweist. Der sofort alarmierte Notarzt kann nur noch den Tod des Mannes feststellen, der erst nach einigen Stunden als Edward Pimental identifiziert wird. Die gerichtsmedizinischen Untersuchungen ergeben, dass Pimental niedergeschlagen und dann am Boden liegend mit einem aufgesetzten Schuss in den Kopf ermordet worden ist. Sein Tod ist am 8. August zwischen 0 Uhr und 3 Uhr eingetreten.

Um eine schnelle Identifizierung des Toten und damit eine eventuelle Alarmierung der Wachen an der Airbase zu verhindern, haben die Täter ihrem Opfer neben der erstrebten *ID-Card* alle übrigen Ausweispapiere abgenommen.

---

154 Birgit Hogefeld wird u.a. wegen dieser Tatbeteiligung durch Urteil des OLG Frankfurt/Main vom 29.6.1998 zu lebenslanger Freiheitsstrafe verurteilt.

b) Das Attentat

Am Morgen des *8. August 1985* – etwa zur selben Zeit, zu der Pimentals Leiche entdeckt wird – fährt ein männliches Kommandomitglied das Tatfahrzeug, den mit falschen US-Kennzeichen versehenen und mit der Sprengladung gefüllten VW-Passat, auf das Gelände der US-Airbase. Bei der Einlasskontrolle benutzt er die ID-Card des wenige Stunden zuvor ermordeten Edward Pimental. Gegen 7.10 Uhr stellt dieser Mann das Sprengstoffauto auf einem Parkplatz in der Nähe des Headquarters ab und setzt den Wecker in Gang, der die Zündung auslösen soll. Dann flüchtet er unerkannt vom Tatort. Um 7.19 Uhr, als zahlreiche Mitarbeiter der Airbase auf dem Weg zu ihren Arbeitsplätzen sind, zündet die Sprengladung. Durch die Detonation werden das Tatfahrzeug und die einzelnen Teile der Sprengladung völlig zerlegt. Teile der Sprengstoffbehälter fliegen bis zu 350 m, die Eisenbahnmuttern noch weiter.

 Von diesen geschossartig herumfliegenden Bombenteilen wird der 20-jährige US-Soldat *Frank Scarton*, der sich zum Tatzeitpunkt etwa 10 bis 15 m vom Explosionsort entfernt befindet, getroffen. Er erleidet durch Metallsplitter zahlreiche schwere Verletzungen und verstirbt noch am Tatort.

Auch die 25 Jahre alte amerikanische Zivilangestellte *Becky Bristol* hält sich in unmittelbarer Nähe der Autobombe auf, als es zur Explosion kommt. Sie erleidet ebenfalls verschiedene Verletzungen. Ein Metallsplitter trifft sie an der linken Kopfseite und verursacht einen offenen Schädelbruch, an dessen Folgen Becky Bristol auf dem Transport ins Krankenhaus stirbt. Weitere 23 Personen werden durch Splitter der Bombe zum Teil schwer verletzt und entgehen nur knapp dem Tod. Der durch das Attentat verursachte Sachschaden an Fahrzeugen und Gebäudeteilen wird auf ca. 1 Million DM geschätzt.

Noch am 8. August 1985 bekennen sich RAF und AD sowohl mündlich also auch schriftlich zu ihrer Verantwortung für den Anschlag auf die Airbase. In der schriftlichen Version, die mit den Symbolen von RAF und AD endet, bezeichnen sich die Attentäter als »KOMMANDO GEORGE JACKSON«.[155] Einem Durchschlag des Bekennerschreibens, das sie an mehrere Presseorgane schicken, fügen die Täter die ID-Card von Edward Pimental bei. In der Tatbekennung heißt es u.a.:

> »Wir haben heute ... die Rhein-Main Air Base angegriffen...
> Die Rhein-Main Air Base – grösster Militärfrachtflughafen der US-Streitkräfte ausserhalb der USA – ist eine Drehscheibe für Kriege in der 3. Welt von Europa aus ...
> Die Air Base ist ein Geheimdienstnest: hier stehen Computer, Flugzeuge, Hubschrauber für Einsätze der Special Forces bereit...
> Die Air Base – für deren militärstrategischen Zweck der Bau der Startbahn West unverzichtbar war – steht aber auch für den langen zähen Kampf einer Widerstandsbewegung.
> Einheit im Kampf für die Weltrevolution!«

Der gezielte Mord an Edward Pimental stößt in der linken Szene auf schärfste *Kritik*. So heißt es in zwei Kommentaren der »taz« vom 15. August 1985 u.a.:

> »Offenbar rechnen sich die Täter selber keine Chance mehr aus, diesen Mord begründen zu können. ... Die so viel gerühmte RAF Logistik (liegt) unter dem Niveau eines beliebigen Frankfurter Eierdiebes!«

---

[155] George Jackson war Mitglied der Black Panther Party und wurde am 21.8.1971 im amerikanischen Gefängnis San Quentin erschossen.

Deshalb sieht sich die RAF veranlasst, »ZUR ... ERSCHIESSUNG VON EDWARD PIMENTAL« schriftlich Stellung zu nehmen. Das zweiseitige Papier mit dem Datum 25. August 1985 enthält zum Pimental-Mord folgende Passage:

> »Wir haben Edward Pimental erschossen, den Spezialisten für Flugabwehr, Freiwilliger bei der US-Army und seit drei Monaten in der BRD, der seinen früheren Job an den Nagel gehängt hat, weil er schneller und lockerer Kohle machen wollte, weil wir seine ID-Card gebraucht haben, um auf die Air Base zu fahren. Für uns sind die US-Soldaten in der BRD nicht Täter und Opfer zugleich, wir haben nicht diesen verklärten, sozialarbeiterischen Blick auf sie. Nach Vietnam ... muss jeder GI begreifen, dass er dafür bezahlt wird, Krieg zu führen, dh. ALLE MÜSSEN BEGREIFEN DASS KRIEG IST – UND SICH ENTSCHEIDEN.«

Trotz solcher Begründungsversuche wird in Bereichen des »antiimperialistischen Widerstands« weiterhin scharfe Kritik an der Ermordung Pimentals geübt. So heißt es in einem »Offenen Brief«, der am 13. September 1985 in der »taz« veröffentlicht wird, abschließend:

> »Mit Eurem Mord an Pimental und der zynisch-faulen Erklärung dazu habt Ihr alles, was je auch für den westdeutschen Terrorismus motivierend war, verraten. Eure Gewalt ist zum ‚Teil des Problems', nicht zu seiner Lösung geworden.«

Hierauf reagiert die RAF mit einer *Selbstkritik*, die im Januar unter der Überschrift »An die, die mit uns kämpfen« veröffentlicht wird. Darin heißt es u.a.:

> »wir sagen heute, dass die erschießung des gi in der konkreten situation im sommer ein fehler war.«

Zu weiteren Anschlägen der RAF kommt es (deshalb) vorerst nicht.

IV. Die »Offensive 86«

1986 erreichen die Aktionen der RAF einen neuen Höhepunkt. Mitte des Jahres beginnt eine Serie von Anschlägen, die von der Gruppe als »Offensive 86 von RAF und Widerstand in einer Front« bezeichnet wird. Militante Gruppen sollen sich an dieser neuen »Offensive« mit Sprengstoffanschlägen beteiligen, die sich »gegen Sachwerte« richten; Anschläge gegen Personen sollen – wie schon in der »Offensive 84/85« – dem aus dem Untergrund heraus operierenden Kern der RAF vorbehalten bleiben. Das Startsignal für die neue Anschlagsserie des Jahres 1986 soll ein Attentat dieser Illegalen der RAF sein.

1. Der Mord an Karl-Heinz Beckurts und Eckhard Groppler

Ziel dieses ersten Anschlags der RAF während der neuen Offensive ist *Prof. Dr. Karl-Heinz Beckurts*, der Vorstandsmitglied der Siemens AG und Leiter des Zentralbereichs »Forschung und Technik« ist. Die RAF-Mitglieder entschließen sich dazu, ihr Opfer mit einem Sprengstoffanschlag zu ermorden. Zu diesem Zweck richten sie eine aus mehreren Gasflaschen bestehende Bombe her, die sie mit ca. 50 kg Sprengstoff füllen. Diesen Sprengsatz deponieren sie ca. 50 m außerhalb der bayerischen Ortschaft Straßlach an der Staatsstraße, die Richtung Grünwald/München führt. Der von der RAF ausgewählte Tatort liegt an der Strecke, die Karl-Heinz Beckurts regelmäßig auf seinem Weg zur Arbeit nimmt. Aus Sicherheitsgründen wird Beckurts auf dieser Fahrt von einem firmeneigenen Personenschutz begleitet.

Am Morgen des *9. Juli 1986* ist es soweit: Gegen 7.20 Uhr verlässt Karl-Heinz Beckurts sein Haus und wird von seinem Fahrer, Eckhard Groppler, Richtung München gefahren. Als das Fahrzeug aus Straßlach herausfährt, zünden die Attentäter ihre Bombe in dem Augenblick, als Beckurts' Auto den Tatort erreicht.

Durch die Explosion werden die Insassen dieses Fahrzeugs schwer getroffen. Der 56-jährige *Karl-Heinz Beckurts* und sein 42 Jahre alter Fahrer *Eckhard Groppler* sind auf der Stelle tot.

      Beckurts   Groppler

Das Begleitfahrzeug wird nur leicht beschädigt; die firmeneigenen Begleitschützer bleiben unverletzt.

Neben der Zündvorrichtung, mit der die Bombe zur Explosion gebracht wurde, finden die Ermittlungsbehörden ein siebenseitiges Schreiben, in welchem sich die RAF mit einem »Kommando Mara Cagol«[156] zu dem Sprengstoffanschlag bekennt. Textgleiche Schreiben verschickt die RAF in den nächsten Tagen an mehrere Tageszeitungen. In der Tatbekennung heißt es auszugsweise:

> »DIE AKTUELLEN STRATEGISCHEN PROJEKTE DER POLITISCHEN, ÖKONOMISCHEN UND MILITÄRISCHEN FORMIERUNG DES IMPERIALISTISCHEN SYSTEMS IN WESTEUROPA ANGREIFEN!
>
> heute haben wir mit dem kommando mara cagol den vorstand für forschung und technik bei siemens und vorsitzenden des ‚arbeitskreises kernenergie' im bdi, karl-heinz beckurts, angegriffen. beckurts repräsentiert präzise den kurs des internationalen kapitals in der aktuellen phase der politischen, ökonomischen und militärischen strategie des imperialistischen gesamtsystems und treibt ihn voran. schon in den 70er jahren stand er an der spitze der strategischen ausrichtung des kapitals:
>
> er war chef des kernforschungszentrums jülich ...
>
> beckurts ist bei siemens eine zentrale figur ...
>
> DAS ZIEL DER BOURGEOISIE IN WESTEUROPA IST DIE STRUKTURIERUNG, BEHERRSCHUNG UND AUSRICHTUNG ALLER VERGESELLSCHAFTUNGSPROZESSE UND GESELLSCHAFTLICHEN BEREICHE FÜR DIE INTERESSEN DES PROFITS UND DES IMPERIALISTISCHEN KRIEGS. ...
>
> die revolutionäre front in westeuropa organisieren!
>
> kommando mara cagol.«

Wegen des dringenden Verdachts einer Beteiligung an dem Sprengstoffanschlag auf Karl-Heinz Beckurts erlässt der Ermittlungsrichter des Bundesgerichtshofs am 18. Juli 1986 einen Haftbefehl gegen das RAF-Mitglied Horst Ludwig Meyer.

---

156 Mara Curcio, geb. Cagol, war die Ehefrau von Renato Curcio, einem der führenden Mitglieder der italienischen Terrororganisation »Brigate Rosse«; sie wurde am 5.6.1975 bei einem Schusswechsel mit der Polizei getötet.

2. »Kämpfende Einheiten« und die Festnahmen am 2.8.1986

Die militanten Gruppen, die sich an dieser Offensive des Jahres 1986 mit »Anschlägen gegen Sachen« beteiligen wollen, bezeichnen sich – wie bereits während der »Offensive 84/85« – als »Kämpfende Einheiten«. Ihre Mitglieder stammen aus dem Unterstützerbereich der RAF und empfinden sich als scheinlegale »Zweite Ebene der RAF«.

Zwischen den »Kämpfenden Einheiten« und den Illegalen der RAF besteht ein ständiger Kontakt, der für die Durchführung und Koordinierung der einzelnen Aktionen unabdingbar ist. Zwar bleibt es bei einer gewissen Abschottung der im Untergrund lebenden RAF-Mitglieder, die zumindest ihre konspirativen Wohnungen geheim halten. Der für den Austausch von Informationen erforderliche Dialog findet aber – wie schon in den 70-er Jahren – bei regelmäßigen Treffen (sogenannten Treffs) zwischen einzelnen Repräsentanten der »legalen Militanten« und der »Illegalen der RAF« statt.

Nach dem Mord an Karl-Heinz Beckurts verüben »Kämpfende Einheiten« in Absprache mit den im Untergrund lebenden RAF-Mitgliedern zwei schwere Sprengstoffanschläge:

– Am frühen Morgen des 24. Juli 1986 bringt eine »Kämpfende Einheit Sheban Atlouf«[157] in Aachen eine Sprengstoffladung zur Explosion, die das Gebäude des Fraunhofer Instituts schwer beschädigt und dabei einen Schaden von mehreren Millionen DM verursacht. In einer Tatbekennung fordern die Täter die »ZUSAMMENLEGUNG DER GEFANGENEN«.

– In der Nacht zum 25. Juli 1986 verübt eine »Kämpfende Einheit Maria Luisa Aronez«[158] einen ähnlichen Sprengstoffanschlag auf die Firma Dornier in Friedrichhafen-Immenstaad am Bodensee. Dabei wird ein wirtschaftlicher Gesamtschaden in Höhe von mehr als 1,3 Millionen DM verursacht. In einem Bekennerschreiben bezeichnen die Täter die »durchsetzung der zusammenlegung der gefangenen revolutionäre (als) ein ziel in der organisierung der front«. Verantwortlich für diesen Anschlag ist eine »Kämpfende Einheit«, welcher Christian Kluth, Luitgard Hornstein und weitere »Militante« aus Düsseldorf angehören.

Am Nachmittag des *2. August 1986* treffen sich Christian Kluth und Luitgard Hornstein mit dem RAF-Mitglied Eva Haule in einem Eiscafé, das im Zentrum von Rüsselsheim liegt. Haule ist – wie für die Illegalen üblich – bewaffnet; Kluth und Hornstein tragen keine Waffen. Der »Treff« war vereinbart worden,

---

157 Sheban Atlouf ist eine peruanische Terroristin, die im Februar 1986 bei einer Polizeikontrolle im Gaza-Streifen erschossen wurde.
158 Die peruanische Terroristin Maria Luisa Aronez wurde am 20.6.1986 in Lima/Peru beim Versuch, einen Granatwerferanschlag zu verüben, getötet.

um einen weiteren Sprengstoffanschlag zu besprechen, der von der Düsseldorfer »Kämpfenden Einheit« um Kluth und Hornstein in naher Zukunft verübt werden soll. Ziel dieses Anschlags soll das Ministerium für wirtschaftliche Zusammenarbeit in Bonn sein. Anhand von Plänen erörtern Haule, Kluth und Hornstein Einzelheiten dieses geplanten Sprengstoffanschlags, für den bereits der Name des Täterkommandos festgelegt ist: die Tat soll von einer »Kämpfenden Einheit Ernesto Flores«[159] verübt werden.

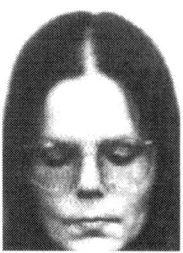

Als die drei dabei sind, Einzelheiten dieses Anschlags zu erörtern, ruft der Inhaber des Eiscafés die Polizei an und teilt mit, er habe aufgrund der Fernsehfahndung nach der Ermordung von Karl-Heinz Beckurts einen weiblichen Gast als die Terroristin Haule wiedererkannt. Der anschließende Zugriff durch die Polizei vollzieht sich derart überraschend, dass *Eva Haule* ihre Pistole SIG Sauer nicht mehr ziehen kann.

Sie sowie Kluth und Hornstein leisten bei ihrer Festnahme keine Gegenwehr.[160]

Trotz dieser Festnahmeaktion kommt es auch in der folgenden Zeit zu Anschlägen durch »Militante Einheiten«:

- In der Nacht zum *11. August 1986* verübt eine »Kämpfende Einheit Crespo Cepa Gallende«[161] einen Sprengstoffanschlag auf Anlagen des Bundesgrenzschutzes bei Bonn.
- In der Nacht zum *8. September 1986* explodiert eine Autobombe in der Nähe des Bundesamts für Verfassungsschutz in Köln. Eine »Kämpfende Einheit Christos Tsoutsouvis«[162] bekennt sich anschließend zu der Tat.
- Schließlich begeht eine »Kämpfende Einheit Anna Maria Ludmann«[163] in der Nacht zum 15. September 1986 einen Sprengstoffanschlag auf einen Bürokomplex in München.

---

159 Bei Ernesto Flores handelt es sich um einen salvadorianischen Guerillaführer, der im Frühjahr 1986 getötet wurde.
160 Durch Urteile des OLG Stuttgart werden verurteilt: am 28.6.1988 Eva Haule u.a. wegen Beteiligung an dem Sprengstoffanschlag auf die NATO-Schule in Oberammergau zu 15 Jahren Freiheitsstrafe sowie Christian Kluth zu einer Freiheitsstrafe von 10 Jahren; am 15.1.1991 Luitgard Hornstein zu einer Freiheitsstrafe von 9 Jahren. Durch Urteil des OLG Frankfurt/ Main vom 28.4.1994 wird Haule wegen Beteiligung am Pimental-Mord und am Airbase-Anschlag zu einer lebenslangen Freiheitsstrafe verurteilt.
161 Bei Gallende handelt es sich um einen getöteten spanischen Terroraktivisten.
162 Tsoutsouvis war ein griechischer Terroraktivist; er starb 1985 bei einem Schusswechsel, nachdem er drei Polizisten getötet hatte.
163 Bei Anna Maria Ludmann handelt es sich um eine Angehörige der italienischen Terrororganisation Brigate Rosse, die ebenfalls zu Tode gekommen ist.

„Nach ihrer Verhaftung am 2. August 1986 verfasst Eva Haule handschriftlich und mit ihrer Schreibmaschine mehrere Papiere, die auf unklarem Weg zu der ebenfalls inhaftierten Manuela Happe gelangen und dort am 29. März 1990 in der Justizvollzugsanstalt Aichach bei einer Zellenkontrolle gefunden werden. Der Inhalt der Schriftstücke[164] lässt nach meiner Auffassung darauf schließen, dass Haule zu den RAF-Mitgliedern gehörte, die den Sprengstoffanschlag auf die Rhein-Main-Airbase am 8. August 1985 einschließlich der Ermordung von Edward Pimental beschlossen, vorbereitet und durchgeführt haben. Als der für den Airbase-Anschlag zuständige Sachbearbeiter der Bundesanwaltschaft verfasse ich deshalb die Anklageschrift gegen Eva Haule wegen des gesamten Tatkomplexes vom 8. August 1985."[165]

3. Der Mord an Gerold von Braunmühl

Das nächste Opfer der RAF ist *Dr. Gerold von Braunmühl*, der als Ministerialdirektor im Auswärtigen Amt unter anderem für die Zusammenarbeit in Europa und in der NATO zuständig ist.

Am späten Abend des *10. Oktober 1986* fährt der 51 Jahre alte von Braunmühl mit dem Taxi von seinem Arbeitsplatz nach Bonn-Ippendorf, wo er in der Buchholzstraße wohnhaft ist. Als er gegen 21.30 Uhr vor seiner Wohnung aussteigt, warten dort bereits zwei Attentäter der RAF auf ihn; beide sind schwer bewaffnet:

– der eine, der mit einer Wollmütze vermummt ist, hat eine Pistole Ceska bei sich, die aus dem Raubüberfall vom 5. November 1984 auf das Waffengeschäft Walla stammt;
– der andere ist im Besitz jener Pistole Smith & Wesson, mit der Hanns-Martin Schleyer am 18./19. Oktober 1977 hingerichtet worden ist.

Als Gerold von Braunmühl das Taxi verlassen hat und in Richtung seiner Wohnung geht, kommt der vermummte RAF-Mann auf ihn zu und schießt mit seiner Pistole Ceska drei Mal auf ihn. Von Braunmühl erleidet im Bauch- und Herzbereich drei Körperdurchschüsse. Gleichwohl gelingt es ihm, sich noch 20 m weiter zu schleppen, wo er hinter einem geparkten Fahrzeug Schutz suchend zu Boden geht. In diesem Moment, als von Braunmühl mit seinem Kopf auf seiner Aktentasche liegt, kommt der zweite RAF-Täter hinzu und schießt ihm aus nächster Nähe mit der Pistole Smith & Wesson in den Kopf. Dann entreißen die Täter ihrem Opfer die Aktentasche und flüchten. Gerold von Braunmühl verstirbt alsbald.

164 Vgl. S. 251.
165 Aufgrund der anschließenden Hauptverhandlung vor dem OLG Frankfurt/Main - an der ich als Anklagevertreter beteiligt bin - wird Eva Haule durch Urteil vom 28.4.1994 (unter Einbeziehung ihrer Verurteilung wegen des versuchten Anschlags in Oberammergau) wegen Mordes u.a. zu lebenslanger Freiheitsstrafe verurteilt.

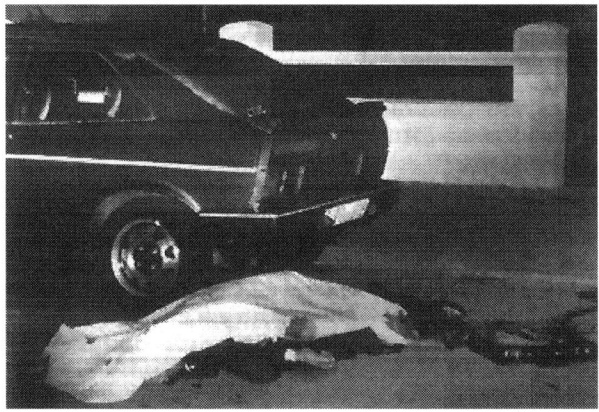

Die Attentäter hinterlassen am Tatort ein siebenseitiges Bekennerschreiben eines »Kommando Ingrid Schubert«. Darin heißt es u.a.:

> »DIE REVOLUTIONÄRE FRONT IN WESTEUROPA ALS ABSCHNITT IM INTERNATIONALEN BEFREIUNGS-KRIEG ORGANISIEREN! DIE OFFENSIVE AUFGREIFEN UND WEITERENTWICKELN! ...
> DIE IMPERIALISTISCHE STAATENKETTE WIRD IN IHREM VERSUCH, DEN REVOLUTIONÄREN PROZESS ZU BLOCKIEREN UND IHRE HEGEMONIE AUF NEUER STUFE GEWALTSAM WIEDERHERZUSTELLEN, NICHT DURCHKOMMEN.
> heute haben wir mit dem kommando ingrid schubert den geheimdiplomaten braunmühl, politischer direktor im aussenministerium und eine der zentralen figuren in der formierung westeuropäischer politik im imperialistischen gesamtsystem, erschossen. unser angriff zielt auf den aggressiven brd-staatsapparat in seiner funktion als kernstaat der politischen formierung westeuropas in der imperialistischen kriegsstrategie. ...
> DIE REVOLUTIONÄRE FRONT IN WESTEUROPA ALS ABSCHNITT IM INTERNATIONALEN BEFREIUNGS-KRIEG ORGANISIEREN! DIE OFFENSIVE AUFGREIFEN UND WEITERENTWICKELN!«

Auf ihrer Flucht benutzen die beiden Attentäter einen dunkelroten Opel-Kadett, den sie Ende September 1986 gestohlen und als Doublette hergerichtet haben. Das Fahrzeug wird am 14. Oktober 1986 entdeckt; auf der Rückbank liegt von Braunmühls Aktentasche – sie ist leergeräumt und weist einen Durchschuss auf.

Aufsehen erregt ein öffentliches Schreiben der fünf Brüder des Ermordeten *„An die Mörder unseres Bruders"*. Darin heißt es u.a.:

> »Ihr setzt die mörderische Tradition derer fort, die sich für Auserwählte der Wahrheit halten, in deren Namen sie die schlimmsten Verbrechen begehen. Ihr seid auf dem schlechtesten Weg. Gegen Unrecht und Gewalt, die von Staaten und Regierungen ausgehen, werdet Ihr mit Eurem Terror am wenigsten ausrichten. Einer menschenwürdigen Welt werdet Ihr uns mit Euren Morden kein Stück näher bringen. Hört auf. Kommt

zurück. Habt den Mut, Euer geistiges Mordwerkzeug zu überprüfen. Es hält der Prüfung nicht stand. Treffend sind nicht Eure Argumente, treffend sind nur Eure Kugeln. Ihr habt das Abscheulichste und Schlimmste getan.«

4. Der Mord an George Besse und das Ende der AD

Am *17. November 1986* wird der Generaldirektor der staatlichen Automobilfirma Renault, George Besse, vor seiner Wohnung in Paris von zwei Frauen der AD erschossen. Am darauffolgenden Tag wird in Tatortnähe ein Schreiben gefunden, in welchem sich die »Action Directe – Commando Pierre Overney« mittelbar zu dem Mord an Georg Besse bekennt.

Mit diesem Attentat endet die »Offensive 86«. Bis 1988 werden weder von »Kämpfenden Einheiten« noch von der RAF Anschläge verübt. Das etwa zweijährige Zusammenwirken von RAF und AD findet am 21. Februar 1987 sein Ende, als die vier Anführer der französischen Terrororganisation – Jean Marc Rouillan, Nathalie Menigon, Georges Cipriani und Joelle Aubron – in der Nähe von Orléans auf einem Bauernhof bei Vitry-Aux-Loges festgenommen werden. Dort werden zahlreiche Materialien der RAF gefunden, darunter drei Waffen aus dem Raubüberfall auf das Waffengeschäft Walla am 5. November 1984.

In dieser Zeit wird nach folgenden RAF-Verdächtigen gefahndet:

V. Die Anschläge zwischen 1988 und 1991

Erst im Laufe des Jahres 1988 werden RAF-Angehörige wieder aktiv:

1. *Der Anschlagsversuch in Rota/Spanien*

Entsprechend der weiterhin gültigen Zielsetzung der RAF, den »US-Imperialismus« anzugreifen und an empfindlichen Stellen zu treffen sowie die NATO zu bekämpfen, sind Gruppenangehörige bereit, im Auftrag der Palästinenser einen Sprengstoffanschlag auf den NATO-Stützpunkt im spanischen Rota zu verüben. Zu den Tätern, die dieses Attentat begehen sollen, zählen Horst Ludwig Meyer und Andrea Klump sowie mindestens ein weiterer Mann. Ihr Ziel ist es, möglichst viele der in Rota stationierten US-Soldaten und sonstigen Militärangehörigen zu töten.

Spätestens Anfang Juni 1988 halten sich Klump, Meyer und der zweite Mann in Rota und Umgebung auf, um den Anschlag vorzubereiten. Ziel ihrer Aktion soll das Hotel »Playa de la Luz« in Rota sein, wo sich – vor allem in der im Erdgeschoss untergebrachten Diskothek »April« – in der Regel viele Gäste aus dem nahegelegenen NATO-Stützpunkt aufhalten. Die Täter wollen die Gäste des Hotels und der Diskothek wie folgt in eine Sprengfalle locken: zunächst soll vor dem Hotel ein Moped abgestellt werden, das mit einer Sprengvorrichtung versehen ist; dann soll eine zweite Bombe im Bereich des Hotels abgelegt werden; anschließend sollen die Gäste durch eine anonyme Bombendrohung dazu veranlasst werden, das Hotel zu verlassen; auf diese Weise wollen die Täter die Gäste in die Nähe des präparierten Mopeds locken und dann die Bombe zünden.

 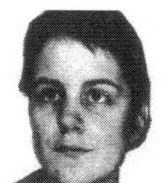

Horst Ludwig MEYER **Andrea Martina KLUMP**

Um den 10. Juni 1988 treffen sie die letzten Tatvorbereitungen. So kauft Andrea Klump verschiedene Werkzeuge sowie zwei Packungen mit Nägeln, die bei der Explosion des Mopeds eine Schrapnellwirkung herbeiführen und so möglichst viele Menschen schwer oder tödlich verletzen sollen. In der Nacht zum 11. Juni 1988 testen sie den Tatablauf, indem sie im Hotel »Playa de la Luz«

anonym vor einer Bombenexplosion warnen. Hierauf wird das Hotel geräumt, wobei die Täter registrieren, dass sich die Hotelbesucher auf dem gegenüberliegenden Platz versammeln. Dort wollen sie die Moped-Bombe abstellen.

Am Morgen des *17. Juni 1988* stehlen die Täter ein Moped, das sie bei dem Attentat benützen wollen. Gegen 18.45 desselben Tages bringen sie an dem Moped zwei Sprengvorrichtungen an – zum einen mit 7,5 kg und zum anderen mit 3 kg Sprengstoff. Als Zündverzögerer benutzen sie einen Wecker, den sie auf 0.30 Uhr einstellen. Eine weitere Sprengvorrichtung mit 3 kg Sprengstoff wickeln sie in Geschenkpapier und verbergen sie in einem Rucksack; an dieser Bombe sind Plastiktüten mit 5 kg Stahlnägeln angebracht, die auch in diesem Fall eine Schrapnellwirkung auslösen sollen. Als die Attentäter gegen 20 Uhr den Sprengsatz an dem gestohlenen Moped festmachen wollen, kommt es versehentlich zur vorzeitigen Explosion einer Zündvorrichtung. Da die Täter zurecht davon ausgehen, dass die Explosion aufgefallen ist, geben sie ihren Anschlagsplan auf und flüchten zu Fuß.

Etwa 45 Minuten nach der versehentlichen Zündung werden die drei Täter ca. 800 m vom Explosionsort entfernt von zwei spanischen Polizeibeamten angehalten und aufgefordert, sich auszuweisen und ihr Gepäck durchsuchen zu lassen. Als einer der Beamten damit beginnt, einen Rucksack zu überprüfen, befürchten die Attentäter, dass die Polizei die dort versteckte Paketbombe entdecken würde. Absprachegemäß zieht deshalb Horst Ludwig Meyer seine Pistole und fängt an, auf die beiden Spanier zu schießen. Diesen gelingt es jedoch, unverletzt in Deckung zu gehen und zurückzuschießen. Klump, Meyer und der weitere Mann stellen deshalb das Feuer ein und fliehen. Auf ihrer Flucht zwingen sie ein englisches Ehepaar mit Waffengewalt, sie mit ihrem Wohnmobil nach Sevilla zu fahren; dort flüchten sie zu Fuß.[166]

2. Der versuchte Mord an Hans Tietmeyer

Im Herbst 1988 plant die RAF einen Mordanschlag auf den Staatssekretär im Bundesministerium der Finanzen, *Dr. Hans Tietmeyer*. Die Tat soll auf der regelmäßigen Fahrt Tietmeyers zu seiner Arbeitsstelle in Bonn verübt werden.

---

166 Andrea Klump wird wegen ihrer Beteiligung an diesem versuchten Anschlag durch Urteil des OLG Stuttgart vom 15.5.2001 zu einer Freiheitsstrafe von 9 Jahren verurteilt.

Im Rahmen der Vorbereitung des Attentats mietet die RAF-Angehörige Birgit Hogefeld[167] am 15. September 1988 einen dunkelbraunen Ford-Fiesta an, den die RAF mit falschen Doubletten-Kennzeichen versieht. Das Auto soll bei der Anschlagsvorbereitung und bei der Flucht vom Tatort zum Einsatz kommen. In den folgenden Tagen spähen die Attentäter den Tatort aus, wobei sie sich als Vermessungstrupp tarnen. Am *20. September 1988* wollen sie den Mordanschlag verüben.

An diesem Tag verlässt Staatssekretär Tietmeyer gegen 8.30 Uhr seine Wohnung im Bonner Ortsteil Heiderhof, um Richtung Bad Godesberg zu fahren. Sein – ungepanzerter – Dienstwagen wird von seinem Fahrer gesteuert. Nach einer Fahrtstrecke von weniger als 100 m wird das Fahrzeug plötzlich beschossen. Mindestens zwei RAF-Mitglieder haben sich – in Fahrtrichtung gesehen – auf der linken Straßenseite in einem Gebüsch versteckt und schießen nun mit einer Repetierflinte auf Staatssekretär Tietmeyer und seinen Fahrer. Insgesamt geben sie vier Schüsse auf den fahrenden Dienstwagen ab – zunächst von vorne, dann von der Seite und schließlich von hinten. Das Auto wird im unteren linken Türbereich sowie am Heck getroffen. Außerdem wird der rechte vordere Reifen zerschossen. Die beiden Insassen bleiben jedoch unverletzt. Trotz des platt geschossenen Vorderreifens gelingt es dem Fahrer, durchzustarten und zum nächsten Polizeirevier zu fahren.

Als die Täter erkennen, dass sie ihr Anschlagsziel nicht mehr erreichen können, flüchten sie mit dem Ford-Fiesta. Am Tatort lassen sie die bei dem Attentat benutzte Vorderschaftrepetierflinte, die aus dem Raubüberfall auf das Waffengeschäft Walla stammt, zurück.

Bereits am 21. September 1988 gehen bei mehreren Nachrichtenagenturen textidentische Schreiben ein, in welchen sich die RAF zu dem Anschlag auf Staatssekretär Tietmeyer bekennt. In der Tatbekennung heißt es u.a.:

> »heute haben wir mit dem kommando khaled aker[168] den staatssekretär im finanzministerium, hans tietmeyer, angegriffen. ...
> tietmeyer ist stratege und einer der hauptakteure im internationalen krisenmanagement ...
> er hat zentrale funktion in der formulierung, koordinierung und durchsetzung imperialistischer wirtschaftspolitik ...
> er ist verantwortlich für völkermord und massenelend in der 3. welt ...
> er ist verantwortlich für die verschärfung von ausbeutung, verelendung und unterdrückung in westeuropa.«

---

167 Birgit Hogefeld wird durch Urteil des OLG Frankfurt/Main vom 29.6.1998 zu lebenslanger Freiheitsstrafe verurteilt.
168 Bei Khaled Aker handelt es sich um einen arabischen Terroristen, der im November 1987 in Israel von Sicherheitskräften erschossen worden ist.

Das Schreiben, dem eine gemeinsame Erklärung der RAF und der italienischen Terrororganisation »BRIGATE ROSSE« beigefügt ist, enthält abschließend folgende Passage, mit der zum Ausdruck gebracht werden, dass man in Europa eine »gemeinsame offensive« formieren wolle:

> »DIE EINHEIT DER REVOLUTIONÄRE HERSTELLEN!
> DEN KAMPF IM IMPERIALISTISCHEN ZENTRUM IN STRATEGISCHER EINHEIT MIT DEN KÄMPFEN IN DEN 3 KONTINENTEN IM SÜDEN FÜHREN!
> SOLIDARITÄT MIT DEM AUFSTAND DES PALÄSTINENSISCHEN VOLKES!«

Am 22. September geht bei Presseorganen eine weitere Erklärung der RAF zu dem Tietmeyer-Attentat ein, die wie folgt lautet:

> »wir haben das ziel des angriffs, tietmeyer zu erschießen nicht erreicht, weil die maschinenpistole, mit der zuerst der fahrer ausgeschaltet werden sollte um den wagen zum stehn zu bringen, sich verklemmt hat. in diesem moment waren zwei vom kommando schon aus ihrer deckung raus und mussten deshalb versuchen den wagen noch mit nur einer ‚pump' zu stoppen – was aber gescheitert ist.«

3. Der Mord an Alfred Herrhausen

Ca. ein Jahr später macht sich die RAF daran, einen weiteren Sprengstoffanschlag zu verüben. Er soll dem Sprecher des Vorstands der Deutschen Bank, *Dr. Alfred Herrhausen*, gelten.

Die Attentäter wollen ihr Opfer – ähnlich wie bei dem Anschlag auf Karl-Heinz Beckurts – mit einer Bombe töten. Sie haben bei ihren Ausspähungen festgestellt, dass Alfred Herrhausen regelmäßig mit dem Auto von seiner Wohnung in Bad Homburg zu seinem Arbeitsplatz bei der Deutschen Bank gebracht und dabei von zwei zusätzlichen Fahrzeugen mit Personenschutzbeamten begleitet wird. Sie haben dabei auch registriert, dass sich Herrhausens Fahrzeug in der Kolonne der drei Autos regelmäßig an zweiter Stelle befindet.

Als Tatort wählen die RAF-Mitglieder den Seedammweg in Bad Homburg aus, der sich in der Nähe der »Taunustherme« befindet und den ihr Tatopfer üblicherweise auf seiner Fahrt nach Frankfurt/Main nimmt. Ihr Plan ist es, an der Fahrtstrecke eine Bombe zu positionieren, die über ein Schaltgerät scharf gemacht und in dem Moment ausgelöst werden soll, wenn Herrhausens Fahrzeug eine Lichtschranke passiert. Zu diesem Zweck verlegen die Täter im Bürgersteig und dem angrenzenden Gebüsch einen knapp 90 m langen Elektrodraht zu einem Schaltgerät, mit dem die Bombe scharf gemacht werden soll. Außerdem bauen sie eine Lichtschranke auf, die sowohl mit dem Schaltgerät als auch mit der Sprengladung verbunden ist. Den Sprengsatz selbst deponieren sie auf dem Gepäckträger eines Fahrrads, das sie auf dem Gehweg an einen Straßenbegrenzungspfahl lehnen.

Am Morgen des *30. November 1989* verlässt Alfred Herrhausen seine Wohnung in Bad Homburg und wird von seinem Fahrer, Jakob Nix, Richtung Frankfurt/Main gefahren. Als sich ihr Fahrzeug im Seedammweg in Bad Homburg in Höhe der »Taunustherme« befindet, machen die Attentäter die Bombe über das Schaltgerät scharf, so dass die Explosion in dem Moment ausgelöst wird, als Herrhausens Fahrzeug die von den Tätern aufgebaute Lichtschranke passiert.

Durch die Detonation wird das Fahrzeug, in dem sich Herrhausen und sein Fahrer Nix befinden, schwer beschädigt. Jacob Nix erleidet Augenverletzungen sowie Metalleinsprengungen; gleichwohl sind seine Blessuren relativ leicht. Ganz anders sieht dies bei seinem 59 Jahre alten Chef, *Alfred Herrhausen*, aus. Dieser stirbt noch am Tatort.

Unter dem Schaltgerät, mit dem die Bombe aus einer Entfernung von ca. 80 m scharf gemacht worden war, findet die Polizei – in einer Klarsichthülle eingeschweißt – ein Blatt mit einem RAF-Stern und dem Schriftzug »Kommando Wolfgang Beer«.

Ab 5. Dezember 1989 gehen bei mehreren Presseagenturen und Tageszeitungen textidentische Tatbekennungen ein, in welchem sich ein »Kommando Wolfgang Beer« zu dem Anschlag auf Alfred Herrhausen bekennt. In dem zweiseitigen Schreiben, das das Datum »2.12.1989« trägt, heißt es u.a.:

»DIE REVOLUTIONÄREN PROZESSE SIND DIE ERFAHRUNGEN, DIE AUS DER AGONIE ZWISCHEN LEBEN UND TOD HERAUS, HIN ZU EINEM ENTSCHLOSSENEN KAMPF FÜR DAS LEBEN GEFÜHRT WERDEN.

am 30.11.89 haben wir mit dem ‚kommando wolfgang beer' den chef der deutschen bank, alfred herrhausen, hingerichtet; mit einer selbstgebauten hohlladungsmine haben wir seinen gepanzerten mercedes gesprengt.

Durch die geschichte der deutschen bank zieht sich die blutspur zweier weltkriege und millionenfacher ausbeutung und in dieser kontinuität regierte herrhausen an der spitze dieses machtzentrums der deutschen wirtschaft; er war der mächtigste wirtschaftsführer in europa. ...

wir alle, die gesamte revolutionäre bewegung in westeuropa stehen vor einem neuen abschnitt. die völlig veränderte internationale situation und die ganzen neuen entwicklungen hier erfordern, dass der gesamte revolutionäre prozeß neu bestimmt und auf neuer grundlage weiterentwickelt werden muß. ...

in dieser neuen phase müssen wird es schaffen, die vielfältige und unterschiedliche revolutionäre praxis in **einer** orientierung gegen das system zu verbinden. ...

nur zusammen, also als eine front gegen den imperialismus, können wir hier in westeuropa gemeinsam mit den befreiungskämpfen weltweit einen einheitlichen, internationalen und langdauernden umwälzungsprozeß durchsetzen.

ZUSAMMEN KÄMPFEN!«

4. Der versuchte Bombenanschlag von Eschborn

Am 25. Februar 1990 versucht die RAF, die Computerzentrale der Deutschen Bank in Eschborn in die Luft zu sprengen. Die Täter fahren das Bombenfahrzeug – einen VW-Golf – auf das abgesicherte Gelände der Bank, bringen den Zeitzünder in Gang und flüchten. Da der Zeitzünder versagt, scheitert ihr Anschlagsversuch. In dem Fahrzeug werden Haare gefunden, die nach einer DNA-Analyse von Daniela Klette stammen.[169]

5. Der versuchte Mord an Hans Neusel

Opfer des nächsten Attentats der RAF soll der beamtete Staatssekretär im Bundesinnenministerium, *Hans Neusel*, werden. Auch ihn wollen die Täter mit einem Sprengstoffanschlag töten und dabei nach dem Schema des Herrhausen-Attentats vorgehen.

Bei ihren Tatvorbereitungen legen die RAF-Angehörigen zunächst den Ort fest, an dem sie den Anschlag verüben wollen. Er befindet sich auf der Strecke, die Staatssekretär Neusel auf seiner Fahrt von seiner Wohnung in Bonn-Röttgen zu seiner Dienststelle in der Graurheindorfer Straße in Bonn zu nehmen pflegt. Tatort soll die Bundesautobahnabfahrt Bonn-

---

169 Vgl. Der STERN vom 5.9.2007.

Auerberg sein, die etwa 200 m vom Gebäude des Bundesinnenministeriums entfernt ist. Dort bereiten die Täter eine Explosion vor, die – wie im Fall Herrhausen – durch eine Lichtschranke ausgelöst werden soll. Diese Lichtschranke, die beim Durchfahren mit einem Fahrzeug reagieren soll, bringen sie links und rechts der Fahrbahn an. Von dort führen sie – teils im Boden vergraben – ein ca. 80 m langes Zündkabel zu der Stelle, von der aus sie die Lichtschranke aktivieren und damit die Bombe beim Passieren des nächsten Autos zünden wollen. Die Sprengvorrichtung, die u.a. aus mehreren Gasflaschen besteht, installieren die Täter an der rechten Leitplanke, um das Fahrzeug des Staatssekretärs auf der Beifahrerseite anzugreifen. Bei ihren Tatvorbereitungen haben sie nämlich festgestellt, dass Hans Neusel regelmäßig von einem Chauffeur zu seiner Dienststelle gefahren wird. Am *27. Juli 1990* wollen sie das Attentat verüben.

An diesem Tag verlässt Staatssekretär Neusel gegen 7.15 Uhr seine Wohnung, um mit seinem – ungepanzerten – Fahrzeug über die Bundesautobahn 565 zum Bundesinnenministerium zu fahren. Da sein Fahrer Urlaub hat, steuert er den BMW 730 i selbst. Kurz nach 7.30 Uhr fährt er über die Autobahnausfahrt Bonn-Auerberg Richtung Graurheindorfer Straße. In diesem Augenblick aktivieren die Attentäter die Lichtschranke mit der Folge, dass Neusels BMW die Bombe beim Passieren dieser Stelle zündet. Die Explosion ist gewaltig. An der Detonationsstelle entsteht ein Krater mit einem Durchmesser von ca. 1,5 m und einer Tiefe von ca. 50 cm. Das Fahrzeug des Staatssekretärs wird an der rechten Seite stark beschädigt. Hans Neusel wird nur leicht verletzt; hätte er auf der Beifahrerseite gesessen, wäre – wie im Fall Herrhausen – ein tödlicher Ausgang möglich gewesen.

An der Stelle, von der aus die Lichtschranke aktiviert worden ist, findet die Polizei eine Klarsichthülle mit einem DIN A4-Blatt, auf dem das RAF-Emblem sowie folgende Textzeilen angebracht sind:

»DEN ANGRIFF DER FASCHISTISCHEN BESTIE WESTEUROPA – DEN NEUSEL IN TREVI UND NATO MITORGANISIERT HAT – AUF DAS GEFANGENENKOLLEKTIV VON PCE(r) UND GRAPO GEMEINSAM ZURÜCKSCHLAGEN UND IHRE WIEDERZUSAMMEN-LEGUNG DURCHSETZEN!
DIE ZUSAMMENLEGUNG ALLER REVOLUTIONÄREN GEFANGENEN UND DAMIT DIE PERSPEKTIVE FÜR DIE FREIHEIT ERKÄMPFEN!
ZUSAMMEN KÄMPFEN UND WIR WERDEN ZUSAMMEN SIEGEN!
KOMMANDO JOSÉ MANUEL SEVILLANO«.[170]

---

170 Bei José Manuel Sevillano handelt es sich um ein Mitglied der spanischen Terrororganisation »GRAPO-PCE(r)«; er starb am 25.5.1990 während eines Hungerstreiks in einem spanischen Gefängnis.

Am 31. Juli 1990 geht bei mehreren Tageszeitungen und Presseagenturen ein fünfseitiges Schreiben ein, in welchem sich die RAF zu dem Anschlag auf Staatssekretär Neusel bekennt; darin heißt es u.a.:

> »MENSCHEN, DIE SICH WEIGERN, DEN KAMPF ZU BEENDEN – SIE GEWINNEN ENTWEDER ODER SIE STERBEN, ANSTATT ZU VERLIEREN UND ZU STERBEN' (aus dem letzten brief von holger meins)
>
> josé manuel sevillano ist tot. er wurde im mai nach 177 tagen hungerstreik von der spanischen regierung ermordet. ...
>
> am 27.7.90 haben wir mit dem ‚kommando josé manuel sevillano' den aufstandsbekämpfungs-experten hans neusel, staatssekretär im bonner innenministerium, angegriffen. wir haben das militärische ziel der aktion verfehlt – die explosion sollte seinen sicheren tod aber auch den hundertprozentigen schutz unbeteiligter gewährleisten. in dieser spanne haben wir die sprengstoffmenge zu niedrig berechnet.
>
> wir wollten neusel für seine verbrechen zu verantwortung ziehen. er organisiert und führt krieg gegen alle, die für befreiung, selbstbestimmung und ein menschenwürdiges leben und gegen die zerstörung, die von diesem system ausgeht, kämpfen. ...
>
> GEGEN DEN SPRUNG DER WESTEUROPÄISCHEN BESTIE – UNSEREN SPRUNG IM AUFBAU REVOLUTIONÄRER GEGENMACHT!
> DIE WIEDERZUSAMMENLEGUNG DER GEFANGENEN VON GRAPO UND PCEr GEMEINSAM DURCHSETZEN – DIE ZUSAMMENLEGUNG ALLER REVOLUTIONÄREN GEFANGENEN UND DAMIT DIE PERSPEKTIVE FÜR IHRE FREIHEIT ERKÄMPFEN!
> KRIEG DER WELTMACHT BRD/WESTEUROPA!
> DEN BEWAFFNETEN KAMPF ORGANISIEREN!
> ZUSAMMEN KÄMPFEN UND WIR WERDEN SIEGEN!«

6. Die Schüsse auf die US-Botschaft

Der nächste Anschlag der RAF gilt der US-Botschaft in Bonn-Bad Godesberg. Die Attentäter wollen das Botschaftsgebäude, das unmittelbar am Rhein liegt, mit Gewehrschüssen angreifen.

In den Abendstunden des *13. Februar 1991* richten sich die Attentäter in Königswinter, das auf der anderen Rheinseite liegt, genau gegenüber der US-Botschaft mit Säcken einen Abschussplatz her. Dann feuern sie aus drei automatischen Langwaffen mehr als 250 Mal auf das Botschaftsgebäude. Durch die Schüsse wird niemand verletzt; es entsteht lediglich Sachschaden. Am Gebäude der US-Botschaft werden insgesamt 62 Einschüsse registriert. Auch Privathäuser, die hinter der amerikanischen Botschaft liegen, werden von den Schüssen getroffen.[171]

---

[171] In einem später aufgefundenen Fluchtfahrzeug wird ein Haar gefunden, das nach einer DNA-Analyse von Daniela Klette stammt (vgl. Der STERN vom 5.9.2007)..

An der Abschussstelle in Königswinter findet die Polizei nicht nur 253 Hülsen und 2 Patronen, sondern auch ein Blatt, das neben dem RAF-Stern und dem Datumsstempel »13.02.91« folgenden Text enthält:

> »KRIEG DEM IMPERIALISTISCHEN KRIEG!
> US-NATO RAUS AUS DEM NAHEN OSTEN!
> SABOTIEREN DESERTIEREN ANGREIFEN
> SOLIDARITÄT MIT DEM HUNGERSTREIK UNSERER GEFANGENEN GENOSSINNEN UND GENOSSEN VON ACTION DIRECTE UND GRAPO PCE-R
> SOLIDARITÄT MIT DEM KAMPF DER POLITISCHEN GEFANGENEN IN DEN VERNICHTUNGSTRAKTEN DER USA
> VERHINDERT DIE HINRICHTUNG VON MUMIA ABU-JAMAL
> *rote armee fraktion.«*

Am 16. Februar 1991 und in den folgenden Tagen gehen bei mehreren Medienagenturen Kopien eines Bekennerschreibens ein, in welchem die RAF auszugsweise folgendes erklärt:

> »SOLIDARITÄT MIT DEN VÖLKERN IM NAHEN OSTEN GEGEN DIE IMPERIALISTISCHE VERNICHTUNG UND UNTERWERFUNG!
> SOFORTIGER STOPP MIT DEM VÖLKERMORD AM IRAKISCHEN VOLK!
>
> wir haben heute mit dem kommando vincenzo spano die botschaft der usa in bonn beschossen, weil die usa im vernichtungskrieg gegen das irakische volk von anfang an die führungsrolle übernommen haben. mit unserer aktion stellen wir uns in eine reihe mit all denen, die rund um den globus gegen diesen us-nato-völkermord aufgestanden sind. ...
>
> an die leute, die seit beginn des golfkriegs die mahnwache vor der us-botschaft machen.
>
> wahrscheinlich habt ihr einen ziemlich großen schreck gekriegt. wir haben unsere munition mit leuchtspur-munition gemischt, damit ihr gleich seht, wo genau sich die schießerei abspielt und niemand von euch vor schreck in die falsche richtung läuft.«

Wenige Tage später geht bei der Frankfurter Rundschau ein Schreiben mit dem Datum »24.2.1991« ein, in welchem die RAF zum Kommando-Namen folgendes erklärt:

> «viele haben sich bestimmt schon über den kommando-namen: vincenzo spano, den wir für die aktion gegen die usa-botschaft gewählt hatten, gewundert.
>
> wir wollten mit dem kommando-namen die verbindung zu unseren gefangenen freundinnen und freunden von action directe herstellen und ihnen helfen die nachrichtensperre über ihren hungerstreik zu durchbrechen.
>
> 1983 war ein genosse aus italien bei einem banküberfall in frankreich von den bullen erschossen worden – sein name war ciro rizatto. ...
>
> wir hatten aber keine unterlagen mehr darüber und ... uns beim kommando-namen darauf verlassen, was einige von uns in ihrem gedächtnis zusammen gesucht hatten. so kam es zu der verwechslung von ciro rizatto mit vincenzo spano – sorry vincenzo.«

7. Der Mord an Detlev Karsten Rohwedder

Einen weiteren Mordanschlag begeht die RAF am *1. April 1991*, und zwar auf den Vorstandsvorsitzenden der Treuhandanstalt, Dr. *Detlev Karsten Rohwedder*.

An diesem Abend hält sich der 58-jährige Rohwedder gegen 23.30 Uhr im Arbeitszimmer in der ersten Etage seines Hauses in Düsseldorf-Oberkassel auf und ist im Begriff, zu Bett zu gehen. Das erleuchtete Fenster des Arbeitszimmers ist von einem nahegelegenen Schrebergartengelände gut zu sehen. Dort hält sich zu diesem Zeitpunkt mindestens ein RAF-Mitglied auf, das aus einer Entfernung von ca. 63 m mit einem Gewehr auf Detlev Karsten Rohwedder schießt; dieses Gewehr war bereits bei den Schüssen auf die US-Botschaft am 13. Februar 1991 zum Einsatz gekommen.

Von dem ersten Schuss wird Rohwedder in den Rücken getroffen. Anschließend gibt der Täter noch zwei weitere Schüsse ab. Eine Kugel trifft Frau Rohwedder, die ihrem Mann zu Hilfe eilt, in den Arm. Detlev Karsten Rohwedder stirbt alsbald.

An der Stelle, von der aus die drei Gewehrschüsse abgegeben worden sind, findet die Polizei drei Patronenhülsen, einen Stuhl, ein Bekennerschreiben, ein Handtuch sowie ein Fernglas. An dem Handtuch befindet sich ein Haar, das dem RAF-Mitglied Wolfgang Grams zugeordnet werden kann. Die mit dem RAF-Emblem versehene Tatbekennung hat folgenden Wortlaut:

»WER NICHT KÄMPFT, STIRBT AUF RATEN –
FREIHEIT IST NUR MÖGLICH IM KAMPF UM BEFREIUNG
GEGEN DEN SPRUNG DER IMPERIALISTISCHEN BESTIE – UNSEREN SPRUNG IM AUFBAU REVOLUTIONÄRER GEGENMACHT !
DIE BEDINGUNGEN FÜR MENSCHENWÜRDIGES UND SELBSTBESTIMMTES LEBEN IM KAMPF GEGEN DIE REAKTIONÄREN GROSSDEUTSCHEN UND WESTEUROPÄISCHEN PLÄNE ZUR UNTERWERFUNG UND AUSBEUTUNG DER MENSCHEN HIER UND IM TRIKONT DURCHSETZEN !
ZUSAMMEN KÄMPFEN UND WIR WERDEN ZUSAMMEN SIEGEN!
ROTE ARMEE FRAKTION
KOMMANDO ULRICH WESSEL.«

Unter dem Datum »4.4.1991« verbreitet die RAF ein fünfseitiges Schreiben, in welchem u.a. folgendes zum Ausdruck gebracht wird:

»WER NICHT KÄMPFT, STIRBT AUF RATEN – FREIHEIT IST NUR MÖGLICH IM KAMPF UM BEFREIUNG

wir haben am 1.4.1991 mit dem kommando ulrich wessel den chef der berliner treuhandanstalt detlev karsten rohwedder erschossen. rohwedder saß seit 20 jahren in schlüsselfunktionen in politik und wirtschaft. als bonner wirtschafts-staatssekretär organisierte er in den 70-er jahren die rahmenbedingungen, die das brd-kapital für seine profite in aller welt braucht. er war damals zum beispiel maßgeblich beteiligt am deal mit dem faschistischen süd-afrikanischen regime: know-how für den bau von atom-bomben für süd afrika gegen uran für die brd-atom-industrie. in der phase der durchsetzung des atomprogramms war er im aufsichtsrat staatlicher energie-konzerne und in internationalen gremien.

aber auch für die glatte abwicklung unzähliger – oft verdeckter – waffenexporte an faschistische regimes im trikont suchte und fand er immer wege. Rohwedder war schon damals einer dieser schreibtischtäter, die tagtäglich über leichen gehen und die im interesse von macht und profit elend und tod von millionen menschen planen. In den 80-er Jahren machte sich rohwedder als chef des hoesch-konzerns einen namen als brutaler sanierer. Er hat bei hoesch in wenigen jahren mehr als 2/3 aller arbeiterInnen rausgeschmissen und den bankrotten konzern zu neuen profitraten geführt. Dafür wurde er 1983 zum manager des jahres gekürt. Die krönung von rohwedders karriere sollte seine funktion als bonner statthalter in ost-berlin sein. Seit ihrer annektion ist die ex-ddr faktische kolonie der bundesrepublik. ...

DER WEG ZUR FREIHEIT POLITISCHER GEFANGENEN FÜHRT ÜBER DIE DURCHSETZUNG IHRER ZUSAMMENLEGUNG.«

8. Der Anschlag in Budapest

Nach dem misslungenen Anschlag von Rota erklärt sich Horst Ludwig Meyer im Mai 1991 erneut bereit, im Auftrag seiner palästinensischen Freunde einen Sprengstoffanschlag zu verüben. Ziel sollen jüdische Emigranten aus der Sowjetunion sein, die Ungarn als Transitland für ihre Ausreise nach Israel benutzen.

Zur Vorbereitung des Attentats reist Meyer Anfang September 1991 nach Budapest, wo er u.a. in Wohnungen lebt, die Andrea Klump angemietet hat. Klump klärt in dieser Zeit auch ab, wie die Attentäter – nämlich Meyer und ein unbekannter Mittäter – am besten nach der Tat flüchten können. Der Anschlag soll mittels eines mit 20 kg Sprengstoff präparierten Bombenfahrzeugs verübt werden, das die Täter im 16. Bezirk Budapests auf der Ferihegy-Schnellstraße parken. Diese Stelle passieren regelmäßig die jüdischen Auswanderer auf dem Weg zum Budapester Flughafen.

Als am 23. Dezember 1991 gegen 9.30 Uhr ein Reisebus mit 30 Personen – darunter 28 jüdische Emigranten – an dieser Stelle vorbeifährt, zünden die Täter den Sprengstoff per Funk. Sie wollen möglichst viele der Businsassen töten. Dann flüchten sie sofort vom Tatort. Da die Detonation aber einige Sekunden vor dem beabsichtigten Zeitpunkt erfolgt, trifft die Hauptwirkung der Explosion nicht den Bus, sondern ein vorausfahrendes Begleitfahrzeug der ungarischen Polizei. Während im Bus vier jüdische Auswanderer nur leichte Verletzungen durch zerberstende Fensterscheiben erleiden, werden die beiden Beamten im Polizeifahrzeug schwer verletzt.[172]

---

[172] Wegen Beteiligung an diesem Anschlag wird Andrea Klump durch Urteil des OLG Stuttgart vom 28.09.2004 – unter Einbeziehung ihrer Verurteilung wegen des Rota-Attentats – zu einer Gesamtfreiheitsstrafe von 12 Jahren verurteilt.

E. Das Ende der RAF

Ab Anfang der 90-er Jahre geschieht das, was sich die Ermittlungsbehörden lange erhofft haben: Zum einen sind ehemalige RAF-Mitglieder bereit, über die Zeit ihrer Zugehörigkeit zu der Vereinigung auszusagen. Zum anderen gelingt es, in den inneren Kreis der Illegalen einen V-Mann einzuschleusen.

I. Die Kronzeugenregelung

Mit Wirkung vom 9. Juni 1989 wird durch den bundesdeutschen Gesetzgeber eine »*Kronzeugenregelung bei terroristischen Straftaten*« eingeführt.[173] Anlass für dieses Gesetz ist der Umstand, dass es den Strafverfolgungsbehörden seit Anfang der 80-er Jahre nicht mehr gelingt, die Aktionen der RAF bestimmten Gruppenmitgliedern zuzuordnen, weil die Täter – im Gegensatz zu früher – bei ihren Straftaten nur noch selten kriminaltechnisch verwertbare Spuren (etwa Fingerabdrücke, Handschriften, Stimmen oder Maschinenschriften) hinterlassen. Hinzukommt, dass man in anderen europäischen Ländern, etwa in Italien, mit der Strafmilderung für Kronzeugen im Hinblick auf das Aussageverhalten von Terroristen gute Erfahrungen gemacht hat.

Für die RAF hat diese Kronzeugenregelung folgende Bedeutung: Ist ein RAF-Mitglied dazu bereit, als Kronzeuge auszusagen, so kann – je nach Qualität der Aussage und je nach Schwere der begangenen Tat – die sonst zu verhängende Strafe erheblich gemildert werden. Insbesondere kann anstelle der bei Mord vom Gesetz vorgeschriebenen lebenslangen Freiheitsstrafe auf eine Strafe erkannt werden, die zwischen einer Freiheitsstrafe von drei Jahren und »Lebenslänglich« liegt. Voraussetzung für die Anwendung der Kronzeugenregelung ist allerdings, dass der Zeuge (so der Gesetzeswortlaut)

> »sein Wissen über Tatsachen (offenbart), deren Kenntnis geeignet ist,
> – die Begehung einer solchen (terroristischen) Straftat zu verhindern,
> – die Aufklärung einer solchen Straftat, falls er daran beteiligt war, über seinen eigenen Tatbeitrag hinaus zu fördern oder
> – zur Ergreifung eines Täters oder Teilnehmers einer solchen Straftat zu führen«.

---

173 Diese Kronzeugenregelung gilt zunächst nur für die Zeit bis 1999. Seit 1.9.2009 existiert eine neue Kronzeugenregelung, die nicht auf terroristische Straftäter beschränkt ist und z.B. für Mord auch eine zeitige Freiheitsstrafe vorsieht, die jedoch nicht unter 10 Jahren lauten darf.

Entscheidend ist also nicht, dass der Täter nur selbst begangene Straftaten zugibt. Er muss vielmehr in Bezug auf andere Personen oder andere Straftaten zur Aufklärung beitragen. Die Kronzeugenregelung wird deshalb von der RAF als »Aufforderung zum Verrat« bezeichnet.

II. Die Aussteiger sagen aus

1. Die Verhaftungen in der DDR

Nach der Maueröffnung und im Vorfeld der deutschen Wiedervereinigung stellen die bundesdeutschen Ermittlungsbehörden fest, dass einige der mit Haftbefehl gesuchten RAF-Mitglieder unter falschen Namen und mit Duldung der SED-Regierung in der DDR leben. Im Laufe des Frühsommers 1990 gelingt es, diese Personen zu identifizieren und im *Juni 1990* innerhalb weniger Tage festzunehmen, und zwar

– Susanne Albrecht am 6. Juni,
– Inge Viett am 12. Juni,
– Werner Lotze, Christine Dümlein, Monika Helbing und Ekkehard von Seckendorff-Gudent am 14. Juni,
– Sigrid Sternebeck und Ralf Baptist Friedrich am 15. Juni sowie
– Silke Maier-Witt und Henning Beer am 18. Juni 1990.

Dümlein und von Seckendorff-Gudent werden alsbald wieder auf freien Fuß gesetzt – etwaige von ihnen begangene Straftaten sind inzwischen verjährt.

Werner Lotze wird bereits am 12. Juli 1990 auf seinen eigenen Wunsch hin und deutlich vor den übrigen DDR-Aussteigern den Strafverfolgungsbehörden der Bundesrepublik überstellt. Gegen ihn besteht zu diesem Zeitpunkt lediglich ein Haftbefehl wegen des Verdachts, an zwei Banküberfällen der RAF im Jahr 1979 beteiligt gewesen zu sein.

> *„Da ich innerhalb der Bundesanwaltschaft für das Ermittlungsverfahren gegen Werner Lotze zuständig bin,[174] wird er mir noch am 12. Juli 1990 in Karlsruhe zur ersten Vernehmung vorgeführt. Zuallererst gesteht er unter Tränen, dass er (was den Ermittlungsbehörden bis dahin unbekannt war) den Polizeibeamten Hansen am 24. September 1978 in dem Waldstück bei Dortmund durch einen Schuss in den Rücken getötet und auch dessen Kollegen durch Schüsse verletzt habe. In den folgenden Vernehmungen schildert er nicht nur die Einzelheiten dieses Tatgeschehens, sondern legt auch ein umfassendes Geständnis über alles ab, was sich innerhalb der RAF zwischen Herbst 1977 und seinem Wechsel in die DDR im Juli 1980 ereignet hat. Insbesondere berichtet er als erstes ehemaliges RAF-Mitglied davon, innerhalb der Gruppe sei es unstreitig gewesen, dass sich Baader, Ensslin und Raspe am 18. Oktober 1977 in Stammheim selbst umgebracht haben, und von der RAF sei dafür der Begriff „suicide action" - also Selbstmordaktion - benützt worden.*
> *In einer ARD-Brennpunkt-Sendung, die vom Ermittlungsrichter des BGH mit Zustimmung der Bundesanwaltschaft genehmigt wird, appelliert Werner Lotze im November 1990 an die noch aktiven Mitglieder der RAF, sie sollen ihren bewaffneten Kampf beenden."*

Bei seinem Geständnis gibt Lotze nicht nur seine Beteiligung an der Ermordung des Polizeibeamten Hansen, am Haig-Attentat und an weiteren Straftaten der RAF zu. Darüber hinaus macht er umfassende Angaben zu den Tatbeteiligungen anderer RAF-Mitglieder. Auf die Frage, ob er sich deshalb als Verräter fühle, sagt Werner Lotze später[175] Folgendes:

> „Das Gefühl, Verräter zu sein, war schon sehr konkret und das ist auch kein schönes Gefühl muß ich sagen. - Das war auch nicht so nach ein zwei Tagen oder ein zwei Monaten weg, das hat schon eine ganze Weile gedauert, bis ich mir klar gemacht habe, daß - ja, daß es an der RAF nichts zu verraten gibt. Das waren nicht alles Sachen, die mir innerhalb von zwei Monaten oder zwei Jahren klar gewesen sind, als ich in Karlsruhe die Aussagen gemacht habe, da habe ich die gemacht, weil ich die - aus meiner Sicht da gab's an der RAF nichts. mehr zu verteidigen. Und ich habe mich auch nicht mehr als den einzelnen gesehen, der versagt hat, weil er nicht den Ansprüchen der RAF oder revolutionären Kampfes oder was man da alles - weil man dem nicht genügt hat, sondern, was wir da gemacht haben, das war eine Menschen verachtende und verbrecherische Geschichten gewesen sind und das wollte ich auch für andere nicht mehr gelten lassen. Weil das wir da gemacht haben, das läßt sich nicht relativieren.

> So viel hatte ich mir zumindest klar gemacht, von daher hatte ich kein Problem zu sagen, mit wem ich was gemacht hatte und was ich von der RAF wußte. Das ungute Gefühl, was es auch noch gab, was sich vielleicht mit dem Begriff ‚Verrat begangen' umschreiben läßt, das kam vielleicht daher, dass ich ja weiß, dass die anderen nicht in die Gruppe gegangen sind, um zu Mördern zu werden. ... mir wäre es lieber gewesen, die hätten auch was gesagt, anstatt dass ich das mache.

> Ein ehemaliges RAF Mitglied hat mal gesagt, wir hatten die richtige Moral, aber die falschen Mittel. Und das habe ich auch versucht, für mich eine ganze Weile gelten zu lassen, weil - banalgesagt: Es lebt sich damit ein bißchen besser, weil man da für sich

---

174 Ich bin dann auch der Verfasser der Anklageschrift gegen Werner Lotze sowie der Sitzungsvertreter der Bundesanwaltschaft in dem gegen Lotze gerichteten Strafverfahren vor dem Bayerischen Obersten Landesgericht in München.
175 Auszug aus einem Interview für den SWR-Dokumentarfilm „Die Witwe und der Mörder - Die vergessenen Opfer der RAF" von Irene Klünder, Erstausstrahlung 3.4.2011 in der ARD / Das Erste.

ein bißen Moral gelten lassen kann. Aber ich glaube, man lügt sich da etwas vor, wenn man das so formuliert. Weil Menschen zu terrorisieren oder Menschen zu ermorden, kann keine Moral sein, kann man auch nicht mit Begriffen wie revolutionärer Moral oder ähnlich zynischen Begriffen umschreiben. Ist einfach - also für mich wars der moralische Tiefpunkt."

Als erster RAF-Angehöriger, der unter die Kronzeugenregelung fällt, wird Werner Lotze trotz vollendeten Mordes durch Urteil des Bayerischen Obersten Landesgerichts vom 11. März 1992 nicht zu einer lebenslangen, sondern zu einer Freiheitsstrafe von 11 Jahren verurteilt.

Zum Zeitpunkt des Urteils ist vorhersehbar, dass Lotze aufgrund seines Verhaltens und seiner Persönlichkeit bereits nach Verbüßung der Halbstrafe - also nach 5 ½ Jahren Haft - auf Bewährung frei kommen wird.[176]

In der Folgezeit machen auch Susanne *Albrecht*, Inge *Viett*, Monika *Helbing*, Silke *Maier-Witt*, Henning *Beer*, Sigrid *Sternebeck* und Ralf Baptist *Friedrich* Aussagen über ihre Zeit in der RAF und die von ihnen und anderen Gruppenmitgliedern begangenen Taten.

---

[176] Eine solche Haftentlassung auf Bewährung kommt nach § 57 Abs. 2 Nr. 2 StGB bei günstiger Sozialprognose frühestens nach Verbüßung der Hälfte einer zeitigen Freiheitsstrafe in Betracht.

Maier-Witt   Helbing   Viett   Albrecht

Sternebeck   Friedrich   Henning Beer

Dadurch kommen auch sie in den Genuss der Kronzeugenregelung.[177]

Aufgrund der Angaben von Sigrid Sternebeck wird z.B. ein Erddepot der RAF in Baarn/Niederlande mit zahlreichen Gegenständen gefunden, darunter Waffen sowie Unterlagen über die Anmietung des Hauses Stevinstraat 266 in Den Haag, wo Hanns-Martin Schleyer im September 1977 gefangen gehalten worden war.

2. Mohnhaupt an „Rima"

Im Hinblick auf dieses Aussageverhalten der „DDR-Aussteiger" und das sog. Aussteigerprogramm des Verfassungsschutzes schreibt Brigitte Mohnhaupt einen Brief, der sich an Friederike Krabbe („Rima") richtet und am 18.12.1990 in der taz unter der Überschrift „Lauf ihnen nicht in die Hände, Rima" veröffentlicht wird. Darin heißt es u.a.:

> „Jetzt soll die nächste kassiert werden, um dem Staatsschutz zur Verfügung zu stehen. Das ist Friederike Krabbe, die sie nicht in der DDR abholen konnten, weil sie dort nicht war, sondern seit 13 Jahren in einem arabischen Land lebt. ... Rima soll eine Lücke in den Aussagen füllen, wo die in der DDR Verhafteten sich auch bei größter Anstrengung

---

177 Sie werden - unter Anwendung der Kronzeugenregelung - zu folgenden Freiheitsstrafen verurteilt: Albrecht vom OLG Stuttgart am 3.6.1991 zu 12 Jahren; Viett vom OLG Koblenz am 26.8.1992 zu 13 Jahren; Helbing vom OLG Stuttgart am 24.2.1992 zu 7 Jahren; Maier-Witt vom OLG Stuttgart am 8.10.1991 zu 10 Jahren; Beer vom OLG Koblenz am 3.7.1991 zu 6 Jahren und 6 Monaten (Jugendstrafe); Sternebeck und Friedrich vom OLG Stuttgart am 22.6.1992 zu 8 Jahren und 6 Monaten (Sternebeck) bzw. zu 6 Jahren und 6 Monaten (Friedrich); im Prozess gegen Sternebeck und Friedrich bin ich als Sitzungsvertreter der Bundesanwaltschaft beteiligt.

nichts rausquetschen können, weil sie erst viel später zur RAF kamen. ... Bei dir wart ich drauf, daß du uns ... zurufst: ‚Feiglinge! Quatscht doch!' Uns altmodischen Gefangenen, die noch nicht mitgekriegt haben, daß Verrat toll ist, der letzte wahre Kick für den Metropolenkretin. ... Lauf ihnen nicht in die Hände, Rima. ... Hier wartet nur der Knast, wie bei den anderen. ... Paß auf."

3. Die »Lebensbeichte« des Peter-Jürgen Boock

Aufgrund der Aussagen der Kronzeugen besteht Grund zu der Annahme, dass Peter-Jürgen Boock bei der Schießerei am 7. Mai 1976 in Sprendlingen, bei der Polizeimeister Sippel erschossen wurde, anwesend und außerdem einer der Mittäter jenes Banküberfalls war, bei dem am 19. November 1979 in Zürich die Passantin Kletzhändler zu Tode kam. Bisher hatte Boock immer behauptet, er sei zu Unrecht verurteilt worden; die von ihm in Bezug auf das Ponto-Attentat und die Schleyer-Entführung gefundenen Spuren seien rein zufällig entstanden. Mit der Behauptung, »an meinen Händen klebt kein Blut«, hatte er bereits ein Gnadengesuch bei Bundespräsident von Weizsäcker gestellt.

> *„Aufgrund der neuen Erkenntnisse vernehme ich Peter-Jürgen Boock am 24. März 1992 in der Hamburger Justizvollzugsanstalt Fuhlsbüttel, und zwar im Ermittlungsverfahren gegen Angelika Speitel; sie steht nach den Aussagen der DDR-Aussteiger im Verdacht, sich zum Zeitpunkt der Schleyer-Entführung in Köln aufgehalten zu haben. Auf meine Fragen erklärt Boock sinngemäß: er wisse, dass Frau Speitel an der Tat in Köln am 5. September 1977 nicht vor Ort beteiligt war, und zwar aus eigener Anschauung - er sei nämlich selbst an der Schleyer-Entführung direkt beteiligt gewesen. In den folgenden Wochen macht Boock umfangreiche Aussagen, die in den Medien dann als seine ‚Lebensbeichte' bezeichnet werden."*

In diesen Vernehmungen räumt Boock die von ihm begangenen Straftaten - darunter die Attentate auf Jürgen Ponto und Hanns-Martin Schleyer - ein. Da er noch lebende Mittäter nicht verraten möchte, benutzt er bei den Tatbeschreibungen für sie Buchstaben. So bezeichnet er die vier Attentäter der Schleyer-Entführung - eine Frau und drei Männer - mit den Buchstaben A bis D, wobei er für sich den Buchstaben A und für den 1978 getöteten Willy-Peter Stoll den Buchstaben C benützt. Aufgrund seiner Aussagen sowie der Angaben der übrigen Aussteiger gelingt es, die Schleyer-Entführung nahezu vollständig aufzuklären und insbesondere die RAF-Mitglieder zu identifizieren, die an der Entführung Hanns-Martin Schleyers und der Ermordung seiner Begleiter am 5. September 1977 unmittelbar beteiligt waren:

- Peter-Jürgen Boock,
- Willy-Peter Stoll,
- Stefan Wisniewski (als die Person D) und
- Sieglinde Hofmann (als die Person B).[178]

In Bezug auf den Mord an Hanns-Martin Schleyer sagt Peter-Jürgen Boock aus, ein RAF-Mann, den er mit dem Buchstaben G bezeichnet, habe ihm von den letzten Stunden Schleyers erzählt und dabei eingeräumt, in Begleitung der Person D (also Stefan Wisniewski) Schleyer selbst erschossen zu haben.[179]

III. Das Ende des »bewaffneten Kampfes«

1. Die Kinkel-Initiative

Bereits anlässlich des »Dreikönigstreffens« der FDP am 6. *Januar 1992* hatte sich Bundesjustizminister Dr. Klaus Kinkel zu der Frage geäußert, ob verurteilte terroristische Gewalttäter aus der Haft entlassen werden können. Seine Position, die später »Kinkel-Initiative« genannt wird, lautet wie folgt: Auch bei Terroristen, die zu *lebenslanger Freiheitsstrafe* verurteilt sind, muss der Staat »dort, wo es angebracht ist, zur Versöhnung« – d.h.: zu Haftentlassungen ‾ bereit sein.

Dies entspricht der Rechtsprechung des Bundesverfassungsgerichts und der gesetzlichen Regelung (§ 57 a Strafgesetzbuch). Danach müssen grundsätzlich auch zu lebenslanger Freiheitsstrafe Verurteilte die Chance haben, durch *gerichtliche Entscheidung* aus der Haft entlassen zu werden:

---

178 Stefan Wisniewski und Peter-Jürgen Boock sind zu diesem Zeitpunkt bereits rechtskräftig wegen ihrer Beteiligung am Schleyer-Attentat verurteilt. Sieglinde Hofmann, die wegen Mittäterschaft an der geplanten Ponto-Entführung vom OLG Frankfurt/Main am 16.6.1982 zu einer Freiheitsstrafe von 15 Jahren verurteilt ist, wird erneut angeklagt und durch Urteil des OLG Stuttgart vom 26.9.1995 - unter Einbeziehung der Urteils des OLG Frankfurt/Main - wegen ihrer Beteiligung an der Schleyer-Aktion zu lebenslanger Freiheitsstrafe verurteilt.
179 Diese Person G ist zunächst nicht zu identifizieren. Im Jahr 2007 erklärt Boock jedoch, bei dieser Person handele es sich um Rolf Heißler; er habe aber Zweifel, ob dessen Aussage über die letzten Stunden Schleyers wahr seien.

Gerichtliche Haftentlassung bei lebenslanger Freiheitsstrafe?

Im Zusammenhang mit der Haftentlassung von Tätern, die - wie viele RAF-Mitglieder - zu einer lebenslangen Freiheitsstrafe verurteilt worden sind, wird die grundsätzliche Frage aufgeworfen, was *„lebenslänglich"* bedeutet und wann bei einer lebenslangen Freiheitsstrafe eine Haftentlassung des Verurteilten möglich und geboten ist. Dies habe ich in einer Veröffentlichung[180] am Fall von Brigitte Mohnhaupt und Christian Klar verdeutlicht:

a) Mohnhaupt und Klar wurden durch Urteil des OLG Stuttgart vom 2.4.1985 wegen 9-fachen Mordes und zahlreicher Mordversuche jeweils *„zu fünfmal lebenslanger Freiheitsstrafe sowie zu der Gesamtstrafe von 15 Jahren"* verurteilt. Nach der damaligen Gesetzeslage hätten beide mindestens 82 ½ Jahre Haft verbüßen müssen und wären allenfalls auf dem Gnadenweg früher frei gekommen.[181]

b) Bereits durch Urteil vom 21.6.1977 hatte das Bundesverfassungsgericht diese für lebenslange Freiheitsstrafen geltende Regelung für verfassungswidrig erklärt, weil - vereinfacht ausgedrückt - die lebenslange Haft ohne Perspektive eine scheibchenweise Todesstrafe darstelle. Das Gericht hat deshalb entschieden, dass auch der Verurteilte, gegen den eine lebenslange Freiheitsstrafe verhängt worden ist, eine konkrete Chance haben muss, im gerichtlichen Verfahren (und nicht allein durch Gnadenakt) wieder in Freiheit zu gelangen. Die entscheidende Passage des Urteils lautet: *„Zu den Voraussetzungen eines menschenwürdigen Strafvollzugs gehört, dass dem zu lebenslanger Freiheitsstrafe Verurteilten grundsätzlich eine Chance verbleibt, je wieder der Freiheit teilhaftig zu werden. Die Möglichkeit allein der Begnadigung ist nicht ausreichend."*

c) Dieser Vorgabe wurde durch Gesetz vom 13.4.1986 Rechnung getragen und dabei Folgendes festgelegt:

Es kann höchstens eine lebenslange Freiheitsstrafe verhängt werden (also kein mehrfaches *„Lebenslang"*, aber auch keine zusätzliche Freiheitsstrafe neben dem *„Lebenslang"*). Dementsprechend hat der Bundesgerichtshof das Urteil gegen Mohnhaupt und Klar in der Revisionsinstanz jeweils auf eine lebenslange Freiheitsstrafe reduziert.

---

180 „Gnade vor Recht?" - Zeitschrift für Rechtspolitik (ZRP) 2008, 84 ff.
181 Bei einer lebenslangen Freiheitsstrafe musste der Verurteilte mindestens 15 Jahre in Haft bleiben. *„Fünfmal lebenslange Freiheitsstrafe"* bedeutete dementsprechend das 5-fache, also 75 Jahre Mindestverbüßungszeit. Da bei zeitigen Freiheitsstrafen mindestens die Hälfte verbüßt werden muss, sind 7 ½ Jahr zu addieren, was dann in der Summe die Mindestverbüßungszeit von 82 ½ Jahren ergibt..

> Bei der lebenslangen Freiheitsstrafe bleibt es grundsätzlich bei einer Mindestverbüßungszeit von 15 Jahren.
>
> Stellt das Gericht aber - wie bei den meisten RAF-Angeklagten - im Urteil eine *„besondere Schwere der Schuld"* fest, muss es eine höhere Mindestverbüßungszeit bestimmen, die sich nach den allgemeinen Strafzumessungsgesichtspunkten richtet, aber nicht unter 17 Jahren liegen darf.[182]
>
> Nach Ablauf der jeweiligen Mindestverbüßungszeit wird der Verurteilte aber nicht automatisch entlassen. Vielmehr ist eine Haftentlassung nur dann möglich, wenn bei ihm eine günstige Sozialprognose besteht. Ist er nicht mehr gefährlich, muss er entlassen werden - auch wenn er weder Reue noch Schuldeinsicht zeigt.[183]
>
> d) Bei Brigitte Mohnhaupt hat das zuständige Oberlandesgericht Stuttgart eine Mindestverbüßungszeit von 24 Jahren und bei Christian Klar von 26 Jahren festgelegt.

Neben dieser gerichtlichen Entscheidung besteht die Möglichkeit, dass ein zu lebenslanger Freiheitsstrafe Verurteilter durch *Gnadenakt* aus der Haft entlassen wird.[184]

Bis zum Zeitpunkt der Kinkel-Initiative sind gegen RAF-Mitglieder insgesamt *25 Mal lebenslange Freiheitsstrafen*[185] *verhängt worden, nämlich gegen*

Gudrun Ensslin	*Rolf Klemens Wagner*	*Günter Sonnenberg*
Jan-Carl Raspe	*Brigitte Mohnhaupt*	*Christine Kuby*
Manfred Grashof	*Christian Klar*	*Angelika Speitel*
Karl-Heinz Dellwo	*Eva Haule*	*Peter-Jürgen Boock*
Bernhard Rössner	*Andreas Baader*	*Sieglinde Hofmann*
Verena Becker	*Irmgard Möller*	*Adelheid Schulz*
Knut Folkerts	*Klaus Jünschke*	*Helmut Pohl*
Stefan Wisniewski	*Lutz Taufer*	
Rolf Heißler	*Hanna Krabbe*	

---

182 Eine Obergrenze für diese Mindesthaftdauer ist nicht bestimmt. Die bisher höchste Mindestverbüßungszeit von 42 Jahren wurde gegen den mehrfachen Frauenmörder Heinrich Pommerenke festgelegt.
183 Frühere Erhebungen haben ergeben, dass ca. 7 % aller zu lebenslanger Haft Verurteilten im Gefängnis verstorben sind. Heinrich Pommerenke ist z.B. nach mehr als 49 ½ Jahr Haft im Justizvollzug gestorben.
184 Vgl. S. 298
185 Mit Birgit Hogefeld wird im Jahr 1993 das 26. RAF-Mitglied hinzukommen, das zu einer lebenslangen Freiheitsstrafe verurteilt worden ist.

Bis Anfang 1992 sind von diesen »Lebenslänglichen« der RAF mit Gudrun *Ensslin*, Andreas *Baader* und Jan-Carl *Raspe* drei zu Tode gekommen. Folgende vier sind bis dahin durch Bundespräsident von Weizsäcker bzw. den rheinland-pfälzischen Ministerpräsidenten begnadigt worden:
- Klaus *Jünschke* im Juni 1988 (nach ca. 16 Jahren Haft),
- Manfred *Grashof* am 30.11.1988 (nach ca. 16 $^1/_2$ Jahren Haft),
- Verena *Becker* am 30.11.1989 (nach ca. 15 Jahren Haft)[186] und
- Angelika *Speitel* am 29.6.1990 (nach knapp 12 Jahren Haft).

Ein Journalist kommentiert diesen Umgang mit verurteilten RAF-Mitgliedern wie folgt:

> »Gnade für langjährig inhaftierte Terroristen ist ein Risiko, genauso wie sie es bei jedem anderen Straftäter auch ist. Das gilt für die kleine Gnade, welche die Justiz durch eine Entlassung auf Bewährung ausspricht; das gilt auch für die große Gnade, die der Bundespräsident durch Begnadigung gewährt. Resozialisierung ohne Risiken gibt es aber nicht. Der Staat wird gewinnen, wenn er riskiert – weil er stark genug ist, die Risiken zu tragen. Die Eingliederung ehemaliger Terroristen in die Gesellschaft ist die beste Chance gegen die Terroristen von heute.«

2. Das »April-Papier« 1992

In einer schriftlichen Erklärung vom *10. April 1992* – dem sogenannten April-Papier – verkündet die RAF, sie werde mit ihren Aktionen gegen Personen aufhören. Die entscheidende Passage lautet:

> »WIR HABEN UNS ENTSCHIEDEN; DASS WIR VON UNS AUS DIE ESKALATION ZURÜCKNEHMEN: DAS HEISST; WIR WERDEN ANGRIFFE AUF FÜHRENDE REPRÄSENTANTEN AUS WIRTSCHAFT UND STAAT FÜR DEN JETZT NOTWENDIGEN PROZESS EINSTELLEN.«

In dem Papier fordert die RAF aber strikt:

> »die haftunfähigen und die gefangenen, die am längsten sitzen, müssen sofort raus und alle anderen bis zu ihrer freilassung zusammenkommen!«

Aus dieser Verknüpfung mit der »Inhaftiertenfrage« wird deutlich, dass die Entscheidung, die Eskalation zurückzunehmen, nur eine vorläufige Stillhalteerklärung ist. So behält sich die RAF am Ende ihrer fünfseitigen Erklärung ausdrücklich eine Rückkehr zu Gewalttaten gegen Menschen vor:

---

186 Verena Becker befand sich zunächst vom 21.7.1972 bis zu ihrer Freipressung im Rahmen der Lorenz-Entführung am 3.3.1975 und dann wieder nach ihrer Festnahme in Singen am 3.5.1977 in Haft. Die 6-jährige Freiheitsstrafe durch das LG Berlin vom 21.12.1974 hat sie vollständig verblüßt, von der lebenslangen Freiheitsstrafe wegen der Mordversuche an Polizeibeamten in Singen insgesamt 9 Jahre, 1 Monat und drei Wochen.

»wenn sie ... weiterhin auf krieg gegen unten setzen, dann ist für uns die phase des zurücknehmens der eskalation vorbei...
wenn sie uns, also alle, die für eine menschliche gesellschaft kämpfen, nicht leben lassen, dann müssen sie wissen, dass ihre eliten auch nicht leben können.
auch wenn es nicht unser interesse ist: krieg kann nur mit krieg beantwortet werden.
rote armee fraktion
10.4.1992.«

Die Ankündigung der Kommandoebene, vorläufig keine Mordanschläge mehr zu verüben, wird auch von den RAF-Gefangenen ausdrücklich gutgeheißen. Lediglich in Teilen der linksextremistischen Szene stößt das »April-Papier« auf Kritik. Die Illegalen bekräftigen jedoch in zwei weiteren schriftlichen Erklärungen vom »29.06.92« und »august 1992« ihren vorläufigen Verzicht auf »bewaffnete Aktionen«.

3. *Haftentlassungen*

Entsprechend der Kinkel-Initiative kommen in den nächsten Jahren zahlreiche RAF-Angehörige frei, die zu lebenslanger Freiheitsstrafe verurteilt worden sind.

Der nächste »Lebenslängliche«, der aus dem Kreis der RAF-Gefangenen auf Bewährung entlassen wird, ist *Günter Sonnenberg*. Er wird am *15. Mai 1992* nach ca. 15 Jahren Haft auf freien Fuß gesetzt.

IV. Weitere Ereignisse und das Ende der RAF

1. *Der Sprengstoffanschlag von Weiterstadt*

Dass mit der »Rücknahme der Eskalation« nur Angriffe gegen Personen gemeint sind, zeigt ein Sprengstoffanschlag, den die RAF in der Nacht zum *27. März 1993* auf die Justizvollzugsanstalt Weiterstadt verübt.

Etwa 1 1/2 Stunden nach Mitternacht steigen mehrere RAF-Angehörige[187] – unter ihnen eine Frau und mindestens drei Männer – mit Hilfe einer Aluminium- und einer Strickleiter über die Außenmauer der Justizvollzugsanstalt in Weiterstadt. Das neu gebaute Gefängnis soll in wenigen Tagen, nämlich am 1. April 1993, in Betrieb genommen werden. Die Täter sind vermummt und

---

187 Aufgrund von DNA-Spuren sind folgende RAF-Angehörige dringend verdächtig, an diesem Anschlag beteiligt gewesen zu sein: Daniela Klette, Ernst-Volker Staub und Burkhard Garweg (vgl. DER SPIEGEL vom 2.12.2008).

mit Faustfeuerwaffen, Maschinenpistolen und Elektroschockgeräten bewaffnet. Kurz nach 1.30 Uhr dringen sie in das Pförtnerhaus der Anstalt ein und überwältigen dort drei Personen – einen Beamten der Vollzugsanstalt und zwei Angestellte einer Wach- und Schließgesellschaft, die alle unbewaffnet sind. Die beiden Wachmänner werden gefesselt. Dann muss der Beamte die Täter zu einem Raum führen, in welchem sieben Beamtenanwärter schlafen. Auch diese Männer werden gefesselt. Anschließend fahren die Attentäter zwei Fahrzeuge, die sie wenige Tage zuvor gestohlen haben, auf das Gelände der Vollzugsanstalt. In einem dieser Fahrzeuge, einem grünen VW-Transporter, werden die insgesamt 10 gefangen genommenen Männer angekettet. Gegen 4 Uhr stellen die Täter dieses Auto in einem Seitenweg der Zufahrtsstraße zur Vollzugsanstalt ab und erklären den 10 Männern, dass sie demnächst einen Knall hören und anschließend befreit würden.

Auf dem Areal des Gefängnisses bringen die RAF-Mitglieder insgesamt fünf Sprengsätze an. Eine dieser Bomben befindet sich in dem zweiten Fahrzeug, einem VW-Passat Variant. Diese Autobombe stellen sie in der Durchfahrt unter dem Verwaltungsgebäude ab. Die restlichen vier Sprengsätze verteilen sie in den Zellentrakten der Anstalt. Bevor sie mit dem Privatwagen des Gefängnisbeamten flüchten, bringen sie an drei Zufahrten zur Vollzugsanstalt rotweiße Flatterleinen mit einem Papierschild an, das folgende Warnaufschrift zeigt:

»KNASTSPRENGUNG IN KÜRZE –
LEBENSGEFAHR
SOFORT
WEGRENNEN!«

Um 5.10 Uhr zünden alle vier Sprengsätze zeitgleich. Durch die Explosion wird ein Großteil der Gebäude zerstört oder erheblich beschädigt. Der Schaden wird auf ca. 123 Millionen DM geschätzt. Die Inbetriebnahme der Justizvollzugsanstalt verzögert sich um ca. 4 Jahre.

In dem Fahrzeug des Vollzugsbeamten lassen die Täter ein Selbstbezichtigungsschreiben zurück, in welchem sich ein »Kommando Katharina Hammerschmidt« der RAF zu dem Attentat bekennt. Darin heißt es u.a.:

»der weiterstädter knast steht exemplarisch dafür, wie der staat mit den aufbrechenden und sich zuspitzenden widersprüchen umgeht: gegen immer mehr menschen knast, knast, knast – und der steht als abschiebeknast für die rassistische staatliche flüchtlingspolitik. ...
FREIHEIT FÜR ALLE POLITISCHEN GEFANGENEN!
FÜR EINE GESELLSCHAFT OHNE KNÄSTE!«

Gegen 6 Uhr gelingt es den in dem VW-Transporter angeketteten Männern, sich zu befreien und die Polizei zu alarmieren.

2. Die Schießerei in Bad Kleinen

Den Sicherheitsbehörden ist es 1992 erstmals gelungen, mit Klaus Steinmetz eine Person aus dem RAF-Umfeld als V-Mann zu gewinnen. Seit dieser Zeit hat Steinmetz Kontakte zur Kommandoebene der RAF. In den folgenden Monaten trifft er dreimal die Illegale Birgit Hogefeld. Bei der letzten dieser Begegnungen kommt ein weiteres RAF-Mitglied hinzu – Wolfgang Grams. Die drei verabreden ein weiteres Treffen: am 27. Juni 1993 im Bahnhof von *Bad Kleinen* in Mecklenburg-Vorpommern. Hier – so der Plan der Polizei – sollen Beamte der GSG-9 zugreifen. Doch aus der geplanten Festnahmeaktion wird ein Debakel:

Am frühen Nachmittag des *27. Juni 1993*, kurz vor 14 Uhr, kommt Wolfgang Grams auf dem Bahnhof in Bad Kleinen an und stößt zu Birgit Hogefeld und Klaus Steinmetz, die sich bereits in dem Lokal »Billard-Café« im Bahnhofsgelände aufhalten. Hogefeld und Grams sind – wie für die Illegalen der RAF üblich – schwer bewaffnet. Grams führt eine Pistole der Marke Brünner, die mit 15 Schuss bestückt ist, bei sich; außerdem hat er vier weitere Magazine mit jeweils 15 Schuss Munition dabei. Hogefeld trägt in ihrem Hosenbund eine Pistole der Marke FN, die mit 14 Patronen versehen ist; außerdem hat sie zwei Austauschmagazine mit je 13 Schuss sowie zusätzlich in loser Form 26 Patronen bei sich. Beide Pistolen stammen aus dem Raubüberfall auf das Waffengeschäft Walla.

Gegen 15.15 Uhr verlassen Hogefeld, Grams und Steinmetz das »Billard-Café«, das sich zwischen den Bahngleisen 2 und 3 befindet. Sie begeben sich über eine Treppe zu einer Unterführung, die unter den Gleisen 2 bis 5 verläuft und Aufgänge zu den einzelnen Gleisen hat. Während Birgit Hogefeld in der Unterführung vor einer Fahrplantafel stehen bleibt, gehen ihre beiden Begleiter einige Schritte weiter bis in Höhe des Aufgangs, der zu den Gleisen 3 und 4 führt. Dort bleiben die beiden – etwa 8 bis 10 m von Hogefeld entfernt – stehen.

In dieser Situation kommt für den Festnahmetrupp der GSG-9 der Befehl für den Zugriff. Acht Beamte der GSG-9 halten sich zu diesem Zeitpunkt verdeckt im Bereich der Treppe auf, die vom Bahnhofsvorplatz nach unten zu den einzelnen Gleisaufgängen führt. Ein neunter GSG-9-Beamter befindet sich zufälligerweise in unmittelbarer Nähe von Birgit Hogefeld, die immer noch den Fahrplan studiert; als er sieht, dass seine Kollegen in die Unterführung stürmen, zieht er seine Pistole und hält sie Hogefeld mit den Worten »Hände hoch! Runter! Runter!« an den Kopf. *Birgit Hogefeld* kommt dieser Aufforderung sofort und widerstandslos nach und lässt sich von dem GSG-9-Beamten zu Boden drücken. Dort bleibt sie bis zu ihrer Abführung liegen.[188]

---

188 Birgit Hogefeld wird durch Urteil des OLG Frankfurt/Main vom 29.6.1998 wegen ihrer Beteiligung an den Anschlägen auf die US-Air Base (einschließlich der Pimental-Ermordung) am 8.8.1985 und auf Staatssekretär Tietmeyer zu einer lebenslangen Freiheitsstrafe verurteilt.

Wolfgang Grams nimmt gleichzeitig wahr, dass sich ihm die Polizeikräfte von der Treppe zum Bahnhofsvorplatz her nähern und dass Hogefeld bereits überwältigt worden ist. Er läuft sofort die Treppe zu den Gleisen 3 und 4 hinauf, um über den Bahnsteig des Gleises 4 zu fliehen. Sieben GSG-9-Beamte nehmen die Verfolgung auf. Ein weiterer von ihnen überwältigt in der Unterführung Klaus Steinmetz, der unbewaffnet ist.

Der flüchtende Grams dreht sich nach wenigen Metern auf dem Bahnsteig um, zieht seine Pistole Brünner und gibt mindestens zwei Schüsse auf die GSG-9-Beamten ab, die ihn verfolgen und aus der Unterführung Richtung Bahnsteig stürmen. Von zwei Schüssen, die Grams abgibt, wird Polizeikommissar *Michael Newrzella* getroffen, der an der Spitze der Verfolger läuft und seine Waffe noch nicht gezogen hat. Newrzella erreicht noch den Bahnsteig, ehe er zusammenbricht; der 25-jährige GSG-9-Beamte verstirbt noch am 27. Juni 1993.

Anschließend eröffnen die übrigen GSG-9-Beamten das Feuer auf Grams, der seine Flucht fortsetzt, gleichzeitig aber weiterhin auf seine Verfolger schießt. Insgesamt gibt Grams mindestens 10 Schüsse ab. Von einer Kugel wird ein weiterer Beamter getroffen. Auch *Wolfgang Grams* findet bei der Aktion den Tod; nach dem Ergebnis der kriminaltechnischen Untersuchungen ist davon auszugehen, dass er sich mit seiner eigenen Waffe in den Kopf geschossen hat.

Nach dem Tod von Wolfgang Grams und der Festnahme von Birgit Hogefeld wird vor allem noch nach folgenden RAF-Verdächtigen gefahndet: Sabine Callsen, Andrea Klump, Friederike Krabbe, Christoph Seidler, Barbara Meyer sowie deren Ehemann Horst Ludwig Meyer.

3. Der »Bruch in der RAF«

Zwar ist die RAF in den Augen ihrer Sympathisanten aus dem Desaster von Bad Kleinen als »moralischer Sieger« hervorgegangen. Inzwischen ist aber Streit in den eigenen Reihen ausgebrochen. Die Gruppe hat sich – wohl auch als Reaktion auf die Kinkel-Initiative – in zwei Lager gespalten:

Bereits Ende *Oktober 1992* hat *Karl-Heinz Dellwo* – auch im Namen seiner Celler Mitgefangenen Lutz Taufer und Knut Folkerts sowie anderer RAF-Häftlinge – schriftlich erklärt:

> »Keiner von uns wird nach seiner Freilassung zum bewaffneten Kampf zurückkehren.«

Diese Äußerung geht erheblich über den vorläufigen Gewaltverzicht im sogenannten April-Papier hinaus und ist, wie sich alsbald zeigt, mit den Illegalen der RAF abgesprochen. Mit der Erklärung soll die baldige Entlassung weiterer RAF-Gefangener ermöglicht werden. Dem gleichen Ziel dienen die Bemühungen des Rechtsanwalts Hans-Christian Ströbele, der im *Frühjahr 1993* – in Absprache mit den RAF-Gefangenen in der Vollzugsanstalt Celle (Dellwo, Taufer und Folkerts) – Gespräche mit Daimler-Chef Edzard Reuter und Ignaz Bubis, dem Zentralratsvorsitzenden der Juden in Deutschland, führt.

Demgegenüber lehnt der »harte Kern« der RAF-Häftlinge um Brigitte Mohnhaupt und Helmut Pohl jedes Zugeständnis an den Staat ab. Sie verstehen Dellwos Erklärung und die Bemühungen von Rechtsanwalt Ströbele als »Deal mit dem Staat« und als »Verrat« an der Geschichte der RAF. Als erster reagiert Helmut Pohl im *August 1993* mit einer schriftlichen Erklärung, in welcher er betont, er werde »einen teufel tun, den bewaffneten kampf abzusagen!«. Noch extremer äußert sich Brigitte Mohnhaupt. In einem Brief, der am *28. Oktober 1993* in der Frankfurter Rundschau veröffentlicht wird, spricht sie erstmals von Trennung und einem *»Bruch«* in der RAF.

In dem Papier, das auch im Namen von Irmgard Möller, Hanna Krabbe, Christine Kuby, Sieglinde Hofmann, Rolf Heißler, Rolf Klemens Wagner, Eva Haule, Adelheid Schulz, Christian Klar und Helmut Pohl abgegeben wird, schreibt Mohnhaupt u.a.:

> »Wir machen jetzt eine Sache offen, die für uns der Bruch ist im Zusammenhang der Gefangenen und in der politischen Beziehung zur RAF. ... Seit Mai haben die Gefangenen in Celle die Abwicklung der RAF und Gefangenen in Gang gesetzt, mit Einverständnis der Illegalen. ... Wir sollten vor vollendeten Tatsachen stehen, friß oder stirb.

> Genau in dieser Bedeutung: Wer dann nicht ‚mitmacht', bleibt für immer im Knast. ... Auf die eine oder andere Weise waren wir alle Einsatzmaterial im Deal. Diesen Fahrplan schneiden wir jetzt ab.«

Schon am *29. Oktober 1993* antwortet Karl-Heinz Dellwo für die Celler RAF-Gefangenen. Er weist die Vorwürfe Mohnhaupts zurück und spricht ebenfalls von einem »*Bruch*« innerhalb der Gruppe:

> »Wir haben weder Reuter noch Kohl noch sonst jemand einen Deal angetragen, wir haben auch keine ‚Abwicklung' betrieben, schon gar nicht ist eine ‚Gesamtlösung« an irgend jemand herangetragen worden ... Der Bruch in der Gefangenengruppe hat seine Vorgeschichte, die lange in die Vergangenheit zurückreicht ... Es ist falsch und Brigitte weiß es, wenn sie behauptet, ihr Leben und ihr Kampf hätten hinter ihrem Rücken abgewickelt werden sollen. Was Brigitte Mohnhaupt erzählt ist die Simulation von Wirklichkeit ... In diesem Abspaltungsprozess wird alles Negative auf uns und die RAF abgeladen, alles Positive für sich reklamiert.«

Am *2. November 1993* melden sich schließlich auch die *Illegalen* zu Wort. Den Brief Mohnhaupts vom 28. Oktober 1993 bezeichnen sie als »spaltungserklärung« und »versuchten todesstoß ... gegen die raf«. Ihr Schreiben enthält folgende Passagen:

> »antwort auf die spaltungserklärung vom 28.10.93
>
> an die gefangenen aus der raf, die sich dahinter gestellt haben ... es hat nie irgendwelche geheimverhandlungen zwischen uns und dem staat gegeben. es ging in unseren überlegungen nie darum, den bewaffneten kampf für die freiheit der politischen gefangenen zu ‚verdealen'. alle behauptungen, die das gegenteil suggerieren, sind dreck, unwahr. ... es entspricht nicht unserer verantwortung aus 23 jahren kampf der raf, die raf unter allen umständen ins nächste jahrtausend zu retten. ... das hat nichts mit der aufgabe der option auf bewaffneten kampf zu tun. die freude von staat und kapital über den politischen todesstoss, der eure erklärung gegen die raf sein sollte, kommt zu früh. wir werden solange die verantwortung, die wir als raf haben, tragen, bis das neue herausgefunden worden ist. ob das dann weiter raf heisst oder die transformation der raf innerhalb einer neuformierung der revolutionären linken, ist uns völlig egal. es gab in der letzten zeit einen neuen anlauf zur mobilisierung für eure freiheit von genossInnen mit einer neuen haltung, die viele befreiend fanden gegenüber der alten geschichte von fraktionierungen, der unfähigkeit, mit inhaltlichen, politischen widersprüchen umzugehen...
> WIR HALTEN ES FÜR NOTWENDIG, MIT DIESER HINTERLASSENSCHAFT EINEN BEWUSSTEN BRUCH ZU MACHEN! ...
> wir fordern euch auf – und das ist unser ernst – jetzt einen moment innezuhalten. kommt zur besinnung! auch wenn ihr dabei über eueren schatten springen müsst. ... vielleicht ist dies – wenn überhaupt – die letzte möglichkeit für was anderes. es liegt nun an euch.«

Am *6. März 1994* unterstreichen die *Illegalen* dann noch einmal in einer öffentlichen Erklärung, dass die Gruppe weiterhin auf Anschläge gegen Repräsentanten von Staat und Wirtschaft verzichten und stattdessen eine »soziale Gegenmacht von unten aufbauen« wolle. Abschließend schreiben sie:

> »wir sind in der entwicklung der letzten jahre bis hin zur spaltung auf den boden der realität geknallt. wir haben es als politischer zusammenhang gefangene/raf nicht ge-

schafft, die erfahrungen aus 23 jahren kampf in diesen prozess gemeinsam einzubringen. das ist eine niederlage. von der sozialen kenntlichkeit unseres kampfes sind wir alle – raf und gefangene – weiter entfernt als die jahre zuvor. das zu ändern, wird neue anläufe brauchen.«

4. Weitere Haftentlassungen

In der Folgezeit werden entsprechend der Kinkel-Initiative weitere RAF-Inhaftierte freigelassen, die zu lebenslanger Freiheitsstrafe verurteilt worden sind:

- Bernd *Rössner* am 29.4.1994 (nach ca. 19 Jahren Haft),
- Irmgard *Möller* am 1.12.1994 (nach ca. 22 Jahren Haft),
- Christine *Kuby* am 21.2.1995 (nach ca. 17 Jahren Haft),
- Lutz *Taufer* am 26.4.1995 (nach ca. 20 Jahren Haft),
- Karl-Heinz *Dellwo* am 10.5.1995 (nach ca. 20 Jahren Haft),
- Knut *Folkerts* am 13.11.1995 (nach ca. 18 Jahren Haft)[189] und
- Hanna *Krabbe* am 10.5.1996 (nach ca. 21 Jahren Haft).

5. Das Auflösungsschreiben der RAF

Ende Mai 1996 wird ein Interview mit *Helmut Pohl* veröffentlicht, in welchem er sich abschließend für das Ende der RAF ausspricht. U.a. heißt es in dem Interview:

»Die Zäsur, wie wir sie gewollt haben, ist überhaupt nicht gemacht worden. In unserer Vorstellung war die Zäsur das Stichwort für eine Transformierung von dem, was die RAF früher war, zu einer politischen Kraft, die auf die neue politische Situation einwirken kann. Und das ist nicht gelungen. ...
Ich finde es auch nötig, dass die Illegalen ihre Auflösung als RAF erklären.«

Auf diese Empfehlung reagieren die Illegalen knapp zwei Jahre später:

Am *20. April 1998* geht bei der Nachrichtenagentur Reuters ein Brief ein, in welchem die in Freiheit befindlichen RAF-Angehörigen ein letztes Papier veröffentlichen. In dem achtseitigen Schreiben erklären sie einleitend – wie von Pohl gefordert – die Auflösung der RAF:

---

189 Teil dieser ca. 18 Jahre Haft sind jene knapp 13 Monate, die Knut Folkerts u.a. wegen des Mordes an Arie Kranenburg in Holland inhaftiert war. Das diesbezügliche Urteil des Gerichts in Utrecht vom 20.12.1977 lautete auf 20 Jahre Gefängnis (vgl. S. 159). Seit Jahren versucht die niederländische Justiz - bislang vergeblich -, die restliche Haft aus dem Urteil vom 20.12.1977 zu vollstrecken (vgl. S. 300).

Vor fast 28 Jahren am 14. Mai 1970 entstand in einer Befreiungsaktion die RAF. Heute beenden wir dieses Projekt. Die Stadtguerilla in Form der RAF ist nun Geschichte.

Wir, das sind alle, die bis zuletzt in der RAF organisiert gewesen sind.
Wir tragen diesen Schritt gemeinsam.
Ab jetzt sind wir - wie alle anderen aus diesem Zusammenhang - ehemalige Militante der RAF.

Wir stehen zu unserer Geschichte.
Die RAF war der revolutionäre Versuch einer Minderheit - entgegen der Tendenz dieser Gesellschaft - zur Umwälzung der kapitalistischen Verhältnisse beizutragen.
Wir sind froh, Teil dieses Versuchs gewesen zu sein.

Das Ende dieses Projekts zeigt, daß wir auf diesem Weg nicht durchkommen konnten. Aber es spricht nicht gegen die Notwendigkeit und Legitimation der Revolte. Die RAF ist unsere Entscheidung gewesen, uns auf die Seite derer zu stellen, die überall auf der Welt gegen Herrschaft und für Befreiung kämpfen. Für uns ist diese Entscheidung richtig gewesen.

Abschließend heißt es:

Wir denken an alle, die überall auf der Welt im Kampf gegen Herrschaft und für Befreiung gestorben sind. Die Ziele, für die sie sich einsetzten, sind die Ziele von heute und morgen - bis alle Verhältnisse umgeworfen sind, in denen der Mensch ein erniedrigtes, ein geknechtetes, ein verlassenes, ein verächtliches Wesen ist. Ihr Tod ist schmerzlich aber niemals umsonst. Sie leben in den Kämpfen und der Befreiung der Zukunft weiter.

Wir werden die Genossinnen der palästinensischen Befreiungsfront PFLP nie vergessen, die im Herbst 1977 in internationaler Solidarität beim Versuch, die politischen Gefangenen zu befreien, ihr Leben liessen.
Wir wollen heute besonders an alle erinnern, die sich hier dafür entschieden, im bewaffneten Kampf alles zu geben und in ihm gestorben sind.
Unsere Erinnerung und unsere ganze Achtung gilt denen, deren Namen wir nicht nennen können, weil wir sie nicht kennen,
und

Petra Schelm	Wilfried Böse	Elisabeth van Dyck
Georg von Rauch	Ulrike Meinhof	Juliane Plambeck
Thomas Weißbecker	Jan-Carl Raspe	Wolfgang Beer
Holger Meins	Gudrun Ensslin	Sigurd Debus
Katharina Hammerschmidt	Andreas Baader	Johannes Timme
Ulrich Wessel	Ingrid Schubert	Jürgen Peemöller
Siegfried Hausner	Willi-Peter Stoll	Ina Siepmann
Werner Sauber	Michael Knoll	Gerd Albartus
Brigitte Kuhlmann		Wolfgang Grams

Die Revolution sagt:
ich war
ich bin
ich werde sein

Rote Armee Fraktion

März 1998

„Am selben Abend erhalte ich in den ARD-Tagesthemen in einem Live-Gespräch mit Ulrich Wickert die Gelegenheit, das an diesem Tag eingegangene Auflösungsschreiben der RAF zu bewerten. Dabei bringe ich zum Ausdruck, dass ich nach diesem, aus meiner Sicht authentischen Schreiben vom endgültigen Ende der RAF überzeugt bin. Zwar hätten wir Ermittler schon zweimal - nämlich 1972 und 1982, als jeweils die führenden Köpfe der Terrorgruppe verhaftet wurden - vergeblich gehofft, dies sei das Ende der RAF. Damals habe es aber keine derartige Auflösungserklärung der Gruppe gegeben."

Auch in der Presse wird nach diesem Schreiben der Gruppe allgemein angenommen, dass sich die RAF wirklich aufgelöst hat und nicht mehr existiert.

Tatsächlich werden in der Folgezeit keinerlei Aktionen bekannt, die Parallelen zu früheren Straftaten der RAF aufweisen würden oder – etwa durch ein Bekennerschreiben – ausdrücklich im Namen der RAF begangen worden wären. Dementsprechend beendet das Bundeskriminalamt seine Plakatfahndung »Terroristen«, mit der seit 1970 regelmäßig nach Mitgliedern der Baader-Meinhof-Bande und der RAF gesucht worden ist.

Der Umstand, dass sich im Laufe der Jahre vermeintliche RAF-Angehörige – wie Christoph Seidler, Barbara Meyer und Sabine Callsen[190] – den Ermittlungsbehörden stellen, verstärkt die Annahme, dass die RAF ihren »bewaffneten Kampf« tatsächlich aufgegeben hat.

6. Erneute Haftentlassungen

Im Laufe der Zeit werden weitere »Lebenslängliche« der RAF entlassen, darunter auch solche, die zu Beginn der 90-er Jahre noch zu den Hardlinern der RAF gezählt wurden. Freigelassen werden:
- Peter-Jürgen *Boock* am 13.3.1998 (nach ca. 17 Jahren Haft),
- Helmut *Pohl* am 1.6.1998 (nach ca. 14 Jahren Haft),
- Adelheid *Schulz* am 19.10.1998 (nach ca. 16 Jahren Haft),
- Stefan *Wisniewski* am 1.3.1999 (nach ca. 21 Jahren Haft) und
- Sieglinde *Hofmann* am 5.5.1999 (nach 19 Jahren Haft).

7. Gibt es die RAF doch noch?

Neben der Reaktion der Häftlinge um Brigitte Mohnhaupt während der Diskussion um den »Bruch« sprechen zunächst folgende Ereignisse gegen ein Ende der RAF:

---

190 Christoph Seidler stellt sich den deutschen Ermittlungsbehörden am 22.11.1996 und wird nach wenigen Stunden freigelassen; der Haftbefehl gegen ihn wegen des Verdachts der Beteiligung am Herrhausen-Attentat wird aufgehoben. Barbara Meyer meldet sich am 11.5.1999 bei der deutschen Botschaft im Libanon und wird bis Oktober 1999 inhaftiert; die Ermittlungen gegen sie werden Ende des Jahres 2000 eingestellt. Sabine Callsen stellt sich den deutschen Ermittlungsbehörden am 7.3.2003; der gegen sie bestehende Haftbefehl wird gegen Auflagen außer Vollzug gesetzt.

Der Raubüberfall in Duisburg

Am *30. Juli 1999* überfallen mehrere vermummte Täter in Duisburg-Rheinhausen einen Geldtransport und erbeuten mehr als 1 Million DM.

Die kriminaltechnische Untersuchung von Abriebspuren im Fluchtfahrzeug und von Speichelresten an einer bei dem Raub verwendeten Gesichtsmaske ergibt, dass diese molekulargenetischen Spuren (die auch als »genetischer Fingerabdruck« bezeichnet werden) den RAF-Angehörigen *Daniela Klette* und *Ernst-Volker Staub* zuzuordnen sind. Aufgrund dieser DNA-Spuren geht die Bundesanwaltschaft davon aus, dass die Beteiligten dieses Raubüberfalls eine »neue RAF-Gruppe« gebildet haben. In den Medien ist allerdings davon die Rede, dass hinsichtlich dieses Überfalls »von einem revolutionären Anspruch ... nichts bekannt« geworden sei.

Die Schießerei in Wien

Andrea Klump und *Horst Ludwig Meyer* leben auch nach der Auflösungserklärung der RAF im illegalen Untergrund. Beide wohnen seit Herbst 1995 unter falschen Namen zur Untermiete in Wien.

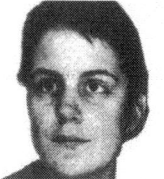 

Andrea Martina KLUMP   **Horst Ludwig MEYER**

Im September 1999 verfügen beide – wie bei der RAF üblich – über verfälschte Ausweispapiere, die mit ihren Lichtbildern versehen sind. Horst Ludwig Meyer ist weiterhin im Besitz einer Pistole, die er regelmäßig bei sich führt, um sich – wie bei der RAF üblich – bei einer drohenden Festnahme den Weg freischießen zu können.

Am *15. September 1999* erhält die Polizei in Wien einen Hinweis auf ein verdächtig erscheinendes Paar, das wohl dabei ist, eine Bank auszuspähen. Es handelt sich um Klump und Meyer. Als die Besatzung eines Funkstreifenwagens die beiden kontrollieren will, zieht Meyer seine Pistole und schlägt einer Polizeibeamtin deren Waffe aus der Hand, um sie sofort an sich zu nehmen. Auf der anschließenden Flucht eröffnet Meyer das Feuer, als er bemerkt, dass die Polizeibeamten die Verfolgung aufgenommen haben. Nun schießen auch die österreichischen Beamten. Einer von ihnen wird durch die Schüsse Meyers verletzt. Meyer selbst erleidet ebenfalls eine Schussverletzung und bricht zusammen. Als *Andrea Klump* dies bemerkt, kehrt sie zu Meyer zurück und lässt sich widerstandslos festnehmen.[191] *Horst Ludwig Meyer* stirbt alsbald.

In den folgenden Jahren werden keine weiteren Straftaten publik, an denen ehemalige RAF-Angehörige beteiligt gewesen wären oder zu denen sich eine Gruppierung namens RAF bekannt hätte. Dies lässt folgende Bewertung zu:

Entsprechend der Auflösungserklärung vom 20. April 1998 haben die Mitglieder der RAF nicht nur das Ende der RAF beschlossen, sondern diese Entscheidung auch in die Tat umgesetzt. Hierfür spricht vor allem der Umstand, dass seither kein einziges RAF-Attentat mehr verübt worden ist. Es ist – im Gegensatz zur Einschätzung der Bundesanwaltschaft – auch keine »lebensfremde Annahme«, dass es sich bei dem Raubüberfall vom 30. Juli 1999 in Bochum sowie bei der Bankausspähung am 15. September 1999 in Wien um pure Geldbeschaffungsaktionen handelt, die »normale Schwerkriminelle ohne revolutionäres Ziel« verübt haben. Damit hat jener Journalist recht behalten, der bereits 1999 geschrieben hat:

»Die RAF ist Geschichte, keine Bedrohung mehr!«

8. Letzte Haftentlassungen

In den nächsten Jahren werden weitere RAF-Gefangene, die zu lebenslangen Freiheitsstrafen verurteilt worden sind, auf Bewährung[192] aus der Haft entlassen, und zwar

- Rolf Heißler am 24.10.2001 (nach ca. 26 Jahren Haft),[193]
- Rolf Klemens Wagner am 9.12.2003 (nach ca. 24 Jahren Haft),
- Brigitte Mohnhaupt am 25.3.2007 (nach ca. 24 ½ Jahren Haft),
- Eva Haule am 17.8.2007 (nach ca. 21 Jahren Haft),

---

191 Andrea Klump wird am 23.12.1999 an die Bundesrepublik Deutschland ausgeliefert und durch Urteile des OLG Stuttgart vom 15.5.2001 und 28.9.2004 wegen der versuchten Anschläge von Rota und Budapest zu einer Gesamtfreiheitsstrafe von 12 Jahren verurteilt.

192 Zu erwähnen ist, dass bislang kein einziges ehemaliges RAF-Mitglied, das nach Verbüßung einer lebenslangen Freiheitstrafe auf Bewährung aus der Haft entlassen wurde, während der Bewährungszeit rückfällig geworden ist.

193 Heißler verbüßte zunächst die gegen ihn verhängte Freiheitsstrafe von 8 Jahren ab seiner Festnahme am 5.6.1971 bis zu seiner Freipressung im Rahmen der Lorenz-Entführung am 3.3.1975 sowie den Rest dieser zeitigen und eine zusätzliche lebenslange Freiheitsstrafe nach seiner erneuten Verhaftung am 9.6.1979.

- Christian Klar am 19.12.2008 (nach gut 26 Jahren Haft) und schließlich
- Birgit Hogefeld am 20.6.2011 (nach rund 18 Jahren).

Während die meisten dieser Haftentlassungen nur wenig Aufmerksamkeit in der Öffentlichkeit erregen, prägt die Diskussion über eine eventuelle **Freilassung von Christian Klar** im Jahr 2006 die Schlagzeilen der Medien:

Nach einem Fernsehinterview mit Günter Gaus im November 2001, in dem er sich auch zum Thema „Schuldbewusstsein und Reue" geäußert hatte,[194] stellt Christian Klar im Jahr 2003 ein Gnadengesuch an Bundespräsident Johannes Rau mit dem Ziel einer Haftentlassung. In dem Gesuch schreibt er u.a.: *„Selbstverständlich muss ich eine Schuld anerkennen. Ich verstehe die Gefühle der Opfer und bedaure das Leid dieser Menschen."*

Ende 2006/Anfang 2007 verursacht das **Gnadengesuch** von Christian Klar einen Medienwirbel, als bekannt wird, dass Bundespräsident Horst Köhler dabei sei, über das Gesuch zu entscheiden. Mehrere Personen - darunter Waltrude Schleyer, die Witwe von Hanns Martin Schleyer, und zunächst auch Michael Buback,[195] der Sohn des ermordeten Generalbundesanwalts - sprechen sich gegen eine gnadenweise Haftentlassung Klars aus, weil dieser kein öffentliches Schuld- oder Reuebekenntnis abgelegt und auch nicht zur Aufdeckung von unaufgeklärten Attentaten der RAF beigetragen habe.

---

194 Auf die Frage, ob er in Bezug auf die Opfer der RAF ein Schuldbewusstsein habe oder Reue empfinde, erklärte Klar: *„In dem politischen Raum, vor dem Hintergrund von unserem Kampf sind das keine Begriffe."*.
195 Artikel von Michael Buback *„Fremde, ferne Mörder"*, Süddeutsche Zeitung vom 24.1.2007.

> „Auch ich spreche mich in der öffentlichen Diskussion mit Nachdruck gegen eine Begnadigung von Christian Klar und für seine Freilassung nach Ablauf der vom Gericht festgelegten Mindestverbüßungszeit aus, und zwar mit folgender Begründung:[196]
> Neben der gerichtlichen Haftentlassung[197] kommt bei zu lebenslanger Freiheitsstrafe Verurteilten eine Freilassung auch durch Gnadenakt in Betracht. Ein solcher Gnadenerweis ist keine justizförmige, sondern eine politische Entscheidung, die allein vom dafür Zuständigen[198] zu verantworten ist. Gleichwohl haben sich gewisse „Spielregeln" entwickelt, ob und wie Begnadigung gewährt werden sollte. So soll ein Gnadenerweis die große Ausnahme sein und nur dann in Betracht kommen, wenn sich das vom Gericht verhängte Urteil im Nachhinein als korrekturbedürftig erweist. Dies gilt insbesondere auch für die gnadenweise Strafaussetzung auf Bewährung.[199] Bei Christian Klar sind derartige neue Umstände (etwa Reue, Schuldeingeständnis etc.), welche die Entscheidung des OLG Stuttgart über die Festlegung der Mindestverbüßungszeit von 26 Jahren als korrekturbedürftig hätten erscheinen lassen, nicht vorhanden."

Durch Entscheidung vom 7. Mai 2007 lehnt Bundespräsident Köhler es ab, Christian Klar gnadenweise auf Bewährung aus der Haft zu entlassen. Klar, der wie alle anderen RAF-Verurteilten nicht mehr als gefährlich eingestuft wird, kommt deshalb - entsprechend der gerichtlichen Entscheidung - am 19. Dezember 2008 bei einer Bewährungszeit von 5 Jahren auf freien Fuß.

Nach der Haftentlassung von Birgit Hogefeld am 20. Juni 2011 befindet sich zum ersten Mal seit den Anfängen der RAF kein einziges ihrer Mitglieder mehr in Haft.

Insgesamt hat die bundesdeutsche Justiz 517 Personen wegen Mitgliedschaft in der RAF verurteilt und 914 wegen deren Unterstützung.[200] 26 dieser RAF-Angehörigen sind zu lebenslanger Freiheitsstrafe verurteilt worden, darunter auch Gudrun Ensslin, Andreas Baader und Jan-Carl Raspe, die in Stammheim Selbstmord begangen haben. Aus der nachfolgenden Übersicht ergibt sich, dass die übrigen 23 „Lebenslänglichen" - je nach Schwere der Tat, teilweise auch aus gesundheitlichen Gründen - Haftstrafen zwischen 12 und 26 Jahren verbüßt haben, bis sie durch Gerichtsentscheid oder Gnadenerlass wieder auf freien Fuß kamen; danach liegt die durchschnittliche Haftdauer bei „RAF-Lebenslänglichen" bei 19,1 Jahren.

---

196 vgl. „Gnade vor Recht", ZRP 2008, 84 ff.
197 Vgl. S. 282/283
198 Das Gnadenrecht fällt grundsätzlich in die Kompetenz der Bundesländer, und zwar bei lebenslangen Freiheitsstrafen in die des jeweiligen Ministerpräsidenten. Nur bei Fällen, die - wie Verfahren gegen Terroristen - in die Verantwortlichkeit des Bundes fallen, ist der Bundespräsident zuständig.
199 So heißt es in § 27 der baden-württembergischen Gnadenordnung: *„Die gnadenweise Aussetzung von Strafen kommt grundsätzlich nur dann in Betracht, wenn besondere Umstände vorliegen, die erst nachträglich bekannt geworden oder eingetreten sind und nicht mehr bei der gerichtlichen Entscheidung berücksichtigt werden konnten oder die so außergewöhnlich sind, dass sie eine über die gesetzlichen Aussetzungsvorschriften hinausgehende Vergünstigung angezeigt erscheinen lassen."*.
200 Vgl. Michael Sontheim aaO S. 8.

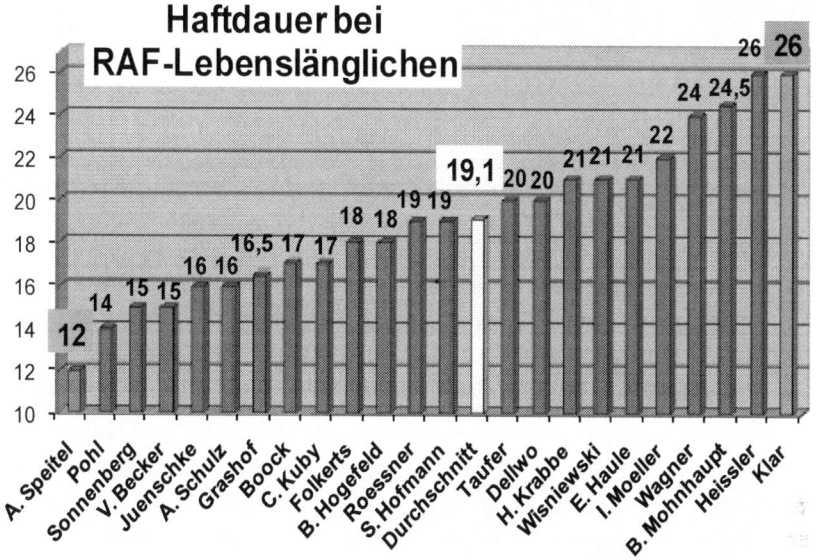

9. *Haftentlassung und weitere Verurteilung*

Ehemalige RAF-Mitglieder, die sich nach einer Haftverbüßung wieder auf freiem Fuß befinden, können erneut strafrechtlich belangt werden, falls neue Erkenntnisse über ihre Beteiligung an einer weiteren RAF-Straftat bekannt werden. Dabei gilt rechtlich Folgendes:

Hat jemand mehrere Straftaten begangen, so wird grundsätzlich eine einheitliche **Gesamtstrafe** gebildet, die auf höchstens eine lebenslange Freiheitsstrafe lauten kann.[201] Von dieser Regelung gibt es wenige **Ausnahmen**:

– So kommt im Falle einer erneuten Verurteilung eine Gesamtstrafenbildung dann nicht in Betracht, wenn - wie im Fall von Verena Becker - die gegen dieselbe Person **früher erkannte Strafe bereits vollständig vollstreckt**[202] ist. Bei ehemaligen RAF-Angehörigen, die ihre lebenslange Freiheitsstrafe nach Begnadigung oder gerichtlicher Haftentlassung vollständig verbüßt haben, müsste deshalb im Grundsatz eine völlig eigenständige (eventuell wieder lebenslange) Freiheitsstrafe verhängt werden, wenn erst jetzt ihre Beteiligung an einem weiteren RAF-Attentat entdeckt würde. Um dieses als ungerecht empfundene Ergebnis zu vermeiden, ist in solchen Fällen nach der Rechtsprechung des Bundesgerichtshofs[203] grundsätzlich ein **Härteausgleich** zu gewähren. Dabei ist darauf zu achten, dass der Verurteilte nicht schlechter gestellt wird, als wenn er in einem einheitlichen Strafverfahren verurteilt worden wäre. Bei einer bereits vollständig verbüßten lebenslangen Freiheitsstrafe wird das Gericht also zu prüfen haben, wie lange der Verurteilte unter Einbeziehung der weiteren Straftat bei der Bewertung der Schwere seiner Schuld zusätzlich hätte in Haft bleiben müssen; diese Differenz wäre dann bei der erneuten Verurteilung als Strafe zu verhängen.

– Eine Gesamtstrafenbildung scheidet auch aus, wenn eine der **Strafen im Ausland verhängt** wurde.

Aus dem letztgenannten Grund konnte bei der Verurteilung von *Knut Folkerts* am 31. Juli 1980 durch das Oberlandesgericht Stuttgart[204] keine Gesamtstrafe mit dem Urteil des Gerichts in Utrecht vom 20. Dezember 1977 gebildet werden, durch das Folkerts u.a. wegen des Mordes an dem niederländischen Polizeibeamten Kranenburg zu 20 Jahren Gefängnis verurteilt worden war. Dies führte dazu, dass Folkerts, als er am 13. November 1995 nach ca. 18 Jahren Haft auf freien Fuß kam, von den 20 Jahren Freiheitsstrafe, die in Utrecht gegen ihn verhängt worden waren, nur knapp 13 Monate verbüßt hatte.

201 §§ 53 ff. StGB, § 460 StPO.
202 Eine vollständige Vollstreckung einer Freiheitsstrafe liegt vor, wenn der Verurteilte die gegen ihn verhängte Strafe vollständig abgesessen hat oder wenn er nach einer Teilverbüßung auf Bewährung aus der Haft entlassen worden war und ihm die Reststrafe nach Ablauf der Bewährungszeit erlassen wurde.
203 BGH, Beschluss vom 8.12.2009 – 5 StR 433/09.
204 Das Urteil lautet auf lebenslange Freiheitsstrafe wegen Mittäterschaft am Attentat auf Generalbundesanwalt Buback und seine Begleiter am 7.4.1977 sowie am Überfall auf das Waffengeschäft Fischlein am 1.7.1977.

Seit dem Jahr 2001 versucht die niederländische Justiz (bislang vergebens), die restliche Haft von knapp 19 Jahren aus dem Utrechter Urteil zu vollstrecken. Eine Vollstreckung dieser Reststrafe in den Niederlanden scheitert daran, dass eine Auslieferung des Bundesbürgers Knut Folkerts aus Deutschland nur mit seiner Zustimmung möglich ist.[205] Den Antrag, die Reststrafe aus dem niederländischen Urteil in Deutschland zu vollstrecken, lehnt zunächst das Landgericht Hamburg und dann das Hanseatische Oberlandgerichts Hamburg in letzter Instanz durch Beschluss vom 16. Juni 2011 als unzulässig ab. Die Begründung lautet sinngemäß: Bei Einbeziehung der niederländischen Tat wäre Folkerts wegen der Schwere seiner Schuld zwar nicht bereits nach 17, sondern erst nach etwa 20 Jahren Haftverbüßung zur Bewährung entlassen worden; würde aber die in den Niederlanden verhängte Strafe von 20 Jahren eigenständig vollstreckt, ergäbe sich nahezu eine Verdoppelung der Straflänge auf 37 Jahre; dies stelle einen Verstoß gegen den Verhältnismäßigkeitsgrundsatz dar und sei genauso unzulässig, wie eine Änderung der Höhe der niederländischen Strafe durch ein deutsches Gericht. In seiner Entscheidung hat das Landgericht Hamburg zutreffend betont: *„Die gänzliche Verweigerung der Vollstreckungshilfe führt allerdings zu einem unbefriedigenden Ergebnis, weil der Verurteilte nun damit besser steht, als wenn das Verfahren in der Bundesrepublik durchgeführt worden wäre. Denn dann hätte er wegen besonderer Schwere der Schuld ... voraussichtlich noch zusätzlich einige Jahre Freiheitsstrafe verbüßen müssen."*

Joke Kranenburg, die Witwe des ermordeten niederländischen Polizeibeamten, reagiert auf diese Rechtsprechung mit Verbitterung und Zweifeln am Recht:[206]

> „Folkerts hat den Ernährer unserer Familie erschossen. Ich war hochschwanger und hatte ein zweijähriges Kind. Er hat unser Leben nachhaltig beeinträchtigt und nie Reue gezeigt. Ich kann nicht akzeptieren, dass Folkerts für die Ermordung meines Mannes mit wenigen Monaten Haft davonkommt."

Der Umstand, dass Folkerts zur Vollstreckung der Reststrafe des Utrechter Urteils im nichtdeutschen Ausland verhaftet und in die Niederlande ausgeliefert werden könnte, ist für sie kein Trost.

10. Noch mit Haftbefehl Gesuchte

Laut einer Mitteilung der Bundesanwaltschaft vom Oktober 2007 werden noch vier Personen wegen des Verdachts der Mitgliedschaft in der RAF mit Haft-

---

205 § 80 Abs. 3 des Gesetzes über die internationale Rechtshilfe in Strafsachen (IRG).
206 Zitat aus den Recherchen für den SWR-Dokumentarfilm „Die Witwe und der Mörder - Die vergessenen Opfer der RAF", vgl. Fn. 175

befehl gesucht, nämlich Daniela Klette, Ernst-Volker Staub, Burkhard Garwig und Friederike Krabbe.

Klette   Staub   Garwig   Krabbe

IV. Mord verjährt nicht!

Obwohl davon auszugehen ist, dass die RAF unter historischen Aspekten „Geschichte" ist, gehört sie strafrechtlich nicht der Vergangenheit an, solange auch nur eines ihrer Attentate unaufgeklärt ist. In § 78 Abs. 2 StGB heißt es nämlich: „*Verbrechen nach § 211 (Mord) verjähren nicht.*"[207]

Zwar ist es den Strafverfolgungsbehörden - entgegen mancher Vorhersagen - gelungen, viele der RAF-Anschläge einschließlich der Tatbeteiligten vollständig aufzudecken, etwa den Mord an Jürgen Ponto, die Entführung Hanns-Martin Schleyers mit der Ermordung seiner Begleiter in Köln oder das Sprengstoffattentat auf General Haig. Unaufgeklärt sind aber viele der Attentate, die von der 3. Generation der RAF verübt worden sind, etwa:

– der Mord an Ernst Zimmermann am 1. Februar 1985,
– die Ermordung von Karl-Heinz Beckurts und Eckhard Groppler am 9. Juli 1986,
– der Mord an Gerold von Braunmühl am 10. Oktober 1986 oder
– die Ermordung von Alfred Herrhausen am 30. November 1989.

Vor allem ist bis heute auch nicht bekannt, wer am 7. April 1977 die tödlichen Schüsse auf Generalbundesanwalt Siegfried Buback sowie seine Begleiter abgegeben und wer letztlich Hanns-Martin Schleyer erschossen hat. Bezüglich dieser beiden Attentate ergibt sich im Jahr 2007 Neues:

---

207 Bis 8.6.1969 verjährte Mord nach 20, danach nach 30 Jahren. Obwohl die aktuelle Regelung erst am 22.7.1979 in Kraft trat, gilt sie auch für ältere Straftaten, etwa des Deutschen Herbstes 1977.

1. Neue Angaben von Peter-Jürgen Boock

Bis Anfang 2007 ist Boock der Position in seiner „Lebensbeichte" im Jahr 1992[208] treu geblieben, nämlich noch lebende Mitglieder der RAF nicht zu verraten und sie in seinen Aussagen deshalb nur mit Buchstaben zu bezeichnen.

> „Am 13. Februar 2007 ruft mich Peter-Jürgen Boock an, um mir zu sagen, dass er bereit sei, Herrn Michael Buback mitzuteilen, wer für den Mord an dessen Vater, dem damaligen Generalbundesanwalt Siegfried Buback, verantwortlich sei. Diese Information leite ich an die Bundesanwaltschaft weiter. Bei einem weiteren Telefonat am 20. Februar 2007 erklärt Boock auf meinen Hinweis, dass man nach wie vor nicht wisse, wer die Buback-Attentäter am Tatort in Karlsruhe waren und wer Hanns-Martin Schleyer erschossen hat, sinngemäß Folgendes: Das Motorrad, das beim Buback-Attentat benutzt wurde, sei bei der Tat von Günter Sonnenberg gefahren worden; Sozius sei Stefan Wisniewski gewesen. Schleyer müsse entweder von Stefan Wisniewski oder Rolf Heißler[209] - seinen letzten beiden Bewachern - erschossen worden sein. In beiden Fällen sei er aber nur Zeuge vom Hörensagen."

Vergleichbare Angaben macht Peter-Jürgen Boock auch gegenüber der Bundesanwaltschaft, die wegen seiner Aussagen Ermittlungsverfahren gegen Stefan Wisniewski (wegen Verdachts der Beteiligung am Buback-Attentat) und gegen Rolf Heißler (wegen Verdachts der Beteiligung am Schleyer-Mord) einleitet,[210] sowie in einer ARD-Fernsehsendung vom 25. April 2007 mit dem Titel *„Das Opfer und der Täter"*, in der er mit Michael Buback,[211] dem Sohn des ermordeten Generalbundesanwalts, zusammentrifft.

2. Aktivitäten von Michael Buback

Ersichtlich ausgelöst durch die Begegnung mit Peter-Jürgen Boock und vor allem durch dessen Behauptung, Christian Klar sei wohl nicht an dem Attentat auf Generalbundesanwalt Buback beteiligt gewesen, bekommt Michael Buback Zweifel an der Ermittlungsarbeit der Strafverfolgungsbehörden und beginnt mit eigenen Recherchen.

---

208 Vgl. S. 280
209 Rolf Heißler sei also die in der „Lebensbeichte" genannte Person „G".
210 Pressekonferenz von Generalbundesanwältin Harms am 25.4.2007.
211 Bereits am 17.4.2007 hatte Michael Buback in der Süddeutschen Zeitung geschrieben, dass sich der frühere RAF-Angehörige Boock telefonisch bei ihm gemeldet und dabei versichert habe, dass seines Wissens beim Attentat auf Bubacks Vater weder Christian Klar noch Knut Folkert die tödlichen Schüsse abgegeben hätten, vielmehr habe Stefan Wisniewski geschossen und Sonnenberg das Motorrad gefahren.

Zunächst ändert er seine Meinung über die Gnadenwürdigkeit von Christian Klar und spricht sich für dessen gnadenweise Haftentlassung aus.[212] Dann wächst in ihm bezüglich des Attentats auf seinen Vater die Überzeugung, dass nicht - wie von Boock in den Raum gestellt - Stefan Wisniewski als Soziusfahrer die tödlichen Schüsse abgefeuert habe, sondern ein weibliches RAF-Mitglied, nämlich Verena Becker. Darin fühlt er sich bestärkt, als bekannt wird, dass Verena Becker vom Herbst 1981 bis Ende 1983 mit dem Bundesamt für Verfassungsschutz kooperiert hatte.[213]

Das Ergebnis seiner Erfahrungen und Recherchen veröffentlicht er in dem Buch *„Der zweite Tod meines Vater"*. In der Kurzbeschreibung heißt es:

> „Ein Mann verliert das Vertrauen in die Organe des Rechtsstaats und seine Repräsentanten. Er ist nicht irgendjemand: Er ist der Sohn des 1977 von der RAF ermordeten Generalbundesanwalts Siegfried Buback, er ist ein nüchtern analysierender Wissenschaftler. Wodurch ist sein Weltbild so erschüttert worden?
>
> 7. April 1977: Generalbundesanwalt Siegfried Buback und seine zwei Begleiter werden von RAF-Terroristen ermordet. Schnell stehen drei Männer als Täter fest. Jahrzehntelang gab es keinen Anlass, an dieser Darstellung der Ereignisse zu zweifeln. 30 Jahre später: Die Öffentlichkeit streitet um die Begnadigung des für den Buback-Mord verurteilten Christian Klar. Plötzlich tauchen neue Informationen auf. Hat in Wahrheit eine vierte Person die Schüsse auf den Generalbundesanwalt abgefeuert? Wer war der Todesschütze? Michael Buback beginnt Fragen zu stellen. Und stößt auf immer weitere Ungereimtheiten, die mit Ermittlungspannen oder Schlamperei allein nicht zu erklären sind. Wurden Erkenntnisse bewusst unterdrückt? Kann es ein Interesse daran geben, den tatsächlichen Täter zu decken?"

3. Fehlurteile in RAF-Prozessen?

Im Zusammenhang mit Boocks neuen Angaben und Michael Bubacks Recherchen wird die Vermutung geäußert, Christian Klar, Knut Folkerts und Brigitte Mohnhaupt seien in Bezug auf das Buback-Attentat zu Unrecht verurteilt worden. Bei der Frage der **Tatbeteiligung** kommt es aber nicht darauf an, ob jemand am eigentlichen Tatgeschehen mitgewirkt hat. Ausreichend ist vielmehr, wenn jemand - im Sinne einer arbeitsteiligen Vorgehensweise - an der Planung und Vorbereitung der Tat (wie Folkerts und Klar bezüglich der Beschaffung von Tatfahrzeugen oder Mohnhaupt bezüglich der Umsetzung des „Margarine"-

---

212 Artikel von Michael Buback *„Gnade für Christian Klar"*, Süddeutsche Zeitung vom 18.4.2007.
213 Wolfgang Kraushaar *„Verena Becker und der Verfassungsschutz"*, S. 135. In Bezug auf das Buback-Attentat soll Verena Becker seinerzeit ausgesagt haben, Günter Sonnenberg habe das Motorrad gefahren, Stefan Wisniewski als Soziusfahrer geschossen und Christian Klar das Fluchtfahrzeug gesteuert (vgl. Michael Sontheimer aaO S. 147, 176).

Plans) beteiligt war, somit auf das Tatgeschehen Einfluss genommen hat. Dies hat weder mit Kollektivschuld noch mit einer besonderen Rechtsprechung für RAF-Taten etwas zu tun, sondern entspricht der allgemeinen Handhabung unseres Strafrechts. Dementsprechend wurde bisher weder ein Fehlurteil gegen ein RAF-Mitglied festgestellt noch von einem Verurteilten per Antrag auf ein Wiederaufnahmeverfahren geltend gemacht.

4. Der neue Prozess gegen Verena Becker

Verena Becker,[214] die nach ihrer Verurteilung zu einer lebenslangen Freiheitsstrafe wegen der Mordversuche an Polizeibeamten am 3. Mai 1977 in Singen durch Gnadenakt zum 30. November 1989 auf Bewährung freigelassen wurde, stand bereits 1977 im Verdacht, an dem Mordanschlag auf Generalbundesanwalt Buback am 7. April 1977 beteiligt gewesen zu sein. So wurden bei der Festnahme von Verena Becker und 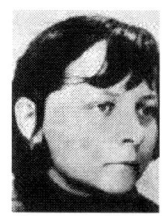 Günter Sonnenberg am 3. Mai 1977 Gegenstände sichergestellt, die auf das Buback-Attentat hinweisen, nämlich das Selbstladegewehr Heckler & Koch 43, mit dem Siegfried Buback sowie seine Begleiter Wurster und Göbel erschossen worden waren, sowie ein Schraubenzieher, der wohl zu dem bei der Tat benutzten Motorrad gehörte. Alleine diese Umstände reichten zunächst nicht aus, um eine Tatbeteiligung von Verena Becker am Buback-Attentat anzunehmen.

Im Jahr 2009 wird aber aufgrund von DNA-Analysen festgestellt, dass Verena Becker an drei Umschlägen, mit denen die Tatbekennung der RAF zum Buback-Attentat versandt worden waren, Speichelanhaftungen hinterlassen hatte. Bei einer anschließenden Durchsuchung ihrer Wohnung wird außerdem ein Papier sichergestellt, auf dem Becker unter dem Datum 7. April 2008 - also dem 31. Jahrestag des Buback-Attentats - Folgendes notiert hat:[215] *„Nein, ich weiß nicht, wie ich für Herrn Buback beten soll. Ich habe kein wirkliches Gefühl für Schuld und Reue. Natürlich würde ich es heute nicht mehr machen - aber ist das nicht armselig so zu denken und zu fühlen?*

Aufgrund dieser neuen Sachlage wird Verena Becker am 27. August 2009 wegen des Verdachts, Mittäterin des Buback-Attentats gewesen zu sein, inhaftiert. Am 23. Dezember 2009 setzt der BGH den gegen sie erlassenen Haftbe-

---

214 Verena Becker befand sich zunächst vom 21.7.1972 bis zu ihrer Freipressung im Rahmen der Lorenz-Entführung am 3.3.1975 und dann wieder nach ihrer Festnahme in Singen am 3.5.1977 in Haft. Die 6-jährige Freiheitsstrafe durch das LG Berlin vom 21.12.1974 hat sie vollständig verbüßt, von der lebenslangen Freiheitsstrafe wegen der Mordversuche an Polizeibeamten in Singen insgesamt 9 Jahre, 1 Monat und 3 Wochen.
215 Vgl. Michael Sontheimer aaO S. 184 f.

fehl außer Vollzug, weil lediglich der dringende Verdacht der Beihilfe und nicht der Mittäterschaft gegeben sei. Gleichwohl erhebt die Bundesanwaltschaft im April 2010 Anklage gegen Verena Becker wegen mittäterschaftlicher Beteiligung am Buback-Attentat.

> **Mittäterschaft oder Beihilfe?**
> Die Frage, ob jemand als Mittäter oder nur als Gehilfe an einer Straftat beteiligt gewesen ist, wirkt sich vor allem bei der zu verhängenden Strafhöhe aus. Bei der Beihilfe ist die Strafe nämlich zu mildern. So liegt der Strafrahmen für Beihilfe zum Mord zwischen 3 Jahren und lebenslanger Freiheitsstrafe, während der Mittäter eines Mordes immer mit „Lebenslang" zu bestrafen ist. Ob das Verhalten eines Straftäters als Mittäterschaft oder als Beihilfe einzustufen ist, hängt davon ab, ob sich sein Verhalten nach Bewertung aller Umstände - insbesondere von Tatherrschaft und Tatinteresse - als bloße Förderung fremden Tuns (dann Beihilfe) oder als Teil der Tätigkeit aller Tatbeteiligten darstellt (dann Mittäterschaft).[216]

Am 30. September 2010 beginnt vor dem OLG Stuttgart der neue Prozess gegen Verena Becker. Nahezu alle ehemaligen RAF-Mitglieder machen bei ihrer Zeugenvernehmung von ihrem Auskunftsverweigerungsrecht[217] Gebrauch und schweigen; sie fühlen sich offensichtlich immer noch an das Schweigegebot der RAF gebunden.

5. Die „Omertà" der RAF

„*Omertà*" ist das Schweigegelübde, das kriminelle Gruppierungen wie die Mafia ihren Mitglieder auferlegen und sie dazu verpflichten, über die Aktivitäten und Personen der Gruppe den Mund zu halten - insbesondere gegenüber Polizei und Justiz. Ein solches Schweigegebot galt auch innerhalb der RAF. So heißt es in einem Rundbrief an inhaftierte RAF-Angehörige im Jahr 1973:

---

216 Im Laufe der Jahre sind - mit Ausnahme von Siegfried Haag bezüglich des Stockholm-Anschlags, Sigrid Sternebeck bezüglich des Schleyer-Attentats und Ingrid Jakobsmeier bezüglich des Kroesen-Attentats - alle RAF-Mitglieder, die an einem Attentat der Gruppe mitgewirkt haben, nicht als Gehilfen, sondern als Mittäter verurteilt worden.
217 § 55 StPO: „*Jeder Zeuge kann die Auskunft auf solche Fragen verweigern, deren Beantwortung ihm selbst ... die Gefahr zuziehen würde, wegen einer Straftat ... verfolgt zu werden*". Durch die Rechtsprechung des BGH - zuletzt durch Beschluss vom 30.6.2011 in Bezug auf die Zeugen Siegfried Haag und Roland Mayer im Prozess gegen Verena Becker (StB 8 und 9/11) - ist dieses Auskunftsverweigerungsrecht bei früheren RAF-Mitgliedern so ausgedehnt worden, dass Beugemaßnahmen zur Erzwingung von Aussagen praktisch ausgeschlossen sind.

„Keiner spricht mit Bullen. Kein Wort."

Zwar haben sich einzelne ehemalige RAF-Mitglieder über diese „Omertà" hinweg gesetzt, etwa die DDR-Aussteiger und Kronzeugen oder Peter-Jürgen Boock. Andere versuchen hingegen, die Mauer des Schweigens aufrecht zu erhalten. So heißt es in einem Artikel, der am 7. Mai 2010 in der Tageszeitung *„junge Welt"* veröffentlicht wird und *„von einigen, die zu unterschiedlichen Zeiten in der RAF waren"*, verfasst ist, u.a.:

> „Von uns keine Aussagen ...
> Wenn von uns niemand Aussagen gemacht hat, dann nicht, weil es darüber eine besondere ‚Absprache' in der RAF gegeben hätte, sondern weil das für jeden Menschen mit politischem Bewußtsein selbstverständlich ist. Eine Sache der Würde, der Identität - der Seite, auf die wir uns gestellt haben. Keine Aussagen zu machen, ist keine Erfindung der RAF. Es hat die Erfahrung der Befreiungsbewegungen und Guerillagruppen gegeben, daß es lebenswichtig ist, in der Gefangenschaft nichts zu sagen, um die, die weiterkämpfen, zu schützen . ... Genauso ist es für uns in der RAF eine notwendige Bedingung gewesen, daß niemand Aussagen macht. ... Aber auch so. Wir machen keine Aussagen, weil wir keine Staatszeugen sind, damals nicht, heute nicht."

Mit dieser Erneuerung des Schweigegebots - insbesondere aber mit folgender Passage des Artikels vom 7. Mai 2010 - verweigern die ehemaligen RAF-Mitglieder die Übernahme von persönlicher Schuld und verstecken sich hinter dem Kollektiv RAF:

> „Die Aktionen der RAF sind kollektiv diskutiert und beschlossen worden, wenn wir uns einig waren. Alle, die zu einer bestimmten Zeit der Gruppe angehört und diese Entscheidungen mitgetragen haben, haben natürlich auch die Verantwortung dafür."

Natürlich ist ein solches Schweigen - jedenfalls strafrechtlich - gerechtfertigt, wenn man sich sonst der Gefahr einer strafrechtlichen Ahndung aussetzen würde. Wem zum Beispiel aber von den Stockholm-Attentätern, die alle rechtskräftig verurteilt sind, droht eine solche Gefahr, wenn er die Frage von Opferangehörigen beantworten würde, wer am 24. April 1975 die tödlichen Schüsse auf die Botschaftsangehörigen Andreas von Mirbach und Dr. Heinz Hillegaart abgegeben hat?

Gerade unter dem Aspekt, dass gegenüber den Angehörigen von RAF-Opfern eine moralische Verantwortung besteht, appelliert die frühere RAF-Angehörige Silke Maier-Witt am 25. April 2011 im Prozess gegen Verena Becker sinngemäß wie folgt an ihre früheren Kampfgenossen, ihr Schweigen zu brechen:

> „Wir sind alle alte Leute geworden und stehen kurz vor dem Rentenalter. Da macht es keinen Sinn mehr, das Versteckspiel aufrechterhalten zu wollen. Vielmehr ist es eine moralische Pflicht gegenüber den Opfern, Wissen über Anschläge zu offenbaren. So hat

> Michael Buback, der Sohn des ermordeten Generalbundesanwalts Siegfried Buback, ein Recht darauf, zu erfahren, wer seinen Vater erschossen hat. Deshalb müssen alle jene reden, die es auf alle Fälle wissen müssten."

Silke Maier-Witt weist bei ihrer Vernehmung aber auch darauf hin, dass eine solche Auseinandersetzung mit der Vergangenheit schwierig sei, wenn RAF-Leuten bei einer Aussage eine erneute Haft drohe.

Gibt es dafür einen Ausweg?

6. Von Strafverfolgung absehen?

Je länger eine Straftat zurück liegt, umso mehr erlangt bei der Allgemeinheit das **Interesse an der geschichtlichen Wahrheit** gegenüber dem Interesse an der Strafverfolgung Gewicht. Dies belegen vor allem auch Äußerungen von Angehörigen prominenter RAF-Mordopfer:

So hat Michael Buback in einem blog zum Prozess gegen Verena Becker Folgendes formuliert:

> „Meiner Frau und mir würde es genügen, wenn Verena Becker die Wahrheit über das Karlsruher Attentat und die Täter sagen würde. Es geht uns nicht darum, dass sie und für welche Dauer sie vielleicht noch verurteilt wird. Das spielt für uns keine Rolle mehr."

Auch bei manchen ehemaligen RAF-Angehörigen besteht heute offensichtlich ein Bedürfnis, mit der Vergangenheit aufzuräumen. So hat Verena Becker Im Jahr 2008 Folgendes notiert:

> „Nein, ich weiß noch nicht, wie ich für Herrn Buback beten soll. Ich habe kein wirkliches Gefühl für Schuld und Reue. Natürlich würde ich es heute nicht mehr machen - aber ist das nicht armselig, so zu denken u. zu fühlen?!"
>
> „Was will ich erreichen? S. (u. andere) reinwaschen. Sagen, wie es wirklich war."

Der Gedanke der Versöhnung und der Versuch, mit sich ins Reine zu kommen, wird vor allem auch in einer aktuellen Erklärung des früheren RAF-Mitglieds Werner Lotze[218] deutlich; darin bringt er zum Ausdruck, warum es ihm ein Bedürfnis war, über den von ihm am 24. September 1978 in Dortmund begangenen Mord an dem Polizeibeamten Hansen Angaben zu machen:

> „Ich habe mich dann gefragt, was sage ich, wenn ich nach Dortmund gefragt werde. Und das war mir schon klar, daß ich bei dieser Frage nicht würde lügen können Und nicht die banale Frage, ob ich geschossen habe oder nicht, sondern - wieso warum habe ich das gemacht, also wieso habe ich das, was die RAF gemacht hat, wieso habe ich das zu

---

218 Auszug aus einem Interview für den SWR-Dokumentarfilm „Die Witwe und der Mörder - Die vergessenen Opfer der RAF" von Irene Klünder, Erstausstrahlung 3.4.2011 in der ARD / Das Erste.

meiner Sache machen können und ich konnte mir nicht vorstellen zu sagen, ja ich war in Dortmund und hab geschossen, fertig aus, sondern in den DDR-Jahren hat auch schon so etwas eingesetzt, was habe ich da eigentlich gemacht, was hat die Gruppe gemacht - ja was hat die Gruppe gemacht und es war nicht einfach damit getan, ja die RAF war Teil des internationalen Befreiungskampfes und in dem Zusammenhang habe ich einen Menschen erschossen, tut mir leid, auf der Ebene ist das ja nicht stehengeblieben, sondern es ging schon in diesem Prozeß in dieser Aufarbeitung darum, einmal ja das richtige Bild von dem zu bekommen, was die Gruppe gemacht hat und nicht, was die Gruppe in Anspruch genommen, sondern was es tatsächlich ist, was sie macht und gemacht hat und auch eine Erklärung zu finden oder nachvollziehbar zu finden, wie ich zu einem Mörder werden konnte. Und die Frage, die ich mir vorgestellt hatte, die meine Tochter an mich stellen würde, Hast Du das gemacht und warum hast Du das gemacht?"

Unter dem Aspekt, dass es Opferangehörigen mehr und mehr darum geht, die historische Wahrheit zu erfahren und damit auch ihren inneren Frieden wiederzufinden, und frühere RAF-Angehörigen aus ähnlichen Motiven zu Aussagen bereit sein könnten, falls ihnen keine erneute Strafverfolgung droht, sollte folgende Frage zur Diskussion stehen:

Kann bei Personen, die bereits eine lebenslange Freiheitsstrafe vollständig verbüßt haben und bei denen im Falle einer weiteren Verurteilung ein Härteausgleich gewährt werden müsste,[219] im Einzelfall auf eine erneute Strafverfolgung verzichtet werden, selbst wenn sie jetzt glaubhaft ihre Beteiligung an einem weiteren versuchten oder gar vollendeten Mord einräumen?

> Der für eine solche Verfahrensweise einschlägige § 154 StPO (der nicht nur für das staatsanwaltliche, sondern auch für das gerichtliche Verfahren gilt) hat nach der Überschrift „*Mehrfachtäter*" einleitend folgenden Wortlaut:
> „*Die Staatsanwaltschaft kann von der Verfolgung einer Tat absehen, ... wenn die Strafe ..., zu der die Verfolgung führen kann, neben einer Strafe ..., die gegen den Beschuldigten wegen einer anderen Tat rechtskräftig verhängt worden ist ..., nicht beträchtlich ins Gewicht fällt.*"[220]

---

219 Bei Verurteilten, die - wie viele frühere RAF-Mitglieder - bereits eine lebenslange Freiheitsstrafe vollständig verbüßt haben, ist nach der Rechtsprechung des Bundesgerichtshofs im Falle einer erneuten Verurteilung in der Regel ein **„Härteausgleich"** zu gewähren muss, weil mit der im früheren Urteil verhängten Strafe keine Gesamtstrafe mehr gebildet werden kann (BGH, Beschluss vom 8.12.2009 - 5 StR 433/09); vgl. S. 299.
220 Eine solche Vorgehensweise gemäß § 154 StPO wurde bereits in der Vergangenheit bei einzelnen RAF-Mitgliedern gewählt, etwa bei Günter Sonnenberg in Bezug auf seine mögliche Tatbeteiligung am Buback-Attentat.

F. Ein Fazit

Die RAF hat in den etwa 28 Jahren ihrer terroristischen Aktivitäten eine Spur des Schreckens hinterlassen. Sie hat Sachschäden in Milliardenhöhe verursacht. Sie hat zahllose Menschen – zum Teil lebensgefährlich und mit bleibenden Schäden – verletzt. Insbesondere aber hat sie 34 Personen ermordet. Zählt man die Verbrechen der »Bewegung 2. Juni« hinzu, so handelt es sich insgesamt um folgende *37 tote Opfer*:

>Norbert Schmidt,
>Herbert Schoner,
>Erwin Belitz,
>Hans Eckhardt,
>Paul Bloomquist,
>Clyde Bonner,
>Ronald Woodward,
>Charles Peck,
>Günter von Drenkmann.
>Andreas von Mirbach,
>Dr. Heinz Hillegaart,
>Fritz Sippel,
>Walter Pauli,
>Siegfried Buback,
>Wolfgang Göbel,
>Georg Wurster,
>Jürgen Ponto,
>Heinz Marcisz,
>Reinhold Brändle,
>Helmut Ulmer,
>Roland Pieler,
>Arie Kranenburg,
>Dr. Hanns-Martin Schleyer,
>Hans-Wilhelm Hansen,
>Dionysius de Jong,
>Johannes Goemans,
>Edith Kletzhändler,
>Dr. Ernst Zimmermann,

Edward Pimental,
Becky Bristol,
Frank Scarton,
Prof. Dr. Karl Heinz Beckurts,
Eckhard Groppler,
Dr. Gerold von Braunmühl,
Dr. Alfred Herrhausen,
Dr. Detlev Karsten Rohwedder,
Michael Newrzella.

Zählt man den französischen Polizeibeamten Francis Violleau hinzu, der 18 ½ Jahre nach den Schüssen auf ihn wohl an den Folgen der Tat gestorben ist, dann hat der RAF-Terrorismus sogar 38 Opfer gefordert.

Die Existenz der RAF hat aber auch den eigenen Reihen nur Unglück gebracht: Die Gruppenmitglieder wurden früher oder später inhaftiert und zu langjährigen, meist lebenslangen Freiheitsstrafen verurteilt. Zahlreiche von ihnen sind bei Anschlägen, durch Selbstmord, bei Festnahmeaktionen, durch Krankheit oder durch Unfall ums Leben gekommen. Nach der eigenen Darstellung der RAF in ihrer Auflösungserklärung vom 20. April 1998 handelt es sich um folgende *27 tote Gruppenmitglieder*:

Petra Schelm,
Georg von Rauch,
Thomas Weißbecker,
Holger Meins,
Katharina Hammerschmidt,
Ulrich Wessel,
Siegfried Hausner,
Werner Sauber,
Brigitte Kuhlmann,
Wilfried Böse,
Ulrike Meinhof,
Jan-Carl Raspe,
Gudrun Ensslin,
Andreas Baader,
Ingrid Schubert,
Willy-Peter Stoll,
Michael Knoll,
Elisabeth von Dyck,
Juliane Plambeck,

Wolfgang Beer,
Sigurd Debus,
Johannes Thimme,
Jürgen Pemöller,
Ina Siepmann,
Gert Albartus,
Wolfgang Grams und
Horst Ludwig Meyer.

Die RAF ist gescheitert. Sie hat ihr Ziel, das in der Bundesrepublik herrschende politische System durch Terrorakte zu stürzen oder ins Wanken zu bringen, auch nicht annähernd erreicht.

Der Staat hat zwar – etwa mit Gesetzesänderungen – auf die Aktivitäten der terroristischen Vereinigung reagiert, sich aber nie auf den von der RAF einseitig erklärten »Krieg« eingelassen. Durch die justitielle Aufarbeitung in den zahlreichen Gerichtsverfahren der vergangenen Jahre wurden die Aktionen der Gruppe auf das reduziert, was sie strafrechtlich darstellen: <u>Verbrechen</u>.

Die meisten Gruppenmitglieder sind inzwischen zu der Einsicht gelangt, dass die RAF mit ihren gewalttätigen Aktionen von Anfang an einen Irrweg beschritten hat.

Henning Beer:

> »Allmählich fing ich an, über alles nachzudenken, und ich spürte plötzlich die ganze Sinnlosigkeit, die dahintersteckte. Mir wurde so richtig klar, daß dies nicht der richtige Weg war, sich mit den Problemen dieser Welt auseinanderzusetzen. Ich spürte, daß wir völlig isoliert waren und unsere Aktionen auch nichts damit zu tun hatten, etwas verändern zu wollen oder zu können.«

Werner Lotze:

> »Für mich war ein Ausstieg aus der Gruppe im Jahr 1979 ein ganz individueller Schritt ... ich sah in der Politik der RAF keine Richtigkeit mehr. Eigentlich war jedem Gruppenmitglied bewußt, bei der Verfolgung der RAF-Ziele etwas Gutes zu wollen, aber in Verfolgung dieser Ziele schlimme Mittel einzusetzen.«

Silke Maier-Witt:

> »Ich bin zu der Überzeugung gelangt, dass die Politik der RAF sinnlos war und ist, dass gesellschaftliche Veränderungen durch perfektioniertes Töten Einzelner nie zu erreichen ist, dass im Gegenteil nur eine Eskalation der Gewalt erreicht wird. Gewalt kann nicht dazu beitragen, Probleme zu lösen. Durch Unmenschlichkeit ist Menschlichkeit nicht zu erreichen. Aus meiner heutigen Sicht ist und war es nicht zu rechtfertigen, dass sich die Gruppe anmaßte, über Leben und Tod zu entscheiden.«

Auch die noch gesuchten, früheren Illegalen der RAF haben die Sinnlosigkeit des »bewaffneten Kampfes« erkannt und eingesehen, dass man die herrschenden politischen Verhältnisse in der Bundesrepublik nicht mit gewaltsamen Terroraktionen verändern kann. In ihrer schriftlichen Auflösungserklärung vom 20. April 1998 heißt es wörtlich:

> **»Das Ende dieses Projekts zeigt,
> dass wir auf diesem Weg nicht durchkommen konnten.«**

Es bleibt zu hoffen, dass die »Hydra RAF« – wie die Gruppe früher bezeichnet wurde – nicht irgendwann eine weitere Generation in Form einer neuen terroristischen Vereinigung hervorbringt.

G. Lehren für den Umgang mit dem aktuellen Terrorismus?

Seit dem Ende der RAF ist zwar der innerdeutsche Terrorismus weitgehend überwunden. Neue Gefahren drohen aber durch den **islamistischen Terrorismus**, der für die Sicherheitsbehörden weltweit ein Problem darstellt und - nicht zuletzt wegen der hohen Zahl der Anschlagsopfer und der spektakulären Ziele - alle früheren Terrorismusszenarien übertrifft.[221] Attentate der Terrororganisationen um **Al-Quaida** zeigen dies nachdrücklich:

- So wurden bei den Flugzeuganschlägen vom 11. September 2001 in Amerika insgesamt rund 3000 Menschen getötet.
- Der gezielt gegen Touristen gerichtete Brandbombenanschlag vom 11. April 2002 gegen die Al-Ghriba-Synagoge auf Djerba/Tunesien forderte 19 Menschenleben, darunter 14 Deutsche.
- Die Sprengstoffanschläge vom 11. März 2004 auf Vorortzüge in Madrid kosteten 191 Menschen das Leben und
- die Anschläge vom 7. Juli 2005 auf U-Bahnstationen und Busse in London hatten 56 Tote zur Folge.

Diese hohe Zahl an Toten im Vergleich zu den 38 Mordopfern, die der RAF-Terrorismus im Verlauf von ca. 28 Jahren gefordert hat, belegt eine völlig neue und erschreckende Terrorismusdimension. Hinzukommt, dass diese islamistischen Attentate oftmals von Selbstmordkommandos verübt werden, bei denen die Strafverfolgung ins Leere zu gehen droht, und dass sich die Anschläge nicht mehr - wie in RAF-Zeiten - gegen prominente Opfer richten, sondern gegen jedermann, was Präventionsmaßnahmen deutlich erschwert. Allgemein wird davon ausgegangen, dass dieser Terrorismus mit dem Tod des Al-Quaida-Anführers Osama bin Laden am 2. Mai 2011 kein Ende gefunden hat.[222]

Experten haben keinen Zweifel, dass gerade auch Deutschland als Teil der westlichen Welt mehr und mehr in den Fokus des islamistischen Terrorismus gerät. So hat der Präsident des baden-württembergischen Verfassungsschutzes am 17. Oktober 2006 die Frage nach der Gefahr erfolgreicher islamistischer Terroranschläge in Deutschland folgendermaßen beantwortet: *„Nicht das Ob*

---

221 Gleiches gilt für politisch motivierte Amokläufe wie die Attentate von Oslo und auf der nahegelegenen Insel Utøya, die am 22.7.2011 insgesamt 76 Menschen das Leben kosteten.
222 Seit Herbst 2004 bin ich Mitglied einer gemeinsamen Projektgruppe „Zusammenarbeit von Polizei und Justiz auf dem Gebiet der Bekämpfung des islamistischen Terrorismus", deren Aufgabe vor allem darin besteht, geeignete Handlungsempfehlungen zu erarbeiten, um nach Möglichkeit Terroranschläge zu verhindern.

ist die Frage, sondern wann, wo und wie!". Die Richtigkeit dieser Aussage wird durch folgende Aktivitäten islamistischer Terroristen belegt:
- Bereits im Dezember 2000 wurde von Deutschland aus ein Sprengstoffanschlag auf den Straßburger Weihnachtsmarkt geplant (die vier Täter sind am 10.3.2003 vom OLG Frankfurt/Main zu Freiheitsstrafen von 10 bzw. 12 Jahren verurteilt worden),
- Am 31. Juli 2006 versuchten zwei sog. Kofferbomber, bei Köln und Dortmund Bomben in Regionalzügen zur Explosion zu bringen (einer der beiden Täter ist am 9.12.2008 vom OLG Düsseldorf zu einer lebenslangen Freiheitsstrafe verurteilt worden, der zweite Täter am 18.12.2007 in Beirut zu einer Freiheitsstrafe von 12 Jahren).
- Im Herbst 2007 plante die sog. Sauerland-Gruppe, Sprengstoffanschläge in Deutschland zu verüben (die drei Haupttäter sind am 4.3.2010 vom OLG Düsseldorf zu Freiheitsstrafen von 11 bzw. 12 Jahren verurteilt worden).

Diese Beispiele zeigen, dass es - dank der erfolgreichen Präventionsarbeit der Sicherheitsbehörden, aber auch dank glücklicher Umstände - zunächst zu keinem vollendeten Attentat in Deutschland gekommen ist. Dies hat sich offensichtlich mit dem 2. März 2011 geändert, als am Flughafen in Frankfurt am Main zwei US-Soldaten erschossen und zwei weitere durch Schüsse schwer verletzt wurden, bevor der mutmassliche Attentäter überwältigt werden konnte; der Umstand, dass die Bundesanwaltschaft das Ermittlungsverfahren an sich gezogen und im Juli 2011 Anklage erhoben hat, lässt den Schluss zu, dass es sich bei dieser Tat wahrscheinlich um den ersten vollendeten Mordanschlag eines islamistischen Terroristen in Deutschland handelt.[223]

Zwar unterscheidet sich der islamistische Terrorismus in Bezug auf Ideologie und strategische Vorgehensweise bei den Attentaten ganz erheblich vom Terrorismus der RAF. Gleichwohl kann man meines Erachtens aus unseren Erfahrungen im Umgang mit den Straftaten der RAF folgende Lehren ziehen, die unsere Reaktionen auf den islamistischen Terrorismus bestimmen sollten:
- Selbstverständlich ist, dass wir alle Anstrengungen unternehmen müssen, um solche Terroranschläge zu vermeiden.
- Gleichwohl ist klar, dass es gegen terroristische Attentate keinen absoluten Schutz gibt.

---

223 Am 29.4.2011 wurden drei mutmaßliche Al-Quaida-Mitglieder einer sog. Düsseldorfer Zelle festgenommen und am nächsten Tag inhaftiert; ihnen wird vorgeworfen, einen Terroranschlag in Deutschland geplant zu haben.

- Trotzdem ist weder allgemeine Hysterie noch panische Angst vor derartigen Anschlägen angezeigt.
- Angesagt sind hingegen Besonnenheit und Wachsamkeit, die dazu beitragen können, bevorstehende Terrortaten zu verhindern.
- Ruhe und Souveränität sind selbst dann geboten, wenn es uns nicht gelingen sollte, solche Attentate zu verhindern, und dann möglicherweise an einem einzigen Tag eine erheblich höhere Zahl von Toten als in der gesamten Geschichte der RAF zu beklagen sein sollte.
- Auch bei einem noch so schrecklichen Attentat dürfen wir weder durch Gesetze noch in unseren Handlungen überreagieren; Deutschland darf nicht zum Polizeistaat werden.
- Terroristen dürfen weder rechtlos gestellt werden noch gar den Status eines „*Kriegsgegners*" erhalten. Sie müssen vielmehr wie jeder andere Straftäter behandelt werden.

Vor allem aber muss uns aus der Geschichte der RAF bewusst sein:

> **Terrorismus kann unsere**
> **freiheitlich demokratische**
> **Grundordnung nicht gefährden!**

Chronik der RAF

2./3.4.1968	Brandanschläge auf die Kaufhäuser Schneider und Kaufhof in Frankfurt/Main (die Täter: Andreas Baader, Gudrun Ensslin, Horst Söhnlein und Thorwald Proll)
31.10.1968	Urteil des LG Frankfurt/Main gegen Baader, Ensslin, Söhnlein und Proll (jeweils drei Jahre Zuchthaus)
14.5.1970	Baader-Befreiung (die Täter: u.a. Ulrike Meinhof, Gudrun Ensslin, Irene Goergens und Ingrid Schubert)
15.6.1970	»Der Spiegel« veröffentlicht ein Interview mit Ulrike Meinhof (u.a.: »... und natürlich kann geschossen werden!«)
Sommer 70	Ausbildung von RAF-Mitgliedern in Jordanien
15.7.1971	RAF-Mitglied Petra Schelm wird in Hamburg erschossen
22.10.1971	Polizeimeister Norbert Schmid wird in Hamburg von einem RAF-Mitglied erschossen
3.12.1971	RAF-Mitglied Georg von Rauch wird in Berlin erschossen
22.12.1971	Polizeiobermeister Herbert Schoner wird in Kaiserslautern von einem RAF-Mitglied erschossen
2.3.1972	RAF-Mitglied Thomas Weißbecker wird in Augsburg erschossen
3.3.1972	Kriminalhauptkommissar Hans Eckhard wird bei der Festnahme zweier RAF-Mitglieder erschossen (Täter: Manfred Grashof)

11.5.1972	Sprengstoffanschlag des »Kommando Petra Schelm« auf das US-Hauptquartier in Frankfurt/Main; Oberstleutnant Paul Bloomquist stirbt; 13 weitere Personen werden verletzt (die Täter: u.a. Baader, Ensslin und Raspe)
12.5.1972	Sprengstoffanschläge des »Kommando Thomas Weißbecker« auf die Polizeidirektion in Augsburg sieben Verletzte und auf das Bayerische Landeskriminalamt in München zehn Verletzte (die Täter: u.a. Baader, Ensslin und Raspe)
15.5.1972	Sprengstoffanschlag des »Kommando Manfred Grashof« auf den Ermittlungsrichter des Bundesgerichtshofs Buddenberg; dessen Ehefrau wird schwer verletzt (die Täter: u.a. Baader, Ensslin und Raspe)
19.5.1972	Sprengstoffanschlag des »Kommando 2. Juni« auf das Springer-Verlagshaus in Hamburg; 38 Personen werden verletzt (die Täter: u.a. Baader, Ensslin und Raspe)
24.5.1972	Sprengstoffanschlag des »Kommando 15. Juli« auf das US-Hauptquartier in Heidelberg; die Soldaten Bronner, Woodward und Peck werden getötet und fünf weitere Personen verletzt (die Täter: u.a. Baader, Ensslin, Möller und Raspe)
1.6.–9.7.72	Verhaftung von Andreas Baader, Holger Meins und Jan-Carl Raspe (jeweils 1. Juni), Gudrun Ensslin (7. Juni), Brigitte Mohnhaupt (9. Juni), Ulrike Meinhof (15. Juni) sowie Irmgard Möller (9. Juli)
17.1.–16.2.73	1. kollektiver Hungerstreik
8.5.–29.6.73	2. kollektiver Hungerstreik
4.2.1974	Verhaftung von Christa Eckes, Helmut Pohl, Wolfgang Beer und anderen
13.9.74–5.2.75	3. kollektiver Hungerstreik

9.11.1974	Holger Meins stirbt an den Folgen des Hungerstreiks
10.11.1974	Mord an Günter von Drenkmann durch die »Bewegung 2. Juni«
27.2.1975	Entführung von Peter Lorenz und Freipressung von 4 Gesinnungsfreunden durch die »Bewegung 2. Juni«
24.4.1975	Überfall auf die Deutsche Botschaft in Stockholm durch das »Kommando Holger Meins« (die Täter: Karl-Heinz Dellwo, Siegfried Hausner, Hanna Krabbe, Bernhard Rössner, Lutz Taufer und Ulrich Wessel). Die Attentäter ermorden Andreas von Mirbach und Dr.Heinz Hillegaart; Hausner und Wessel erleiden bei einer Explosion tödliche Verletzungen
9.5.1975	Mord an dem Polizeibeamten Walter Pauli in Köln (Werner Sauber wird ebenfalls getötet)
21.5.1975	Beginn des sog. Stammheim-Prozesses gegen Baader, Meinhof, Ensslin und Raspe
29.6.1975	Die RAF-Angehörige Katharina Hammerschmidt stirbt in Berlin an Brustkrebs
21.12.1975	OPEC-Überfall in Wien (Tatbeteiligte: Carlos und H-J. Klein)
7.5.1976	Polizeimeister Fritz Sippel wird in Sprendlingen erschossen (Tatbeteiligte: u.a. Peter-Jürgen Boock und Rolf Klemens Wagner)
9.5.1976	Ulrike Meinhof begeht in der Justizvollzugsanstalt Stuttgart-Stammheim Selbstmord
27.6.1976	Entführung eines Flugzeugs nach Entebbe zur Freipressung von inhaftierten Terroristen; bei der Befreiung werden die Täter unter ihnen Brigitte Kuhlmann und Wilfried Böse getötet

Herbst 1976	Ausbildung von RAF-Angehörigen im Jemen
30.11.1976	Festnahme von Siegfried Haag und Roland Mayer
5.1.1977	Mordversuch an einem Polizeibeamten und einer Passantin in Riehen/Schweiz (Tatbeteiligter: Christian Klar)
8.2.1977	Haftentlassung von Brigitte Mohnhaupt
29.3.–30.4.77	4. kollektiver Hungerstreik
7.4.1977	Mord an Siegfried Buback sowie seinen Begleitern Göbel und Wurster durch das »Kommando Ulrike Meinhof« (Tatbeteiligte: u.a. Knut Folkerts, Brigitte Mohnhaupt und Christian Klar)
28.4.1977	Urteil des OLG Stuttgart gegen Baader, Ensslin und Raspe (jeweils lebenslange Freiheitsstrafe)
3.5.1977	Mordversuch an deutschen Polizeibeamten in der Nähe von Singen (die Täter: Verena Becker und Günter Sonnenberg)
2.6.1977	Urteil des LG Kaiserslautern gegen Jünschke und Grashof (je lebenslange Freiheitsstrafe) sowie Grundmann (4 Jahre Freiheitsstrafe)
1.7.1977	Überfall auf das Waffengeschäft Fischlein (die Täter: Knut Folkerts und Willy-Peter Stoll)
20.7.1977	Urteil des OLG Düsseldorf gegen Rössner, K-H. Dellwo, Taufer und H. Krabbe (je lebenslange Freiheitsstrafe)
30.7.1977	Mord an Jürgen Ponto in Oberursel/Taunus (Tatbeteiligte: Susanne Albrecht, Brigitte Mohnhaupt, Christian Klar, Peter-Jürgen Boock und Sieglinde Hofmann)
9.8.–2.9.77	5. kollektiver Hungerstreik

25.8.1977	Versuchter Raketenwerferanschlag auf die Bundesanwaltschaft (Tatbeteiligte: u.a. Peter-Jürgen Boock, Brigitte Mohnhaupt und Christian Klar)
5.9.1977	Entführung von Dr. Hanns-Martin Schleyer und Ermordung seiner Begleiter Marcisz, Brändle, Ulmer und Pieler in Köln durch das »Kommando Siegfried Hausner« (Tatbeteiligte: u.a. Peter-Jürgen Boock, Rolf Klemens Wagner, Willy-Peter Stoll, Stefan Wisniewski, Brigitte Mohnhaupt, Christian Klar, Sieglinde Hofmann, Silke Maier-Witt, Sigrid Sternebeck, Monika Helbing und Adelheid Schulz)
19.9.1977	Mordversuch an niederländischen Polizeibeamten in Den Haag (Tatbeteiligte: Angelika Speitel)
22.9.1977	Mord an dem niederländischen Polizeibeamten Arie Kranenburg in Utrecht (Tatbeteiligte: Knut Folkerts und Elisabeth von Dyck)
28.9.1977	Urteil des LG Hamburg gegen Pohl (5 Jahre), Eckes (7 Jahre) und W. Beer (4 Jahre und 6 Monate Freiheitsstrafe)
13.10.1977	Entführung der Lufthansa-Maschine »Landshut« durch vier Palästinenser (Tatbeteiligte u.a. Souhaila Sayeh)
16.10.1977	Mord an Jürgen Schumann, dem Kapitän der »Landshut«
18.10.1977	Befreiung der »Landshut«-Geiseln in Mogadischu. Drei der Luftpiraten werden erschossen, Souhaila Sayeh wird verletzt
18.10.1977	Andreas Baader, Gudrun Ensslin und Jan-Carl Raspe begehen in der Justizvollzugsanstalt Stuttgart-Stammheim Selbstmord, Irmgard Möller fügt sich Verletzungen zu
18./19.10.1977	Hanns-Martin Schleyer wird von seinen Entführern ermordet

10.11.1977	Versuchter Mord an niederländischen Polizeibeamten in Amsterdam (Täter: Gert Schneider und Christof Wackernagel)
12.11.1977	Selbstmord von Ingrid Schubert in der Vollzugsanstalt München
19.12.1977	Urteil des OLG Stuttgart gegen Haag (15 Jahre Freiheitsstrafe)
20.12.1977	Urteil in Utrecht gegen Folkerts (20 Jahre Freiheitsstrafe)
28.12.1977	Urteil des OLG Stuttgart gegen Verena Becker (lebenslange Freiheitsstrafe)
21.1.1978	Mordversuch an zwei deutschen Polizeibeamten in Hamburg (Täterin: Christine Kuby)
10.3.–20.4.78	6. kollektiver Hungerstreik
26.4.1978	Urteil des OLG Stuttgart gegen Sonnenberg (lebenslange Freiheitsstrafe)
1.5.1978	Festnahme von Stefan Wisniewski in Paris
Mai 1978	Brigitte Mohnhaupt, Peter-Jürgen Boock, Rolf Klemens Wagner und Sieglinde Hofmann werden in Jugoslawien festgenommen, im November aber wieder auf freien Fuß gesetzt
10.7.1978	Urteil des Hanseatischen OLG Hamburg gegen Groenewold (2 Jahre Freiheitsstrafe mit Bewährung)
Sommer 78	Hubschrauberflüge von Christian Klar, Willy-Peter Stoll und Adelheid Schulz mit dem Ziel, Stefan Wisniewski aus der Justizvollzugsanstalt Frankenthal zu befreien
6.9.1978	RAF-Mitglied Willy-Peter Stoll wird in Düsseldorf erschossen

24.9.1978	Mord an Polizeimeister Hans-Wilhelm Hansen und Mordversuch an Polizeiobermeister Schneider bei Dortmund (die Täter: Angelika Speitel, Werner Lotze und Michael Knoll, der bei der Schießerei ebenfalls tödlich verletzt wird)
1.11.1978	Mord an den niederländischen Zollbeamten Dionysius de Jong und Johannes Goemans bei Kerkrade (die Täter: Rolf Heißler und Adelheid Schulz)
14.12.1978	Urteil des OLG Stuttgart gegen V. Speitel (3 Jahre und 2 Monate) und H-J. Dellwo (2 Jahre Freiheitsstrafe)
16.2.1979	Urteil des LG Stuttgart gegen Croissant (2 Jahre und 6 Monate Freiheitsstrafe)
20.4.–26.6.79	7. kollektiver Hungerstreik
2.5.1979	Urteil des Hanseatischen OLG Hamburg gegen Kuby (lebenslange Freiheitsstrafe)
4.5.1979	RAF-Mitglied Elisabeth von Dyck wird in Nürnberg erschossen
31.5.1979	Urteil des LG Heidelberg gegen Möller (lebenslange Freiheitsstrafe)
9.6.1979	Festnahme von Rolf Heißler in Frankfurt/Main
25.6.1979	Versuchter Mord an General Haig in der Nähe von Obourg/Belgien durch das »Kommando Andreas Baader« (Tatbeteiligte: u.a. Rolf Klemens Wagner, Werner Lotze, Brigitte Mohnhaupt, Christian Klar, Sieglinde Hofmann, Sigrid Sternebeck, Ralf Baptist Friedrich, Susanne Albrecht und Henning Beer)
11.7.1979	Urteil des OLG Stuttgart gegen Haag (14 Jahre) und Mayer (12 Jahre)

19.11.1979	RAF-Banküberfall in Zürich; die Passantin Edith Kletzhändler wird getötet (die Täter: Christian Klar, Peter-Jürgen Boock, Henning Beer und Rolf Klemens Wagner, der an diesem Tag verhaftet wird)
30.11.1979	Urteil des OLG Düsseldorf gegen A. Speitel (lebenslange Freiheitsstrafe)
31.1.1980	Urteil des OLG Stuttgart gegen A. Müller (4 Jahre und 8 Monate) und Newerla (3 Jahre und 6 Monate Freiheitsstrafe)
Frühjahr 80	Die »Aussteiger« (Peter-Jürgen Boock, Susanne Albrecht, Werner Lotze, Christine Dümlein, Monika Helbing, Ekkehard von Seckendorff-Gudent, Sigrid Sternebeck, Ralf-Baptist Friedrich und Silke Maier-Witt) trennen sich von der RAF
5.5.1980	RAF-Mitglied Sieglinde Hofmann wird in Paris zusammen mit vier Frauen der »Bewegung 2. Juni« verhaftet
Sommer 80	Die restlichen Mitglieder der »Bewegung 2. Juni« unter ihnen Juliane Plambeck und Inge Viett schließen sich der RAF an
15.7.1980	Verkehrsunfall in der Nähe von Bietigheim-Bissingen; die RAF-Angehörigen Juliane Plambeck und Wolfgang Beer sterben
31.7.1980	Urteil des OLG Stuttgart gegen Folkerts (lebenslange Freiheitsstrafe)
5.9.1980	Urteil des OLG Düsseldorf gegen Wackernagel und Schneider (je 15 Jahre Freiheitsstrafe)
26.9.1980	Urteil des OLG Düsseldorf gegen Wagner (lebenslange Freiheitsstrafe)

13.10.1980	Urteil des KG Berlin gegen Reinders, Meyer (je 15 Jahre), Fritzsche (13 Jahre und 3 Monate), Klöpper (11 Jahre und 2 Monate), Vogel (10 Jahre) und Teufel (5 Jahre Freiheitsstrafe)
22.1.1981	Festnahme von Peter-Jürgen Boock in Hamburg
2.2.–18.4.81	8. kollektiver Hungerstreik
16.4.1981	Sigurd Debus stirbt an den Folgen des Hungerstreiks
4.8.1981	Versuchter Mord an dem französischen Polizeibeamten Violleau in Paris (die Täterin: Inge Viett)
31.8.1981	Sprengstoffanschlag auf das US-Hauptquartier in Ramstein durch das »Kommando Sigurd Debus«; 14 Personen werden verletzt (Tatbeteiligte: u.a. Helmut Pohl)
15.9.1981	Panzerfaustanschlag auf US-General Kroesen in Heidelberg durch das »Kommando Gudrun Ensslin« (Tatbeteiligte: u.a. Brigitte Mohnhaupt, Christian Klar, Ingrid Jakobsmeier und Helga Roos)
4.12.1981	Urteil des OLG Düsseldorf gegen Wisniewski (lebenslange Freiheitsstrafe)
24.3.1982	Urteil des LG Berlin gegen Ströbele (10 Monate Freiheitsstrafe mit Bewährung)
Mai 1982	Die RAF-Schrift »Guerilla, Widerstand und antiimperialistische Front« das Mai-Papier wird verbreitet
16.6.1982	Urteil des OLG Frankfurt/Main gegen S. Hofmann (15 Jahre Freiheitsstrafe)
26.10.1982	Das zentrale »Depot I« der RAF bei Heusenstamm/Hessen und weitere sieben Erdverstecke, darunter das Depot »Daphne« bei Hamburg, werden entdeckt

10.11.1982	Urteil des OLG Düsseldorf gegen Heißler (lebenslange Freiheitsstrafe)
11.11.1982	Festnahme von Brigitte Mohnhaupt und Adelheid Schulz am »Depot I«.
16.11.1982	Festnahme von Christian Klar am Depot »Daphne«
2.5.1983	Urteil des OLG Stuttgart gegen Roos (4 Jahre und 9 Monate Freiheitsstrafe)
2.7.1984	Verhaftung von Helmut Pohl, Christa Eckes, Stefan Frey, Ingrid Jakobsmeier, Barbara Ernst und Ernst-Volker Staub in Frankfurt/Main
5.11.1984	Überfall auf das Waffengeschäft Walla in Maxdorf bei Ludwigshafen (Tatbeteiligte: u.a. Eva Haule)
4.12.84–5.2.85	9. kollektiver Hungerstreik
18.12.1984	Versuchter Sprengstoffanschlag auf die Nato-Schule in Oberammergau durch das »Kommando Jan Raspe« (Tatbeteiligte: u.a. Eva Haule)
15.1.1985	Gemeinsames Papier von RAF und Action Directe mit dem Titel »Für die Einheit der Revolutionäre in Westeuropa«
20.1.1985	Sprengstoffanschlag in Stuttgart; einer der Täter Johannes Thimme wird tödlich verletzt (Tatbeteiligte: Claudia Wannersdorfer)
25.1.1985	Mord an General Audran in der Nähe von Paris durch das »Kommando Elisabeth van Dyck« der Action Directe
1.2.1985	Mord an Ernst Zimmermann in Gauting bei München
13.3.1985	Urteil des OLG Düsseldorf gegen A. Schulz (lebenslange Freiheitsstrafe)

2.4.1985	Urteil des OLG Stuttgart gegen Mohnhaupt und Klar (je lebenslange Freiheitsstrafe)
3.6.1985	Überfall auf den Esbella-Markt in Kirchentellinsfurt
18.7.1985	Urteil des OLG Frankfurt/Main gegen Dutzi (8 Jahre und 6 Monate Freiheitsstrafe)
8.8.1985	Mord an Edward Pimental und Sprengstoffanschlag auf die US-Airbase in Frankfurt/Main; Frank Scarton und Becky Bristol werden getötet, 23 weitere Personen zum Teil schwer verletzt (Tatbeteiligte: u.a. Eva Haule und Birgit Hogefeld)
6.12.1985	Urteil des OLG Stuttgart gegen Wannersdorfer (8 Jahre Freiheitsstrafe)
5.2.1986	Urteil des Bayerischen Obersten Landesgerichts gegen Staub und Ernst (je 4 Jahre Freiheitsstrafe)
20.3.1986	Urteil des OLG Stuttgart gegen Happe (15 Jahre) und Eckes (8 Jahre Freiheitsstrafe)
9.7.1986	Mord an Prof. Dr. Karl-Heinz Beckurts und seinem Fahrer Eckhard Groppler in Straßlach durch einen Sprengstoffanschlag des »Kommando Ingrid Schubert« der RAF
2.8.1986	Verhaftung von Eva Haule, Christian Kluth und Luitgard Hornstein in Rüsselsheim
10.10.1986	Mord an Dr. Gerold von Braunmühl in Bonn durch das »Kommando Ingrid Schubert« der RAF
28.11.1986	Urteil des OLG Stuttgart gegen Boock (lebenslange Freiheitsstrafe)
23.12.1986	Urteil des OLG Düsseldorf gegen Frey (4 Jahre und 6 Monate) und Pohl (lebenslange Freiheitsstrafe)

16.3.1987	Urteil des OLG Düsseldorf gegen Wagner (lebenslange Freiheitsstrafe)
17.6.1988	Sprengstoffanschlag in Rota/Spanien (Tatbeteiligte: Andrea Klump und Horst Meyer)
28.6.1988	Urteil des OLG Stuttgart gegen Kluth (10 Jahre) und Haule (15 Jahre Freiheitsstrafe)
20.9.1988	Versuchter Mord an Dr. Hans Tietmeyer und seinem Fahrer in Bonn-Bad Godesberg durch ein Kommando der RAF (Tatbeteiligte: Birgit Hogefeld)
30.11.1988	Begnadigung von Klaus Jünschke und Manfred Grashof
1.–15.2. und 15.3.–12.5.89	10. kollektiver Hungerstreik
30.11.1989	Mord an Dr. Alfred Herrhausen durch einen Sprengstoffanschlag des »Kommando Wolfgang Beer« der RAF in Homburg
Juni 1990	Verhaftung von zehn RAF-«Aussteigern« in der ehemaligen DDR: Susanne Albrecht (6. Juni), Inge Viett (12. Juni), Werner Lotze, Christine Dümlein, Monika Helbing und Ekkehard von Seckendorff-Gudent (14. Juni), Sigrid Sternebeck und Ralf Baptist Friedrich (15. Juni) sowie Silke Maier-Witt und Henning Beer (18. Juni)
29.6.1990	Begnadigung von Angelika Speitel
27.7.1990	Sprengstoffanschlag auf Hans Neusel durch ein Kommando der RAF; er wird leicht verletzt
15.1.1991	Urteil des OLG Stuttgart gegen Hornstein (9 Jahre Freiheitsstrafe)
13.2.1991	Gewehrschüsse auf die US-Botschaft in Bonn durch ein Kommando der RAF

1.4.1991	Mord an Detlev Karsten Rohwedder in Düsseldorf-Oberkassel durch ein »Kommando Ulrich Wessel« der RAF
3.6.1991	Urteil des OLG Stuttgart gegen Albrecht (12 Jahre Freiheitsstrafe)
3.7.1991	Urteil des OLG Koblenz gegen H. Beer (6 Jahre und 6 Monate Jugendstrafe)
8.10.1991	Urteil des OLG Stuttgart gegen Maier-Witt (10 Jahre Freiheitsstrafe)
30.11.1991	Begnadigung von Verena Becker
23.12.1991	Sprengstoffanschlag in Budapest (Tatbeteiligte: Andrea Klump und Horst Ludwig Meyer)
6.1.1992	Beginn der sog. Kinkel-Initiative (»Versöhnung auch mit Ex-Terroristen«)
24.2.1992	Urteil des OLG Stuttgart gegen Helbing (7 Jahre Freiheitsstrafe)
11.3.1992	Urteil des Bayerischen Obersten Landesgerichts gegen Lotze (11 Jahre Freiheitsstrafe)
10.4.1992	Erklärung der RAF, man wolle die Eskalation zurücknehmen (sogenanntes April-Papier)
15.5.1992	Haftentlassung von Günter Sonnenberg
22.6.1992	Urteil des OLG Stuttgart gegen Sternebeck (8 Jahre und 6 Monate) und Friedrichs (6 Jahre und 6 Monate Freiheitsstrafe)
29.6 und August 1992	Zwei Schreiben der RAF, die den vorläufigen Verzicht auf »bewaffnete Aktionen« bekräftigen
26.8.1992	Urteil des OLG Koblenz gegen Viett (13 Jahre Freiheitsstrafe)

3.11.1992	Urteil des OLG Stuttgart gegen Klar und Boock (je lebenslange Freiheitsstrafe)
November 92	Erklärung von Karl-Heinz Dellwo: »Keiner von uns wird nach seiner Freilassung zum bewaffneten Kampf zurückkehren!«
27.3.1993	Sprengstoffanschlag auf die Justizvollzugsanstalt Weiterstadt bei Darmstadt durch das »Kommando Katharina Hammerschmidt«
Frühjahr 93	Versuch von Rechtsanwalt Ströbele, zwischen der RAF und dem Staat zu vermitteln
27.6.1993	Schusswechsel im Bahnhof von Bad Kleinen. Der GSG-9-Beamte Michael Newrzella wird erschossen; das RAF-Mitglied Wolfgang Grams kommt ebenfalls zu Tode (Birgit Hogefeld wird festgenommen)
18.10.1993	Urteil des OLG Stuttgart gegen Jakobsmeier (15 Jahre Freiheitsstrafe)
28.10.1993	Schreiben von Brigitte Mohnhaupt: aufgrund des »Deals der Celler mit dem Staat« sei die Trennung innerhalb der RAF vollzogen
29.10.1993	Antwortschreiben von Karl-Heinz Dellwo
2.11.1993 und 6.3.1994	Zwei Schreiben der »Illegalen« (bewusster Bruch mit der RAF-Vergangenheit)
24.11.1993	Urteil des OLG Düsseldorf gegen Wagner (lebenslange Freiheitsstrafe)
27.7.–3.8.94	11. kollektiver Hungerstreik
28.4.1994	Urteil des OLG Frankfurt/Main gegen Haule (lebenslange Freiheitsstrafe)
29.4.1994	Haftentlassung von Bernd Rössner

1.12.1994	Haftentlassung von Irmgard Möller
21.2.1995	Haftentlassung von Christine Kuby
26.4.1995	Haftentlassung von Lutz Taufer
10.5.1995	Haftentlassung von Karl-Heinz Dellwo
1.–4.8.1995	Hungerstreik der Hardliner Haule, Heißler, Hofmann, Klar, Krabbe, Mohnhaupt, Pohl, Schulz und Wagner
26.9.1995	Urteil des OLG Stuttgart gegen S. Hofmann (lebenslange Freiheitsstrafe)
13.11.1995	Haftentlassung von Knut Folkerts
10.6.1996	Haftentlassung von Hanna Krabbe
19.11.1996	Urteil des Hanseatischen OLG Hamburg gegen Souhaila Sayeh (12 Jahre Freiheitsstrafe)
22.11.1996	Christoph Seidler stellt sich den deutschen Ermittlungsbehörden
13.3.1998	Haftentlassung von Peter-Jürgen Boock
25.4.1998	Schriftliche Auflösungserklärung der RAF
1.6.1998	Haftentlassung von Helmut Pohl
29.6.1998	Urteil des OLG Frankfurt/Main gegen Birgit Hogefeld (lebenslange Freiheitsstrafe)
19.10.1998	Haftentlassung von Adelheid Schulz
16.11.1998	Urteil des OLG Frankfurt/Main gegen Monika Haas (5 Jahre Freiheitsstrafe)
1.3.1999	Haftentlassung von Stefan Wisniewski

5.5.1999	Haftentlassung von Sieglinde Hofmann
11.5.1999	Barbara Meyer stellt sich den deutschen Ermittlungsbehörden
15.9.1999	Schießerei in Wien. Horst Meyer wird erschossen, Andrea Klump verhaftet
15.2.2001	Urteil des LG Frankfurt/Main gegen Hans-Joachim Klein (9 Jahre Freiheitsstrafe)
15.5.2001	Urteil des OLG Stuttgart gegen Andrea Klump (9 Jahre Freiheitsstrafe)
24.10.2001	Haftentlassung von Rolf Heißler
7.3.2003	Sabine Callsen stellt sich den deutschen Ermittlungsbehörden
9.12.2003	Haftentlassung von Rolf Klemens Wagner
28.9.2004	Urteil des OLG Stuttgart gegen Andrea Klump (12 Jahre Freiheitsstrafe unter Einbeziehung der Verurteilung vom 15.5.2001)
25.3.2007	Haftentlassung von Brigitte Mohnhaupt
17.8.2007	Haftentlassung von Eva Haule
19.12.2008	Haftentlassung von Christian Klar
27.8.2009	Erneute Verhaftung von Verena Becker
23.12.2009	Erneute Haftentlassung von Verena Becker
20.06.2011	Haftentlassung von Birgit Hogefeld

Stichwort- und Namensverzeichnis

Abbasi, Riza 172
Action Directe 243, 248, 249, 262
Akache, Zohair 171–176, 187–194
Aker, Khaled 265
Al-Quaida 315, 316
Albartus, Gert 58, 72, 77, 313
Albertz, Heinrich 62–64
Albrecht, Susanne 79, 97, 99–101, 106, 214, 215, 217, 221, 276, 278, 279
Aronez, Maria Luisa 258
Atlouf, Sheban 258
Aubron, Joelle 262
Audran, Réné 248
Augustin, Ronald 66
Baader, Andreas 6, 13, 15, 17–23, 34, 40, 42, 43, 48–56, 70, 72, 75, 80, 82, 85, 88, 89, 94, 96, 207, 283, 284, 294, 312
Bachmann, Josef 19
Barabaß, Ingrid 223
Batelonque-Lestielle, Jaques 227
Baumann, Michael \ 29
Becker, Eberhard 51, 54
Becker, Verena 52, 57, 62, 63, 70, 94–96, 283, 284
Beckurts, Prof. Dr. Karl-Heinz 256–259, 266, 312
Beer, Henning 215, 217, 218, 222, 225, 233, 239, 276, 278, 313
Beer, Wolfgang 53, 55, 222, 225, 267, 313

Belitz, Erwin 57
Bender, Traugott 86
Berberich, Monika 64
Besse, George 262
Bettschart, Urs 87
Biedenkopf 54
Bloomquist, Paul A. 35, 311
Bodenmann, Werner 220
Bonner, Clyde R. 39, 265
Boock, Peter-Jürgen 70, 74, 89, 99, 102, 103, 105, 106, 205, 207, 221, 280, 283, 294
Boock, Waltraud 70, 84, 221
Böse, Wilfried 77, 78, 312
Brändle, Reinhold 311
Braun, Bernhard 23, 44, 45, 52
Bristol, Becky 254, 312
Buback, Michael 297, 303, 304, 308
Buback, Siegfried 69, 90–94, 102, 311
Bubis, Ignaz 290
Buddenberg, Gerda 36
Buddenberg, Wolfgang 36
Cagol, Mara 257
Callsen, Sabine 289
Carlos 24, 77
Cipriani, Georges 262
Croissant, Dr. Klaus 51, 52, 72, 79, 88
de Jong, Dionysius 33, 213, 311

Debus, Sigurd 226, 228, 313
Dellwo, Hans-Joachim 79, 80
Dellwo, Karl-Heinz 64, 65, 68, 79, 283, 289, 291, 292
Dorff-Tauras-Bande 74
Dümlein, Christine 221, 276
Dutschke, Rudi 19
Dutzi, Gisela 239, 240

Eckes, Christa 54, 55, 240–242
Eckhardt, Hans 31, 32
Elfgen, Dr. 67
Ensslin, Gudrun 16–23, 34, 40, 44, 48, 49, 51, 52, 54, 56, 70, 75, 76, 80–82, 88, 89, 94, 96, 231, 283, 284, 312
Epple, Richard 33
Ernst, Barbara 240–242, 249, 250, 295, 311

Fischlein 98, 236, 237
Flores, Ernesto 259
Folkerts, Knut 70, 90, 92, 95, 97, 98, 106, 283, 289, 290, 292
Frauen in der RAF 23
Frey, Stefan 239, 241, 242
Friedrich, Ralf Baptist 28, 79, 217, 221, 276, 278, 279
Fritzsch, Ronald 57, 64
fury 209

Gallende, Crespo Cepa 259
Garwig, Burkhard 302
Genscher 54
Gholam, Shahnez 171
Göbel, Wolfgang 90, 91, 94, 311
Goemans, Johannes 33, 212, 213, 311

Goergens, Irene 22
Grams, Wolfgang 33, 272, 288, 289, 313
Grashof, Manfred 23, 30–32, 37, 52, 55, 283, 284
Groenewold, Kurt 51, 52, 72
Groppler, Eckhard 256, 312
Grundmann, Wolfgang 23, 31, 32

Haag, Siegfried 65, 68–70, 83–86, 88
Haas, Monika 73, 172
Haig, Alexander 214–217, 220, 223, 235, 277
Hammerschmidt, Katharina 74, 287, 312
Hani, Abu 171, 184
Hansen, Hans-Wilhelm 32, 211, 235, 277, 311
Happe, Manuela 240, 241, 251
Harb, Nabil 171, 172, 194
Härteausgleich 300, 309
Haule, Eva 240, 243–245, 247, 251, 258, 259, 283, 290, 297
Hausner, Siegfried 28, 64, 65, 68, 69, 92, 312
Heißler, Rolf 62, 63, 98, 106, 212, 213, 283, 290, 296
Helbing, Monika 106, 221, 276, 278, 279
Herrhausen, Dr. Alfred 266–269, 294, 312
Hillegaart, Dr. Heinz 67, 311
Hofmann, Sieglinde 28, 99, 101, 106, 113, 208, 214–217, 223, 283, 290, 294

Hogefeld, Birgit 252, 265, 283, 287–289
Hoppe, Werner 29
Hornstein, Luitgard 258, 259
Jackson, George 254
Jakobsmeier, Ingrid 226, 229, 231, 239, 241, 242, 251
James, General Daniel 40, 229
Jansen, Ali 66
Jünschke, Klaus 28, 30, 45, 283, 284

Kamp-Münnichow, Karin 223
Karry, Heinz 77
Kinkel, Dr. Klaus 281, 283, 285, 289, 292
Klar, Christian 51, 70, 87, 90, 92, 98–101, 105, 106, 209, 210, 214, 215, 218–220, 225, 226, 229–231, 237, 239–241, 282, 283, 290, 296
Klein, Hans-Joachim 77
Klette, Daniela 295
Kletzhändler, Edith 219, 280, 311
Klöpper, Gerald 57, 64
Klump, Andrea 263, 264, 289, 295, 296, 298
Kluth, Christian 258, 259
Knoll, Michael 33, 211, 312
Kohl, Helmut 147, 149
Kollektivität 25
Krabbe, Friederike 28, 106, 205, 289
Krabbe, Hanna 28, 64, 65, 68, 106, 283, 290, 292
Kranenburg, Arie 32, 311
Kranenburg, Joke 301

Kröcher-Tiedemann, Gabriele 62–64
Kroesen, Frederick James 222, 225, 226, 229–231, 235
Kronzeuge 275, 278
Kuby, Christine 87, 106, 207, 208, 283, 290, 292
Kuhlmann, Brigitte 77, 78, 312
Kurras, Karl-Heinz 26

Langhans, Rainer 17
Lemke, Heinz 29
Linke, Georg 22, 47
Lorenz, Peter 59–64, 94, 212
Lotze, Werner 106, 205, 211, 214–217, 221, 276, 278, 313
Ludmann, Anna Maria 259

Mac Leod, Ian 34
Magg, Carola 223
Mahler, Horst 19, 21–23, 47, 62
Maier-Witt, Silke 79, 106, 214, 215, 221, 276, 278, 279, 313
Maihöfer 54
Marcisz, Heinz 311
Marighella, Carlos 24
Mayer, Roland 69, 70, 83, 84
Meinhof, Ulrike 13, 15, 20–24, 40, 44, 45, 49, 52, 54, 56, 70, 72, 75, 76, 85, 91, 92, 294, 312
Meins, Holger 23, 42, 43, 52, 54–56, 58, 62, 64, 69, 92, 226, 312
Menigon, Nathalie 244, 262
Mescalero 92
Meyer, Barbara 289, 294
Meyer, Horst Ludwig 33, 257, 263, 264, 289, 295, 296, 313
Meyer, Till 57, 60, 64, 223

Mohnhaupt, Brigitte 23, 44, 45, 52, 88–90, 92, 98–101, 105, 106, 208, 214, 215, 221, 226, 231, 236, 239–241, 283, 290, 291, 294, 296

Möller, Irmgard 40, 45, 52, 283, 290, 292

Müller, Arndt 79, 80, 82, 89

Müller, Gerhard 29, 45

Neusel, Hans 268–270

Newerla, Armin 79, 80, 82, 88

Newrzella, Michael 33, 289, 312

Nicolai, Regina 223

Nix, Jacob 267

O'hara, Patrick 249, 250

Ohnesorg, Benno 15, 26, 57

Omertà 14, 306, 307

Osama bin Laden 315

Palme, Olof 67

Palmers, Walter 223

Pauli, Walter 223

Peck, Charles L. 39, 311

Pemöller, Jürgen 313

Pieler, Helmut 311

Pieterse, Leendert Cornelius 158, 159

Pimental, Edward 252–255, 259, 288, 312

Plambeck, Juliane 57, 64, 95, 223, 225, 312

Pohl, Helmut 53–55, 89, 222, 225, 226, 228, 229, 239, 241, 242, 251, 283, 290, 292, 294

Pohle, Rolf 62, 63

Pommerenke, Heinrich 283

Ponto, Jürgen 96–101, 105, 235, 280, 311

Proll, Astrid 23

Proll, Thorwald 17

Quante, Wolfgang 66

Raspe, Jan-Carl 23, 40, 42, 43, 48, 49, 52, 54, 56, 70, 80, 82, 88, 89, 94, 96, 246, 283, 284, 312

Ray, Michele 24

Rebmann, Prof. Dr. Kurt 8

Reiche, Annerose 66

Reinders, Ralf 57, 64

Reuter, Edzart 290, 291

Rizatto, Ciro 271

Rohwedder, Dr. Detlev Karsten 272, 273, 312

Roll, Carmen 52

Rollnick, Gabriele 64

Roos, Helga 230

Rössner, Bernhard 28, 64, 65, 68, 292

Rouillan, Jean-Marc 244, 262

Sanchez, Illich Ramirez 77

Sand, Theodor und Helma 102–105

Sartre, Jean Paul 48, 49

Sauber, Werner 223, 312

Sayeh, Souhaila Andrawes 171–173, 194, 201

Scarton, Frank 254, 312

Schelm, Petra 29, 35, 312

Schenk, Margit 219, 220

Schiess, Karl 86

Schiller, Margit 28, 29, 53, 54

Schleyer, Eberhard 136, 163, 184–187

Schleyer, Hanns-Martin 13, 96–98, 101, 105, 106, 134, 205, 220, 223, 229, 235, 260, 280, 311
Schleyer, Waltrude 157, 297
Schmidt, Helmut 63, 96
Schmidt, Norbert 29, 311
Schmücker, Ulrich 57, 58
Schneider, Gert 79, 106, 205
Schoner, Herbert 30, 311
Schubert, Ingrid 22, 52, 207, 261, 312
Schulz, Adelheid 106, 209, 212, 214, 215, 225, 236, 283, 290, 294
Schumann, Jürgen 172–176, 185, 187–189, 200
Schütz, Klaus 62
Seidler, Christoph 289, 294
Sevillano José Manuel 269
Shehadah, Nadia 171, 172, 194
Siepmann, Ingrid 62, 63, 313
Sippel, Fritz 32, 74, 280, 311
Söhnlein, Horst 18, 19, 21
Sonnenberg, Günter 70, 87, 90, 94–96, 283, 285
Sowa 60
Spano, Vincenzo 271
Speitel, Angelika 79, 106, 211, 283, 284
Speitel, Volker 79–82, 89
Spindy 105, 106, 235
Stachowiak, Ilse 53, 54
Stahl, Wolfgang 66
Staub, Ernst-Volker 240–242, 251, 295
Steinmetz, Klaus 287–289

Sternebeck, Sigrid 106, 215, 217, 221, 222, 276, 278, 279
Stoll, Willy-Peter 33, 79, 97, 98, 106, 209, 210, 312
Ströbele, Hans-Christian 51, 52, 72, 290
suicide action 203, 277
Taufer, Lutz 28, 64, 65, 68, 283, 289, 290, 292
Teufel, Fritz 17, 57, 64
Thimme, Johannes 247, 313
Tietmeyer, Dr. Hans 264–266, 288
Totenmasken 204
Trennscheibe 204
Tsoutsouvis, Christos 259
Ulmer, Helmut 311
Vietor, Jürgen 172–176, 188, 189, 191
Viett, Inge 52, 57, 64, 223, 225–227, 233, 276, 278, 279
Violleau, Francis 227, 228, 279
Vogel, Andreas 57, 64
von Brauchitsch, Eberhard 140, 142, 144, 146–149, 160, 163
von Braunmühl, Gerold 260, 312
von Drenkmann, Günter 56, 58, 59
von Dyck, Elisabeth 28, 33, 79, 99, 106, 215, 248, 312
von Mirbach, Andreas 66, 311
von Rauch, Georg 29, 312
von Seckendorff-Gudent, Ekkehard 221, 276

Wackernagel, Christof 79, 106, 205, 206

Wagner, Rolf Klemens 70, 74, 75, 106, 208, 214–220, 222, 283, 290
Walla, Manfred 244, 260, 262, 265, 288
Wannersdorfer, Claudia 247
Wegener, Ulrich 192
Weinrich, Johannes 77
Weißbecker, Thomas 31, 36, 312
Wessel, Ulrich 64, 65, 68, 312
Weyer 54

Wischnewski, Hans-Jürgen 158, 161, 162, 190, 195
Wisniewski, Stefan 64, 70, 106, 209, 235, 283
Woodward, Ronald A. 39, 311
Wurster, Georg 90, 91, 94, 311
Zimmermann, Dr. Ernst 249, 250, 311